Kleines Lexikon der griechischen und römischen Mythologie

Hannelore Gärtner

Kleines Lexikon der griechischen und römischen Mythologie

VEB
Bibliographisches Institut
Leipzig

Die Illustrationen wurden dem Tafelwerk zu
„Meyers Neues Konversations-Lexikon"
Zweite Auflage, Hildburghausen
Verlag des Bibliographischen Instituts 1867
entnommen.
Vorlagen: Annett Mannchen

Erläuterungen am Ende des Textes

Gärtner, Hannelore:
Kleines Lexikon der griechischen und römischen
Mythologie / Hannelore Gärtner. – 1. Aufl. –
Leipzig : Bibliographisches Institut, 1989. – 400 S.
ISBN 3-323-00264-4

ISBN 3-323-00264-4

1. Auflage 1989

Verlagslizenz-Nr. 433-130/3/89
Printed in the German Democratic Republic
Gesamtherstellung: Karl-Marx-Werk Pößneck V 15/30
Lektorat Literaturwissenschaft
Lektor: Angela Baumeier
Einband- und Schutzumschlaggestaltung: Rolf Kunze, Großpösna
LSV 0227
Best.-Nr.: 578 253 6
02200

Vorbemerkung

Spätestens seit 1983, als Christa Wolfs Erzählung *Kassandra* die Öffentlichkeit bewegte, ist die Faszination, die von den uralten Geschichten, die ein blinder Rhapsode namens Homer in wohlklingende Hexameter gebracht haben soll, wieder einem größeren Publikum bewußt geworden. Natürlich haben die *Schönsten Sagen des klassischen Altertums,* wie sie Gustav Schwab nach den Quellen erzählt, immer ihren Leserkreis gehabt; die Taten von Herakles und Theseus gehören zum Schullesestoff, und an der Gestalt des Prometheus müssen sich immer wieder Abiturienten und Germanistikstudenten versuchen. Auch auf dem Theater sind viele der Geschichten lebendig geblieben – kein modernes Antikriegsdrama, das an Eindringlichkeit die *Troerinnen* des Euripides übertreffen würde.
All dies wird unter dem Begriff der „griechischen Mythologie" zusammengefaßt – Geschichten von Göttern, Göttinnen, Ungeheuern, Helden, aber auch von unglücklichen Frauen, sogar von Kindern. Mit Mythos im ursprünglichen Sinn und mit religiösen Lehren haben diese Geschichten wenig zu tun. Aber sie gehen uns etwas an, weit mehr, als es auf den ersten Blick scheinen mag. Sie gehören zu den Wurzeln der europäischen Kultur und haben unsere Denk- und Verhaltensweisen, unsere Sprache mit geprägt. Die literarischen Umsetzungen der nachantiken Literatur zeigen, welche vielfältigen Interpretationsmöglichkeiten sie zulassen. Dies alles kann ein solches Büchlein nicht bewältigen. Es will und kann nur Anregungen und Denkanstöße

geben. Und es will Bildung vermitteln, die nahe daran ist, verschüttet zu werden.
Thomas Mann hat in der *Höllenfahrt* zu Beginn seiner Joseph-Tetralogie die Unmöglichkeit, die Tiefen des „Brunnens der Vergangenheit" auszuloten, gültig formuliert. Die Ursprünge der Mythen sind uns nicht mehr zugänglich. Auf uns gekommen sind ihre literarischen Kunstformen; die Wirkung, das Lebendiggebliebensein bis in die Gegenwart hängt eng mit der künstlerischen und literarischen Gestaltung zusammen, die ein Mythos bereits in antiker Zeit erfahren hat.
Die europäische Literatur beginnt bei Homer, nach den geläufigen Auffassungen im 8. Jh. v. u. Z. Die Lektüre besonders der *Ilias* ist für den heutigen Leser ungewohnt und nicht ganz leicht. Doch auch wenn uns das Verständnis für die grausamen Taten der großen Kriegshelden fehlt, kann sich niemand jenen ergreifenden Szenen des Epos entziehen, in denen der Dichter uns menschliche Tragödien noch nach Jahrtausenden nahebringt: der Abschied Hektors von Andromache, der Bittgang des greisen Priamos zu Achilleus, um die Leiche des Sohnes auszulösen. Sogar komische Szenen begegnen dem Leser: Wenn Götter und Göttinnen miteinander raufen, haben sie alle Würde verloren und gleichen den Menschen, in deren Krieg sie sich einmischen. Die *Odyssee*, möglicherweise später entstanden, ist eine weitaus leichtere Lektüre, eine Abenteuer- und Reiseerzählung mit vielen märchenhaften Elementen.
Die Epen erzählen den Hauptstrang ihrer Handlung nicht linear. Unzählige Nebengeschichten, Abschweifungen, Vergleiche, Rückblicke beziehen ein Umfeld ein, dessen Kenntnis beim zeitgenössischen Zuhörer des Rhapsoden vorausgesetzt werden konnte, beim modernen Leser aber fehlt. Auch hier will dieses Büchlein helfen, die Zusammenhänge zu finden.
Von den verlorengegangenen Epen, über deren künstlerischen Wert wir nichts wissen, blieben vor allem die Geschichten lebendig, die von den Athener Tragikern

zu Mustern einer ganzen Gattung erhoben worden sind: *König Oidipus* und *Antigone* sind nicht als mythische Figuren überliefert, sondern als künstlerisch geformte Charaktere. Die endgültige Formung dieser Charaktere blieb nicht auf antike Zeit beschränkt, hat auch für die einzelnen Nationalliteraturen ungleiches Gewicht – so ist für die französische Literatur Phaidra eine Gestalt des Racine, keine des Sophokles, für die deutsche Literatur ist Iphigenie mit dem Namen Goethe verbunden, die Fassung des Euripides spielt keine Rolle mehr. In der neuesten Literatur ist Christa Wolfs *Kassandra* ein Beispiel dafür, wie moderne Bearbeitungen das Vorbild der Alten fast vergessen lassen.

Die Gestalten der Götter sind dem Mythos näher, wenn auch die Szenen in der *Ilias* schon Züge einer Mythentravestie erkennen lassen. Der *Theogonie* Hesiods, obwohl wahrscheinlich später entstanden, ist diese vermenschlichte Sicht auf die Götter fremd. Hesiod erzählt von der Erschaffung der Welt: „Wahrlich, zuerst entstand das Chaos und später die Erde, ...“; er geht den Stammbäumen der Götter nach, lange Aufzählungen und Wiederholungen nicht scheuend, bis zum Sieg des Zeus über die Titanen, den Herren der vorhergehenden Generation. Die Götter, mit denen Zeus die Herrschaft teilt, die „olympischen“, und ihre Vorgänger haben bei Hesiod keine Charaktere, nur feststehende Epitheta: Sie sind edel, herrlich, strahlend, unsterblich. Ihre Geschichten konnten kein Gegenstand der Tragödie sein (eine Ausnahme ist Prometheus, wohl der einzige wirkliche Gott, der Hauptfigur einer tragischen Trilogie wurde), sie treten höchstens als „deus ex machina“ auf, um den Konflikt zu lösen. Die Götter wurden vielmehr in hymnischen Gesängen gepriesen, in die ihre Geschichten eingeflochten waren: Die 33 *Homerischen Hymnen,* zwar nach dem großen Epiker genannt, aber keinesfalls von ihm verfaßt (sie entstanden wahrscheinlich zwischen dem 7. und dem 4./3. Jh. v. u. Z., ihre Dichter sind nicht bekannt), geben Kunde von göttlichen Taten; die großen Hymnen *Auf Demeter, Auf Aphrodite, Auf Hermes* stehen den Epen nahe, sie erzählen von den Abenteuern und Leiden der Götter und von ihren Begegnungen mit Sterblichen. Diese Geschichten sind gewiß wesentlich älter als die Gesänge selbst, ihre Kenntnis wird bei Homer zuweilen vorausgesetzt. In der nachantiken Literatur haben sie weit weniger gewirkt als die Erzählungen bzw. Dramen über die Menschen, die den Göttern dienten, über die Beziehungen zwischen Menschen und Göttern. Schillers *Klage der Ceres* und *Das Eleusische Fest,* die beide den Stoff des Demeter-Hymnos aufnehmen, sind wohl eine Ausnahme. Schon für die späte Antike waren die Götter kein Gegenstand hymnischer Lobpreisung mehr: Lukians respektlose *Göttergespräche* fanden weitaus mehr Nachahmer als die *Homerischen Hymnen* und Pindars Gesänge. So sind die griechischen oder römischen Götter, wenn sie in der späteren europäischen Literatur auftauchen, nicht mehr die Herren der Welt, sondern komische Figuren: Jupiter und sein Gefolge blieben auf dem Musiktheater lebendig – in Offenbachs *Orpheus in der Unterwelt,* und wer sich noch an die Filmadaption des Amphitryon-Stoffes erinnert, dem wird Merkur auf Rollschuhen im Gedächtnis geblieben sein.

Wenn die griechischen Götter für uns noch ihre Erhabenheit und Schönheit bewahrt haben, so ist dies den Werken der bildenden Kunst zu verdanken. Der Apollon, wie ihn der Bildhauer für den Westgiebel des Zeustempels von Olympia sah, ist heute noch ein Gott; in der Aphrodite von Knidos, eines der wenigen erhaltenen Werke des Praxiteles, sieht der Betrachter über die Jahrtausende noch die Göttin der Liebe; die Athena Lemnia des Pheidias vermittelt immer noch die Majestät, die sie in antiker Zeit ausstrahlte. Aber um die Rolle, die die wunderschöne jugendliche Athene des Myron in der Athene-Marsyas-Gruppe spielt, erkennen zu können, muß man die Geschichte wissen; der große

Fries des Pergamonaltars, die ungezählten Vasenbilder fordern die Geschichten, die dazu gehören. Mittelalterliche Allegorien und die großen Werke der bildenden Kunst seit der Renaissance, die mythologische Szenen gestalten, bleiben ohne sie unverständlich.

Die griechischen Mythen, wie sie von der antiken Literatur tradiert wurden, berühren uns ungleich mehr als die römischen, die vor allem in augusteischer Zeit durch Livius und Vergil ihre literarische Form erhielten. Die Zeiten, in denen die Römertugenden, wie sie die römische Legende sorgsam gepflegt hatte, Vorbildwirkungen erzeugen sollten, sind vorbei. Die geschändete Lucretia wird nicht mehr als tragische Figur empfunden, wohl aber Antigone. Beide Frauen werden durch Mißbrauch der Staatsgewalt in den Tod getrieben; der Selbstmord der Lucretia, obwohl durch die Jahrhunderte von Kunst und Literatur immer wieder aufgenommen, bleibt uns fremd, während das Schicksal der Antigone sogar direkte aktuelle Bezüge ermöglicht. Liegt es an der Kunst des Sophokles, der einen tragischen Konflikt aufspürte und so vollendet gestaltete, daß er nach mehr als 2000 Jahren noch gültig blieb?

So lassen sich aus der griechischen Literatur beliebig viele Beispiele anführen: die Figur des Prometheus ist unendlichen Interpretationen ausgesetzt, der Medeia-Stoff scheint unerschöpflich zu sein. Auch die Göttergeschichten sind fast sämtlich griechischen Ursprungs, auch wenn die römischen Namen geläufiger sind: Die „schaumgeborene Venus" erscheint schon bei Hesiod, nur heißt sie hier Aphrodite. Die römischen Götter, die mit den verwandten griechischen identifiziert wurden, als die Kenntnis der griechischen Kultur etwa ab dem 6./5. Jh. v. u. Z. nach Italien gelangte, haben wenig Eigenleben. Der Kult, der für die römische Staatsmacht so wichtig war, geht uns nichts mehr an. Allerdings haben sich in der Sprache Wörter und Redewendungen erhalten, für deren Verständnis diese Kenntnisse gebraucht werden. Auch sind viele griechische Mythen nur durch die römische Überlieferung erhalten. Wichtigste Quelle hier sind die *Metamorphosen* des Ovid (entstanden Anfang des 1. Jh. u. Z.). Den großen römischen Dichter reizte das Verwandlungsmotiv, das in so vielen Mythen auftaucht, zu künstlerischer Gestaltung. Durch eine anonyme französische Übersetzung dieses Werkes, den *Ovide moralisé,* mit Erweiterungen und Kommentaren des Originals, die im ersten Drittel des 14. Jh. entstanden, wurde die Weitergabe der griechischen Mythenerzählungen in die spätere europäische Kultur wesentlich beeinflußt. Besonders die bildenden Künstler wurden zu zahlreichen Illustrationen angeregt, die wiederum die Verbreitung der Geschichten förderten.

Die Geschichten werden in diesem Buch – in der übersichtlichen Form alphabetischer Ordnung – nacherzählt, und zwar in der jeweils geläufigsten Form. Varianten in der Überlieferung sind nur dort erwähnt, wo sie zum Verständnis von Zusammenhängen notwendig sind oder in der Literatur bzw. Kunst eine Rolle gespielt haben.

Die verwendeten Quellen sind vielfältig: Wo Homer bereits eine Person oder eine Geschichte erwähnt oder deren Kenntnis voraussetzt, wurde direkt auf diese älteste Überlieferung zurückgegriffen; für die Göttergenealogien ist Hesiod maßgebend. Des weiteren wurden verwendet die Tragiker der klassischen Zeit, die *Homerischen Hymnen,* Herodot, die *Metamorphosen* des Ovid, die *Aeneis* des Vergil, Livius und natürlich die Nacherzählungen von Karl Philipp Moritz über Gustav Schwab bis zu Franz Fühmann.

Das Weiterwirken einer Figur oder einer Geschichte wird nicht so systematisch verfolgt, wie es z. T. die umfangreichen Standardwerke tun. Vielmehr wird hier Wert gelegt auf die Wandlungen, die die griechischen, in geringem Maße auch die römischen Sagen als literarische Stoffe über die Jahrhunderte erfahren haben. Diese kurzen Angaben könnten aber vielleicht den einen oder anderen Literaturwissenschaftler anregen, sich ausführlicher der Stoffgeschichte zuzuwenden, als das bisher der Fall war. Für diese Passagen gaben die *Stoffe der Weltliteratur* von E. Frenzel (Stuttgart 1974) einige Anstöße. Wo die Texte selbst greifbar waren, wurden sie herangezogen. Die kunstgeschichtlichen Angaben stützen sich im wesentlichen auf das *Lexikon der Kunst* (Leipzig 1968/78).

Philologische Kontroversen interessieren nicht, wenn es um die Geschichten geht. Hier gilt Schiller:

> Immer zerreißet den Kranz des Homer und zählet
> die Väter des vollendeten ewigen Werks!
> Hat es doch *eine* Mutter nur und die Züge der Mutter, deine unsterblichen Züge, Natur! (*Ilias*, 1795)

Hannelore Gärtner

Benutzungshinweise

Die Stichwörter zur römischen Mythologie sind als solche ausgewiesen, alle anderen gehören der griechischen Mythologie an.

Zur Schreibweise der Namen:

Grundsätzlich wurde die originale griechische bzw. lateinische Form als Stichwort gewählt, also Aigisthos, Oidipus, Hercules. Eingedeutschte oder häufig gebrauchte latinisierte Formen erscheinen erst an zweiter Stelle. Wenn notwendig, sind sie als Verweisungsstichwörter an den entsprechenden Stellen des Alphabets angeführt. Bei einigen wenigen Namen ist die deutsche Form Stichwort, wenn sie fest in den deutschen Sprachgebrauch eingegangen ist, z. B. Iphigenie.

Zu den Veröffentlichungs- bzw. Uraufführungsjahren:

Sie sind in der Regel nach dem Titel angegeben, bei den altgriechischen Dramen nur, wenn das Aufführungsjahr bekannt ist. „e." weist auf das Entstehungsjahr hin. Weggelassen wurden diese Zeitangaben nur bei den großen antiken epischen Dichtungen (vgl. Vorbemerkung) und bei Goethes *Faust*. Für die Werke der bildenden Kunst wurde grundsätzlich auf Jahreszahlen verzichtet, lediglich einige bedeutende antike Werke sind, wo es der Text erforderte, zeitlich eingeordnet.

Abkürzungen

d. Ä.	der Ältere	U.	Uraufführung
d. J.	der Jüngere	u. d. T.	unter dem Titel
dt.	deutsch	u. Z.	unserer Zeitrechnung
e.	entstanden		
gedr.	gedruckt	vgl.	vergleiche
griech.	griechisch	v. u. Z.	vor unserer Zeitrechnung
lat.	lateinisch		

Für die Zitate aus den fremdsprachigen Werken wurden folgende Übersetzungen verwendet:
Homer, *Ilias* und *Odyssee,* deutsch von Th. von Scheffer
Hesiod, *Theogonie* und *Werke und Tage,* deutsch von Th. von Scheffer
Homerische Hymnen, deutsch von Dietrich Ebener
Aischylos, *Tragödien,* deutsch von L. Wolde
Ovid, *Metamorphosen,* deutsch von R. Suchier, bearbeitet von L. Huchthausen
Dante, *Die Göttliche Komödie,* deutsch von Karl Witte

Für den Leser, der sich nicht nur über Namen informieren, sondern sich mit den Texten selbst befassen will, ist dem Artikelteil ein kurzer bibliographischer Anhang beigefügt.

A

Abas, König von Argos, Sohn der ↑ Hypermestra, die als einzige der Danaïden ihren Mann ↑ Lynkeus (1) nicht ermordete; Urahn des Perseus.

Acca Larentia, altitalische Fruchtbarkeitsgöttin, Beschützerin der Ernten. Im Gründungsmythos von Rom wurde A. L. zur Gattin des Hirten ↑ Faustulus, der die von ↑ Amulius augesetzten und von einer Wölfin genährten Zwillinge Romulus und Remus fand. A. L. nahm die Kinder wie ihre eigenen auf. Ihr zu Ehren wurde am 23. Dezember das Fest der Larentalia gefeiert. Ihr Grab soll sich zwischen Palatin und Capitol, im Tal des Velabrum, befunden haben.

Acheloos, Gott des gleichnamigen Flusses, der zwischen Akarnanien und Aitolien ins Ionische Meer fließt, Sohn des Okeanos und der Tethys. Wie Herakles begehrte er ↑ Deïaneira zur Frau und forderte den Helden zum Kampf um sie auf. Dabei gebrauchte er seine Kunst, sich in verschiedene Gestalten zu verwandeln: Er wurde zuerst zu einer Schlange, dann zu einem Stier. Als Herakles ihm ein Horn abbrach, war A. besiegt. A. ist der Vater der ↑ Kallirrhoë (2) und der ↑ Sirenen. – Der Kampf des A. mit Herakles war in Renaissance und Barock ein beliebtes Motiv in der bildenden Kunst (Gemälde von Reni, Domenichino, Jordaens).

Acheron, einer der Flüsse der Unterwelt, nach den Vorstellungen der Griechen träge und sumpfig. ↑ Charon setzte hier die Toten in ihr Reich über. Wer den A. überschritten hatte, gehörte auf ewig dem Hades an. Nur ↑ Sisyphos gelang mit List die Rückkehr, ↑ Eurydike (1) durfte mit Erlaubnis des Herrschers der Unterwelt den A. wieder in umgekehrter Richtung überqueren. – Auch in Dantes *Göttlicher Komödie* (um 1320) ist der A. die Grenze des Infernos.

Achilleus, der größte griechische Held im Trojanischen Krieg, Sohn des ↑ Peleus und der ↑ Thetis. Um ihren Sohn unverwundbar zu machen, badete sie ihn im Fluß Styx, hielt ihn dabei an der Ferse fest, so daß ihn dort das Wasser nicht berührte („Achillesferse"). Thetis hatte ihren Mann nach der Geburt des Sohnes verlassen, doch stand sie A. in allen Notlagen bei und beschützte ihn. Der weise Kentaur ↑ Cheiron erzog den jungen Helden. Die Mutter wußte um den frühen Tod ihres Sohnes vor Troja und wollte deshalb verhindern, daß er mit in diesen Krieg zog. Sie versteckte ihn in Mädchenkleidern bei König Lykomedes auf der Insel Skyros. Dessen Tochter ↑ Deidameia gebar ihm den

Sohn ↑ Neoptolemos. Der Seher Kalchas hatte den Griechen aber verkündet, daß ohne A. der Sieg über Troja nicht möglich sei. Deshalb sandten sie Odysseus auf die Insel, der A. durch List erkannte. (Als Kaufmann verkleidet, zeigte er allen Mädchen Schmuck, aber auch Waffen, die A. ohne Zögern ergriff, als plötzlich zum Kampf geblasen wurde.) Mit fünfzig Schiffen, von seinem Freund ↑ Patroklos begleitet, zog A. nun vor Troja. Die *Ilias* von Homer, das erste Werk der europäischen Literatur überhaupt, berichtet vom „Groll des Peleïaden Achilleus", einer Episode aus dem letzten Jahr der zehnjährigen Belagerung der Stadt: A. weigerte sich, noch am Kampf teilzunehmen, da ihm seine schöne Beute, das Mädchen ↑ Briseïs, genommen worden war. Der Führer des griechischen Heeres, ↑ Agamemnon, hatte sie beansprucht, da er ↑ Chryseïs ihrem Vater zurückgeben mußte. Der unversöhnliche A. bat sogar die Götter, den Troern Siege zu schenken. Auch sein Freund Patroklos durfte – in der Rüstung des A. – erst wieder in den Kampf eingreifen, als die Troer bis an die Schiffe der Griechen vorgedrungen waren. Dabei wurde Patroklos von Hektor getötet. Erst jetzt konnte A. seinen Groll überwinden. Thetis schenkte ihm eine neue Rüstung, die Hephaistos selbst geschmiedet hatte, und A. stürzte sich in rasender Wut in die Schlacht, um den Freund zu rächen. Er tötete Hektor und schleifte die Leiche, bis ihn Priamos um die Herausgabe des toten Sohnes anflehte. Der sterbende Hektor prophezeite A. den baldigen Tod vor Troja von der Hand des Paris. Weitere Episoden aus dem Leben des A. sind im epischen *Kyklos,* in der *Odyssee,* bei Pindar und in lateinischen Nacherzählungen verlorener griechischer Werke überliefert (u. a. in Ovids *Metamorphosen*): der Zweikampf mit der schönen Amazonenkönigin ↑ Penthesileia, der Kampf mit ↑ Memnon, die Liebe zu der Priamostochter ↑ Polyxena, sein Tod, der in zwei Versionen überliefert ist – entweder fiel er durch Verrat, als er Polyxena

gewinnen wollte, oder Apollon lenkte den Pfeil des Paris. Thetis, alle Nereïden und Musen trauerten achtzehn Tage um A.; Polyxena wurde an seinem Grab geopfert.
A. war eine der beliebtesten Heroengestalten in der griechischen Kunst und Literatur. Viele Vasen zeigen Szenen aus seinem Leben, so die berühmten Vasenbilder *Achill verbindet den verwundeten Patroklos* aus der Werkstatt des Sosias und *Achilleus und Aias beim Brettspiel* von Exekias. Auch auf pompejanischen Wandgemälden und römischen Sarkophagen ist A. häufig abgebildet. In neuerer Zeit interessierten weniger der kämpfende Held als die Verkleidungsszenen auf Skyros (van Dyck, Rubens, Poussin). In der nachantiken Literatur taucht die Gestalt in allen Troja-Dichtungen auf: in den mittelalterlichen Trojaromanen, in den Bühnenbearbeitungen (H. Sachs, *Die Zerstörung der Statt Troja durch die Griechen,* 1554; A. Hardy, *Der Tod des Achill,* 1607). In Dantes *Göttlicher Komödie* (um 1320) gehört A. zu den tugendhaften Heiden, deren Aufenthaltsort der erste Kreis der Hölle ist. (Hier wird sein Tod mit der Liebe zu Polyxena in Verbindung gebracht.) Besonders beliebt bei den Dramatikern war der Aufenthalt des jungen A. bei König Lykomedes auf Skyros (Metastasio, *Achill auf Skyros,* 1736, danach zahlreiche Opern; auch die Händel-Oper *Deidamia,* 1739, behandelt diesen Stoff) und die Beziehung zu Polyxena (P. C. Hooft, *Achill und Polyxena,* 1598; J. E. Schlegel, *Hekuba,* 1737). Goethes *Achilleïs* (1799) blieb Fragment; auch hier sollte Polyxena eine bedeutende Rolle spielen. Von allen literarischen Werken der Neuzeit um die Gestalt des A. überlebte nur H. von Kleists *Penthesilea* (1808). Bereits mit Shakespeares *Troilus und Cressida* (1602) beginnt eine gegensätzliche Deutung des kriegerischen Helden: Eitel und prahlerisch, läßt er den wehrlosen Hektor erschlagen. Im 19. Jh. machte ihn J. Offenbach in der Mythentravestie der *Schönen Helena* (1864) lächerlich; für die Gegen-

wart fällte Christa Wolf in der Erzählung *Kassandra* (1983) ein vernichtendes Urteil über alles Heldentum, das seinen Ruhm in der Zerstörung sucht.

Acis ↑ Galateia

Ackerbau ↑ Demeter

Actaeon ↑ Aktaion

Admetos, König von Thessalien, Sohn des ↑ Pheres. Apollon beschützte ihn, da A. ihn freundlich aufgenommen hatte, als der Gott (als Strafe für die Tötung der ↑ Kyklopen) auf Befehl des Zeus für ein Jahr die Herden des A. hüten mußte. Apollon half A., ↑ Alkestis zur Frau zu gewinnen: Ihr Vater ↑ Pelias hatte zur Bedingung gemacht, daß der Freier mit einem Wagen kommen müsse, der von einem Löwen und einem Eber gezogen würde. Aber A. vergaß bei seiner Hochzeit, der Artemis zu opfern, so daß die erzürnte Göttin Schlangen in das Brautgemach schickte und damit den baldigen Tod des A. verkündete. Apollon half ihm wieder: Der Gott erbat von den ↑ Moiren eine Ausnahme für A., und dieser durfte nun einen anderen, der freiwillig den Tod auf sich nehmen wollte, an seiner Stelle schicken. Als einzige erklärte sich Alkestis zu diesem Opfer bereit. Herakles, der gerade Gast bei A. war, bezwang den Tod und brachte Alkestis zurück. Zur literarischen Bearbeitung des Stoffes siehe Alkestis.

Adonis, göttlicher Jüngling, der in Phönikien, Syrien (besonders in Byblos), seit dem 5. Jh. v. u. Z. auch in Griechenland verehrt wurde. Seine Mutter war die Tochter des assyrischen Königs Theias, Myrrha (oder Smyrna), der Aphrodite zur Strafe, daß sie sich für schöner als die Göttin hielt, Liebe zum eigenen Vater einflößte. Nach Ovid (*Metamorphosen*, X. Buch) war ihr Vater der zyprische König ↑ Kinyras, die Liebe wurde Myrrha von den Furien eingegeben. Nachdem sie ihr Verlangen gestillt hatte, floh sie voll Verzweiflung und flehte die Götter an, ihr zu helfen. Sie wurde erhört und in einen Myrrhenbaum verwandelt, dessen Stamm sich öffnete und den ungewöhnlich schönen A. gebar.

Aphrodite nahm sich des Knaben an und übergab ihn zur Erziehung Persephone. Als sie ihn jedoch zurückforderte, weigerte sich die Herrin der Unterwelt und wollte A. für sich behalten. Zeus mußte den Streit schlichten und entschied, daß A. ein Drittel des Jahres bei Persephone, ein Drittel bei Aphrodite, ein Drittel aber nach eigenem Wunsch verbringen solle. Als Geliebter der Aphrodite blieb A. jedes Jahr acht Monate auf der Erde. Das erregte wiederum die Eifersucht der Artemis, sie hetzte bei einer Jagd einen wilden Eber auf ihn, der ihn tötete. Nach einer anderen Version war es Apollon, der den Eber schickte (↑ Erymanthos). Aus den Tränen der Aphrodite um ihren Geliebten wuchsen Adonisröschen. Mit ihrem Flehen erreichte die Göttin, daß A. nun die Hälfte des Jahres bei ihr auf dem Olymp bleiben durfte. – Der Kult um A. stand in engem Zusammenhang mit dem Wechsel der Jahreszeiten, mit dem Blühen und Welken der Natur. Wehklagen um den Tod des Gottes und Jubel über seine Auferstehung gehörten zu den mehrtägigen A.festen. Auch die „Adonisgärtchen", die die Frauen zu Ehren des Gottes pflanzten, symbolisierten mit ihren schnell wachsenden und sogleich wieder welkenden Blumen die Vergänglichkeit der Schönheit.
Als Gegenstand der bildenden Kunst war A. – seine Geburt, zusammen mit Aphrodite, die Jagdszene – seit antiker Zeit außerordentlich beliebt. Gemälde dazu schufen u. a. Tizian, Veronese, Giordano, Elsheimer, Rubens und Van Loo. Auch die Plastik des Klassizismus nahm die Figur auf (Thorvaldsen). – Die literarische Gestaltung erreichte (nach Ovid) in Shakespeares Verserzählung *Venus und Adonis* (1593) ihren Gipfel. Marinos Epos *Adonis* (1623) ist der Höhepunkt italienischer Barockdichtung. Th. Mann variierte die Motive des A.-Mythos mit kunstvoller Vielfalt in seinem Romanwerk *Joseph und seine Brüder* (1933/43).
Adrasteia, Tochter des Okeanos (oder des Erebos) und der Nyx, mit ↑ Nemesis gleichgesetzt.

Adrastos, König von Argos, Sohn des Talaos und der Lysimache. Seine Töchter Argeia und Deïphyle waren mit ↑ Polyneikes und ↑ Tydeus verheiratet. Diese beiden Helden waren aus ihrer Heimat vertrieben worden (Polyneikes aus Theben, Tydeus aus Kalydon) und hatten bei A. Zuflucht gefunden. A. wollte seinem Schwiegersohn helfen, die Herrschaft von Theben wiederzuerlangen. Er bereitete den Krieg vor, obwohl der Seher ↑ Amphiaraos davon abriet und sich weigerte, selbst daran teilzunehmen. A. gab dem Seher seine Schwester ↑ Eriphyle zur Frau, die ihn schließlich dazu brachte, sich dem Zug der ↑ Sieben gegen Theben anzuschließen. A. führte den Zug an und kehrte als einziger zurück, weil ihm das Zauberpferd ↑ Areion half. Auch am Zug der Epigonen gegen Theben nahm A. teil.

Aëllo, eine der ↑ Harpyien.

Aeneas (griech. Aineias), Abkömmling des ↑ Dardanos, Sohn des ↑ Anchises und der Aphrodite. Da er nicht in Troja, der Stadt seiner Väter, aufwuchs (seine Mutter ließ ihn von den Nymphen des Berges Ida erziehen), nahm er zunächst nicht am ↑ Trojanischen Krieg teil. Doch wird in der *Ilias* (XX. Gesang) erzählt, daß er sich bereits einmal gegen Achilleus verteidigen mußte, als dieser ihm die Herden raubte. Im zehnten Jahr des Krieges, als die Handlung der *Ilias* einsetzt, gehörte er zu den wichtigsten Heerführern der Troer. Da ihm vorbestimmt war, das Geschlecht des Dardanos fortzuführen, retteten ihn die Götter immer wieder aus gefährlichen Situationen in der Schlacht. Nicht nur seine Mutter Aphrodite, die ohnehin auf seiten der Troer stand, sondern sogar Poseidon beschützten ihn.

Über das weitere Schicksal des A. berichtet u. a. eines der Werke des epischen Kyklos, die *Iliupersis,* die nur in einer Nacherzählung erhalten ist. A. entkam aus der Stadt, entweder schon nach dem Tod des Laokoon oder bei der Einnahme durch die Griechen. Diese Version nahm Vergil in der *Aeneis* auf. Hier kämpfte er noch mit den Eroberern, erhielt aber dann von den Göttern den Befehl zur Flucht. Seinen greisen Vater Anchises, seinen kleinen Sohn Ascanius und einige Gefährten nahm er mit; seine Frau Krëusa verlor er auf dem Weg zu den Schiffen. Auf der Suche nach einer neuen Heimat kam A. in viele Länder, nach Thrakien und Makedonien, auf die Inseln Delos und Kreta, auch nach Epeiros, wo ihn ↑ Helenos freundlich aufnahm. Auf Sizilien starb Anchises. Nachdem A. ihn begraben hatte, fuhr er weiter, doch ein furchtbarer Sturm zerstörte seine Schiffe. Er wurde nach Karthago verschlagen. Hier herrschte die Königin ↑ Dido, die in Liebe zu A. entbrannte und ihn für immer festzuhalten suchte. Doch die Götter schickten A. weiter nach Italien. Die Sibylle von Cumae führte ihn in die Unterwelt, wo ihm die künftige Größe seiner Nachkommen verkündet wurde. In Latium warb er um die Hand der Lavinia, der Tochter des Königs Latinus. Da auch der Anführer der Rutuler, Turnus, sie zur Frau begehrte, mußte A. gegen die Rutuler kämpfen. Er besiegte Turnus im Zweikampf, erhielt nun Lavinia zur Gemahlin und übernahm die Herrschaft in Latium, auf dessen Boden später Rom gegründet wurde. Das iulische Kaisergeschlecht führte seine Abstammung bis auf A.' Sohn Ascanius zurück (der auch Iulus genannt wurde).

In der *Ilias* eher eine blasse Figur, ist A. vor allem mit der römischen Geschichte verbunden. Bei dem griechischen Mythographen Hellanikos (5. Jh. v. u. Z.) wird er erstmals als Gründer Roms genannt; durch Vermittlung der Etrusker gelangte die Sage zu den Römern. Für die Zeitspanne zwischen der Zerstörung Trojas (im Mythos 1184 v. u. Z.) und der Gründung der Stadt Rom 753 v. u. Z. wurde später die Herrschaft der Könige von Alba Longa angenommen. Literarisch fixiert wurde der A.-Stoff von Naevius (*Bellum Punicum*, 3. Jh. v. u. Z.) und von Ennius (*Annales*, 2./1. Jh. v. u. Z.), in der geläufigen Form aber von Vergil in der *Aeneis* (entstanden zwischen 30 und 19 v. u. Z.), dem Nationalepos der Römer, das noch im Mittelalter als Gipfel aller Dichtkunst galt. Der anonym überlieferte altfranzösische *Roman d'Éneas* (Mitte 12. Jh.) diente Heinrich von Veldeke als Vorlage für sein Epos *Eneid* (1170/90), das erste ritterlich-höfische Epos der mittelhochdeutschen Literatur. Von anderen Dichtern wurde die Gestalt vor allem in Zusammenhang mit Dido literarisch bearbeitet.

Aërope, Tochter des ↑ Katreus, des Königs von Kreta. Diesem war prophezeit worden, daß eines seiner Kinder ihn töten werde. Deshalb gab er A. dem Seefahrer Nauplios und befahl ihm, sie zu ertränken oder als Sklavin zu verkaufen. Nauplios hatte Mitleid mit ihr und brachte sie nach Mykene, wo sie Frau des ↑ Atreus wurde und ihm die Söhne ↑ Agamemnon und ↑ Menelaos gebar. Als sie ihn mit ↑ Thyestes betrog, löste sie die blutigen Taten aus, die das von den Göttern verfluchte Geschlecht der Atriden schließlich vernichteten. Sie selbst wurde von Atreus getötet.

Aesculapius ↑ Asklepios

Agamedes, mythischer Baumeister, Sohn des Königs ↑ Erginos von Orchomenos. Gemeinsam mit seinem Bruder ↑ Trophonios, der gleichfalls Baumeister war, erbaute er den Tempel von Delphi, das Poseidonheiligtum in Mantineia und die Schatzkammer des ↑ Augeias. Als die Brüder versuchten, die Schatzkammer des Königs Hyrieus von Böotien, die sie gleichfalls errichtet hatten, auszurauben, kam A. um.

Agamemnon, König von Mykene. Als Sohn von ↑ Atreus und ↑ Aërope war er mit dem Fluch belastet, der auf dem Hause der Atriden (↑ Tantalos) ruhte. Er war verheiratet mit ↑ Klytaimestra, der Tochter des spartanischen Königs Tyndareos und Schwester der Helena. Sein Bruder war ↑ Menelaos. A. war der mächtigste der griechischen Fürsten und ihr Heerführer im ↑ Trojanischen Krieg. Seine Überheblichkeit und sein Starrsinn kamen allerdings seinem Heldenmut gleich. Schon am Sammelplatz der griechischen Flotte in Au-

lis hatte er Artemis beleidigt, die eine Windstille schickte, so daß die Schiffe nicht auslaufen konnten. Erst nach der Opferung seiner Tochter Iphigenie war die Göttin versöhnt. Vor Troja war es Apollon, der A. zürnte, da er sich die Tochter des Apollonpriesters Chryses als Beute genommen hatte. Der Gott schickte die Pest ins Lager der Griechen. Als der Seher Kalchas die Ursache der Seuche enthüllt hatte, brachte A. zwar ↑ Chryseïs zurück, nahm sich aber dafür Achilleus' Sklavin ↑ Briseïs. Der Groll des Achilleus (Gegenstand der *Ilias*) schuf den Griechen viel Leid. Während seiner Abwesenheit hatte A.s Vetter ↑ Aigisthos, der glaubte, ein Recht auf den mykenischen Thron zu haben, Klytaimestra verführt (die A. wegen des Opfertodes der Iphigenie haßte). Als A. siegreich aus Troja zurückkehrte, mit der Priamos-Tochter ↑ Kassandra zur Seite, erschlug ihn Klytaimestra im Bade.
Die Geschichte des A., die die blutige Fehde des Atreus und des ↑ Thyestes fortsetzt, ist seit Homer ein von den Dichtern immer wieder aufgenommener Stoff, besonders in Verbindung mit dem Schicksal der A.-Kinder Iphigenie, Orestes und Elektra. Nach der *Ilias* und der *Odyssee* (in der auch einige Passagen von der Heimkehr des A. berichten) ist das älteste erhaltene literarische Werk die *Orestie* des Aischylos (aufgeführt 458 v. u. Z.) mit dem ersten Teil *Agamemnon*. Von Seneca ist gleichfalls eine A.-Tragödie überliefert. In der Neuzeit schrieben u. a. J. Thomson (1738), Alfieri (1776) und Lemercier (1789) Tragödien, die sich eng an die antiken Vorbilder anlehnen. G. Hauptmann schuf in seiner „Atriden-Tetralogie" (*Agamemnons Tod,* 1946) eine eigenständige Interpretation. In Christa Wolfs Erzählung *Kassandra* (1983) ist aus dem mächtigen Kriegshelden ein Schwächling geworden, der sein Schicksal ahnt und sich nicht dagegen wehrt. Weitere literarische Werke siehe Elektra, Iphigenie, Orestes.

Agaue, Tochter des ↑ Kadmos und der ↑ Harmonia, Mutter des ↑ Pentheus. Der Siegeszug des Dionysos führte auch nach Theben, dem Geburtsort des Gottes. Der junge König Pentheus weigerte sich, an dem neuartigen orgiastischen Kult teilzunehmen; er ließ sich aber bereden, die ↑ Bakchen bei ihrer Raserei zu beobachten. A., die auch zu den Bakchen gehörte, hielt den Sohn in ihrer Ekstase für einen Löwen und führte die Frauen an, die sich auf Pentheus stürzten und ihn zerrissen. So strafte Dionysos den Widersacher. Erschüttert erkannte A. zu Hause das Haupt ihres Sohnes. – Der Mythos, einer der vielen, die sich mit der Einführung des Dionysos-Kults beschäftigen, wurde von Euripides in der Tragödie *Die Bakchen* verarbeitet (405 v. u. Z.).

Agenor, Sohn des Poseidon und der Nymphe Libye, Vater der ↑ Europa, Zwillingsbruder des ↑ Belos. Als Zeus Europa entführt hatte, schickte A. seine Söhne Phoinix, Kilix und Kadmos aus, die Schwester zu suchen. Ohne sie durften sie nicht zu ihm zurückkehren. Als die Brüder merkten, daß die Aufgabe nicht zu erfüllen war, siedelten sie sich an anderen Orten an.

Aglaia, eine der ↑ Chariten.

Aglauros ↑ **Agraulos**

Agraulos, auch Aglauros, Tochter des Königs ↑ Kekrops von Athen und seiner Gattin, die gleichfalls A. hieß. Athene übergab A., ihren Schwestern Herse und Pandrosos ein Kästchen mit dem strengen Verbot, es zu öffnen. Da die Mädchen das Gebot übertraten und das Kind ↑ Erichthonios (1) erblickten, strafte Athene sie mit Wahnsinn, und sie stürzten sich von der Akropolis.

Aia ↑ **Aiëtes,** ↑ **Argonauten**

Aiakos, Sohn des Zeus und der Nymphe Aigina, Vater von ↑ Peleus und ↑ Telamon. A. galt als der gerechteste Mann unter den Griechen und wurde deshalb nach seinem Tode einer der Richter der Unterwelt (neben Minos und Rhadamanthys).

Aias (lat. Ajax), zwei Helden des ↑ Trojanischen Krieges, deren Taten in der *Ilias* verherrlicht werden: 1.

Aias der Oilide (auch Aias Oileus oder der kleine A. genannt) war Sohn des Königs Oileus von Lokris und führte vierzig Schiffe gegen Troja. Er war berühmt wegen seiner Schnelligkeit und seiner Geschicklichkeit im Speerwurf. Heftig von Charakter, vergewaltigte er nach der Einnahme Trojas ↑ Kassandra, obwohl sie am Altar Athenes Schutz gesucht hatte. Dafür bestrafte ihn die Göttin auf der Heimfahrt. Sie schickte einen Sturm, der sein Schiff zerschmetterte. Zwar konnte er sich auf einen Felsen retten, doch prahlte er so mit seiner Kraft und seiner Überlegenheit, daß Poseidon den Felsen mit seinem Dreizack spaltete und A. in den Fluten umkam. – 2. Aias der Telamonier (der große A. genannt) war Sohn des Königs Telamon von Salamis. Er führte zwölf Schiffe an. Ungewöhnlich groß von Wuchs, war er nach Achilleus der stärkste und kühnste der griechischen Helden: Im Zweikampf stand er ↑ Hektor gegenüber, und keiner konnte den anderen besiegen; er verhinderte, daß die Troer die griechischen Schiffe in Brand steckten. Als Patroklos gefallen war, barg er gemeinsam mit Aias Oileus und Menelaos den Körper des Toten. Auch die Leiche des Achilleus deckte er in der Schlacht und beanspruchte deshalb dessen Waffen. Als sie aber Odysseus zugesprochen wurden, raste er vor Zorn. Athene schickte Wahnsinn über ihn und ließ ihn eine Rinderherde anstelle der griechischen Heerführer erschlagen. Wieder zu sich gekommen, stürzte sich A. aus Verzweiflung über die unwürdige Tat in sein Schwert (Wahnsinn und Tod des A. gestaltete Sophokles in seiner 450/440 v. u. Z. aufgeführten Tragödie *Aias*). Noch in der Unterwelt haderte er mit Odysseus (XI. Gesang der *Odyssee*). – Beide A. traten oft zu gemeinsamen Taten an, möglicherweise waren sie auch ursprünglich nur eine Gestalt. Besonders Aias der Telamonier wurde kultisch verehrt und vor Schlachten um Hilfe angerufen. Die Heldentaten der beiden A. wurden oft auf griechischen Vasen dargestellt. Abbildungen von Aias dem Oiliden finden sich auf lokrischen Münzen. Rubens malte die Szene zwischen ihm und Kassandra.

Aiëtes, König von Kolchis (Aia), Sohn des Helios und der Okeanide Perseïs, Bruder der Kirke. Er bewahrte das ↑ Goldene Vlies auf, das von einem Drachen bewacht wurde. Als ↑ Iason mit den Argonauten den Schatz forderte, versprach A. die Herausgabe, wenn es Iason gelingen würde, mit den feuerspeienden Stieren ein Feld umzupflügen und Drachenzähne zu säen. Da er sich nach der Erfüllung der Aufgabe durch Iason weigerte, das Versprechen zu erfüllen, half seine Tochter ↑ Medeia, die in Liebe zu Iason entbrannt war, das Vlies zu erobern. Um A. an der Verfolgung zu hindern, tötete Medeia ihren Bruder ↑ Apsyrtos. Später wurde A. von seinem Bruder Perses verdrängt.

Aigeus, König von Athen, Sohn des Pandion. Sein Sohn ↑ Theseus, den ↑ Aithra ihm in der Ferne geboren hatte, wuchs auch fern von Athen auf. Inzwischen hatte ↑ Medeia bei A. Zuflucht gefunden, war seine Frau geworden und hatte ihm einen Sohn geboren. Als Theseus herangewachsen war, machte er sich auf den Weg nach Athen. Dabei kam er an dem Felsblock vorbei, unter dem A. einst sein Schwert und seine Sandalen gelassen hatte. Theseus wälzte den Felsen weg, zog die Sandalen an und nahm das Schwert, denn A. hatte einst Aithra gesagt, daß sein Sohn erst nach Athen kommen solle, wenn er die Kraft habe, den Felsen zu bewegen. Medeia erkannte Theseus früher als sein Vater und versuchte, ihn bei A. zu verleumden, damit er umgebracht würde. Erst im letzten Augenblick sah A. die Sandalen und das Schwert. Er nahm den Sohn freudig auf und verjagte Medeia. Theseus aber zog nach Kreta, um Athen von dem Tribut an ↑ Minos zu befreien. (A. hatte die Schuld am Tod von Minos' Sohn ↑ Androgeos, deshalb hatte Kreta Krieg gegen Athen geführt.) Bei der Rückkehr vergaß er, daß er seinem Vater schon durch die Segel Nachricht vom Ausgang des Unternehmens geben wollte: Er versäumte es, die schwarzen Segel, die das Zeichen für seinen Tod sein sollten, gegen weiße auszutauschen. A., der nach dem Sohn Ausschau hielt, stürzte sich voll Verzweiflung ins Meer, das seitdem Ägäisches Meer heißt. Theseus' Ankunft in Athen und Medeias Verrat hat Euripides für eine Tragödie *Aigeus* verwendet, die in einigen Fragmenten erhalten ist.

Aigialeia, Gemahlin des ↑ Diomedes (2). Als dieser vor Troja kämpfte, überredete ↑ Nauplios A. und die anderen Frauen, ihre Männer zu betrügen, da diese ohnehin mit Geliebten aus dem Krieg zurückkehren würden (Nauplios' Sohn ↑ Palamedes war vor Troja unter falschen Beschuldigungen umgebracht worden). Nach einer anderen Version war es Aphrodite, die A. die Liebe zu dem jungen Kometes eingab. Die Göttin wollte sich an Diomedes rächen, weil er sie im Trojanischen Krieg verwundet hatte.

Aigialeus ↑ Epigonen

Aigina, Nymphe der gleichnamigen Insel, Tochter des ↑ Asopos, eines Flußgottes aus Böotien. Von Zeus verführt, wurde sie die Mutter von ↑ Aiakos. S. a. Myrmidonen.

Aigis ↑ Athene

Aigisthos, Sohn des ↑ Thyestes. Nach der Greueltat seines Bruders ↑ Atreus war Thyestes zu König Thesprotos nach Sikyon geflohen und hatte dort die eigene Tochter Pelopeia vergewaltigt (nach einer Version, ohne um die Verwandtschaft zu wissen, nach einer älteren hatte ihm ein Orakel geboten, mit der Tochter einen Rächer zu zeugen). Diese wurde mit dem inzwischen verwitweten Atreus verheiratet und gebar A., den Atreus für seinen Sohn hielt und aufzog. (In einer anderen Version setzte Pelopeia den Säugling aus, er wurde von Hirten aufgezogen, später aber von Atreus adoptiert.) Als Atreus' Sohn Agamemnon den Thyestes gefangengenommen hatte, wurde A. zu ihm geschickt, damit er ihn umbringe. Atreus gab ihm dafür das Schwert, das Pelopeia einst Thyestes weggenommen hatte. Thyestes erkannte sein Schwert und entdeckte A. die Zusammenhänge: Pelopeia tötete sich, A. brachte Atreus um, und Thyestes wurde Herrscher von Mykene. Agamemnon und sein Bruder Menelaos wurden vertrieben. Erst mit Hilfe des Königs Tyndareos von Sparta, der seine Töchter Klytaimestra und Helena mit Agamemnon und Menelaos verheiratete, übernahm Agamemnon wieder den Thron von Mykene. Während das Heer der Griechen unter der Führung Agamemnons vor Troja lag, verführte A. Klytaimestra, die den heimgekehrten Gatten tötete. An A. aber nahm nach Jahren ↑ Orestes Rache. In allen dramatischen Werken, die seit Aischylos' *Orestie* die blutige Fehde des Atridengeschlechts auf die Bühne brachten, spielt A. die Rolle des Verführers und Mörders, der im scharfen Gegensatz zum edlen Agamemnon gesehen wird.

Aigyptos, König von Ägypten, Sohn des Belos. Er hatte fünfzig Söhne, die die fünfzig Töchter seines Bruders Danaos, die ↑ Danaïden, mit Gewalt heirateten. Nachdem die Danaïden (außer ↑ Hypermestra) auf den Rat ihres Vaters in der Hochzeitsnacht ihre Männer umgebracht hatten, floh A. nach Lykien.

Aineias ↑ Aeneas

Aiolos, 1. Sohn des ↑ Hellen und der Nymphe Orseïs, Stammvater der Aioler (Äoler). Zu seinen Söhnen gehörten ↑ Sisyphos, ↑ Athamas und ↑ Salmoneus, seine Tochter war ↑ Melanippe. – 2. Gott der Winde. Er wohnte auf der Insel Aiolia, auf die Odysseus verschlagen wurde. A. nahm ihn mit seinen Gefährten gastfreundlich auf und schenkte ihm beim Abschied einen Sack, in dem alle widrigen Winde eingeschlossen waren. Die Gefährten wußten nur von Odysseus' Verbot, den Sack zu öffnen. Sie glaubten Schätze darin versteckt, banden ihn auf und ließen so die Winde los. Der furchtbare Sturm trieb das Schiff nach der Insel Aiolia zurück, doch A. war nun nicht mehr bereit, Odysseus zu helfen, sondern verjagte ihn und seine Gefährten von seiner Insel. Euripides hat aus der Episode der *Odyssee* (X. Gesang), in der A. auch berichtet, daß er seine Söhne mit seinen Töchtern verheiratet habe, eine Tragödie *Aiolos* gestaltet (nur in Fragmenten erhalten): Die Liebe des A.-Sohnes Makareus zu seiner Schwester ↑ Kanake bringt tragische Verstrickungen. Eine andere Tochter des A. war ↑ Alkyone (2).

Aipytos, 1. König von Arkadien, Sohn des Hippothoos. Er drang in den Tempel des Poseidon in Mantineia ein, obwohl dies den Menschen streng verboten war. Poseidon strafte ihn mit Blindheit. – 2. König von Arkadien, Sohn des Elatos. Eine Schlange biß ihn während einer Jagd, so daß er sofort starb. Man begrub ihn an der Stelle seines Todes. – 3. anderer Name des ↑ Kresphontes (2).

Aison, Vater des ↑ Iason.

Aither ↑ Nyx

Aithiopen, mythisches Volk, am äußersten südlichen Rand der Erde lebend (wie im Norden die ↑ Hyperboreer). Sie waren Lieblinge der Götter; in *Ilias* und *Odyssee* wird an mehreren Stellen erwähnt, daß sich die Himmlischen bei den A. zum Opfermahle versammelten. Ihr König ↑ Memnon, Sohn der Eos, zog an der Spitze eines Heeres nach Troja, um Priamos zu helfen. Er fiel durch Achilleus. Noch in Heliodors berühmtem Roman *Die äthiopischen Abenteuer von Theagenes und Charikleia* (3. Jh.) ist Äthiopien, obwohl inzwischen genauer lokalisiert, ein glückliches Land, wo Gerechtigkeit herrscht.

Aithra, Tochter des Königs ↑ Pittheus von Troizen. Als ↑ Aigeus, der kinderlose König von Athen, bei ihrem Vater zu Gast war und einen Orakelspruch wiedergab, der ihm dunkel geblieben war, erkannte Pittheus den Sinn: Der Sohn, den Aigeus noch bekommen sollte, würde einst ein großer Held und mächtiger König von Athen werden. Deshalb gab Pittheus dem Gast seine Tochter zur Frau, die in der gleichen Nacht auch von Poseidon geliebt wurde. Aigeus reiste wieder nach Athen. Er trug A. aber auf, den Sohn, den sie gebären würde, erst zu ihm zu schicken, wenn dieser Kraft genug hätte, einen Felsblock von der Stelle zu rücken. A. gebar ↑ Theseus, der gleichermaßen als Sohn des Aigeus und des Poseidon galt. Als Theseus später, inzwischen König von Athen geworden, ↑ Helena raubte, brachte er sie zu seiner Mutter. Die Dioskuren befreiten ihre Schwester, führten A. mit sich fort und übergaben sie Helena als Sklavin. Mit dieser kam sie auch nach Troja. Bei der Eroberung der Stadt wurde sie von ihren Enkeln ↑ Akamas (1) und ↑ Demophon (2) befreit.

Aius Locutius, römische Gottheit des Augenblicks. Ihre Stimme soll im Jahre 387 v.u.Z. die Römer gewarnt haben, bevor die Gallier in Latium einfielen.

Ajax ↑ **Aias**

Akademos, Heros aus Attika. Als Theseus die schöne Helena geraubt hatte, war er es, der ihren Brüdern, den Dioskuren, ihr Versteck zeigte. Der Sage nach ist A. in einem heiligen Hain am Stadtrand von Athen begraben. Seit der Zeit der griechischen Polis lehrten in diesem Hain die Philosophen, seit 388 v. u. Z. versammelte Platon hier seine Schüler. Auf diese „Akademie" genannte Philosophenschule gehen Gedanke und Name der modernen Gelehrtengesellschaften, Kunstschulen usw. zurück.

Akamas, 1. Sohn des Theseus und der Phaidra. A. nahm an der Belagerung Trojas teil. Er wurde gemeinsam mit Diomedes in die Stadt gesandt, um die Herausgabe der Helena zu fordern. Dabei verliebte sich die Priamos-Tochter ↑ Laodike (1) in ihn. Aus der Verbindung ging der Sohn Munitos hervor. A. befreite mit seinem Bruder ↑ Demophon (2) nach der Eroberung Trojas die Mutter des Theseus, ↑ Aithra, und brachte sie nach Athen zurück. – 2. Sohn des ↑ Antenor.

Akarnan, Sohn des ↑ Alkmaion und der Nymphe ↑ Kallirrhoë (2), Nachkomme des ↑ Amphiaraos. Als Alkmaion von den Söhnen des Königs Phegeus ermordet worden war, erbat sich Kallirrhoë von Zeus, daß ihre Söhne sofort zu Männern würden, um den Vater rächen zu können. Zeus gewährte die Bitte, A. und sein Bruder Amphoteros töteten Phegeus und seine Familie. Danach weihten sie das Halsband der ↑ Harmonia, Ursache des Unglücks in der Familie des Amphiaraos, dem Tempel von Delphi.

Akastos, Sohn des Königs von Iolkos, ↑ Pelias; nahm an der ↑ Kalydonischen Jagd und an der Fahrt der ↑ Argonauten teil. Nachdem seine Schwestern auf den falschen Rat der ↑ Medeia ihren Vater getötet hatten, wurde er selbst König und vertrieb Medeia mit Iason. ↑ Peleus, der bei der Kalydonischen Jagd ohne Absicht seinen Schwager erschlagen hatte, fand Zuflucht bei ihm und wurde entsühnt. Dabei verliebte sich A.' Frau Astydameia in den Gast, wurde aber von ihm zurückgewiesen. Die beleidigte Frau bezichtigte nun Peleus bei ihrem Mann der unerlaubten Annäherung und fand damit Glauben. Dieser scheute sich zwar, den Gast zu töten, ließ ihn aber bei einer Jagd unbewaffnet auf dem Berg Pelion zurück. Dort lebten wilde Kentauren, aber auch der weise ↑ Cheiron, der Peleus rettete. Peleus rächte sich an A. und Astydameia, indem er Iolkos eroberte und die beiden tötete.

Akis ↑ Galateia

Akontios, ein Jüngling von der Insel Keos, der sich in das schöne Mädchen Kydippe aus Athen verliebt hatte. Während eines Festes zu Ehren der Artemis warf er ihr einen Apfel zu, auf dem der Schwur eingeritzt war, daß sie „bei Artemis" nur die Frau des A. werden wolle. Mit dem Lesen der Inschrift (bis in spätantike Zeit war es grundsätzlich üblich, laut zu lesen) leistete sie diesen Eid, und Artemis ließ nicht zu, daß sie einen anderen heiratete. Jedesmal, wenn der Vater sie einem anderen versprochen hatte, erkrankte Kydippe schwer. Das Orakel von Delphi gab dem Vater schließlich Auskunft über den Eid, und A. erhielt Kydippe zur Frau.

Akrisios, König von Argos, Nachkomme von ↑ Lynkeus (1) und ↑ Hypermestra. A. vertrieb seinen Zwillingsbruder Proitos, mit dem er sich schon im Mutterleib gestritten hatte, aus Argos. Er wußte aus einem Orakelspruch, daß sein Enkel ihn töten werde. Deshalb sperrte er seine Tochter ↑ Danaë in einen ehernen Turm, so daß kein Mann zu ihr gelangen konnte. Zeus aber, der Danaë begehrte, drang als goldener Regen bei ihr ein. Obwohl A. sie mit ihrem Sohn Perseus in einem Kasten ins Meer warf, ging das Orakel in Erfüllung, denn beide wurden gerettet, und der junge Perseus tötete bei einem Wettkampf durch einen unglücklichen Zufall seinen Großvater mit dem Diskus.

Aktaion (lat. Actaeon), Sohn des Aristaios und der Autonoë, einer Tochter des Kadmos. A. war ein berühmter Jäger, den Cheiron erzogen hatte. Er war so stolz auf seine Jagdkunst, daß er prahlte, selbst Artemis darin zu übertreffen. Die beleidigte Göttin verwandelte ihn in einen Hirsch und hetzte seine eigenen Hunde auf ihn, die ihn zerfleischten. Diese Version wird in Euripides' *Bakchen* (405 v. u. Z.) erzählt; nach anderen Überlieferungen (so durch Ovids *Metamorphosen,* III. Buch) wurde A. so furchtbar bestraft, weil er Artemis beim Baden beobachtet hatte. Die Bestrafung des A. war ein beliebtes Motiv der bildenden Kunst der Antike, es begegnet z. B. auf griechischen Vasen und pompejanischen Fresken. Auch auf einer Metope des Hera-Tempels von Selinunt ist die Szene dargestellt. Im Mittelalter taucht sie in Illustrationen zu Ovid auf. In Renaissance und Barock gehörte die A.-Geschichte zu den zahlreichen Gemälden, die Artemis (bzw. Diana) gewidmet waren. Die im Bade Überraschte malten u. a. Tizian und Rembrandt, die Verwandlung A.s in einen Hirsch und seinen Tod Cranach und Tizian. Literarisch gestaltet wurde das Motiv von F. Herzmanovsky-Orlando in seinem Roman *Maskenspiel der Genien* (e. 1929, gedr. 1958).

Alekto, eine der drei ↑ Erinyen.

Aleos ↑ **Auge**

Aletes, 1. König von Mykene, Sohn des ↑ Aigisthos. Er

kam an die Macht, nachdem dieser von Orestes getötet worden war. Vom Muttermord freigesprochen, tötete Orestes den A. und wurde selbst König von Mykene. – 2. einer der ↑ Herakliden, der mit List die Stadt Korinth eroberte: Er versprach der Tochter des Königs die Ehe, wenn sie ihm die Tore öffne.

Alexandra ↑ Kassandra

Alexandros ↑ Paris

Alkaion, König von Tiryns, Vater des ↑ Amphitryon.

Alkathoos, Sohn des ↑ Pelops und der Hippodameia, ein Bruder von Atreus und Thyestes, König von Megara.

Alkestis, Tochter des ↑ Pelias, Gemahlin des ↑ Admetos. A. war als einzige bereit, anstelle ihres Gemahls zu sterben: Denn Apollon hatte für Admetos aus Dankbarkeit bei den Moiren die Gunst erwirkt, daß Admetos einen anderen in den Tod schicken dürfe, wenn dieser freiwillig ginge. Herakles, der Gast des Hauses war, erfuhr von A.' Opfer, wartete auf die Ankunft des Todes, besiegte ihn und brachte A. zu Admetos zurück. – Die Opferbereitschaft der Frau und der glückliche Ausgang des Opfers sind in dem Drama *Alkestis* (438 v. u. Z.) von Euripides dargestellt. In einer späteren Version der Geschichte ist es die gerührte Persephone selbst, die A. zurückführt. Nach der lateinischen Übersetzung des Euripides adaptierten die europäischen Dramatiker den Stoff für die Bühne, die Reihe der Bearbeiter reicht von H. Sachs über Wieland, Herder, Alfieri, Hofmannsthal bis zu Th. Wilder (*Die Alkestiade,* 1955). Dabei wechseln die Akzente: Admetos ist der den Tod fürchtende Egoist oder der Gatte, der das Opfer seiner Frau überbieten will. Auch als Treueprobe wurde der Stoff ausgelegt. Ähnlich beliebt wie bei den Dramatikern war die A.-Geschichte bei den Opernkomponisten (Lully, *Alceste,* 1674; Händel, *Admeto,* 1727; Gluck, *Alceste,* 1767).

Alkinoos, König der ↑ Phaiaken, Gemahl der ↑ Arete. Beider Tochter war ↑ Nausikaa. A. lebte auf der Insel

Scheria, wohin Odysseus nach seinem siebenjährigen Aufenthalt bei der Nymphe Kalypso verschlagen wurde, als sein Floß zerschellte. A. bot Odysseus seine Gastfreundschaft an, und der Held erzählte beim Festmahl von seinen Irrfahrten. Schließlich schenkte A. ihm ein Schiff, damit er wieder seine Heimat erreichen konnte.

Alkippe ↑ Halirrhotios

Alkmaion, Sohn des ↑ Amphiaraos und der ↑ Eriphyle. A. rächte seinen Vater, der wider besseres Wissen am Zug der ↑ Sieben gegen Theben teilgenommen und dort den Tod gefunden hatte. Eriphyle hatte ihn dazu überredet, weil Polyneikes sie mit dem Halsband der Harmonia bestochen hatte. A. erschlug deshalb seine Mutter und wurde daraufhin von den Erinyen in den Wahnsinn getrieben. Von den Göttern geheilt, heiratete er die Tochter des Königs Phegeus, Alphesiboia (auch Arsinoë genannt). Doch kamen die Erinyen erneut über ihn; nach einem Orakelspruch fand er erst Ruhe auf einem Stück Land, das nach dem Mord an der Mutter entstanden war: eine Insel an der Mündung des Acheloos. Dort nahm er ↑ Kallirrhoë (2), die Tochter des Flußgottes, zur Frau. Nach seinem Tod weihten die Söhne des A. (↑ Akarnan) das verderbenbringende Halsband nach dem Rat des Acheloos dem Tempel in Delphi. Nach anderen Quellen stiftete der Schmuck nochmals Verderben, weil A. ihn Alphesiboia geschenkt hatte und Kallirrhoë ihn später gleichfalls besitzen wollte. A. forderte das Halsband von Phegeus unter dem Vorwand, es dem Delphischen Orakel weihen zu wollen. Als Phegeus die Täuschung entdeckte, ließ er A. von seinen Söhnen töten.

Alkmene, Gattin des ↑ Amphitryon, Tochter des mykenischen Königs ↑ Elektryon. Als Amphitryon diesen versehentlich tötete, floh A. mit ihm nach Theben. Dort besuchte sie Zeus in Gestalt des Gatten, und sie gebar Zwillinge, Herakles (von Zeus) und Iphikles (von Amphitryon). Nach dem Tod des Amphitryon, vor allem aber nach dem Tod des Herakles, wurde sie von ↑ Eurystheus verfolgt. A. floh nach Athen, wo sie von Theseus beschützt wurde. Nach dem Tod wurde sie zur Insel der Seligen gebracht, dort war sie Frau des ↑ Rhadamanthys. Bei den zahlreichen Bearbeitungen des Amphitryon-Stoffes in der dramatischen Weltliteratur ist immer A. die zentrale Gestalt.

Alkyone, 1. eine der ↑ Pleïaden, gebar von Poseidon Hyrieus, der König von Böotien wurde. – 2. Tochter des ↑ Aiolos. Sie war Gemahlin des thessalischen Königs ↑ Keÿx. Die beiden lebten in glücklichster Eintracht. Als Keÿx auf einer Seereise umkam, sandte Hera ihr im Traum die Nachricht vom Tod des Gatten. A. fand die Leiche am Ufer des Meeres. Ihr Jammer rührte die Götter so, daß sie beide in Eisvögel verwandelten. Ovid erzählt diese Geschichte im XI. Buch seiner *Metamorphosen.*

Alkyoneus, einer der ↑ Giganten. In der Gigantomachie auf den Feldern von Phlegra besiegte Herakles den A., indem er ihn von der heimatlichen Erde fortlockte, die ihn unverwundbar machte.

Aloaden, die beiden Söhne des Aloeus (oder seines Vaters Poseidon) und der Iphimedeia, mit Namen Otos und Ephialtes. Riesig von Gestalt und mit unermeßlichen Kräften versehen, bedrohten sie die olympischen Götter: Auf den Olymp wollten sie die Berge Ossa und Pelion türmen, um so bis zum Himmel zu gelangen. Sogar Ares legten sie in Fesseln und sperrten ihn dreizehn Monate in ein ehernes Faß ein, bis Hermes ihn befreite. Apollon tötete sie (oder aber Artemis sandte ihnen eine Hirschkuh, auf die beide zielten, die sie aber verfehlten und sich dabei gegenseitig töteten). Die A. waren nicht nur Frevler, sie galten auch als Gründer von Städten und Stifter des Kultes der drei ↑ Musen (an deren Stelle später die neun Musen traten).

Alope, Tochter des ↑ Kerkyon, des Königs von Eleusis (nach einer anderen Überlieferung lebte Kerkyon als gewalttätiger Räuber bei Eleusis). Poseidon machte sie zu seiner Geliebten. Das Kind, das sie gebar, ließ sie im Wald aussetzen. Hirten fanden es, als es von einer Stute gesäugt wurde, und brachten es zu Kerkyon, der an der Wäsche die Mutter erkannte. A. wurde mit dem Tod bestraft, das Kind erneut ausgesetzt. Die Stute nahm sich seiner wieder an und zog es auf (es wurde später Hippothoon genannt). Nachdem Theseus Kerkyon getötet hatte, wurde Hippothoon König von Eleusis. Eine Tragödie von Euripides, die das Schicksal des A. gestaltet, ist nur in wenigen Fragmenten erhalten.

Alpheios, Sohn des Okeanos und der Tethys, Gott des gleichnamigen Flusses auf dem Peloponnes. Er liebte die Nymphe ↑ Arethusa, eine Gefährtin der Artemis, die jedoch vor ihm floh. Bis zur Insel Ortygia verfolgte er sie, so daß sie Artemis um Hilfe anflehte. Die Göttin verwandelte Arethusa in eine Quelle (mit der sich A. nun vereinigen konnte). Die Sage gehört zu den *Metamorphosen,* die Ovid erzählt.

Alphesiboia, 1. eine Nymphe. Sie war Geliebte des Dionysos und gebar ihm den Sohn Medos, den Stammvater der Meder. – 2. anderer Name der Arsinoë, Gemahlin des ↑ Alkmaion.

Althaia, Gemahlin des Oineus, des Königs von Kalydon, Tochter des Königs von Pleuron, Thestios. A. gebar ↑ Meleagros und ↑ Deïaneira. Kurz nach der Geburt verkündeten ihr die ↑ Moiren, daß das Leben ihres Sohnes an einem Holzscheit hinge, das soeben im Herd verbrannte. A. holte es sogleich aus dem Feuer, löschte es und verwahrte es sorgfältig. Als Meleagros erwachsen war, gehörte er mit zu den Helden, die den riesigen Eber jagten, der Kalydon verwüstete (↑ Kalydonische Jagd). Dabei tötete er Plexippos, den Bruder seiner Mutter. A. rächte ihren Bruder, indem sie das Holzscheit wieder ins Feuer warf, so daß Meleagros sterben mußte. Danach tötete A. sich selbst.

Amaltheia, die Nymphe, die den Zeusknaben in einer Höhle auf der Insel Kreta versorgte, wohin seine Mutter ↑ Rheia ihn gebracht hatte, um zu verhindern, daß

↑ Kronos ihn ebenso verschlang wie seine Geschwister. A. nährte Zeus mit der Milch einer Ziege. Nach einer anderen Version war A. die Ziege selbst. Sie säugte den jungen Gott und wurde zur Belohnung als Stern an den Himmel versetzt (Kapella im Sternbild Fuhrmann). Ihr Horn, das zufällig abgebrochen war, wurde von Zeus zum Segen und Überfluß spendenden Füllhorn gemacht. Es erscheint als Attribut Eirenes, Plutos', bei den Römern werden Bacchus, Ceres und Fortuna mit dem Füllhorn dargestellt. Bis in die Gegenwart gilt es als Glückssymbol.

Amata ↑ **Lavinia**

Amazonen, ein Volk kriegerischer Frauen aus Kleinasien. Den Männern feindlich gesonnen, duldeten sie diese nur, um Kinder gebären zu können, von denen sie nur die Mädchen selbst aufzogen. Die Jungen erschlugen oder verstümmelten sie oder überließen sie den Vätern zur Erziehung. Man erzählte von ihnen, daß sie sich die rechte Brust abschnitten (der Name A. wurde in antiker Zeit als ‚brustlos' gedeutet), um den Bogen besser spannen zu können. Ihre Götter waren Artemis und Ares, von dem sie abstammen sollten. Die größten griechischen Helden kämpften gegen die A., wurden aber auch von ihrer Schönheit angezogen. ↑ Bellerophontes mußte gegen sie ausziehen, zu Herakles' Arbeiten gehörte es, den Gürtel ihrer Königin ↑ Hippolyte herbeizuschaffen, Theseus bekämpfte sie und holte sich ↑ Antiope (oder Hippolyte) zur Frau. Auch im Trojanischen Krieg spielten die A. eine Rolle: Sie kamen, unter der Führung von ↑ Penthesileia, den Troern zu Hilfe, und nur Achilleus konnte die Königin im Zweikampf besiegen.

Die A.-Mythen, die den Untergang der matriarchalischen Ordnung spiegeln, regten in der Antike viele bildende Künstler an. Zahlreiche Bauwerke (der Westgiebel des Parthenon in Athen, das Schatzhaus der Athener in Delphi, das Mausoleum in Halikarnassos, der Hera-Tempel von Selinunt) sind mit den Darstellungen kämpfender A. geschmückt. Auch für Vasenbilder waren sie beliebt. Die berühmtesten A.-Statuen sind die sogenannten Ephesischen A., die – nach einem Bericht Plinius' d. Ä. – von den Bildhauern Polyklet, Pheidias, Kresilas und Phradmon im Wettstreit geschaffen wurden, um das Artemis-Heiligtum in Ephesos zu schmükken. Kopien dieser Statuen, die sämtlich verwundete A. darstellen, sind erhalten. Aus der Neuzeit ist nur das Gemälde von Rubens (*Amazonenschlacht*) bedeutend. Die schönen kämpfenden Frauen haben auch die Dichter, besonders die Dramatiker, seit dem 16. Jh. beschäftigt. R. Garnier, Lope de Vega, Tirso de Molina, vor allem aber H. von Kleist (*Penthesilea,* 1808) zeigen sie in tragischen Zusammenstößen mit der Männerwelt. Erst Christa Wolf benutzt (in *Kassandra,* 1983) den Mythos, um alternative Möglichkeiten einer von Frauen bestimmten Gesellschaft aufzuzeigen.

Ambrosia, die Speise der Götter, die ihnen (wie der Nektar) die Unsterblichkeit verlieh. Eos gab ihrem Geliebten ↑ Tithonos Nektar und A., damit er unsterblich würde.

Amor, römischer Liebesgott; wie Cupido wurde er dem griechischen ↑ Eros gleichgesetzt; Sohn der Venus. In Apuleius' Märchen *Amor und Psyche* (eingeschoben in den Roman *Der goldene Esel,* 2. Jh.) ist er der Gemahl der ↑ Psyche. Die bildende Kunst unterscheidet nicht zwischen der griechischen und der römischen Gestalt.

Amphiaraos, Seher aus Argos, Sohn des Oikles. Er nahm an der ↑ Kalydonischen Jagd teil. A. war verheiratet mit ↑ Eriphyle, der Schwester des ↑ Adrastos, des Königs von Argos. Adrastos wollte seinem Schwiegersohn ↑ Polyneikes helfen, die Macht in Theben wiederzuerlangen, und A. sollte an diesem Krieg teilnehmen. Der Seher aber wußte, daß den Angreifern eine vernichtende Niederlage bevorstand. Er versteckte sich, wurde aber von Eriphyle verraten, die Polyneikes mit dem Halsband der Harmonia bestochen hatte. A. mußte sich dem Zug der ↑ Sieben gegen Theben anschließen. Bevor er in den Krieg zog, ließ er seine Söhne schwören, ihn zu rächen, wenn er fallen würde. Trotz ungünstiger Zeichen, die Zeus sandte und auf die A. immer wieder aufmerksam machte, belagerten die Sieben Theben und wurden geschlagen. Den Seher A. aber ließ Zeus mit seinem Streitwagen von der Erde verschlingen und machte ihn unsterblich. In Aischylos' Tragödie *Sieben gegen Theben* (467 v. u. Z.) wird er der edelste von denen genannt, die die Stadt belagern. Seinem Schwur gemäß tötete A.' Sohn ↑ Alkmaion Eriphyle, weil sie seinen Vater in den Tod getrieben hatte. A. wurde in Oropos in Attika besonders als Traumdeuter verehrt. Sein Auszug nach Theben ist auf einem nach ihm benannten Krater aus dem 6. Jh. v. u. Z. dargestellt.

Amphiktyon, Sohn des ↑ Deukalion (1) und der Pyrrha. Er war verheiratet mit der Tochter des attischen Königs ↑ Kranaos. Nachdem er seinen Schwiegervater gestürzt hatte, regierte er zwölf Jahre in Athen, dann wurde er von ↑ Erichthonios (1) vertrieben.

Amphilochos, einer der Söhne des ↑ Amphiaraos und der ↑ Eriphyle. A. nahm am Zug der ↑ Epigonen gegen Theben teil und kämpfte als einer der Freier Helenas gegen Troja. Wie sein Vater war er ein Seher und gründete mit ↑ Kalchas mehrere Orakel. Einer seiner Nachkommen, gleichfalls A. (der Jüngere) genannt, gründete zusammen mit ↑ Mopsos die Stadt Mallos. Doch im Kampf um die Vorherrschaft töteten sich die beiden Seher gegenseitig.

Amphion, Sohn des Zeus und der ↑ Antiope (1), Bruder des ↑ Zethos. Antiope setzte die Zwillinge nach der Geburt aus Furcht vor ihrem Vater Nykteus aus. Dessen Bruder ↑ Lykos (1), der nach dem Tod des Nykteus König von Theben war, verfolgte Antiope weiter und machte sie schließlich zur Sklavin seiner Frau ↑ Dirke. Als A. und Zethos, die Hirten am Berg Kithairon gefunden und aufgezogen hatten, erwachsen waren, fanden sie Antiope auf der Flucht aus Theben und bestraften nun deren Peiniger. A. und Zethos übernahmen die Herrschaft über Theben und errichteten seine mächtige Mauer: Zethos durch die Kraft seines Körpers, A. durch das Spiel seiner Lyra, deren Musik die Steine von selbst zusammenfügte. Später wurde A. Gemahl der ↑ Niobe. Als seine Familie von Apollon und Artemis umgebracht wurde, beging er Selbstmord. A. und Zethos wurden in Theben als Heroen verehrt, in antiker Zeit zeigte man noch ihr Grab. In Euripides' Tragödie *Antiope* (als Fragment erhalten) treten die Zwillinge als Rächer der Mutter auf und erhalten von Hermes selbst die Macht über Theben. Ein Gemälde von Tiepolo zeigt A., wie er mit seinem Lyraspiel die Mauern Thebens baut.

Amphitrite, Nereïde, Tochter des Meeresgottes Nereus und der Okeanide Doris. Poseidon begehrte sie zur Frau und ließ sie, da sie vor ihm floh, von einem Delphin suchen. Dieser überredete sie, den Gott zu erhören. Sie gebar Poseidon den ↑ Triton. – Der Hochzeitszug der beiden war ein beliebtes Motiv der antiken, der Renaissance- und der Barockkunst. Auch auf dem Westgiebel des Parthenon der Athener Akropolis und auf dem Gigantenfries des Pergamonaltars ist A. dargestellt.

Amphitryon (griech. Amphitruo), Sohn des Königs von Tiryns, Alkaion, und der Astydameia, einer Tochter des Pelops. Sein Onkel ↑ Elektryon, König von Mykene, führte Krieg gegen das Inselvolk der Teleboer, die ihm die Herden geraubt hatten. A. half ihm in diesem Krieg und sollte dafür Elektryons Tochter ↑ Alkmene zur Frau bekommen. Als A. die zurückgewonnenen Herden heimführte, traf er mit einer Keule, die er nach einer Kuh geworfen hatte, versehentlich seinen Onkel und tötete ihn. Zur Flucht aus Mykene gezwungen, nahm er Alkmene und ↑ Likymnios, ihren Halbbruder, mit. Der thebanische König Kreon verhieß ihm Reinigung von der Sünde der unbeabsichtigten Tötung und Hilfe im erneuten Kampf gegen die Teleboer. Bedingung war aber, daß A. die wilde teumessische Füchsin erlege, die von keinem Jäger eingeholt werden konnte. Als Hilfe erhielt A. von dem Jäger ↑ Kephalos einen wunderbaren Hund, dem kein Tier entkommen konnte. Der Wettkampf mußte von Zeus selbst entschieden werden: Er verwandelte beide Tiere in Steine (nach einer anderen Version versetzte er sie als Sternbilder an den Himmel). A. eroberte schließlich die Inseln der Teleboer, wobei ihm Komaitho, die Tochter ihres Königs Pterelaos, half. A. schenkte die Inseln seinem Gefährten Kephalos, tötete Komaitho und kehrte nach Theben zurück. Die Schönheit Alkmenes war inzwischen von Zeus entdeckt worden. Er nahm die Gestalt des Gatten an und blieb eine Nacht bei ihr. Alkmene empfing von ihm Herakles und von dem heimkehrenden A., der den Betrug gemerkt hatte, Iphikles. Die Kinder wurden als Zwillinge geboren und gleichermaßen liebevoll von A. erzogen. A. fiel im Kampf gegen die Minyer, dem ersten Feldzug des jungen Herakles.

Der A.-Stoff, als eine Variante des „betrogenen Ehemannes", wurde schon früh von den Dramatikern entdeckt. Die Tragödien von Aischylos, Sophokles und Euripides sind verloren. Der Römer Plautus machte aus der Geschichte als erster eine Komödie (*Amphitruo*) und legte damit seine künftige Interpretation fest. Auch fügte er der heroischen Ebene die der Diener hinzu: Zeus (Jupiter) wird begleitet von Merkur, A. von seinem Diener Sosias, in den sich Merkur verwandeln muß. Die Bearbeitungen der Neuzeit gehen sämtlich auf Plautus zurück: Der französische Dramatiker J. Rotrou schrieb 1638 *Die beiden Sosias*, Molière 1668 *Amphitryon*, der Engländer Dryden 1690 *Amphitryon oder Die beiden Sosias.* H. von Kleist läßt Alkmene in seinem Lustspiel *Amphitryon* (1807) fast zur tragischen Figur werden. Im 20. Jh. deuteten Giraudoux (*Amphitryon 38*, 1929), G. Kaiser (*Zweimal Amphitryon*, 1948) und P. Hacks (*Amphitryon*, 1968) den Stoff neu. Auch eine frühe Filmkomödie beweist seine Beliebtheit und Anpassungsfähigkeit.

Amulius, Sohn des Proca, des Königs von Alba Longa, der dort etwa 400 Jahre nach der Gründung der Stadt herrschte. Nach dem Tod des Vaters vertrieb er den rechtmäßigen Herrscher, seinen älteren Bruder ↑ Numitor, und riß die Macht in Alba Longa an sich. Den Sohn des Numitor ließ er ermorden, die Tochter ↑ Rhea Silvia machte er zur Vestalin (↑ Vesta), damit sie keine Kinder zur Welt bringen sollte, die seine Untaten rächen könnten. Als sie dennoch von Mars die Zwillinge Romulus und Remus gebar, bestrafte er die Mutter grausam und ließ die Kinder aussetzen. Diese erfuhren später von ihrer wahren Herkunft, gaben Numitor die Herrschaft zurück und töteten A.

Amykos, Sohn des Poseidon, König der Bebryker in Bithynien (Kleinasien). Der riesige, ungeheuer starke A. überfiel mit seinen Fäusten alle Fremden, die in sein Land kamen. Auch den Argonauten drohte er und forderte sie zum Faustkampf heraus. Polydeukes (↑ Dioskuren), der sich besonders darin auszeichnete, konnte ihn besiegen und tötete ihn (oder aber er ließ ihn leben und schwören, künftig die Fremden freundlich zu empfangen).

Amymone, eine der ↑ Danaïden, die mit ihrem Vater von Ägypten nach Argos gekommen waren. Als Poseidon die Quellen von Argos versiegen ließ, weil die Bewohner sich von ihm abgewandt hatten, schickte Danaos seine Töchter auf die Suche nach Wasser. A. wurde von einem Hirsch abgelenkt, nach dem sie einen Speer schleuderte; sie schreckte damit einen schlafenden Satyr auf, der sie belästigte, so daß sie Poseidon zu Hilfe rief. Dieser vertrieb den Satyr und ließ mit seinem Dreizack eine Quelle entspringen. Dem Gott widersetzte sich A. nicht, ihr Sohn war der berühmte Seefahrer ↑ Nauplios. – Ältester literarischer Nachweis für diese Variante der Danaïdengeschichte ist das Satyrspiel *Amymone*, das den Abschluß der *Da-*

naïden-Tetralogie des Aischylos bildet (nur in geringen Fragmenten erhalten).

Amyntor, König von Böotien, Sohn des Ormenos. Er zog eine Geliebte seiner Frau vor, und diese bat deshalb ihren Sohn ↑ Phoinix, das Mädchen zu verführen. Als A. davon erfuhr, verfluchte er den Sohn, daß dieser kinderlos bliebe.

Anadyomene ↑ Aphrodite

Ananke, Göttin des unvermeidlichen Schicksals. Platon (*Der Staat*) nennt A., im Unterschied zu den Genealogien Hesiods, die Mutter der ↑ Moiren. In seiner poetischen Vision schildert er sie, wie sie die Sphären der Welt gleich einer Spindel dreht. Als „Bedingung und Gesetz" definiert Goethe den Begriff (4. Strophe der *Urworte. Orphisch,* e. 1817); V. Hugo verwendet ihn als Leitmotiv in seinem Roman *Notre Dame von Paris* (1831).

Anaxibia ↑ Strophios

Anchises, Abkömmling des ↑ Dardanos, Held aus dem troischen Herrschergeschlecht. Als der schöne Jüngling auf dem Berg Ida in der Nähe von Troja Rinder hütete, entbrannte Aphrodite in Liebe zu ihm (Zeus flößte ihr dieses Verlangen ein, um die Göttin zu demütigen, denn sie war es sonst, die Götter Sterbliche lieben ließ). Sie verführte A. und gebar den Helden ↑ Aeneas, den Nymphen aufzogen. Bevor Aphrodite A. verließ, gebot sie ihm, niemals die wahre Mutter seines Sohnes zu nennen, wenn er ihm einst zugeführt würde, denn sonst würde Zeus den Prahler bestrafen. Soweit besingt der *Homerische Hymnus Auf Aphrodite* die Beziehung des A. zu der Liebesgöttin. In der *Ilias* wird A. nur beiläufig erwähnt. Erst in der *Aeneis* des Vergil taucht die Gestalt wieder auf: Aeneas trägt den greisen Vater aus dem brennenden Troja, flieht mit ihm und den Gefährten zunächst auf den Berg Ida und nimmt ihn dann mit auf seine Schiffe, die auf der Suche nach einer neuen Heimat viele Inseln und Küsten anlaufen. A. starb unterwegs auf Sizilien. Aeneas veranstaltete Begräbnisspiele ihm zu Ehren. Bei seiner Unterweltsfahrt sieht er ihn wieder (VI. Buch der *Aeneis*): A. kündet dem Sohn von der künftigen Weltherrschaft Roms.

Ancus Marcius, legendärer König von Rom. Nachfolger des kriegerischen ↑ Tullus Hostilius. Er erneuerte die kultischen Bräuche des ↑ Numa Pompilius und war friedlicher gesonnen als sein Vorgänger. Als jedoch die Nachbarvölker diese Friedfertigkeit für Schwäche hielten und versuchten, die Oberherrschaft Roms abzuschütteln, schickte er sein Heer gegen die Aufrührer. So wurden die Städte Politorium und Medullia zerstört und ihre Bewohner in Rom angesiedelt. Um dafür Platz zu gewinnen, vergrößerte A. M. das Territorium Roms. Er erneuerte und verbesserte die Befestigung der Stadt und baute den Hafen Ostia. Er starb nach vierundzwanzigjähriger Regierungszeit, in der er Ruhm und Macht Roms gewaltig vermehrt hatte.

Androgeos, Sohn des Minos und der Pasiphaë. Geschickt im Umgang mit Waffen, errang er alle Siege bei den Panathenäen. König ↑ Aigeus und die Athener fürchteten ihn deshalb und schickten ihn auf Jagd gegen einen wilden Eber, so daß er umkam. Minos rächte den Tod seines Sohnes und zog gegen Athen und seine Verbündeten (↑ Nisos) in den Krieg. Zeus sandte auf Minos' Bitten Pest und Hunger in das Land. Ein Orakel verkündete den Athenern, daß die Plagen erst enden würden, wenn sie als Sühne alle neun Jahre sieben Jungfrauen und sieben Jünglinge für den ↑ Minotauros nach Kreta senden würden. Theseus befreite schließlich Athen von dem Tribut.

Andromache, Tochter des ↑ Eëtion, des Königs von Theben (oder Thebe) in Mysien, Gemahlin des Hektor. Das Schicksal, das sie durch den ↑ Trojanischen Krieg erdulden mußte – Tod des geliebten Mannes, Gefangenschaft, Trennung von der Familie und schließlich der gewaltsame Tod des kleinen Sohnes – steht am Anfang der literarischen Gestaltung des Leides, das Frauen durch den Krieg erfahren. Im VI. Gesang der *Ilias* wird die letzte Begegnung von Hektor und A. ge-

schildert, eine der schönsten und rührendsten Szenen der griechischen Literatur überhaupt. Bei der Nachricht von Hektors Tod brach A. zusammen. Wie alle anderen Frauen Trojas wurde auch sie Beute der Sieger, ↑ Astyanax, ihr Kind, wurde brutal ermordet, damit kein Rächer heranwüchse. Sie selbst mußte mit Achilleus' Sohn ↑ Neoptolemos gehen, der sie in seine Heimat führte, wo auch seine Frau (oder Verlobte) ↑ Hermione, die Tochter des Menelaos und der Helena, lebte. Nach dem Tod des Neoptolemos wurde A. die Frau des ↑ Helenos, der wie sie Gefangener der Griechen gewesen war. Sie herrschten über Epeiros. Vergil erzählt in der *Aeneis* (III. Buch), daß Aeneas dort landete und A. immer noch den Tod Hektors beklagt. Nach dem Tod des Helenos soll sie in ihre Heimat Mysien zurückgekehrt sein.
Die Gestalt der A. beeindruckte auch die griechischen Tragiker. Euripides zeigt in den *Troerinnen* (415 v.u.Z.) das unendliche Leid der Mutter, der der Sohn genommen wird. In W. Jens' Bearbeitung der Euripides-Tragödie, u. d. T. *Der Untergang* (1982), geht sie freiwillig mit dem Kind in den Tod. Gleichfalls von Euripides ist die Tragödie *Andromache* (425 v.u.Z.) erhalten, die die Ereignisse im Hause des Neoptolemos behandelt, vor allem die Eifersucht der Hermione und die Intrigen des Menelaos, vor denen A. schließlich durch den greisen Peleus (mit ihrem Sohn Molossos) gerettet wird. Racine nahm in seiner Tragödie *Andromache* (1667) diese Variation des Stoffes auf. Hier ist allerdings Neoptolemos (unter dem Namen Pyrrhus) noch nicht mit Hermione verheiratet. Er wirbt um A., die Astyanax aus Troja retten konnte, dessen Auslieferung aber von den griechischen Fürsten verlangt wird. Die Tragödie endet für A. glücklich, denn sie kann dem Ränkespiel entkommen, nur Pyrrhus wird ermordet, Hermione wird wahnsinnig. Für die deutsche Literatur ist Schillers Gedicht *Hektors Abschied* zu nennen, das noch einmal die Szene der *Ilias* aufgreift. – Der Abschied der

Gatten war auch ein beliebtes Motiv der griechischen Vasenmalerei.

Andromeda, Tochter des aithiopischen Königs Kepheus. Ihre Mutter ↑ Kassiopeia hatte vor den Nereïden geprahlt, schöner als sie zu sein. Das Land wurde deshalb von einer Flut und einem Meeresungeheuer heimgesucht. Ein Orakel versprach Befreiung von diesen Plagen, wenn A. dem Ungeheuer geopfert würde. Sie wurde an einem Uferfelsen festgeschmiedet und erwartete den Tod, als ↑ Perseus (der die ↑ Medusa getötet hatte) mit seinen Flügelschuhen durch die Luft kam, das Ungeheuer tötete und sie befreite. Kepheus gab sie ihm zur Frau. Zuvor mußte Perseus noch den Bruder des Königs, Phineus, besiegen, dem A. versprochen war. Perseus zeigte ihm das Medusenhaupt, und er wurde zu Stein. Nach ihrem Tod wurden Perseus und A. als Sternbilder an den Himmel versetzt. Zu ihren Nachkommen gehörte auch Herakles. Opfer und Befreiung der A. gestaltete Euripides in einer Tragödie, die nur in Fragmenten erhalten ist. – Die Befreiung der A. wurde häufig auf griechischen Vasen und pompejanischen Fresken dargestellt. Seit dem 16.Jh. war der Mythos bei den Malern besonders beliebt (Rembrandt, Rubens, Tizian, Van Loo). Auch allegorisch wurde er gedeutet (die Befreiung einer Stadt durch einen Fürsten u. ä.). Von literarischen Bearbeitungen ist P. Corneilles Tragödie *Andromeda* (1650) zu nennen.

Anfang und Ende ↑ Janus

Anna Perenna, Schwester der ↑ Dido. Ihr gesteht (in Vergils *Aeneis*) die Königin von Karthago als erster ihre Liebe zu Aeneas. Beim Selbstmord Didos kommt sie zu spät, um den Tod der Schwester zu verhindern. Später wurde sie vergöttlicht.

Antaeus ↑ Antaios

Antaios (lat. Antaeus), Riese, Sohn der Gaia und des Poseidon. In Libyen, wo er lebte, forderte er alle Fremden zum Kampf und tötete sie. Er konnte alle Gegner besiegen, da er von seiner Mutter, der Erde, immer wieder neue Kraft erhielt, solange er sie berührte. ↑ Herakles begegnete ihm auf dem Weg zu den Hesperiden und besiegte ihn, indem er ihn emporhob und erwürgte. – Der Kampf des Herakles mit A. ist häufig auf griechischen Vasen dargestellt, Cranach d. Ä. und Tintoretto malten dieses Abenteuer des Helden, Baldung Grien schuf eine Marmorgruppe *Herakles und Antaios.* In Dantes *Göttlicher Komödie* bringt der Riese den Dichter mit seinem Führer Vergil in den neunten Kreis der Hölle.

Antenor, ein weiser, vornehmer Troer, der selbst nicht mehr an der Verteidigung der Stadt teilnahm. Seine Söhne Akamas und Archelochos gehörten jedoch zu den Heerführern. Er riet zum Ausgleich mit den Griechen; zu Beginn der Belagerung wurde in seinem Hause über die Rückgabe der Helena verhandelt. Er begleitete Priamos ins Lager der Griechen vor dem Zweikampf des Paris mit Menelaos, der den Krieg entscheiden sollte. Als Aphrodite jedoch Paris vor seiner drohenden Niederlage rettete und in Helenas Gemach brachte, Athene danach die Troer zum Eidbruch anstachelte, so daß sie entgegen den Abmachungen wieder zu den Waffen griffen, riet A. abermals, Helena mit ihren Schätzen dem Menelaos zurückzugeben. Er wurde nicht gehört, doch aus Dankbarkeit verschonten die Griechen ihn bei der Einnahme der Stadt. – Vergil berichtet in der *Aeneis,* daß A. aus Troja über das Meer entkam und in Norditalien die Stadt Patavium (Padua) gründete. Die zweite Abteilung des neunten Kreises der Hölle in Dantes *Göttlicher Komödie* (um 1320) ist nach dem Troer Antenora genannt. Dort büßen die Vaterlandsverräter, denn A. soll nach späteren Quellen das Palladion Trojas, das uralte Kultbild der Athene, den Griechen übergeben haben.

Antigone, Tochter des thebanischen Königspaars ↑ Oidipus und ↑ Iokaste. Ihre Geschwister waren Eteokles, Polyneikes und Ismene. Nachdem die Verbrechen des Oidipus offenbar geworden waren und er sich selbst

geblendet hatte, begleitete A. ihn in die Verbannung und kehrte erst nach seinem Tod nach Theben zurück. Ihre Brüder, vom Vater verflucht, hatten sich im Machtkampf entzweit, und Polyneikes hatte Verbündete gesammelt, um Theben zu belagern (↑ Sieben gegen Theben). Im Zweikampf brachten sich die Brüder gegenseitig um, die Verbündeten des Polyneikes wurden getötet, und ↑ Kreon, der Bruder der Iokaste, wurde Herrscher von Theben. Er verbot bei Todesstrafe, Polyneikes, der gegen seine Vaterstadt gekämpft hatte, zu bestatten. A. widersetzte sich: Allein ging sie zum Schlachtfeld und bedeckte die Leiche des Bruders mit Erde. Wächter entdeckten sie und brachten sie vor Kreon, der sie erbarmungslos zum Tod durch Einmauern verurteilte, obwohl sein Sohn Haimon A. liebte. Angesichts des Todes erhängte sich A.; Haimon durchbohrte sich mit dem Schwert, als er zu ihrer Rettung zu spät kam.
Die Epen des thebanischen Sagenkreises sind nicht erhalten. Ihre gültige Gestaltung erhielt die Geschichte der A. durch Sophokles, dessen Tragödie *Antigone* 441 v. u. Z. uraufgeführt wurde. Alle späteren Bearbeitungen des Stoffes lehnen sich mehr oder weniger an dieses Vorbild an, ohne es zu erreichen. Die A.-Dramen des 17. Jh. (Rotrou, 1638; Racine, *Die Thébais,* 1664) haben melodramatische Züge; die Liebe zwischen A. und Haimon steht im Vordergrund. Alfieri (*Antigone,* 1783) gestaltete den Kampf um die Macht. Die Rückbesinnung auf die griechische Kultur Anfang des 19. Jh. brachte der deutschen Literatur die Übersetzung der Sophokles-Tragödie durch Hölderlin (*Antigonä,* 1804). Eine neue Interpretation erfuhr der Mythos der Schwester, die menschliche Pflicht über willkürliche Gesetze stellt, erst im 20. Jh., beginnend mit W. Hasenclevers *Antigone,* die mitten im ersten Weltkrieg (1917) pazifistische Ideen kündete. Die Titelheldin J. Anouilhs (1944) wendet sich kompromißlos gegen die Staatsraison Kreons, gegen Anpassung des einzelnen an falsche

gesellschaftliche Normen und geht dabei zugrunde. Brecht schließlich benutzte für seine Sophokles-(bzw. Hölderlin-)Bearbeitung (*Antigone-Modell,* 1948) eine Rahmenhandlung (Vorspiel), die die aktuelle Auseinandersetzung mit dem Faschismus ermöglichte. Auch C. Hubaleks Stück *Die Stunde der Antigone* (1960) verwendet den Stoff für zeitkritische Anliegen. – Die bedeutendsten musikalischen Interpretationen der Gestalt gehen ebenfalls unmittelbar auf Sophokles zurück. Bühnenmusiken dafür komponierten Mendelssohn Bartholdy und Saint-Saëns. A. Honegger schrieb die Musik zu einem Text von J. Cocteau, der die griechische Tragödie in ein Prosastück umarbeitete. C. Orff vertonte die Hölderlinsche Übersetzung (1949).

Antikleia, Tochter des ↑ Autolykos, Gemahlin des ↑ Laërtes. Beider Sohn war Odysseus, dessen Charakter – Erfindungsreichtum, List, Überredungskunst – Erbteil seines Großvaters Hermes war. Nach anderen Quellen war A., bevor sie Laërtes heiratete, die Geliebte des ↑ Sisyphos, von dem sie Odysseus empfing. A. konnte das lange Fernbleiben ihres Sohnes nicht verwinden und starb. Odysseus begegnete ihr am Eingang der Unterwelt wieder.

Antilochos, einer der griechischen Helden des Trojanischen Krieges, Sohn des ↑ Nestor und Freund des Achilleus, dem er die Nachricht vom Tod des Patroklos überbrachte. Als A.s Vater von dem aithiopischen König Memnon hart bedrängt wurde, rettete er ihn und fand dabei selbst den Tod. Achilleus tötete daraufhin Memnon.

Antinoos, Anführer der Freier der ↑ Penelope. Während der langen Abwesenheit des Odysseus von Ithaka, als keiner mehr an seine Rückkehr glaubte, wurde Penelope bedrängt, einen anderen Gemahl zu nehmen. Eine große Zahl von Freiern hatte sich am Königshof versammelt, und A. war der frechste unter ihnen. Er plante sogar einen Anschlag gegen Odysseus' Sohn Telemachos, der jedoch von Athene beschützt wurde. Als

Odysseus schließlich unerkannt heimkehrte, beleidigte A. den vermeintlichen Bettler. Er war der erste, den der rechtmäßige Herrscher von Ithaka mit seinem Pfeil tötete.

Antiope, 1. Tochter des thebanischen Königs ↑ Nykteus. Zeus begehrte sie und überfiel die schlafende A. in Gestalt eines Satyrs. Sie wurde schwanger und floh aus Angst vor dem Vater nach Sikyon, wo sie Frau des Königs Epopeus wurde. Der sterbende Nykteus befahl seinem Bruder ↑ Lykos, A. zurückzuholen. Dieser tötete Epopeus, zerstörte Sikyon und führte A. nach Theben zurück. Unterwegs gebar sie die Zwillinge ↑ Amphion und ↑ Zethos, die im Gebirge Kithairon ausgesetzt wurden. Lykos und seine Frau ↑ Dirke quälten A. so lange, bis sie wieder aus Theben floh und ihre inzwischen erwachsenen Söhne fand, die von Hirten aufgezogen worden waren. Die Zwillinge rächten die Qualen ihrer Mutter: Sie töteten Lykos und ließen Dirke von einem Stier zu Tode schleifen. Die schlafende A. mit dem Satyr malten u. a. Tizian, Correggio, Watteau. – 2. Königin der Amazonen. Sie wurde von ↑ Theseus besiegt, geraubt und von ihm Mutter des ↑ Hippolytos (in anderen Quellen wird das gleiche von A.s Schwester Hippolyte erzählt). Der Raub der A. ist auf zahlreichen griechischen Vasenbildern dargestellt.

Apharetiaden, Zwillinge, Söhne des Königs Aphareos aus Messenien (Peloponnes), mit Namen Idas und Lynkeus. Sie stritten mit den ↑ Dioskuren um ihre Bräute, die Töchter des ↑ Leukippos, Hilareia und Phoibe, die diese geraubt hatten. Bei dem Kampf tötete Idas Kastor und verwundete Polydeukes, Lynkeus wurde von Polydeukes erschlagen. Um Polydeukes, der sein Sohn war, zu rächen, tötete Zeus Idas mit einem Blitz.

Aphrodite, Göttin der Liebe und der Schönheit. Ursprünglich wohl eine kleinasiatische Göttin, steht sie der babylonischen Ischtar, der phönikischen Astarte und der ägyptischen Isis nahe. In der griechischen Götterwelt existieren zwei Versionen ihrer Herkunft: Bei

Homer (*Ilias*) ist sie die Tochter des Zeus und der Okeanide Dione, in der *Theogonie* Hesiods entsteigt sie nahe der Insel Kythera dem Schaum des Meeres, der aus dem Blut des entmannten ↑ Uranos emporwächst (einer ihrer Beinamen ist Anadyomene – die dem Wasser Entstiegene). Ihre Macht über Menschen und Götter war groß, und grausam bestrafte sie die, die sich ihr entzogen; nur Athene, Artemis und Hestia waren ihr nicht untertan. Im Olymp Homers ist sie die Gemahlin des ↑ Hephaistos, hat aber viele Liebhaber, vor allem den Kriegsgott ↑ Ares. Hesiod nennt die Kinder aus dieser Verbindung Deimos (Schrecken) und Phobos (Furcht), die Begleiter des Ares, und ↑ Harmonia. In späteren Quellen gehört auch ↑ Eros zu den Kindern der A. und des Ares. Von Hermes wurde A. Mutter des ↑ Hermaphroditos, von Dionysos des ↑ Priapos. Ihr besonderer Liebling war der schöne Jüngling ↑ Adonis. Die altgriechischen Schriftsteller erzählen von den zahllosen Liebesabenteuern der Göttin und von der Eifersucht ihres Gatten; so Homer im VIII. Gesang der *Odyssee* die bekannteste Geschichte: Hephaistos fesselte mit einem kunstvollen Netz Ares und A. beim Liebesspiel und gab sie so dem Gespött der anderen Götter preis. Im *Homerischen Hymnos Auf Aphrodite* ist ihre Liebe zu ↑ Anchises, aus der Aeneas hervorging, geschildert. Eine besondere Rolle spielte A. im ↑ Trojanischen Krieg. Sie war es, die dem Paris die schöne Helena versprochen hatte, wenn er ihr den Apfel der ↑ Eris reichen würde. Während des Krieges stand sie auf seiten der Troer, sie rettete Paris, als er im Zweikampf mit Menelaos zu unterliegen drohte, und versuchte, Aeneas im Kampf gegen Diomedes beizustehen, wobei sie sogar verwundet wurde. Ihr wichtigstes Attribut war der Gürtel, in dem aller Liebeszauber eingeschlossen war. Hera lieh ihn sich, um Zeus zu verführen, damit er von den Ereignissen vor Troja abgelenkt würde und sie das Kriegsglück den Griechen zuwenden konnte. Als Beispiele der Strafen für die, die

A.s Macht nicht anerkannten, führen die Schriftsteller das Schicksal von ↑ Hippolytos und ↑ Narkissos an. Als Mutter des Aeneas, des mythischen Ahnherrn der Römer, wurde A. unter dem Namen ↑ Venus in Rom hoch verehrt. Die Griechen identifizierten mit ihr die ägyptische Göttin Hathor.
Schon seit ältester Zeit versuchten die bildenden Künstler, Schönheit und Liebreiz der Göttin wiederzugeben. Die archaischen und klassischen griechischen Skulpturen zeigen die Göttin bekleidet (*Aphrodite von Lyon, Aphrodite von Fréjus*), etwa seit dem 4. Jh. v. u. Z. wird sie halb oder ganz nackt dargestellt (*Aphrodite von Knidos*, Werk des Praxiteles; *Aphrodite von Melos [Venus von Milo]*). Zahlreiche Vasenbilder illustrieren mythologische Szenen um die Göttin, so auf der *François-Vase* (6. Jh. v. u. Z.). Auf dem Gigantenfries von Pergamon ist sie an der Seite von Eros dargestellt. Im Mittelalter wandelte sich das Bild der A. (bzw. Venus) entscheidend. Die heidnische Göttin wurde zum Symbol der irdischen Liebe, der Wollust, der weltlichen Laster überhaupt („Frau Welt"), so ist die antike Gestalt in der Tannhäuser-Sage unmittelbar mit der Hölle verbunden. Unter ihrem römischen Namen gehörte sie zu den Planetengottheiten. Die Renaissance huldigte wieder der Herrin der Liebe und der Schönheit; alle bedeutenden Maler schufen A.-Bilder. Besonders beliebt waren die Motive „Geburt der Venus" (Botticelli), „Triumph der Venus" (Cossa, Mantegna), „Schlummernde Venus" (Giorgione, Tizian), „Venus und Amor" (Cranach, Veronese.) Die Liebesabenteuer der A., das Paris-Urteil und andere Szenen gehörten bis ins 18. Jh. zu den immer wiederkehrenden Themen in der Malerei. Dem jeweiligen Zeitgeschmack entsprechend, wurden diese Themen auch literarisch bearbeitet. An antike Vorbilder angelehnt ist Shakespeares Versdichtung *Venus und Adonis* (1593). In neuester Zeit schuf C. Orff die Kantate *Trionfo di Afrodite* (e. 1950/51) nach Versen von Catull, Sappho und Euripides.

Apollon (lat. Apollo, dt. Apoll), Sohn des Zeus und der ↑ Leto, einer der mächtigsten olympischen Götter. Die Ursprünge der strahlenden, schönen Gestalt, wie sie in spätere Symbolik einging, liegen in archaischer Zeit in Kleinasien. Als seine Geburtsstätte wurde die Insel Delos angegeben, da Hera, die eifersüchtige Gemahlin des Zeus, seiner Geliebten Leto nicht erlaubte, für die Geburt der Zwillinge A. und Artemis auf dem Festland Ruhe zu finden. A.s Fähigkeiten und Möglichkeiten sind umfassend: Seine Pfeile bringen Tod und Verderben, aber er ist auch Paian (‚der Heiler') und Vater des Heilgottes ↑ Asklepios. Er ist Schirmherr von Hirten und Herden (Apollon Nomios) und Städtegründer (Apollon Patrios). Er ist Beschützer der Sänger und Musiker, bestrafte aber mit grausamer Härte ↑ Marsyas und ↑ Midas, die seine Kunst nicht genügend bewunderten. Seine Beinamen, die auf seine Tier- und Pflanzengestalt hinweisen (Lykaios, ‚Wolfsmann'; Smintheus, ‚Mäusemann'; Kyknos, ‚Schwan'; Drymas, ‚der Eichengestaltige'; u. a.), erinnern an die Lokalgötter, die A. bei seinem Siegeszug durch die griechische Welt in sich aufnahm.
Als erste große Tat des jungen Gottes gilt der siegreiche Kampf mit der Schlange ↑ Python von Delphi. Er stiftete dort die Pythischen Spiele, gründete sein Orakel und war fortan der mächtigste Orakelgott und Herr der Seher. Als Apollon Phoibos ist er schließlich Gott der Sonne und des Lichts (in späterer Zeit mit ↑ Helios gleichgesetzt). A.s Erscheinen auf dem Olymp erschreckte die anderen Götter zunächst. Ruhm erwarb er sich im Kampf mit den ↑ Giganten. Als er aber die ↑ Kyklopen, die Zeus im Kampf gegen die Titanen geholfen hatten, tötete, mußte er zur Strafe ein Jahr bei ↑ Admetos dienen. Im ↑ Trojanischen Krieg kämpfte er – wohl Zeichen seines kleinasiatischen Ursprungs – auf der Seite der Troer; sein Eingreifen (die Pest, die seine Pfeile über die Griechen bringen, der Kampf des Hektor mit Patroklos und des Paris mit Achilleus)

bringt in der *Ilias* dem Krieg immer wieder eine neue Wendung. Seine Unerbittlichkeit beweisen die Mythen um ↑ Tityos, ↑ Niobe und ↑ Kassandra. Der nachantiken Welt wurde A. zum Symbol des Glanzes, der Schönheit und der Künste (als Führer der ↑ Musen auf dem Parnaß war er Apollon Musagetes), besonders der Musik: Hermes hatte ihm die Kithara gegeben im Tausch gegen eine Rinderherde; sie wurde zu einem seiner Attribute wie der Lorbeer, in den ↑ Daphne verwandelt wurde, um seinem Liebeswerben zu entgehen.

Der A.-Kult war in ganz Griechenland verbreitet; wichtigster Kultort war Delphi. Auch in Rom war der Gott sehr beliebt. Es gab einen sehr alten A.-Tempel auf dem Marsfeld, der bereits im 4. Jh. v. u. Z. bei einer Pest errichtet und im 1. Jh. v. u. Z. erneuert wurde. Kaiser Augustus ernannte A. zu seinem Schutzherrn und weihte ihm einen prächtigen Tempel auf dem Palatin. Die Künstler der Antike wurden seit frühester Zeit von der widersprüchlichen Gestalt des A. angeregt. Zahlreiche erhaltene Statuen zeigen einen Gott von jugendlicher Gestalt (sogenannter *Kasseler Apoll, Apoll Sauroktonos* des Praxiteles). Besonders eindrucksvoll ist die A.-Gestalt auf dem Westgiebel des Zeus-Tempels von Olympia. Auch auf Vasenbildern und Reliefs sind häufig Szenen aus A.-Mythen dargestellt (so im Kampf mit den Giganten auf dem Pergamonfries). Im Mittelalter gehörte A. als Personifikation der Sonne (Helios bzw. Sol) zu den sieben Planeten. Als Ende des 15. Jh. der *Apoll von Belvedere* (eine römische Marmorstatue, Kopie einer griechischen Bronze aus dem 4. Jh. v. u. Z.) gefunden wurde, erhob man diese Statue zum Schönheitsideal und den Gott zum Symbol männlicher Schönheit überhaupt. Der *Apoll von Belvedere* bestimmte das Bild des A. in der Renaissance auch in der Darstellung mythologischer Szenen (u. a. von Mantegna, Raffael, Dossi, Vasari). In der Kunst des Barock wurde A. auch häufig in Garten- und Brunnenplastiken dargestellt. Als Gott der Musik und Führer der Musen gab er Anlaß zu Kompositionen, so J. S. Bach zu der weltlichen Kantate *Der Streit zwischen Phöbus und Pan* und Ch. W. Gluck zur Oper *Das Fest des Apoll.* I. Strawinski schrieb ein Ballett *Apollon Musaget,* R. Strauss verwendete für seine Oper *Daphne* einen A.-Mythos.

Apsyrtos, Sohn des ↑ Aiëtes, des Königs von Kolchis, jüngster Bruder der ↑ Medeia. Sie nahm ihn mit sich, als sie gemeinsam mit Iason floh, nachdem sie das ↑ Goldene Vlies geraubt hatten. Um ihren Vater bei der Verfolgung aufzuhalten, tötete Medeia den Bruder und warf die zerstückelte Leiche ins Meer. Aiëtes sammelte die Teile, um seinen Sohn ehrenvoll bestatten zu können, und holte deshalb Medeia und Iason nicht mehr ein.

Arachne, außergewöhnlich geschickte Weberin aus der Stadt Kolophon. Von den Nymphen wurde sie in ihrer Kunst bewundert, sogar Athene forderte sie zum Wettstreit im Weben heraus. Obwohl die Göttin sie warnte, blieb sie bei ihrem Vorsatz. Nachdem Athene einen Teppich mit allen olympischen Göttern gewebt hatte, fertigte A. einen, der die Liebesabenteuer des Zeus zeigte. Erzürnt darüber, daß an dem Kunstwerk nichts auszusetzen war, schlug Athene A. mit dem Weberschiff und zerriß den Teppich. Aus Kummer darüber erhängte sich A., wurde von Athene aber in eine Spinne (griech. arachne) verwandelt. Ovid erzählt die Geschichte in den *Metamorphosen* (VI. Buch); Veronese und Rubens malten die Szene.

Archelaos, Sohn des ↑ Temenos von Argos und damit Nachkomme des Herakles. Seine Brüder, die den Vater getötet hatten, vertrieben A. aus der Heimat. Er fand in Thrakien Zuflucht, wo er König Kisseus half, seine Feinde zu besiegen. Als Lohn sollte A. die Tochter des Kisseus zur Frau bekommen. Doch nach dem Sieg reute Kisseus das Versprechen, und er ließ sich von seinen Ratgebern bereden, auf A. einen Mordanschlag zu verüben. Er sollte in eine brennende Fallgrube stürzen. A. wurde jedoch gewarnt und stieß den treulosen König selbst in die Grube. Apollon ließ ihn von einer Ziege nach Makedonien führen, wo er die Stadt Aigai (griech. aix, ‚Ziege') gründete. Die Geschichte um die Gründung des makedonischen Königshauses ist wahrscheinlich von Euripides erfunden. Der Dichter war 408/407 v. u. Z. Gast des makedonischen Königs A. in Pella, und das Stück *Archelaos* wurde dort aufgeführt. Es ist nur in Fragmenten erhalten.

Areion, Wunderpferd, hervorgegangen aus der Verbindung des Poseidon mit Demeter. Der Meeresgott hatte die um ihre Tochter trauernde Göttin verfolgt. Um ihm zu entgehen, verwandelte sie sich in eine Stute und versteckte sich in einer Herde. Poseidon verwandelte sich in einen Hengst und bezwang sie in dieser Gestalt. A. war sehr schnell und konnte sprechen. Er gehörte zuerst Poseidon, dann Herakles. Schließlich schenkten die Götter ↑ Adrastos das Pferd, damit er sich aus der Niederlage der ↑ Sieben gegen Theben retten konnte.

Ares, Gott des zerstörerischen Krieges, Sohn von Zeus und Hera. Göttern und Menschen war A. verhaßt; auch Zeus liebte den Rasenden nicht. Hesiod nennt ihn „städtezerstörend". Dennoch war er der Geliebte der schönen Aphrodite, die ihm Eros, Harmonia, Deimos und Phobos gebar. Der betrogene Gemahl der Aphrodite, ↑ Hephaistos, gab ihn der Lächerlichkeit preis, indem er ihn beim Liebesspiel mit einem Netz fesselte und das Paar so den olympischen Göttern vorführte. (Mit dieser Geschichte unterhält der Sänger in ↑ Alkinoos' Haus die Gesellschaft, als Odysseus dort zu Gast ist. – *Odyssee,* VIII. Gesang) Im Trojanischen Krieg stand A. zunächst auf seiten der Griechen, aber als sogar Aphrodite verwundet worden war und die Troer hart bedrängt wurden, stachelte Apollon ihn an, den Troern Mut zu machen. A. drängte sie zum Kampf, rief damit den Zorn der Athene hervor, die ↑ Diomedes (2) half, ihn mit seiner Lanze zu treffen. A. mußte das Schlachtfeld verlassen, auch die anderen Götter zogen sich auf ein Gebot von Zeus aus dem direkten Kampf zurück. – Einen Kult des A. gab es in Griechenland kaum, während er für das Römische Reich als ↑ Mars eine bedeutende Rolle spielte.

In der bildenden Kunst der Antike ist A. ein starker junger Mann in voller Rüstung; Vasenbilder zeigen ihn mit anderen Göttern; Szenen mit Aphrodite sind häufig auf den Wandgemälden von Pompeji dargestellt. Bedeutendste erhaltene Plastiken sind der *Ares Borghese* und der *Ares Ludovisi* (beide aus dem 4. Jh. v. u. Z., nur als römische Kopien bekannt). Im Mittelalter war der Kriegsgott Symbol des Planeten Mars. Die Malerei von Renaissance und Barock nahm wieder die Liebesszene auf (Botticelli, Spranger). In allegorischen Gruppen tritt dem zerstörerischen Krieg ↑ Athene (oder Minerva) entgegen, friedliches Leben, Kunst und Wissenschaft verteidigend (Gemälde von Tintoretto, Veronese, Rubens).

Arete, Königin der Phaiaken, Frau des ↑ Alkinoos. A. half dem schiffbrüchigen Odysseus. Auch rettete sie ↑ Medeia vor den Verfolgern aus Kolchis, indem sie Alkinoos riet, diese mit Iason zu vermählen.

Arethusa, Nymphe aus dem Gefolge der Artemis. Der Flußgott ↑ Alpheios verfolgte sie; deshalb flehte sie Artemis um Hilfe an. Die Göttin verwandelte A. in eine Quelle (eine der *Metamorphosen* des Ovid). Da man diese Quelle auf der Insel Ortygia an der sizilianischen Küste lokalisierte, wurde die Nymphe auf syrakusischen Münzen abgebildet.

Argeia ↑ Adrastos

Arges, einer der ↑ Kyklopen.

Argo ↑ Argonauten

Argonauten, die Helden, die unter der Führung ↑ Iasons mit dem Schiff „Argo“ in das Land Aia (Kolchis) fuhren, um das ↑ Goldene Vlies zu holen. Das Unternehmen ging auf einen Befehl des Königs ↑ Pelias zurück. Dieser hatte seinem Stiefbruder Aison die Herrschaft über Iolkos in Thessalien mit Gewalt genommen. Als der herangewachsene Sohn des Aison, Iason, die Macht zurückforderte, ging er zum Schein darauf ein. Nur eine Bedingung stellte er: Iason sollte das Goldene Vlies beschaffen, das einst von ↑ Phrixos im heiligen Hain des Ares in Kolchis aufgehängt worden war. So rief Iason die Helden Griechenlands auf, mit ihm übers Meer zu ziehen. Viele folgten ihm, u. a. Herakles, Theseus, Meleagros, die Dioskuren, die Boreaden, Amphiaraos, Orpheus, Peleus, Admetos; Tiphys sollte das Schiff steuern, Lotse war Lynkeus. Athene nahm die A. unter ihren Schutz und half ihnen beim Bau des Schiffes „Argo" (es soll das erste Schiff überhaupt gewesen sein). Auch Hera begünstigte die Fahrt. Am Bug wurde ein Stück Holz von der heiligen Eiche der uralten Orakelstätte Dodona eingefügt, das die Gabe der Sprache besaß. Nach der Chronologie der großen mythischen Ereignisse fand die Fahrt der A. vor dem ↑ Trojanischen Krieg statt; die Väter der griechischen Heerführer vor Troja nahmen daran teil. Doch gibt es keine epische Überlieferung aus früher Zeit, die die Abenteuer der A. in ähnlich geschlossener Form darstellt wie die *Ilias* die Belagerung Trojas. In der *Theogonie* Hesiods wird die Fahrt des Iason nach Kolchis erwähnt, ohne daß der Name A. fällt. Die erste vollständige Bearbeitung der A.-Sage stammt von Apollonios Rhodios aus dem 3. Jh. v. u. Z.; die *Argonautika* sind das einzige erhaltene große Epos der altgriechischen Literatur nach Homer. Die Abenteuer, die von den A. erzählt werden, gehen im wesentlichen auf die Darstellungen des Apollonios zurück; er benutzte aber sicher weitaus ältere Quellen.

Die A. kamen zunächst zur Insel Lemnos. Dort herrschte die Königin ↑ Hypsipyle. Die Schiffer waren hochwillkommen, denn die Frauen von Lemnos hatten kurz zuvor alle ihre Männer umgebracht. Hypsipyle wurde die Geliebte des Iason, aber alle Bitten konnten die A. nicht zum dauernden Bleiben bewegen. Auf der Insel Kios ließen sie Herakles zurück; er suchte seinen Liebling ↑ Hylas, der von Quellnymphen geraubt worden war, und die Boreaden drängten zum Aufbruch. In Bithynien kamen sie in den Machtbereich des ↑ Amykos, der alle Fremden aufforderte, sich im Faustkampf mit ihm zu messen. Polydeukes, einer der Dioskuren und berühmter Faustkämpfer, besiegte ihn. An der thrakischen Küste wohnte ↑ Phineus, der blinde Seher, den die Götter bestraft hatten: Die ↑ Harpyien stahlen ihm die Nahrung oder beschmutzten sie, so daß der Greis am Verhungern war. Die Boreaden vertrieben die schrecklichen Geschöpfe, als Dank gab Phineus den A. Ratschläge für die Weiterfahrt. So warnte er sie vor den ↑ Symplegaden, jenen Felsen an der Zufahrt zum Schwarzen Meer, die zusammenstießen und wieder auseinandertrieben und dabei die Schiffe zerschmetterten. Er hieß sie, zuerst eine Taube zwischen den Felsen hindurchfliegen zu lassen und ihr zu folgen, wenn sie unverletzt auf die andere Seite gelangen würde. Nur das Heck der „Argo" wurde bei der Durchfahrt von den Felsen gestreift. Diese Episode erwähnt Kirke in der *Odyssee,* als sie Odysseus ebenfalls vor den gefährlichen Klippen warnt. Bei der Weiterfahrt im Schwarzen Meer mußten die A. die ↑ Stymphalischen Vögel vertreiben, sie hörten das Stöhnen des an den Kaukasus geschmiedeten Prometheus und sahen den Adler, der ihn quälte. Endlich kamen sie in das Land, in dem König ↑ Aiëtes herrschte, dem das Goldene Vlies gehörte. ↑ Medeia, die Tochter des Aiëtes und wie dessen Schwester Kirke in Zauberkünsten bewandert, verliebte sich in Iason. So war sie bereit, ihm zu helfen, den Schatz zu erlangen, den Aiëtes nicht herausgeben wollte. Er stellte vielmehr zunächst die Bedingung, daß Iason mit seinen Stieren ein Feld bestellen sollte. Die Stiere hatten eherne Hufe und spien Feuer, die Saat bestand aus den Zähnen jenes Drachen, den einst ↑ Kadmos getötet hatte. Medeia gab Iason eine Salbe, die ihn vor dem Feuer schützte, und riet ihm, zwischen die Krieger, die aus den Zähnen erwuchsen („Drachensaat"), einen Stein zu werfen, damit sie sich untereinander bekämpfen sollten. Iason gelang es zwar, die Aufgabe zu erfüllen, dennoch war Aiëtes nicht bereit, das Vlies auszuliefern. Wieder half Medeia. Sie schläferte den Drachen ein, der das Vlies im heiligen Hain des Ares bewachte, so daß Iason den Schatz rauben konnte (nach einer anderen Überlieferung tötete Iason den Drachen). Er floh mit seinen Gefährten auf der „Argo" und hielt auch sein Versprechen, Medeia mitzunehmen, um sie zu seiner Frau zu machen. Diese brachte ihren jüngeren Bruder ↑ Apsyrtos mit auf das Schiff. Als sich Aiëtes bei der Verfolgung der „Argo" näherte, tötete Medeia den Bruder und warf die Leiche zerstückelt ins Meer. Ihr Plan gelang: Aiëtes ließ von der Verfolgung ab, weil er den Sohn würdig bestatten mußte. Für ihre Rückfahrt wählten die A. einen anderen Weg: Sie fuhren den Istros (die Donau) hinauf und gelangten über einen Nebenfluß bis zur Adria. Über den Rückweg der A. gibt es mehrere Versionen; die Länder und Inseln, die dabei beschrieben werden, sind wahrscheinlich Widerspiegelung der ständig wachsenden geographischen Kenntnisse der Griechen. Von dieser Reise werden folgende Begebenheiten erzählt: Die A. gelangten zur Insel Scheria, die vom freundlichen Volk der ↑ Phaiaken bewohnt wurde. Man nahm sie gastlich auf. Als die Schiffe der Kolcher auch zu der Insel kamen und die Auslieferung der Medeia forderten, vermählte König Alkinoos auf den Rat seiner Gemahlin Arete die beiden Flüchtlinge und konnte so die Forderung der Verfolger ablehnen. Später trieb ein Sturm die „Argo" an die Sandbänke der libyschen Küste. Die Bewohner des Landes rieten ihnen, das Schiff durch die Wüste bis an den Tritonischen See zu tragen, aus dem sie wieder ins Meer gelangen konnten. Die A. folgten dem Rat, irrten aber auf dem See so lange umher, bis sie dem Gott ↑ Triton ein Opfer gebracht hatten. Er half ihnen, den Weg zum Meer zu finden, und schenkte ihnen zum Abschied eine Erdscholle. An der kretischen Küste bemerkten sie den ehernen Riesen ↑ Talos, der die Insel bewachte und große Steine nach dem fremden Schiff schleuderte. Auch ihn bezauberte Medeia und nahm ihm durch eine List seine Lebenskraft. Auf der Weiterfahrt warf einer der A. (Euphemos) die Erdscholle des Triton ins Meer; sie wurde zur Insel Thera.

Nach Iolkos zurückgekehrt, überbrachte Iason das Vlies dem Pelias. Doch dieser, überzeugt davon, daß die A. nie zurückkehren würden, hatte in der Zwischenzeit Iasons Vater umgebracht und weigerte sich nun, die Macht an Iason abzutreten. Medeia ersann eine fürchterliche Rache, so daß Pelias durch die eigenen Töchter umkam. Iason und Medeia mußten nach Korinth fliehen, die „Argo" wurde dem Poseidon geweiht und in seinem heiligen Hain aufgehängt. Nach Jahren kehrte Iason hierher zurück und wurde von den Trümmern des herabstürzenden Schiffes getötet. So war das Orakel in Erfüllung gegangen, das ihm und dem Schiff den gemeinsamen Untergang prophezeit hatte.

Die Sage vom Zug der A. hat wahrscheinlich ihre historischen Wurzeln in mykenischen Handels- und Erkundungsfahrten im Schwarzmeerraum, die auch durch zahlreiche archäologische Funde belegt werden. Das Goldene Vlies gehörte möglicherweise zu jenen Fellen, die in den Fluß Phasis (der das Land Kolchis durchfloß, heute identifiziert mit dem Rioni, der in Georgien bei Poti ins Schwarze Meer mündet) gehängt wurden und den goldhaltigen Sand, den das Wasser führte, auffingen. – Literatur und Kunst wurden durch die A.-Sage vielfältig angeregt; besonders das Schicksal von ↑ Iason und ↑ Medeia wurde, beginnend mit Euripides' *Medeia* (431 v. u. Z.), immer wieder dramatisch gestaltet. In der Neuzeit brachte Grillparzer im Mittelteil seiner Trilogie *Das goldene Vließ* (1821) den Raub des

Schatzes auf die Bühne. A. Seghers' Erzählung *Das Argonautenschiff* (1948) gibt eine psychologische Studie Iasons, der am Ende seines Lebens mit dem Vlies in die Heimat zurückkehrt, um mit seinem Schiff zu sterben. S. Hermlins Nacherzählung *Die Argonauten* (1974) beruht auf Apollonios. – In der bildenden Kunst tauchen Motive der A.-Sage besonders häufig in der Vasenmalerei auf. Der berühmte *Argonautenkrater* aus dem 5. Jh. v. u. Z. erhielt seinen Namen, weil das Bild auf seiner Vorderseite als Aufbruch der A. gedeutet wird. Auch andere Episoden sind auf Vasenbildern erhalten. Die Fahrt der „Argo“ ist auf den Metopen des Sikyoner-Schatzhauses von Delphi dargestellt, die Hochzeit von Iason und Medeia häufig auf römischen Sarkophagen. In der dekorativen Kunst von Renaissance und Barock wurden A.-Szenen oft verwendet; aus dem 20. Jh. ist ein Triptychon von M. Beckmann zu nennen.

Argos, der riesige, hundertäugige Sohn der Gaia. Da immer nur zwei Augen (oder nur die Hälfte der Augen) schliefen, erhielt er von der eifersüchtigen Hera den Auftrag, die in eine Kuh verwandelte ↑ Io zu bewachen. Zeus, der seine Geliebte wiederhaben wollte, ließ A. von Hermes töten. Seine Augen verewigte Hera auf den Federn des Pfaus, der ihr heilig ist. Die „Argusaugen“ sind als Synonym für besondere Wachsamkeit in den Sprachgebrauch eingegangen.

Argusaugen ↑ Argos

Ariadne, Tochter des kretischen Königs Minos und der Pasiphaë. In ↑ Theseus verliebt, gab sie ihm das einzige Mittel in die Hand, mit dem er aus dem Labyrinth wieder herausfinden konnte, wenn er den ↑ Minotauros getötet hatte: ein Garnknäuel, dessen Ende am Eingang des Labyrinths befestigt wurde (den „Ariadnefaden“). Theseus hatte versprochen, sie nach Athen als seine Frau mitzunehmen. Als beide auf ihrer Flucht von einem Sturm auf die Insel Naxos verschlagen wurden, verließ Theseus die Schlafende, da er das Versprechen bereute. Die verzweifelte A. wurde von Dionysos

gefunden. Entzückt von ihrer Schönheit, machte er sie zu seiner Frau. (Nach einer anderen Version raubte der Gott A., während Theseus schlief.) Die Götter schenkten ihr zur Hochzeit eine Krone, die der kunstfertige Hephaistos geschmiedet hatte. Nach ihrem Tod wurde A. in den Olymp aufgenommen, die Krone versetzte Dionysos als Sternbild an den Himmel.
Alle Szenen des A.-Mythos waren beliebtes Thema in der antiken bildenden Kunst. Die *François-Vase* (6. Jh. v. u. Z.) zeigt A., wie sie Theseus den Faden gibt, auf anderen Vasen ist die schlafende A. dargestellt, besonders häufig die Hochzeit des Dionysos und der A. Der glückliche Ausgang wurde auch in der Renaissance bevorzugt: Auffindung, Triumph und Krönung der A. malten u. a. Tizian, Tintoretto, Carracci. Der Mythos um A., in Hesiods *Theogonie* kurz erwähnt, wurde bereits in antiker Zeit literarisch geschlossen gestaltet: von Ovid in den Heroiden (*Ariadne an Theseus*) und von Nonnos (5. Jh.) im letzten Epos der Antike, *Dionysiaka*. Auf den Bühnen des 17./18. Jh. waren die dramatischen Vorgänge um A.s Schuld ihrem Vater gegenüber, Theseus' Treulosigkeit, die göttliche Hochzeit einer der am häufigsten aufgenommenen antiken Stoffe überhaupt (Lope de Vega, Calderón, A. Hardy, Th. Corneille; Opern bzw. Oratorien von Händel, Haydn u. a.). Bisher letzte große Interpretation ist R. Strauss' Oper *Ariadne auf Naxos* (Textbuch von H. von Hofmannsthal, 1912).

Arimaspen ↑ **Greifen**

Aristaios, Sohn des Apollon und der Nymphe Kyrene. Er wurde ein berühmter Held, von Cheiron, den Musen und den Nymphen erzogen. Alle Künste, die sie ihn gelehrt hatten – vor allem die Jagd, die Bienenzucht, die Heilkunst – gab er an die Menschen weiter. Seine Gemahlin war Autonoë, die Tochter des Kadmos, sein Sohn war der Jäger ↑ Aktaion. Er stellte aber auch der Eurydike nach, die auf der Flucht vor ihm von einer Schlange gebissen wurde und starb.

Arkas, Sohn des Zeus und der Nymphe ↑ Kallisto, mythischer Stammvater der Arkader. Hera hatte seine Mutter aus Eifersucht in eine Bärin verwandelt. Hermes brachte A. zu seiner Mutter, der Nymphe Maia, damit sie ihn aufzog. Als er erwachsen war, wurde er Jäger und tötete fast Kallisto, weil er glaubte, eine wilde Bärin vor sich zu haben. Mutter und Sohn wurden von Zeus als Sternbilder des Kleinen und Großen Bären an den Himmel versetzt (eine von Ovids *Metamorphosen*).

Artemis, Tochter des Zeus und der ↑ Leto, mit ihrem Zwillingsbruder Apollon auf der Insel Delos geboren. Sie ist eine strenge Göttin, jungfräulich, unnahbar, eng mit dem Bruder verbunden. A. war die Schutzherrin der Jagd, der Tiere, der Wälder; Nymphen waren ihr Gefolge. Wahrscheinlich sind in ihrer Gestalt mehrere lokale (auch kleinasiatische) Göttinnen zusammengeflossen. Auf eine alte Fruchtbarkeitsgottheit verweist die – nur aus Beschreibungen, Münzdarstellungen u. ä. bekannte – *Artemis von Ephesos,* eine Kultstatue mit vielen Brüsten.

Die Geschichten, die von ihr überliefert sind, zeigen ihre Unerbittlichkeit. So bestrafte sie grausam den Jäger ↑ Aktaion, der sie beim Baden beobachtet hatte; Oineus, dem König von Kalydon, schickte sie einen wilden Eber ins Land, weil er sie beim Opfer vergessen hatte (↑ Kalydonische Jagd). A. war es, die die griechische Flotte in Aulis am Auslaufen nach Troja hinderte, weil Agamemnon sie beleidigt hatte. ↑ Admetos vergaß bei seiner Hochzeit mit Alkestis das Opfer für A. und rief damit ihren Zorn hervor. Gemeinsam mit ihrem Bruder verteidigte sie bedingungslos ihre Mutter Leto: ↑ Niobe mußte für ihre Prahlerei büßen, ↑ Tityos wurde von den Geschwistern getötet, weil er Leto nachstellte. Auch als Beschützerin unschuldig Verfolgter trat A. auf. Zwar forderte sie die Opferung der ↑ Iphigenie, doch verhinderte sie den Vollzug des Opfers und legte eine Hirschkuh an die Stelle der Ent-

rückten. Auch ↑ Prokris gewährte sie Zuflucht. Bei den Kämpfen und Streitigkeiten der Götter stand sie immer auf der Seite ihres Bruders, so bei der Schlacht gegen die Giganten und im ↑ Trojanischen Krieg. Beim Eingreifen der Götter kämpfte Hera gegen sie und demütigte sie so, daß sie weinend, ohne Köcher und Bogen, zum Olymp entfloh (XXI. Gesang der *Ilias*).
Der Mond war der A. heilig, deshalb wurde sie oft mit der Mondgöttin Selene identifiziert; von den Tieren standen ihr Hirsch und Bär besonders nahe. Ihre Funktion als alte Fruchtbarkeitsgöttin zeigt sich auch darin, daß sie mit ↑ Eileithyia, der Geburtsgöttin, gleichgesetzt wurde. Die grausamen, unheimlichen Züge der Göttin verweisen auf ihre enge Beziehung zu ↑ Hekate. Wahrscheinlich wurden ihr in früher Zeit auch Menschenopfer gebracht (vgl. die Iphigenie-Sage). In Rom wurde sie unter dem Namen ↑ Diana verehrt. Die Griechen verschmolzen ihre Gestalt auch mit der der ägyptischen Katzengöttin Bastet.
Die bildende Kunst der Antike stellt die Göttin als Herrin der Tiere (so auf der *François-Vase*, 6. Jh. v. u. Z.), vor allem aber als Jägerin mit Pfeil und Bogen, in kurzem Gewand dar. Berühmt ist die *Artemis von Versailles*, wahrscheinlich ein Werk des Leochares, das in einer römischen Marmorkopie erhalten ist. A. gehört zu den Götterfiguren am Ostfries des Parthenon und am Schatzhaus der Siphnier in Delphi; der Pergamon-Fries zeigt die Göttin im Kampf gegen die Giganten. Häufiges Motiv ist auch ihre Rache an Aktaion (Metope in Selinunt, Wandgemälde von Pompeji). Für die mittelalterliche Kunst wurde A. (bzw. Diana) zum Symbol der Keuschheit. Als Mondgöttin gehörte sie zu den Planetenfiguren. Vor allem aber war sie als aristokratisch gekleidete Göttin der Jagd beliebt. Vornehme Damen ließen sich gern als Jagdgöttin mit den entsprechenden Attributen malen. Auch in der Gartenplastik erscheint sie oft. Szenen aus der Aktaion-Geschichte, die durch Ovid bekannt war, malten u. a. Tizian und

Rembrandt. – Das Geheimnisvolle der Göttin erfaßte A. Seghers in ihrer Erzählung *Sagen von Artemis* (1937).

Ärzte ↑ Asklepios, ↑ Minerva

Ascanius, auch Julus (Iulus) genannt, Sohn des ↑ Aeneas und der Krëusa, die Aeneas auf der Flucht aus Troja verlor. Aeneas nahm das Kind mit auf der Suche nach einer neuen Heimat. Beim Kampf des Aeneas gegen das Heer des ↑ Turnus beging A. seine ersten Heldentaten. Nach einer anderen Version gebar erst ↑ Lavinia den A. Der Sohn setzte das Werk des Aeneas fort, die troische Macht neu zu errichten. Dreißig Jahre nach der Gründung Laviniums durch Aeneas gründete er die neue Stadt Alba Longa, die alle Städte Latiums beherrschte. Das Geschlecht der Julier, dem u. a. Caesar und Augustus entstammten, leitete seine Herkunft von A. ab.

Asia, Tochter des Okeanos und der Tethys, nach jüngerer Überlieferung Gemahlin des ↑ Iapetos und Mutter von Prometheus, Epimetheus, Menoitios und Atlas.

Asklepios (lat. Aesculapius, dt. Äskulap), Gott der Heilkunst. Sohn des Apollon und der ↑ Koronis (1). Weil sie dem Gott untreu geworden war, tötete er sie, rettete aber das Kind, das sie im Leibe trug. Diesen Knaben brachte er zu dem weisen Kentauren ↑ Cheiron, der ihn in der Heilkunst unterrichtete. A. wurde darin so vollkommen, daß er sogar Tote wieder zum Leben erweckte. Das erzürnte Zeus, der ihn mit Blitz und Donner in die Unterwelt schleuderte. Die Söhne des A., ↑ Podaleirios und ↑ Machaon, waren gleichfalls sehr gute Ärzte und heilten die Verwundeten der Griechen vor Troja. Seine Tochter ↑ Hygieia wurde als heilkundige Göttin verehrt. – Wichtigster Kultort für A. war Epidauros; in antiker Zeit suchten hier im Tempel des A. unzählige Menschen Heilung. So sind auch zahlreiche Weihreliefs überliefert, die den bärtigen Gott zeigen, wie er sich auf seinen Knotenstock stützt, der von einer Schlange umwunden ist. In Athen führte im Jahre 420 v. u. Z. Sophokles den A.-Kult ein (Reste eines

Paians für den Gott sind erhalten). Mittelalterliche Darstellungen machten aus der antiken Gottheit einen zeitgenössischen Gelehrten, Schutzpatron der Ärzte und Apotheker. Aus dieser Symbolik hat sich in der Gegenwart der „Äskulapstab" erhalten, Zeichen für medizinische Einrichtungen aller Art.

Äskulap ↑ **Asklepios**

Asopos, Sohn des Poseidon und der Nymphe Pero (oder des Okeanos und der Tethys), Gott des gleichnamigen Flusses in Böotien. Seine Tochter war ↑ Aigina, die als Geliebte des Zeus ↑ Aiakos gebar.

Asterios ↑ **Europa**

Astraia, Tochter des Zeus und der Themis (oder des Astraios und der Eos), auch mit der Göttin der Gerechtigkeit, ↑ Dike, gleichgesetzt. Im Goldenen Zeitalter soll sie unter den Menschen gelebt haben, als letzte aller Götter verließ sie mit Beginn des Eisernen Zeitalters die Erde und kehrte zu den Himmlischen zurück. Hesiod schildert (in *Werke und Tage*) die Abfolge der Zeitalter, das Auseinanderbrechen der menschlichen Gemeinschaft, weil „Scham und gerechte Vergeltung" geflohen sind. Ovid nimmt die Hesiodische Version in seine *Metamorphosen* auf, hier wird A. genannt, die als letzte die Menschen verläßt und zum Sternbild der Jungfrau wird. A. ist verwandt mit der römischen ↑ Justitia.

Astraios, nach Hesiods *Theogonie* Sohn des Titanen Kreios und der Eurybie, einer Tochter des ↑ Pontos. Seine Gemahlin war ↑ Eos, die schöne Göttin der Morgenröte. Sie gebar ihm die Winde Zephyros, Boreas und Notos.

Astyanax, Sohn des Hektor und der Andromache. Wurde nach der Eroberung Trojas als Kind von den Griechen der Mutter weggenommen und von der Mauer gestürzt, um zu vermeiden, daß er später zum Rächer Trojas würde. In einigen der späteren Dramen um ↑ Andromache lebt A. mit seiner Mutter am Hof des ↑ Neoptolemos. Die mittelalterlichen Trojaromane

Asteria, Schwester der Leto

machten aus A. (hier Landomata genannt) den Erbauer eines neuen Troja.

Astydameia ↑ **Akastos**

Atalante, eine berühmte Jägerin. Über ihre Herkunft existieren zwei unterschiedliche Versionen, die beide in Ovids *Metamorphosen* erzählt werden. Im Zusammenhang mit der Erzählung von der ↑ Kalydonischen Jagd (VIII. Buch) ist sie die Tochter des arkadischen Helden Iasos und der Klymene. Das Kind wurde ausgesetzt, weil es ein Mädchen war. Eine Bärin säugte es, und Jäger zogen es auf. So wurde A. selbst eine kühne Jägerin, die den großen Helden ebenbürtig war. Im Ringkampf besiegte sie Peleus, den Vater des Achilleus, bei den Leichenspielen zu Ehren des Pelias. A. zog mit den Argonauten; sie war die erste, die bei der Kalydonischen Jagd den wilden Eber verwundete, und erhielt dafür von ↑ Meleagros die Jagdtrophäe. Im X. Buch erzählt Ovid die Geschichte ihrer Vermählung. Hier ist sie die Tochter des böotischen Königs Schoineus. Sie wollte nur den zum Mann nehmen, der schneller laufen konnte als sie. Deshalb forderte sie jeden Bewerber um ihre Hand zum Wettlauf heraus, gewährte ihm einen Vorsprung und lief hinterher. Wen sie einholte, der mußte sterben. Hippomenes besiegte sie mit Hilfe des ↑ Adonis durch List: Er warf drei goldene Äpfel, die dieser ihm gegeben hatte, hinter sich. Weil sich A. bückte, um sie aufzuheben, gewann er den Lauf. A. wurde im heiligen Hain der Kybele die Frau des Hippomenes. Die beiden erregten damit den Zorn der Göttin, die das Paar in Löwen verwandelte. In einer älteren Überlieferung, auf die u.a. Aischylos in *Sieben gegen Theben* (467 v. u. Z.) zurückgreift, wird A. Mutter des ↑ Parthenopaios.

Die schöne Jägerin bot im 17./18. Jh. den Dramatikern Stoff: Lope de Vega und Gottsched schrieben A.-Dramen, auch Opern entstanden, u. a. von Händel. A. Ch. Swinburne schrieb eine Tragödie *Atalanta in Calydon* (1865). Für die bildende Kunst war A. ebenfalls ein dankbares Thema: Zahlreiche Vasenbilder belegen die Beliebtheit der Figur (A. bei der Kalydonischen Jagd auf der *François-Vase*, 6. Jh. v. u. Z.). Auch auf Münzen, Sarkophagreliefs und pompejanischen Wandgemälden ist sie dargestellt. Die Jagdszenen der Barockmalerei haben oft Bezug zum A.-Mythos, so die Darstellungen der Kalydonischen Jagd von Poussin und Rubens.

Ate, Tochter des Zeus, Verkörperung der Verblendung. Ihr verderbliches Wirken führte ↑ Phoinix dem Achilleus vor Augen, als er ihn (im IX. Gesang der *Ilias*) bat, seinen Groll aufzugeben. Auch bei Zeus' voreiligem Schwur vor der Geburt des Herakles, der durch Heras Eifersucht dem ↑ Eurystheus die Macht brachte, war A. zugegen. Zeus soll sie danach voll Wut vom Himmel geschleudert haben, so daß sie nun ihr Werk unter den Menschen tut.

Athamas, König von Böotien, Sohn des ↑ Aiolos (1). Seine erste Gemahlin war Nephele, die Göttin der Wolken, die ihm ↑ Phrixos und ↑ Helle gebar. Danach wurde ↑ Ino, die Tochter des thebanischen Königs Kadmos, seine Frau. Ihre Söhne waren Learchos und Melikertes. Außerdem zogen A. und Ino den Sohn des Zeus und Inos Schwester ↑ Semele, den Gott Dionysos, auf. Heras Eifersucht oder Inos Neid auf den göttlichen Geliebten der Schwester brachten Unglück über die Familie. Ino verließ A. Darauf heiratete er Themisto, die ihm die Söhne Orchomenos und Sphinikios gebar. A. hatte inzwischen Ino aufgespürt und sie wieder in sein Haus gebracht, ohne daß Themisto wußte, wer sie war. Diese haßte die Söhne der Ino und beschloß, sie umzubringen. Ino vertauschte jedoch die Kinder, so daß Themisto ihre eigenen Söhne tötete. Sie beging daraufhin Selbstmord; A. wurde wahnsinnig und brachte den eigenen Sohn Learchos um. Euripides gestaltete den Mythos in der Tragödie *Ino*, die nur in Fragmenten erhalten ist. Dante nennt im 30. Gesang des Inferno der *Göttlichen Komödie* (um 1320) A.' Tat als Beispiel für den Wahnsinn, den Götter über Menschen bringen.

Athene (griech. Athena, Pallas Athena), Tochter des Zeus, mächtige Göttin der Weisheit, der Kunst, des Handwerks, Schutzherrin der Städte, besonders Athens, aber auch des heldenhaften Kampfes. Hesiod berichtet in der *Theogonie* über die Geburt der A.: Da Zeus von Gaia wußte, daß seine erste Gemahlin ↑ Metis ihm einen Sohn gebären könne, der stärker würde als er, verschlang er sie. Ihr Kind gebar er selbst, indem er sich von Hephaistos (oder Prometheus) das Haupt spalten ließ. A. kam in voller Rüstung zur Welt. Auf dem Olymp war ihre Macht fast der des Zeus gleich. Sie kämpfte mit gegen die ↑ Titanen und die ↑ Giganten. Den Helden, die unter ihrem Schutz standen, war sie eine treue Helferin. So ließ sie ↑ Perseus in ihre Aigis (den Brustpanzer) blicken, damit er der Gorgo Medusa den Kopf abschlagen konnte (das Medusenhaupt trug sie seitdem auf der Aigis); dem ↑ Herakles half sie, das Himmelsgewölbe zu tragen, und stand ihm bei, als er den Kerberos aus der Unterwelt holte. Da ↑ Paris sie tödlich beleidigt hatte, als er im Streit der drei Göttinnen, wer die Schönste sei, der Aphrodite den Vorzug gegeben hatte, haßte sie die Troer und kämpfte mit Hera auf der Seite der Griechen. Ihr besonderer Liebling aber war ↑ Odysseus. Nur mit Hilfe der A. konnte er alle Abenteuer bestehen und glücklich heimkehren. Sie war, wie Artemis, eine jungfräuliche Göttin (Athena Parthenos) und bestrafte alle unbarmherzig, die dieser Jungfräulichkeit zu nahe traten: ↑ Teiresias wurde blind, weil er sie beim Baden beobachtet hatte. Auch andere Frevel bestrafte sie unerbittlich: ↑ Aias den Telamonier schlug sie mit Wahnsinn, als er aus Rache die griechischen Heerführer töten wollte; ↑ Aias der Oilide, der Kassandra an A.s Altar vergewaltigt hatte, wurde von der Göttin auf der Heimfahrt verfolgt; ↑ Arachne zog die Rache der A. auf sich, weil die Sterbliche meinte, besser weben zu können als die Göttin. Eng mit dem Namen der A. verbunden ist der Gründungsmythos der Stadt Athen: Als sich Poseidon

und A. um den Besitz Attikas stritten, beschenkten sie das Land, um die Bewohner für sich günstig zu stimmen. Poseidon schenkte Pferde (oder ließ eine Quelle entspringen), A. ließ den Ölbaum wachsen. ↑ Kekrops, der schlangengestaltige, der Erde entsprossene erste König Attikas, war Schiedsrichter, und er stellte das Land unter den Schutz der A. Die Göttin gab Kekrops' Töchtern (↑ Agraulos) in einem Kästchen das Kind ↑ Erichthonios (1) in Verwahrung. Als die Schwestern es gegen ihr Verbot öffneten, erzog A. den künftigen ersten König der Stadt Athen selbst. Sein Enkel ↑ Erechtheus gilt als Stifter des Kults der A. (Das berühmte Erechtheion der Athener Akropolis war ihr gewidmet.) Die Göttin wachte über Recht und Ordnung in der Stadt; der Areopag, das höchste Gericht, war von ihr selbst eingerichtet worden (vgl. Aischylos, *Die Eumeniden*). Als Schutzherrin von Kunst und Handwerk lehrte A. die Menschen vieles. Die „Argo“, das erste Schiff überhaupt, soll unter ihrer Anleitung gebaut worden sein. Sie brachte die Webkunst und den Wagenbau zu den Menschen, auch Egge und Pflug. Sie erfand die Flöte, warf sie aber fort, als sie sah, daß sie durch das Blasen häßlich wurde; ↑ Marsyas hob sie auf. Ölbaum, Schlange und Eule waren der A. heilig; die Eule war deshalb das Zeichen der athenischen Münzen. Da die reiche Stadt in ihrer Blütezeit ihren Bürgern keine Steuern abverlangte, entstand die bis heute gebräuchliche Redewendung „Eulen nach Athen tragen“ für eine überflüssige Handlung. In Rom wurde A. unter dem Namen ↑ Minerva verehrt.
Bildliche Darstellungen der A. aus antiker Zeit sind sehr häufig. Berühmtestes Kunstwerk war das (nicht erhaltene) Kultbild der *Athena Parthenos* des Pheidias; die zwölf Meter hohe Gold-Elfenbein-Statue stand auf der Akropolis von Athen. Weitere bedeutende Statuen sind die *Athena Lemnia* des Pheidias (in römischen Marmorkopien erhalten), die *Athena Medici* (römische Kopie möglicherweise nach einem Werk des Pheidias).

Der Giebelschmuck des Parthenon-Tempels der Akropolis zeigt ihre Geburt und den Streit mit Poseidon um Attika. Die A.-Marsyas-Gruppe des Myron von der Akropolis ist nur in römischen Kopien erhalten. Auf der Metope des Zeus-Tempels von Olympia (5. Jh. v. u. Z.) ist A. mit Herakles und Atlas dargestellt, auf dem Großen Fries des Pergamonaltars im Gigantenkampf. Zahlreiche Vasenbilder zeigen ihre Geburt und Szenen, in denen sie den von ihr begünstigten Helden hilft. – Das Mittelalter übernahm die antike Göttin (meist unter dem Namen Minerva) als Allegorie für Keuschheit, Tugend und Weisheit. Seit der Renaissance symbolisierte sie Künste und Wissenschaften (so in Gemälden von Botticelli, Spranger, Elsheimer); oft wird sie dem Kriegsgott Ares gegenübergestellt (Tintoretto, Veronese).

Atlas, Sohn des Titanen Iapetos und der Okeanide Klymene (oder der Asia), Bruder des Prometheus, Vater der ↑ Pleïaden. Er war nach Hesiod (*Theogonie*) „ein Kind von gewaltiger Größe". In der Titanomachie (↑ Titanen) kämpfte er auf seiten der alten Götter und wurde nach ihrer Niederlage von Zeus bestraft: Er mußte mit Kopf und Armen am Rande der Erde das Himmelsgewölbe stützen, dort, wo die ↑ Hesperiden den Baum mit den goldenen Äpfeln hüteten. Als Herakles von Eurystheus den Auftrag erhielt, ihm drei davon zu bringen, nahm er die Last auf seine Schultern, damit A. die Äpfel holen konnte. Dieser weigerte sich allerdings, wieder seinen alten Platz einzunehmen, doch Herakles (möglicherweise auf den Rat des Prometheus, den er von seinen Qualen befreit hatte) überlistete ihn. Er bat ihn, nur einen kurzen Augenblick noch das Gewölbe zu halten, damit er sich ein Polster unterlegen könne, doch ließ er dann A. für alle Ewigkeit stehen. Eine andere Überlieferung berichtet, daß A. dem Perseus die Gastfreundschaft verweigerte. Deshalb zeigte dieser ihm das Haupt der Medusa, und A. wurde zu Stein.

Das Atlas-Gebirge in Nordafrika hat mit der Sage von dem Riesen, der den Himmel trägt, wahrscheinlich nichts zu tun. Möglicherweise aber meinten die Griechen im Pico de Teide auf Teneriffa diese Gestalt zu sehen (A. von Humboldt machte auf die Ähnlichkeit des Bildes aufmerksam). – Die bildende Kunst der Antike zeigte A. meist mit Herakles (Metope des Zeus-Tempels von Olympia, Vasenbilder), in mittelalterlichen Kosmologien taucht er als Stütze des Himmels auf. Auch in die Architektur ging der Name des Lasten tragenden Riesen (Atlant) ein. Der berühmte Kartograph Mercator ließ sein Kartenwerk, das 1595 erschien, auf dem Titel mit dem Bild des A. schmücken, daher der Name „Atlas" für Kartensammlungen.

Atreus, Sohn des ↑ Pelops und der ↑ Hippodameia, Bruder des ↑ Thyestes. Die Brüder waren beladen mit dem Fluch, der auf dem Geschlecht des ↑ Tantalos ruhte und den ↑ Myrtilos erneuert hatte. A. und Thyestes ermordeten ihren Halbbruder ↑ Chrysippos und wurden von ihrem Vater aus Mykene vertrieben. Von ↑ Aërope wurde A. Vater des ↑ Agamemnon und des ↑ Menelaos. Als A. nach dem Tod des Pelops König wurde, verführte Thyestes Aërope. Diese gebar ihm zwei Söhne, und Thyestes mußte mit den Kindern Mykene verlassen, dabei nahm er auch A.' kleinen Sohn ↑ Pleisthenes mit. Aërope wurde von A. getötet. Thyestes schickte später Pleisthenes, der nicht wußte, wer sein Vater ist, als Mörder gegen A. aus. Dieser konnte zwar dem Anschlag entkommen, tötete aber dabei den eigenen Sohn. Um sich an dem Bruder zu rächen, lud A. Thyestes mit seinen Söhnen später wieder nach Mykene ein. Scheinbar versöhnt, richtete er ein Fest und setzte Thyestes Fleisch vor. Nachdem dieser davon gegessen hatte, sagte A. ihm die Wahrheit: Es war das Fleisch seiner Kinder, die A. geschlachtet hatte. Die Sonne verbarg sich vor der Greueltat, Thyestes aber verfluchte den Bruder und seine Nachkommen. Er fand Zuflucht bei König Thesprotos von Sikyon, wo er (unwissentlich oder auf Rat eines Orakels) die eigene Tochter Pelopeia vergewaltigte, die ↑ Aigisthos gebar, der schließlich A. und später auch Agamemnon tötete. Die blutige Familiengeschichte der Nachkommen des Tantalos wurde schon früh Gegenstand vieler Tragödien (u. a. *Thyestes* von Euripides), von denen nur der *Thyestes* des Seneca vollständig erhalten ist. Im 17./18. Jh. wandelten die Dramatiker den Gang der Handlung zuweilen ab, fügten Liebesgeschichten ein, besonders Aërope erhielt eine aktive Rolle, so in Voltaires *Pelopiden* (1772) und in Foscolos *Thyestes* (1797). – „Schatzhaus des Atreus", wird von den Archäologen eines der Kuppelgräber genannt, die in Mykene ausgegraben wurden.

Atriden, das Geschlecht des ↑ Atreus, in dem sich der Fluch, der auf ↑ Tantalos lastete, fortsetzte (↑ Agamemnon, ↑ Orestes).

Attis, phrygische Gottheit aus dem Kultkreis der ↑ Kybele, ein Jüngling von außergewöhnlicher Schönheit. Er war der Geliebte der Kybele, beleidigte aber die Göttin, als er sich in eine Nymphe verliebte. Kybele tötete die Nymphe und schickte Wahnsinn über A., so daß er sich selbst entmannte und starb. Kybele erbat sich von Zeus die Erhaltung seines schönen Körpers (oder sie verwandelte ihn in eine Pinie). A. wurde gemeinsam mit Kybele in orgiastischem Kult verehrt, der sich in hellenistischer Zeit von Griechenland aus im Römischen Reich ausbreitete. Seit Claudius feierte man in Rom zu Beginn des Frühlings die A.-Mysterien. Der heilige Baum des A. war die Pinie.

Attus Navius, Priester (Augur), der dieses Amt zur Zeit des römischen Königs ↑ Tarquinius Priscus versah. Als der König die Reitercenturien verstärken wollte, warnte A. N. vor einer Veränderung der seit Romulus bestehenden Ordnung des Heeres, ohne vorher die Götter befragt zu haben. Tarquinius, empört über diese Einmischung, stellte die Fähigkeit des Augurs, den Vogelflug zu deuten, öffentlich auf die Probe: A.N.

sollte sagen, ob das, was der König in diesem Augenblick plane, ausführbar sei. Der Augur sah nach den Vögeln und bejahte die Frage. Da verlangte Tarquinius, daß A. N. einen Stein mit einem Messer teilen sollte. Zum Erstaunen aller nahm dieser ein Messer und durchschnitt den Stein, den der König bringen ließ. Das Ansehen des Augurs wuchs durch dieses Wunder so, daß in Rom keine wichtige Entscheidung mehr ohne Befragen des Vogelfluges getroffen wurde. Dem A. N. errichteten die Römer ein Standbild.

Auge, Tochter des Aleos, des Königs von Tegea in Arkadien, Priesterin der Athene. Herakles verführte sie. Das Kind von ihm, ↑ Telephos, wurde im Tempel der Athene geboren. Die erzürnte Göttin schickte eine Hungersnot (oder die Pest). Als Aleos den Tempel betrat, um die Ursache des Übels zu erfahren, fand er das Kind. Er ließ es aussetzen und seine Tochter als Sklavin verkaufen. Sie wurde nach Mysien gebracht, dort heiratete sie König Teuthras. (Nach einer anderen Version ließ Aleos Mutter und Sohn in einer Kiste ins Meer werfen; sie wurden in Mysien an Land gespült.) Telephos wurde von einem Reh gesäugt, später von Hirten gefunden und aufgezogen. Als er erwachsen war, gebot ihm das Orakel, seine Mutter in Mysien zu suchen. Dort fand er A., wurde von Teuthras adoptiert und sein Nachfolger. Ein Tragödienfragment von Euripides deutet einen anderen Ausgang an: Herakles fand das ausgesetzte Kind, erkannte es an einem Ring als das seine und erbat von Aleos Verzeihung für die Mutter.

Augeias (lat. Augias), König des griechischen Stammes der Epeier in Elis, bekannt für sein räuberisches, zänkisches Wesen. Er war ungeheuer reich, besaß auch riesige Viehherden, Geschenke seines Vaters Helios (nach anderen Überlieferungen war sein Vater Poseidon oder Phorbas, ein Held aus Rhodos). Herakles mußte, als fünfte der zwölf von ↑ Eurystheus aufgetragenen Arbeiten, die Ställe des A. reinigen. Er leitete die Flüsse Alpheios und Peneios um, die den Mist, der sich seit Jahrzehnten dort angesammelt hatte, hinwegschwemmten. Danach enthielt A. Herakles den versprochenen Lohn, ein Zehntel aller Herden, vor und entfachte damit den Zorn des Helden. Eurystheus aber erkannte die vollbrachte Arbeit nicht an, da Herakles dafür Lohn gefordert hatte. Dieser überzog das Land des A. mit Krieg, besiegte und tötete ihn schließlich. – Der „Augiasstall" ist als Symbol riesiger Mengen (auch geistigen) Unrats in den allgemeinen Sprachgebrauch eingegangen. F. Dürrenmatt verarbeitete den Stoff originell zu einem Hörspiel: *Herkules und der Stall des Augias* (1954), H. Müller brachte in *Herakles 5* (1966) die A.-Episode auf die Bühne.

Augiasstall ↑ **Augeias**

Aurora, die römische Göttin der Morgenröte, der griechischen ↑ Eos gleichgesetzt. Die Geschichten um die griechische Göttin (↑ Kephalos, ↑ Tithonos) wurden auf A. übertragen. In Kunst und Literatur erscheint die Morgenröte meist unter dem römischen Namen.

Autolykos, Sohn des Hermes und der ↑ Chione (2). A. war der schlaueste und durchtriebenste aller Menschen. Er konnte sich unsichtbar machen und war ein Meister im Stehlen und im Ringen (er gab dem jungen Herakles darin Unterricht). Sogar die Herden des ↑ Sisyphos, der doch als einziger Mensch den Tod überlistet hatte, raubte er; dieser konnte ihm allerdings den Diebstahl nachweisen. Um sich an A. zu rächen, verführte Sisyphos dessen Tochter ↑ Antikleia, obwohl sie ↑ Laërtes zur Ehe versprochen war. Diese Version, die u. a. von Sophokles und später von Ovid übernommen wurde, leitet die Herkunft des „listenreichen Odysseus" von Ahnen ab, deren Verhalten zumindest fragwürdig war.

Automedon, einer der griechischen Helden, die vor Troja kämpften, Begleiter des Achilleus. A. rettete nach dem Tod des Patroklos dessen Streitwagen. Nach dem Tod des Achilleus war er Knappe von dessen Sohn Neoptolemos.

Autonoë, Tochter des ↑ Kadmos und der ↑ Harmonia, ihre Schwestern waren ↑ Agaue, ↑ Ino und ↑ Semele. Ihr Sohn (von Aristaios) war der Jäger ↑ Aktaion. Bei Ovid (*Metamorphosen*, III. Buch) ist A. an der bacchantischen Raserei beteiligt, die ↑ Pentheus das Leben kostete.

Axioche ↑ **Pelops**

B

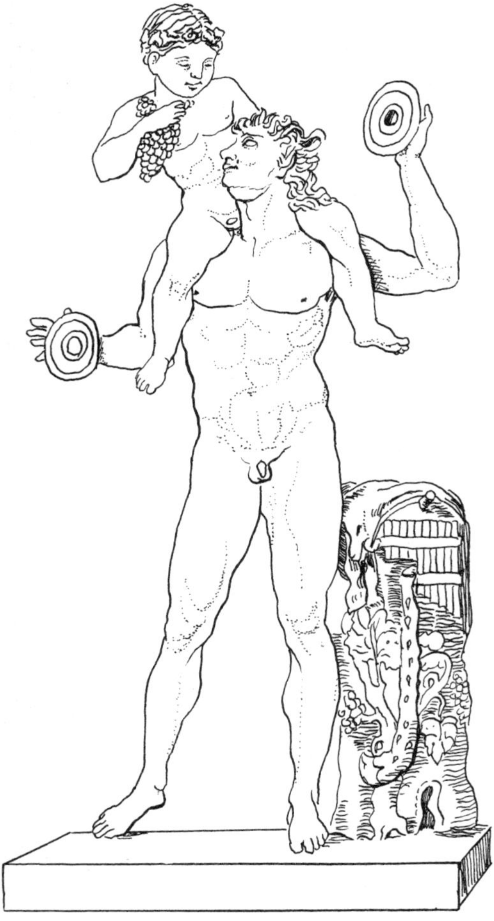

Bacchantinnen ↑ **Bakchen**

Bacchus, römischer Name des ↑ Dionysos, abgeleitet von griechisch Bakchos, einem der Beinamen des Gottes. In Kunst und Literatur wurde die Figur Symbol für Wein und Trinkgelage (vgl. die Gestalt in W. Hauffs *Phantasien im Bremer Ratskeller,* 1827).

Bakchen, Bacchantinnen, Begleiterinnen des ↑ Dionysos (der Name kommt von dessen Beinamen Bakchos), auch Mainaden (Mänaden) genannt. Den Thyrsos (einen mit Weinlaub und Efeu umwundenen Stab) schwingend, mit Weinlaub, Efeu und den Fellen von jungen Rehen geschmückt, zogen sie mit Dionysos durch die Wälder. Ihre Raserei, mit der sie ihren Gott ehrten, kannte keine Grenzen; im Taumel fingen und zerrissen sie Tiere und verschlangen das rohe Fleisch. Die furchtbaren Folgen für den, der sich dem Siegeszug des Dionysos widersetzte, und die zerstörerische Ekstase seiner Anhängerinnen zeigt Euripides in seiner Tragödie *Die Bakchen* (405 v. u. Z.) am Beispiel des Königs ↑ Pentheus von Theben und dessen Mutter ↑ Agaue. Das Stück, eines der besten des Euripides, wurde von Goethe, Kleist u. a. hoch geschätzt, fand aber bis ins 20. Jh. keine Neufassung. Der Nigerianer W. Soyinka erschloß es in völlig neuer Weise mit seiner Bearbeitung *Die Bakchen* (e. 1973), wo er Parallelen zwischen Dionysos und einer afrikanischen Gottheit aufzeigt. – B. bzw. Mainaden wurden sehr oft auf griechischen Vasen dargestellt, auch hier als Begleiterinnen ihres Gottes. Einen Eindruck ihrer rauschhaften Verzückung vermittelt die *Mainade* des Skopas, eine Marmorplastik aus dem 4. Jh. v. u. Z., die in einer römischen Kopie erhalten ist.

Bakchos ↑ Dionysos

Bateia ↑ Dardanos

Baubo, eine Frau, die – nach einer spätorphischen Überlieferung – in Eleusis die um ihre Tochter trauernde ↑ Demeter mit Scherzen und drastischen Gebärden erheiterte. Nach einigen Quellen ist B. die Mutter von ↑ Triptolemos. Die Gestalt gehört in den Kult der Demeter von Eleusis. Da die Scherze, mit denen B. die Göttin zum Lachen brachte, offenbar ziemlich unanständig waren, wurde später der Name B. zum Inbegriff einer „unzüchtigen Alten". In diesem Sinne ließ Goethe im *Faust* (I. Teil, „Walpurgisnacht") B. als Hexe

„auf einem Mutterschwein“ zum Brocken reiten. F. Fühmann erzählt in *Baubo* (e. 1984) die Geschichte der alten Frau wieder nach den Orphikern: B. rettet die Erde vor der Dürre, die durch die trauernde Demeter hervorgerufen worden war, indem sie der Göttin den Wert des Lebens bewußt macht.

Baucis, Baukis ↑ Philemon und Baukis

Bellerophon(tes), Heros aus Korinth, Sohn des Glaukos und der Eurymede. Aus seiner Heimat verbannt (möglicherweise, weil er seinen Bruder oder einen anderen Korinther getötet hatte), fand er in Tiryns bei König ↑ Proitos Zuflucht. Dessen Gattin ↑ Stheneboia (oder Anteia) verliebte sich in den Jüngling, wurde aber zurückgewiesen. Stheneboia war gekränkt und verleumdete B. bei Proitos mit der Anklage, er habe sie verführen wollen. Um sich zu rächen, ohne selbst die Gesetze der Gastfreundschaft zu verletzen, schickte der König B. mit einer Botschaft zu seinem Schwiegervater Iobates, dem König von Lykien. Die Botschaft enthielt die Bitte, den Boten zu töten. Iobates schickte den Helden mit einem Auftrag aus, der den sicheren Tod bedeutete: B. mußte gegen die ↑ Chimaira kämpfen. Da die Götter B. beistanden und ihm den ↑ Pegasos sandten, konnte er das Ungeheuer aus der Luft besiegen. Darauf schickte Iobates B. gegen die Solymer und die Amazonen, die in sein Land eingefallen waren. Auch hier kehrte B. siegreich zurück und tötete auf dem Heimweg die Krieger, die ihm auflauern sollten. Da gab Iobates seine Absicht auf und verheiratete B. mit seiner Tochter Philonoë. Sie gebar B. die Söhne Hippolochos und Isandros sowie die Tochter Laodameia, die durch Zeus Mutter des ↑ Sarpedon wurde. Homer läßt im VI. Gesang der *Ilias* Hippolochos' Sohn ↑ Glaukos auf dem Schlachtfeld Diomedes die Geschichte seiner Herkunft erzählen. B.s Schicksal ist auch Gegenstand von zwei (in Fragmenten erhaltenen) Tragödien des Euripides: *Stheneboia* und *Bellerophontes*. *Stheneboia* gibt im wesentlichen die Abenteuer des

B. nach Homer wieder, allerdings rächt sich der Held an der Frau, indem er nach Tiryns zurückkehrt, sie überredet, mit ihm den Pegasos zu besteigen und sie über dem Meer hinunterstürzt. Die andere Tragödie zeigt das Ende des Helden, das schon bei Homer angedeutet ist. Dort heißt es, daß B. den Göttern verhaßt wurde. Euripides läßt ihn versuchen, mit dem Pegasos zum Olymp zu fliegen, um die Geheimnisse der Götter zu ergründen; er stürzt jedoch ab und erleidet einen elenden Tod. – B. im Kampf mit der Chimaira und auf dem Pegasos reitend war ein beliebtes Motiv der antiken bildenden Kunst (Vasenbilder, Reliefs und Wandmalereien).

Bellona, römische Kriegsgöttin (lat. bellum, ‚Krieg'), Schwester oder Gemahlin des Mars, der griechischen ↑ Enyo (2) gleichgesetzt. In ihrem Tempel wurde die förmliche Kriegserklärung abgegeben, ehe man den Kampf gegen einen Feind eröffnete. Seit dem 1. Jh. v. u. Z. verschmolz ihre Gestalt mit orientalischen Muttergottheiten: mit Kybele und der kappadokischen Ma. Ihr Kult nahm orgiastischen Charakter an, ihre Priester, die Bellonarii, brachten sich dabei selbst Wunden bei.

Belos, Sohn des Poseidon und der Nymphe Libye, Zwillingsbruder des ↑ Agenor; als Vater des ↑ Aigyptos und des ↑ Danaos Stammvater großer Helden (z. B. von Perseus).

Bias, Held aus Argos, Sohn des Amythaon und der Idomene. Sein Bruder war der Seher ↑ Melampus. Um die Hand der schönen Pero, der Tochter des Neleus, zu erlangen, sollte B. die Rinder des thessalischen Königs Iphiklos rauben. Da ihm das nicht gelang, half ihm sein Bruder, obwohl er voraussah, daß er die Freiheit dabei verlieren würde. Er bekam die Rinder dennoch geschenkt, da er seine Sehergabe vor Iphiklos beweisen konnte. B. brachte die Rinder zu Neleus und erhielt Pero zur Frau.

Blitz ↑ Zeus

Blumen ↑ **Flora**

Bona Dea (‚Gute Göttin'), offizieller Name einer römischen Göttin, deren wahrer Name geheimgehalten wurde. Sie war mit ↑ Faunus verbunden, als dessen Tochter (oder Gattin) sie galt. Bei ihrem Fest im Dezember, das im Hause eines hohen Beamten gefeiert wurde, waren die Männer ausgeschlossen. P. Clodius Pulcher, der im Jahre 62 v. u. Z. heimlich an der nächtlichen Feier teilnehmen wollte, wurde wegen Religionsfrevels angeklagt.

Boreaden, Kalais und Zetes, die Söhne des Nordwindes (Boreas). Ihre Mutter war die Tochter des athenischen Königs Erechtheus, Oreithyia. Die B. fuhren mit den ↑ Argonauten nach Kolchis. Bei ihrem Aufenthalt auf der Insel Kios forderten sie die Weiterfahrt, ohne auf Herakles, der seinen Freund ↑ Hylas suchte, zu warten. Herakles rächte sich später und tötete die B. Auf ihrem Grab standen zwei Steine, die tönten, wenn der Nordwind blies.

Boreas, Gott des Nordwindes, wie seine Brüder Zephyr und Notos Sohn der Göttin Eos und des Titanen Astraios. Als sein Wohnsitz wurde das rauhe Thrakien angenommen; man stellte ihn sich bärtig und geflügelt vor. Er war besonders mit Pferden verbunden: In der *Ilias* (XX. Gesang) wird berichtet, daß er sich in die herrlichen Stuten des troischen Königs Erichthonios verliebte und mit ihnen wunderbare Fohlen zeugte. (Diese Pferde verweigerte später König ↑ Laomedon dem Herakles, als der Held dessen Tochter Hesione vor dem Meerungeheuer gerettet hatte.) Auch mit den Erinyen und den Graien zeugte B. Pferde. Er raubte Oreithyia, die Tochter des Königs von Athen, Erechtheus. Sie wurde von ihm Mutter des Kalais und des Zetes, die die ↑ Boreaden genannt wurden, und von ↑ Chione (1). Die beiden Söhne nahmen am Zug der Argonauten teil. Die Athener verehrten B. besonders, denn er soll ihnen, Oreithyia zuliebe, in der Schlacht gegen Xerxes (480 v. u. Z.) zu Hilfe gekommen sein. Herodot berichtet, daß sie ihm zum Dank nach dem Sieg am Flusse Ilissos einen Tempel errichteten. – B. wurde oft auf Vasenbildern dargestellt; dem Raub der Oreithyia ist eine Plastik am Tempel der Athener auf Delos gewidmet. Im Mittelalter gehörte er, auch mit dem römischen Aquilo identifiziert, zu kosmologischen Werken und Illustrationen des Ovid. Rubens malte den Raub der Oreithyia, auch auf Botticellis Gemälde *Der Frühling* erscheint er.

Briareos, einer der drei ↑ Hundertarmigen. Er half den olympischen Göttern beim Kampf gegen die Titanen und erhielt dafür Kymopoleia, eine Tochter des Poseidon, zur Frau. Als Hera, Athene und Poseidon sich gegen Zeus erhoben, rief Thetis abermals B. zu Hilfe. Er vertrieb die Götter durch sein schreckliches Aussehen.

Briseïs, schönes Mädchen aus der Stadt Chryse in der Nähe von Troja. Bei einem Beutezug der Griechen während des ↑ Trojanischen Krieges wurde sie entführt und Achilleus als Sklavin übergeben. Weil Agamemnon seine schöne Beute ↑ Chryseïs zurückgeben mußte, ließ er B. mit Gewalt aus dem Zelt des Achilleus führen und rief so den gewaltigen Groll des Helden hervor, der Gegenstand der *Ilias* ist. Hier nur Randfigur, wird sie erst in den mittelalterlichen Trojaromanen zu einer wichtigen Gestalt. Benoît de Sainte-Maure macht aus ihr eine Tochter des Kalchas und Geliebte des troischen Königssohns ↑ Troilos. So ging sie später unter dem Namen Cressida in die Weltliteratur ein. Auch in Christa Wolfs *Kassandra* ist B. Tochter des Kalchas, ein Mädchen, das brutal den Machtinteressen geopfert wird.

Britomartis, Göttin aus Kreta. Die griechische Sage verbindet sie mit Artemis. Sie soll als Gefährtin der Göttin das Gelübde der Keuschheit abgelegt und sich vor den Verfolgungen des Minos ins Meer gestürzt haben. Fischer retteten sie mit ihrem Netz, daher wurde sie auch Diktynna (griech. diktyon, ‚Netz') genannt. Dieser Name wurde in der (noch nicht endgültig gesicherten) Entzifferung einer Linear-A-Inschrift auf Kreta wiedergefunden. In jüngeren Überlieferungen wurde B. als Diktynna mit Artemis gleichgesetzt.

Brontes, einer der ↑ Kyklopen.

Brutus, Lucius Iunius, Sohn der Tarquinia, der Schwester des römischen Königs ↑ Tarquinius Superbus. Da der König um seine Macht fürchtete, verfolgte und ermordete er seine Verwandten. Um sich davor zu schützen, stellte B. sich schwachsinnig. Er war beim Selbstmord der ↑ Lucretia anwesend, warf dabei die Maske ab, stellte sich an die Spitze der empörten Bürger und war maßgeblich am Sturz des Tarquinius beteiligt. Er und Lucretias Gatte Collatinus wurden die ersten Konsuln der Republik. Als die Söhne des B. zugunsten des verbannten Tarquinius eine Verschwörung gegen die junge Republik planten und dabei entdeckt wurden, zögerte der Konsul nicht, das Todesurteil über sie zu sprechen. B. fiel in der Schlacht gegen die Etrusker, die Tarquinius aufgewiegelt hatte. – Die berühmte etruskische Porträtplastik, die unter dem Namen *Brutus* in die Kunstgeschichte eingegangen ist, wurde willkürlich nach dem Begründer der Römischen Republik genannt.

Büchse der Pandora ↑ Pandora

Busiris, König von Ägypten, Sohn des Poseidon (oder des Aigyptos) und der Lysianassa. Das Orakel von Delphi befahl ihm, alle Fremden zu opfern, damit die Dürre, die das Land heimsuchte, beendet würde. Dieses Schicksal sollte auch ↑ Herakles erleiden, als er auf der Suche nach dem Garten der Hesperiden durch Ägypten kam. Der Held aber zerriß seine Fesseln vor dem Altar und tötete B. und dessen Sohn Amphidamas. Euripides schrieb ein Satyrspiel *Busiris,* das lediglich dem Titel nach bekannt ist (nur zwei kurze Fragmente sind erhalten).

Butes, 1. Sohn des athenischen Königs ↑ Pandion (1), Bruder des Erechtheus. Er war Priester und Ahnherr eines athenischen Priestergeschlechts. – 2. einer der

↑ Argonauten. Als die „Argo“ bei den Sirenen vorbeifuhr, warf er sich ins Meer, um ihnen nahe zu sein. Aphrodite rettete ihn; er wurde ihr Geliebter und Vater des ↑ Eryx.

Byzas, mythischer Gründer von Byzanz, Sohn des Poseidon und der Keroëssa, einer Tochter der ↑ Io und des Zeus. Apollon und Poseidon halfen bei der Befestigung der Stadt.

C

Cacus, räuberisches Ungeheuer, halb Mensch, halb Satyr, Sohn des ↑ Vulcanus. Er lebte in einer Höhle am Aventin. In der römischen Version der Herakles-Sage (↑ Hercules) raubte er dem Helden einen Teil der Rinder des Geryoneus, die dieser zu Eurystheus bringen sollte (zehnte Arbeit). Herakles hörte aber das Brüllen der Tiere, fand so die Höhle des C. und tötete ihn. Der Ort wurde später von den Römern Forum Boarium (Rindermarkt) genannt. – Vergil erzählt die Geschichte im VIII. Buch der *Aeneis,* er nennt ihn „ein entsetzliches Scheusal", das von Mord lebt. Der italienische Bildhauer Bandinelli, ein Zeitgenosse und Rivale Michelangelos, schuf kolossale Marmorgestalten *Hercules und Cacus,* die vor dem Palazzo Vecchio in Florenz stehen.

Camenae, italische Quellnymphen, die seit ↑ Numa Pompilius in einem heiligen Hain nahe der Porta Capena von Rom verehrt wurden. Sie bewachten die

Quelle, aus der das Wasser für den Tempel der Vesta geschöpft wurde. Sehr früh wurden sie mit den Musen gleichgesetzt (s. a. Egeria).

Camilla, 1. Tochter des Königs Metabus von Privernum. Dieser war von seinen Untertanen verjagt worden, hatte C. auf der Flucht mitgenommen, um sie – im Falle seiner Rettung – dem Dienst der Diana zu weihen. So wurde C. eine Jägerin, geschickt im Umgang mit Waffen, besonders berühmt durch ihren leichten, schnellen Lauf. Sie fiel im Kampf gegen Aeneas, als sie ↑ Turnus beistand. Vergil erzählt die Geschichte der C. im XI. Buch der *Aeneis*. In Dantes *Göttlicher Komödie* gehört sie als Märtyrerin Italiens zu den tugendhaften Heiden im ersten Kreis der Hölle. – 2. Schwester der ↑ Horatier. Sie wurde von ihrem Bruder getötet, weil sie um den Tod des Verlobten, der ein Feind Roms war, trauerte.

Carmenta, Quellnymphe der römischen Sage. Sie war eng mit König ↑ Euandros (als Mutter oder Gattin) verbunden und besaß prophetische Gaben. Möglicherweise war C. eine alte Gottheit des Palatin. Ihr Fest wurde am 11. und 15. Januar begangen.

Carna, römische Nymphe. ↑ Janus, der Gott des Ein- und Ausgangs, überraschte sie und machte sie zu seiner Geliebten. Er schenkte ihr die Macht über die Türangeln. Damit wurde C. zugleich Beschützerin der Neugeborenen.

Castor ↑ Dioskuren

Cerberus ↑ Kerberos

Ceres, alte italische Göttin, bei den Römern verehrt als Herrin der Kräfte der Erde, des Wachsens und Reifens. Zusammen mit ↑ Liber und ↑ Libera wurde C. besonders von den Plebejern verehrt. Der Tempel dieser drei Götter, der 493 v. u. Z. auf dem Hügel Aventin geweiht wurde, war Zentrum des römischen Plebejerviertels; hier wurde der Markt der Plebejer abgehalten und ihre Kasse aufbewahrt, er war Asylstätte und Archiv der plebejischen Beamten. Das Fest der C., die Cerialia, wurde am 19. April gefeiert. Bereits seit dem 5. Jh. v. u. Z. wurde C. mit der griechischen ↑ Demeter gleichgesetzt. Die im griechischen Mythos von dieser Göttin erzählten Geschichten übertrugen die Römer auf C.; ihre Tochter Libera wurde zu Proserpina (Persephone), die in die Unterwelt entführt und verzweifelt von der Mutter gesucht wurde. So entsprechen alle C.-Darstellungen und -Interpretationen in der nachantiken Kunst und Literatur dem Demeter-Mythos (vgl. Schiller, *Klage der Ceres,* 1796).

Chalkiope ↑ Phrixos

Chaos, nach Hesiods *Theogonie* der Anfang der Welt; danach entstanden ↑ Gaia (die Erde), ↑ Tartaros und ↑ Eros. Das Ch. zeugte aus sich selbst die Nacht (↑ Nyx) und ↑ Erebos. Ovid, der in den *Metamorphosen* (I. Buch) Hesiods Weltschöpfungsmythos aufnimmt und abwandelt (u.a. die Lehre der Weltzeitalter, die bei Hesiod zu *Werke und Tage* gehört, einfügt), nennt es „ein verworrenes rohes Gemenge, anderes nichts als träges Gewicht und zwistige Keime, trübe zu Einem gehäuft von lose verbundenen Stoffen". Auch als Synonym für die Unterwelt verwendet Ovid den Begriff.

Chariklo, Tochter des Apollon, Frau des ↑ Cheiron.

Chariten (lat. Gratiae, dt. Grazien), die drei schönen Göttinnen des Frohsinns und der Anmut, Töchter des Zeus und der Okeanide Eurynome (oder des Helios und der Aigle). Ihre Namen sind Aglaia (‚Glanz'), Euphrosyne (‚Frohsinn') und Thaleia (‚Blühende'). Sie gehörten zur Begleitung des Apollon und der Aphrodite. Ältere antike Kunstwerke stellen die Ch. in langen Gewändern dar (so auf der *François-Vase,* 6. Jh. v. u. Z.). Die 1460 in Rom gefundene freiplastische Gruppe der drei nackten Ch. aus hellenistischer Zeit beeinflußte ihre Darstellung seit der Renaissance. In *Faust II* läßt Goethe sie (als Grazien) im Maskenzug des 1. Aktes auftreten, wo sie zusammen mit den Parzen und den Furien die griechische Mythologie verkörpern.

Charon, Fährmann, der mit seinem Boot die Toten

über den Styx und den Acheron in das Reich des Hades bringt. Es war ihm streng verboten, Lebende überzusetzen. Nur Herakles zwang ihn dazu, als er den Kerberos holen mußte (zwölfte Arbeit). Bei Vergil wird ↑ Aeneas von Ch. in die Unterwelt gebracht, weil die Sibylle, die ihn führt, einen goldenen Zweig aus dem Hain der Juno zeigen kann, der Proserpina, der Herrin der Unterwelt, als Geschenk gebracht wird (*Aeneis*, VI. Buch). Als Fährlohn erhielt Ch. den Obolos, eine kleine Münze, die den Toten unter die Zunge gelegt wurde. Die Gestalt des griechischen Ch. gelangte über die Etrusker nach Rom. Deren fürchterlicher Todesdämon Charun wurde von den Römern mit Ch. gleichgesetzt; daher sind auch die römischen Darstellungen schreckenerregend. Mittelalterliche Illustrationen zu Vergil nehmen dieses Bild auf. In Dantes *Göttlicher Komödie* (um 1320) muß Ch. die Verdammten in die Hölle bringen (III. Gesang); Illustrationen dazu zeigen ihn in Teufelsgestalt. So erscheint er auch auf Michelangelos Fresko *Das jüngste Gericht*. Auf Böcklins Gemälde *Die Toteninsel* hat der Fährmann seinen Schrekken verloren.

Charybdis, Meeresungeheuer, das dreimal am Tag das Wasser der Meerenge, an der es auf einer Klippe hauste, einsog und wieder ausspie. Die Gefahr für die Schiffe war besonders groß, weil ihr gegenüber die ↑ Skylla lauerte. Odysseus mußte bei seinen Irrfahrten die Meerenge passieren. Nach dem Rat der ↑ Kirke, die ihn vor den Gefahren gewarnt hatte, gelang es ihm zweimal, an der Ch. vorbeizukommen.

Cheiron, Chiron, Kentaur, im Unterschied zu den anderen ↑ Kentauren gütig, weise und gerecht. Die Pferdegestalt erhielt er, weil sein Vater Kronos sich in ein Pferd verwandelte, als er von Rheia bei der Okeanide Philyra, der späteren Mutter des Ch., ertappt wurde. Ch.s Frau war Chariklo, eine Tochter des Apollon. Von Apollon und von Artemis lernte Ch. die Heilkunde, die Jagd, die Weissagung und andere Künste, so daß er der

Erzieher vieler Helden wurde (Iason, Theseus, Achilleus, Menelaos, Odysseus, Diomedes, die Dioskuren u. a.). Auch ↑ Asklepios unterrichtete er in der Heilkunde. Als Herakles mit den Kentauren stritt (↑ Pholos), wollte Ch. vermitteln, wurde jedoch von einem vergifteten Pfeil des Helden getroffen. Da er furchtbare Qualen an der unheilbaren Wunde litt, gab er seine Unsterblichkeit, um ↑ Prometheus zu erlösen. Er wurde von Zeus als Sternbild an den Himmel versetzt. – Goethe läßt Faust (II. Teil) in der „Klassischen Walpurgisnacht" am unteren Peneios Ch. begegnen. Faust befragt ihn über seine Zöglinge und preist seine Weisheit. Der Kentaur trägt ihn zur Seherin Manto, die ihm den Weg in die Unterwelt weist.

Chimaira (dt. Chimäre), ein Fabelwesen, vorn Löwe, in der Mitte Ziege, am Schwanz Drache oder Schlange, mit drei Köpfen, die Feuer speien. Nach Hesiod ist die Ch. eines der Ungeheuer, die von ↑ Typhon und ↑ Echidna abstammen. ↑ Bellerophontes besiegte sie mit Hilfe des ↑ Pegasos. – Ch.-Darstellungen sind bereits auf Vasen aus dem 7. Jh. v. u. Z. gefunden worden. Das berühmteste Kunstwerk ist die *Chimäre von Arezzo,* eine wahrscheinlich etruskische Arbeit aus dem 5. Jh. v. u. Z., die von Cellini restauriert wurde. Für die christliche Kunst war die Ch. ein Symbol des Bösen. Im allgemeinen Sprachgebrauch bedeutet Ch. heute „unglaubliche Erscheinung, Trugbild". In diesem Sinne gab G. de Nerval auch einem Sonettzyklus den Titel *Die Chimären* (1854).

Chione, 1. Tochter des Nordwindes ↑ Boreas und der Oreithyia, der Tochter des Königs Erechtheus von Athen. Sie war die Geliebte des Poseidon und gebar ihm den Sohn ↑ Eumolpos. Aus Furcht vor ihrem Vater warf sie ihn ins Meer. Poseidon rettete sein Kind und brachte es nach Aithiopien. – 2. Tochter des Daidalion, des Bruders von ↑ Keÿx. Sie war die Geliebte des Hermes und des Apollon. Von Hermes empfing sie ↑ Autolykos, den geschickten Dieb, von Apollon den Sänger

Philammon. Da sie sich für schöner als Artemis hielt, tötete die Göttin sie für diese Prahlerei. Ihr Vater aber, der sich aus Verzweiflung vom Parnassos stürzte, wurde von Apollon in einen Habicht verwandelt (Ovid, *Metamorphosen*).

Chiron ↑ Cheiron

Chloris ↑ Neleus

Chronos ↑ Kronos

Chrysaor, Sohn des Poseidon und der Gorgo ↑ Medusa. Er entsprang, gemeinsam mit dem ↑ Pegasos, dem Körper der Gorgo, als Perseus ihr das Haupt abschlug. Ch. war Vater des dreiköpfigen Riesen ↑ Geryoneus, den ihm die Okeanide Kallirrhoë gebar.

Chryseïs, Tochter des Apollon-Priesters Chryses, von den Griechen während des ↑ Trojanischen Krieges geraubt und von dem Heerführer Agamemnon als Beuteanteil ausgewählt. Als Apollon auf Bitten des Vaters deshalb die Pest in das Lager der Griechen sandte, erkannte der Seher ↑ Kalchas die Ursache: Ch. mußte in Ehren zu ihrem Vater zurückgeleitet werden, um den Gott zu versöhnen. Agamemnon mußte zustimmen, doch verlangte er als Entschädigung ↑ Briseïs, die Achilleus zugesprochen worden war. Dieser verweigerte die Herausgabe. Als Agamemnon sein vorgebliches Recht unter Androhung von Gewalt durchsetzte, zog sich der größte Held der Griechen beleidigt vom Kampf zurück. So beginnt die *Ilias* „Singe, o Göttin, den Groll des Peleïaden Achilleus, …"

Chrysippos, Sohn des ↑ Pelops und der Nymphe Axioche. ↑ Hippodameia, die Frau des Pelops, stiftete ihre Söhne Atreus und Thyestes an, ihn zu ermorden, da sie um das Erbe fürchtete. Pelops verfluchte daraufhin seine Söhne. In einer (nur in wenigen Fragmenten erhaltenen) Tragödie des Euripides wird der schöne Ch. von ↑ Laios entführt und mißbraucht. Er begeht aus Scham Selbstmord. Als Pelops von der Untat des Laios erfährt, verflucht er ihn (vgl. Oidipus).

Chrysothemis, Tochter des Agamemnon und der Klytaimestra. Sophokles gestaltete ihren Charakter als Gegensatz zu dem ihrer älteren Schwester ↑ Elektra (3): Ch. fügt sich in ihr Schicksal und hat an den Rachеplänen der Elektra keinen Anteil.

Circe ↑ Kirke

Collatinus ↑ Brutus, ↑ Lucretia

Concordia, römische Göttin der Eintracht, Personifizierung der Einigkeit zwischen den Bewohnern eines Landes und innerhalb der Familie. Der älteste Tempel der C. wurde im Jahre 367 v. u. Z. von dem erfolgreichen Feldherrn und zum Diktator ernannten Furius Camillus errichtet, zum Gedächtnis an den Frieden zwischen Patriziern und Plebejern. Ihr Kult hatte bis in die Kaiserzeit Bedeutung, besonders in Zeiten innerer Zwistigkeiten.

Consus, römischer Gott der Ernte, eine der ältesten Gottheiten Roms. Sein Altar befand sich unter der Erde, da der Getreidevorrat in unterirdischen Speichern aufbewahrt wurde. Während der Consualia, dem Fest zu Ehren des C. am 15. Dezember (nach der Aussaat) und am 21. August (nach der Ernte), wurde der Altar am Circus Maximus aufgedeckt. Man veranstaltete Wagenrennen, die Arbeitstiere wurden mit Blumen geschmückt. Der Raub der Sabinerinnen, der am Anfang der Geschichte Roms steht (↑ Titus Tatius), soll zum Fest des C. stattgefunden haben.

Cressida ↑ Briseïs

Cupido, römischer Liebesgott; wie Amor entspricht er dem griechischen ↑ Eros.

Curiatier ↑ Horatier

D

Daidalos, mythischer griechischer Künstler und Erfinder, Nachkomme des Königs Erechtheus von Athen. Auch D. lebte in Athen als Baumeister und Bildhauer. Als sein Schüler und Neffe ↑ Talos (2) ihn an Kunstfertigkeit zu übertreffen schien, stürzte ihn D. von der Akropolis. Er mußte seine Heimat verlassen, König ↑ Minos von Kreta nahm ihn auf und gab ihm Aufträge. D. half auch der Königin ↑ Pasiphaë, ihrer widernatürlichen Leidenschaft für den prächtigen Stier des Poseidon nachzugeben. Als sie dann den ↑ Minotauros gebar, schuf D. sein berühmtestes Werk, das Labyrinth, als Gefängnis für das Ungeheuer. D. war es auch, der der verliebten ↑ Ariadne den Rat mit dem Garn-

knäuel gab, damit ↑ Theseus, nachdem er den Minotauros getötet hatte, wieder den Weg nach draußen finden konnte. Minos zürnte ihm dafür und sperrte ihn und seinen Sohn ↑ Ikaros nun selbst dort ein. Pasiphaë befreite sie, und D.' Kunstfertigkeit fand ein Mittel zur Flucht von der Insel. Er fügte Federn mit Wachs so zusammen, daß Flügel entstanden, die ihn und Ikaros davontrugen. Als Ikaros trotz der Warnungen des Vaters zu hoch stieg und der Sonne zu nahe kam, schmolz das Wachs, und er stürzte ins Meer. D. gelangte nach Sizilien, wo er bei König Kokalos Zuflucht fand.
Den Griechen galt D. als Begründer der Kunst schlechthin. Viele bedeutende Kunstwerke wurden ihm zugeschrieben. Noch Pausanias und Apollodor beschrieben Werke, die von ihm stammen sollten. Der Name des D. wird auf die Periode der griechischen Kunst angewandt, in der Statuen und Bauwerke monumental werden (zweite Hälfte des 7. Jh. v. u. Z.). Zur Darstellung in der bildenden Kunst siehe Ikaros.

Daktylen, Dämonen, wie die ↑ Kureten und ↑ Korybanten Begleiter der ↑ Rheia(-Kybele). Als Wohnort wurde der Berg Ida in Phrygien (oder auf Kreta) angesehen. Sie galten als Erfinder der Eisenbearbeitung. Für die phrygischen D. sind drei Namen überliefert – Kelmis, Damnameneus und Akmon.

Danaë, Tochter des Königs ↑ Akrisios von Argos. Da ein Orakel ihm verkündet hatte, daß sein Enkel ihn töten werde, wollte er D. von jedem Mann fernhalten und sperrte sie in einen ehernen Turm ein. Zeus, von ihrer Schönheit angezogen, verwandelte sich in einen Goldregen und kam in dieser Gestalt zu ihr. Aus dieser Verbindung wurde ↑ Perseus geboren. Akrisios ließ voll Zorn D. mit ihrem Sohn ins Meer werfen. Bei der Insel Seriphos wurden beide durch ↑ Diktys gerettet. Dessen Bruder ↑ Polydektes, der König von Seriphos, begehrte D. zur Frau. Damit der herangewachsene Perseus ihm dabei nicht im Wege sei, schickte Polydektes ihn, das Haupt der ↑ Medusa zu holen. Als Perseus siegreich zurückkehrte, rächte er sich, indem er Polydektes das Medusenhaupt zeigte, das diesen in Stein verwandelte. D. aber heiratete Diktys, der nun König der Insel wurde. (Nach einer anderen Version kehrte sie nach Argos zurück.) Eine *Danaë*-Tragödie des Euripides ist nur in geringen Fragmenten erhalten. – Bildkünstlerische antike Darstellungen der D. finden sich besonders auf den Fresken von Pompeji. Aus Renaissance und Barock bezeugen eine Vielzahl von Gemälden die Beliebtheit der Gestalt. Die den Goldregen empfangende D. malten u. a. Tizian, Carracci, Correggio. Berühmtestes Bild ist die *Danaë* von Rembrandt.

Danaïden, die fünfzig Töchter des Danaos, Nachkommen der ↑ Io. Die fünfzig Söhne seines Bruders Aigyptos wollten sie gegen ihren Willen heiraten, deshalb floh Danaos mit den D. nach Argos. Die Söhne des Aigyptos verfolgten sie, und der Vater war gezwungen, seine Zustimmung zu der fünfzigfachen Hochzeit zu geben. Er forderte aber von seinen Töchtern, daß sie ihre Männer in der Hochzeitsnacht erdolchen sollten. Alle gehorchten, nur ↑ Hypermestra ließ ihren Mann ↑ Lynkeus (1) am Leben. Aischylos verwendete den Stoff für eine tragische Trilogie, von der *Die Schutzflehenden* vollständig erhalten ist: Die D. werden hier von Pelasgos, dem König von Argos, aufgenommen, bevor die Verfolger erscheinen. Nach einer späteren Überlieferung wurden die D. im Hades bestraft: Bis in alle Ewigkeit müssen sie mit Sieben Wasser in ein durchlöchertes Faß füllen. So bedeutet bis heute Danaïdenarbeit ein nutz- und sinnloses Tun.

Danaos, Sohn des Belos, Zwillingsbruder des ↑ Aigyptos, des Königs von Ägypten, Vater der ↑ Danaïden; später König von Argos (↑ Gelanor).

Daphne, Nymphe, Tochter des Flußgottes Peneios (oder des Flußgottes Ladon) und der Gaia. Leukippos, der Sohn des Königs Oinomaos, liebte sie. Doch sie hatte das Gelübde der Keuschheit abgelegt und wies ihn ab. Als er sie, als Mädchen verkleidet, verfolgte,

ließ Apollon ihn von den Gefährtinnen D.s töten. Apollon selbst war in Liebe zu der schönen Nymphe entbrannt, denn ein rächender Pfeil des Eros hatte ihn getroffen, als er den Liebesgott wegen seiner Waffe verspottete. Auch er verfolgte die fliehende D., doch als er sie einholte und umarmen wollte, verwandelte Peneios die Tochter auf ihr Flehen in einen Lorbeerbaum. Seitdem war der Lorbeer dem Apollon heilig.
Antike Darstellungen des Mythos finden sich auf pompejanischen Wandgemälden. In der europäischen Kunst taucht das beliebte Verwandlungsmotiv in Illustrationen zu Ovid (der die Geschichte im I. Buch seiner *Metamorphosen* erstmals in eine geschlossene literarische Form brachte) auf. Berühmtestes Kunstwerk ist die Marmorgruppe des Bernini von 1623. Die Dichtung verarbeitete den Mythos auf vielfältige Weise: Christliche Umdeutungen stehen neben weltlichen (Christine de Pisan) und allegorischen Interpretationen (Petrarca). Seit H. Sachs (*Daphne, eines Königs Tochter,* 1558) nahmen sich auch die Dramatiker des Stoffes an; besonders als Vorlage für Opern gab er bis ins 20. Jh. Impulse: M. Opitz schrieb den Text für die erste deutsche Oper *Daphne* von H. Schütz (1627, verloren); weitere Opern von Scarlatti, Händel, R. Strauss.

Daphnis, Sohn des Hermes und einer Nymphe. Der schöne Jüngling lebte als Hirt auf der Insel Sizilien; die Nymphen liebten ihn, und Pan lehrte ihn, auf der Syrinx zu spielen. Seine Lieder galten als Ursprung der Hirtendichtung (Bukolik, von griech. bukolos, ‚Rinderhirt'). Als D. einer Nymphe die Treue brach, nahm sie ihm das Augenlicht (oder verwandelte ihn zu Stein).
Die Figur des D. war bereits in der Antike bei den Dichtern beliebt. Stesichoros (um 600 v. u. Z.) führte sie in die Literatur ein. Theokrit (3. Jh. v. u. Z.), der die bukolische Dichtung zur Kunstform erhob, erzählt in seiner ersten *Idylle* von D., wie er sich der Liebe widersetzte und daran zugrunde ging. Vergil nahm in seiner V. Ekloge diese Geschichte auf. Um 200 u. Z. gab Lon-

gos dem jugendlichen Helden seines Schäferromans den Namen D. Dieser erste Prosaroman der europäischen Literatur beeinflußte für viele Jahrhunderte die Gattung. *Daphnis und Chloe,* das Liebespaar, das von seiner vornehmen Herkunft nichts weiß und in ländlicher Abgeschiedenheit zueinander findet, fand viele Nachfolger. Zahlreiche Gedichte, Romane, Schauspiele lassen in einer idealen Landschaft (Arkadien) Hirten und Hirtinnen, Pan und Satyrn agieren (so bei Sannazaro, Tasso und Lope de Vega, Camões, M. Opitz, Gessner). – In der bildenden Kunst waren Hirtenszenen vor allem im 17./18. Jh. beliebt (Gemälde von Lorrain, Poussin u. a.); Illustrationen zu Longos schuf Maillol.

Dardanos, Sohn des Zeus und der Pleïade Elektra. Der phrygische König ↑ Teukros (1) gab ihm seine Tochter Bateia zur Frau. D. gründete am Rande des Idagebirges die Stadt Dardaneia und wurde nach dem Tod des Teukros der Herrscher des Landes. Die Nachfahren des D. waren u. a. ↑ Tros, der Gründer der Stadt Troja, ↑ Laomedon, ↑ Priamos und ↑ Anchises. In der römischen Version stammte D. aus Etrurien.

Dares, Priester des Hephaistos in Troja. Seine Söhne Phegeus und Idaias kämpften im Trojanischen Krieg. Sie griffen Diomedes an, Phegeus wurde dabei von diesem getötet, den Idaios bewahrte Hephaistos vor dem gleichen Schicksal. Eine lateinisch überlieferte *Geschichte des Trojanischen Krieges* wurde lange Zeit als Werk des D. angesehen; der Verfasser lebte aber wahrscheinlich im 1./2. Jh. u. Z., die lateinische Fassung stammt aus dem 5. Jh. und wurde Cornelius Nepos zugeschrieben. Das Werk umfaßt die Geschichte Trojas vom Argonautenzug bis zur Flucht des Aeneas. Es hatte erheblichen Einfluß auf die mittelalterlichen Trojaromane.

Decima, eine der ↑ Parzen.

Deïaneira, Tochter des kalydonischen Königs ↑ Oineus und der ↑ Althaia. Herakles warb um sie; sein Nebenbuhler war der Flußgott Acheloos, der in der Gestalt eines Stieres mit Herakles um D. kämpfte. Nachdem der Held ihm ein Horn abgebrochen hatte, war der Gott besiegt und mußte ihm D. überlassen. Sie gebar Herakles die Söhne ↑ Hyllos, Ktesippos, Glenos, Oneites und die Tochter ↑ Makaria (vgl. Herakliden). Als Herakles und D. auf einer Reise den Fluß Euenos überqueren mußten, waren sie auf die Hilfe des Kentauren ↑ Nessos angewiesen, der alle Reisenden über den Fluß trug. Herakles, schon am anderen Ufer, sah, wie Nessos versuchte, sich an D. zu vergreifen. Er schoß einen seiner vergifteten Pfeile nach dem Kentaur, der sterbend D. riet, sein Blut zu sammeln, das ihr die Liebe ihres Mannes sichern würde. Als Herakles später die junge ↑ Iole entführt hatte, wurde D. von Eifersucht gepackt. Sie bestrich ein Festgewand mit dem Blut des Nessos und schickte es Herakles. Dieser zog es an und wurde sofort von furchtbaren Schmerzen gepeinigt. Das Blut, vergiftet durch den Pfeil des Herakles, fraß sich in seinen Körper, so daß er seine Freunde bat, ihn zu verbrennen. D. wartete vergeblich auf die Wirkung des Liebeszaubers und tötete sich aus Verzweiflung, als sie die Nachricht vom Tod des Herakles erhielt. D. ist die Heldin der frühen Sophokles-Tragödie *Die Trachinierinnen* (435 v. u. Z.), deren tragischer Konflikt sich aus der Eifersucht und dem Fehlverhalten der unglücklichen Frau entwickelt.

Deidameia, Tochter des Lykomedes, des Königs der Insel Skyros. Thetis brachte ihren Sohn Achilleus zu dem König, damit er nicht nach Troja ziehen müsse, denn sie wußte, daß er dort den Tod finden werde. Thetis zog ihm Mädchenkleider an und versteckte ihn unter den Töchtern des Lykomedes. D. wurde die Geliebte des Achilleus und gebar ihm ↑ Neoptolemos. – Händel schrieb eine Oper *Deidamia* (1741).

Deimos ↑ Aphrodite

Deino, eine der ↑ Graien.

Deiphobe ↑ Sibyllen

Deïphobos, Sohn des Priamos und der Hekabe, Lieblingsbruder Hektors. Er kämpfte mit bei der Verteidigung Trojas. Beim Kampf an den Schiffen stand er ↑ Idomeneus gegenüber, konnte ihn aber nicht besiegen, sondern wurde von ↑ Meriones verwundet. Athene nahm die Gestalt des D. an, um Hektor zum Zweikampf gegen Achilleus anzustacheln. Nach dem Tod des Paris wurde die schöne Helena seine Frau, bei der Einnahme Trojas tötete ihn Menelaos.

Deïphyle ↑ Adrastos

Delphyne, archaisches weibliches Ungeheuer mit dem Leib eines Drachen. Sie half ↑ Typhon, als dieser versuchte, Zeus zu stürzen.

Demeter, Göttin des Ackerbaus und der Fruchtbarkeit. D. war als Tochter des Kronos und der Rheia eine Schwester des Zeus und gleichzeitig seine Geliebte. Sie war den Menschen freundlich gesonnen, sie lehrte sie, die Felder zu bestellen (↑ Triptolemos), schützte die Arbeit der Bauern und verhalf ihnen zu reicher Ernte. Von ↑ Iasion, einem kretischen Gott des Ackerbaus, wurde sie Mutter des Plutos, der den Reichtum verkörperte. In Gestalt einer Stute empfing sie von dem in einen Hengst verwandelten Poseidon das Wunderpferd ↑ Areion. Ihre Tochter von Zeus war ↑ Persephone. Als ↑ Hades sie geraubt hatte, suchte D., in ein altes Weib verwandelt und untröstlich über den Verlust, nach der Tochter. Unerkannt wurde sie auch bei König Keleus von Eleusis und seiner Frau Metaneira gastfreundlich aufgenommen. Sie erzog den Sohn des Königspaares, ↑ Demophon. Als sie versuchte, ihn durch Feuer unsterblich zu machen, wurde sie von Metaneira überrascht und an ihrem Vorhaben gehindert. Da die Göttin nun erkannt war, befahl sie, ihr einen Tempel zu bauen, in den sie sich zurückzog, um ungestört zu trauern. In dieser Zeit konnte nichts wachsen und keine Ernte eingebracht werden, so daß alles Leben zu ersterben drohte. Deshalb befahl Zeus dem Hades, Persephone die Rückkehr auf die Erde zu erlauben. Da sie aber in der Unterwelt etwas gegessen

hatte (einen Granatapfelkern), mußte sie für ein Drittel jeden Jahres dorthin zurückkehren. D. gehörte zu jenen Gottheiten, denen höchste Verehrung zuteil wurde. Besonders in Eleusis wurde ihr Kult gepflegt; die Eleusinischen Mysterien (über die Einzelheiten nicht bekannt sind) wurden zehn Tage lang im September gefeiert. D. galt auch als Hüterin von Ehe und Familie, bei den Thesmophorien ehrte man sie als „die Ordnende". Herodot setzte sie mit der ägyptischen Isis gleich.
Die große Göttin, die von geheimnisvollen Zeremonien umgeben war, wurde schon früh von Dichtern besungen. Eine der *Homerischen Hymnen* (die wahrscheinlich vom 7. bis zum 4. Jh. v. u. Z. entstanden sind) ist *An Demeter* gerichtet und erzählt die Geschichte vom Raub der Persephone und von der Trauer der Göttin. Aristophanes beschäftigte sich in seiner Komödie *Die Frauen beim Thesmophorienfest* (411 v. u. Z.) mit dem Kult der D., Kallimachos (3. Jh. v. u. Z.) widmete ihr eine seiner Götterhymnen. Schiller feiert D. (bei ihm mit ihrem römischen Namen ↑ Ceres genannt) als Bringerin der menschlichen Zivilisation in dem Gedicht *Das Eleusische Fest* (1798). F. Fühmann schildert die Trauer der D. und den Trost, den ihr die alte ↑ Baubo bringt, in einer Erzählung (*Baubo*, e. 1984). – Die Künstler der Antike stellen D. als schöne reife Frau dar. Ihre Attribute sind Ähren, Früchte und Fackel. Berühmteste Kunstwerke aus antiker Zeit sind die *Demeter von Knidos,* ein griechisches Original aus dem 4. Jh. v. u. Z. und das *Große Eleusinische Weihrelief* aus dem 5. Jh. v. u. Z. Ihre Funktionen behielt D. auch in der europäischen Kunst. Seit den spätmittelalterlichen Buchmalereien ist sie hier gleichfalls die Herrin des Ackerbaus. Die Künstler der Renaissance und des Barock malten sie als Verkörperung der Fruchtbarkeit, oft zusammen mit Dionysos. Elsheimer griff in einem Gemälde auf die um ihre Tochter klagende D. zurück. In der Gartenplastik symbolisiert D. den Sommer.

Demophon, 1. Sohn des Königs von Eleusis, ↑ Keleos, und seiner Frau Metaneira. ↑ Demeter kam auf der Suche nach ihrer Tochter Persephone in Gestalt einer alten Frau zu ihnen und wurde zur Amme des D. Als sie ihn im Feuer unsterblich machen wollte, sah dies zufällig Metaneira. Die erschrockene Mutter wollte ihren Sohn schützen und verhinderte so das Vorhaben der Göttin. – 2. Sohn des Theseus und der Phaidra. Zusammen mit seinem Bruder ↑ Akamas (1) befreite er nach der Eroberung Trojas Theseus' Mutter ↑ Aithra, die von den Dioskuren entführt worden war. Auf der Heimfahrt kam D. nach Thrakien und freite dort um die Königstochter Phyllis. Da er vor der Hochzeit noch einmal in die Heimat fuhr und lange ausblieb, glaubte sich Phyllis vergessen und gab sich den Tod. Eine andere Version erzählt, daß D. zum Abschied von Phyllis ein Kästchen erhielt, das er öffnen sollte, wenn er nicht mehr zu ihr zurückkehren würde. Als er es wirklich öffnete und darin der Rheia heilige Gegenstände erblickte, erschrak er so, daß er in sein eigenes Schwert fiel. Die gleiche Geschichte wird auch von Akamas erzählt.

Deukalion, 1. Sohn des Prometheus. Seine Gemahlin war Pyrrha, die Tochter des Epimetheus und der Pandora. Er war der einzige Gerechte des „Eisernen Zeitalters" und entging deshalb der Sintflut, mit der Zeus das Menschengeschlecht vernichtete (↑ Lykaon, 1). Ähnlich wie der Noah des Alten Testaments baute er auf Weisung der Götter einen Kasten, in dem er und Pyrrha auf dem Wasser schwimmen konnten. Der Kasten landete auf dem Parnassos, und Themis riet ihnen, das Gebein der großen Erzeugerin rückwärts zu werfen. D. und Pyrrha nahmen Steine (das Gebein der Erde) und taten, wie ihnen geheißen war. So schuf D. die Männer, Pyrrha die Frauen für das neue Menschengeschlecht (erzählt von Ovid im I. Buch der *Metamorphosen*). Zu den Kindern des Paares gehörte ↑ Hellen, der Ahnherr der griechischen Stämme. – 2. Sohn des ↑ Minos und der Pasiphaë, König von Kreta. Er war Vater des ↑ Idomeneus, der die Kreter im Trojanischen Krieg anführte.

Diana, italische Natur- und Fruchtbarkeitsgöttin, auch Helferin bei Geburten, frühzeitig mit der griechischen ↑ Artemis gleichgesetzt. Als der Ruhm des Artemis-Tempels von Ephesos nach Rom gedrungen war, beschloß König ↑ Servius Tullius, der D. gleichfalls einen Tempel errichten zu lassen, damit die Göttin den Latinischen Bund ebenso schütze wie die griechischen Stadtstaaten Kleinasiens. Die Städte des Bundes stimmten schließlich zu, daß der Tempel in Rom auf dem Aventin gebaut wurde. An diesem Tempel wurden lange Zeit die Hörner einer Kuh gezeigt, die hier für D. geopfert worden war. Dem Besitzer des außergewöhnlich schönen Tieres war prophezeit worden, daß dieses Opfer große Macht verleihen würde. Der Priester des Tempels überlistete jedoch den Bauern, opferte die Kuh für Servius Tullius und festigte so dessen Macht. Ein weiteres berühmtes Heiligtum der D. befand sich am Nemisee in den Albanerbergen. Dort soll ihr ↑ Virbius als Priester gedient haben. Das Fest der D. wurde am 13. August gefeiert. Wie Artemis wurde sie auch als Mondgöttin verehrt (die Gestalt der ↑ Luna ging in sie ein). In der späteren europäischen Kunst sind die Gestalten D. und Artemis zwar identisch, doch wurde, besonders im 17. und 18. Jh., der Name der D. zum Symbol für die Jagd; Damen, die selbst jagten oder sich im Jagdkostüm malen ließen, wurden nach der römischen Göttin genannt.

Dido, auch Elissa, Tochter des Königs von Tyros, Gemahlin des Acerbas (oder des Sychaeus). Ihr Bruder Pygmalion ermordete ihn wegen seines Reichtums. D. floh mit befreundeten Familien und Sklaven aus Tyros und gelangte nach Afrika, wo sie von dem Berberkönig Jarbas Land erwarb. Er erlaubte ihr, soviel zu nehmen, wie eine Stierhaut begrenzen konnte. D. schnitt sie in dünne Streifen und umschloß damit ein großes Stück

Land, auf dem sie eine neue Stadt gründete, Karthago. Als Jarbas sie mit seinen Werbungen bedrängte, suchte sie den Tod auf dem Scheiterhaufen, um dem ermordeten Gatten die Treue zu halten. Diese Version der D.-Geschichte wurde von Justinus (3. Jh. u. Z.) überliefert, der wahrscheinlich griechische Quellen benutzte. Weitaus bekannter wurde die Version des Naevius, die nach den Punischen Kriegen entstand: Danach kam ↑ Aeneas auf seiner Flucht aus Troja auch nach Karthago und wurde von D. gastfreundlich aufgenommen. Sie entbrannte in heftiger Liebe zu ihm und wollte ihn festhalten, doch Jupiter ließ dem Aeneas durch Merkur den Befehl zur Abfahrt überbringen. Die verzweifelte D. bestieg den Scheiterhaufen und durchbohrte sich dort mit dem Schwert des Aeneas. Vergil bezog die D.-Episode in seine *Aeneis* ein: Das Epos beginnt mit der Ankunft des Helden in Karthago; in den Büchern I bis III erzählt er der Königin von der Einnahme Trojas und von seinen Abenteuern während der Fahrt. Die Verlassene verflucht den in ihren Augen Treulosen und begründet damit die Feindschaft zwischen Rom und Karthago.

In den zahlreichen Bearbeitungen des Aeneas-Stoffes, die bereits im Mittelalter einsetzten, nimmt die Gestalt der D. einen wesentlichen Platz ein, so im altfranzösischen *Roman d'Enéas* (12. Jh.), ebenso in seiner mittelhochdeutschen Bearbeitung (Heinrich von Veldeke, *Eneit*). Die dramatischen Möglichkeiten des Stoffes wurden in der Renaissance entdeckt: In Frankreich (u. a. Jodelle, Hardy), England (Marlowe/Nash) und Spanien (G. de Castro) entstanden D.-Tragödien, die mehr oder weniger Vergil folgen. Auch die Version des Justinus wirkte weiter. Boccaccio hatte sie in seine Schrift *De claris mulieribus* (1374) aufgenommen, H. Sachs verwendete sie für seine *Historia von der Königin Didonis* (1557). Besonders beliebt war die Geschichte der verlassenen D. auf den Barockbühnen. So entstanden nach einem Libretto von Metastasio zahlreiche Opern (Scarlatti, Händel, Cherubini u. a.). Weitere dramatische Bearbeitungen stammen von J. E. Schlegel und Charlotte von Stein. – Der Selbstmord der D. ist auf pompejanischen Fresken dargestellt, im Mittelalter taucht die Gestalt in Illustrationen zur *Aeneis* auf. Seit dem 15. Jh. malten zahlreiche Künstler die Selbstmordszene, so Mantegna, Tiepolo, Rubens, Coypel.

Dike (‚Gerechtigkeit', ‚Recht'), Tochter des Zeus und der Themis; nach Hesiod eine der ↑ Horen (*Theogonie*). In den *Werken und Tagen* beschreibt der Dichter, wie sie „böse Gesinnung der Menschen" bei Zeus anklagt und fordert, daß ungerechte Herrscher bestraft werden. Als letzte der Götter verließ sie die Erde der Menschen. D. ist eher die Personifikation eines abstrakten Begriffs; Geschichten werden über sie nicht erzählt. Der Chor der *Bakchen* (405 v. u. Z.) des Euripides ruft sie an, um ↑ Pentheus bestrafen zu lassen. D. wurde auch mit ↑ Astraia gleichgesetzt und ähnelt in ihren Funktionen der ↑ Nemesis.

Diktynna ↑ Britomartis

Diktys (‚Netz'), 1. Bruder des Polydektes, des Königs der Insel Seriphos. D. lebte als Fischer gleichfalls auf der Insel und zog eines Tages mit seinem Netz jenen Kasten an Land, in dem ↑ Danaë mit ihrem Sohn Perseus eingeschlossen war. Er nahm die beiden auf und verbarg eine Zeitlang Danaë vor Polydektes, der sie schließlich doch erblickte und zur Frau begehrte. Als der erwachsene Perseus das Haupt der Medusa erbeutet hatte, ließ er Polydektes zu Stein erstarren und bewahrte Danaë vor seinen weiteren Nachstellungen. D. wurde nun König von Seriphos. Das einzige (in Fragmenten) erhaltene Satyrspiel des Aischylos, die *Netzfischer,* behandelt die Rettung der Danaë aus dem Meer. – 2. ein Kreter, der am ↑ Trojanischen Krieg teilgenommen und einen Augenzeugenbericht darüber verfaßt haben soll. Dieser wurde angeblich unter Kaiser Nero im Grab des D. gefunden. Erhalten ist eine lateinische Übersetzung aus dem 4. Jh. Dieser Bericht, der mit Sicherheit nicht authentisch ist, wurde eine der Grundlagen des altfranzösischen Trojaromans.

Diomedes, 1. König von Thrakien, Sohn des Ares und der Kyrene. Er nahm alle Reisenden gefangen und warf sie seinen Pferden zum Fraß vor. Herakles' achte Arbeit bestand darin, die Pferde zu zähmen und zu Eurystheus zu bringen. Vorher hatte er D. bestraft, indem er ihn selbst den Tieren vorgeworfen hatte. – 2. Sohn des aitolischen Königs ↑ Tydeus und der Deïphyle (auch „der Tydide" genannt). Er nahm teil am Zug der ↑ Epigonen gegen Theben. Vor allem aber wurde er berühmt als einer der größten griechischen Helden vor Troja. Der V. Gesang der *Ilias* handelt von seinen Heldentaten. Athene gewährte ihm besonderen Schutz, mit ihrer Hilfe konnte er gegen Ares selbst kämpfen. Auch Aphrodite verwundete er, als sie Aeneas vor ihm schützen wollte. Mit Odysseus fing er ↑ Dolon, den Hektor als Kundschafter zu den Schiffen geschickt hatte, und tötete ihn, nachdem er ihn ausgefragt hatte. Auf diese Weise erfuhr er von der Ankunft des thrakischen Königs ↑ Rhesos, überfiel mit Odysseus dessen Lager, tötete ihn und viele seiner Kämpfer und raubte seine berühmten Pferde. D. drang sogar, gleichfalls mit Odysseus, in das belagerte Troja ein und raubte das Palladion, das Kultbild der Pallas Athene, das die Stadt schützen sollte. Beide Helden holten schließlich ↑ Philoktetes mit dem Bogen des Herakles in das griechische Lager, um nach einem Orakelspruch die Eroberung Trojas möglich zu machen. D. gehörte auch zu den Helden, die sich im hölzernen Pferd in die Stadt bringen ließen. Als einer der wenigen gelangte D. nach dem Trojanischen Krieg ohne Abenteuer und Aufenthalte wieder in die Heimat. Er soll für Athene mehrere Heiligtümer gebaut haben. – Die Taten des D. sind auf zahlreichen griechischen Vasenbildern, auf pompejanischen Wandmalereien und römischen Sarkophagen dargestellt. In Dantes *Göttlicher Komödie* büßt er gemeinsam mit Odysseus im achten Kreis des Inferno bei den trügerischen Ratgebern (in Anspielung auf die Rolle, die er bei der Überredung des Philoktetes gespielt hat).

Dione, nach Hesiods *Theogonie* eine der Okeaniden; in der *Ilias* ist D. von Zeus die Mutter der Aphrodite. Die Göttin tröstet hier (V. Gesang) ihre Tochter, die sich in die Schlacht um Troja eingemischt hatte und dabei von Diomedes verwundet worden war. D. ist auch einer der Beinamen der Aphrodite.

Dionysos, auch Bakchos, Gott der Fruchtbarkeit und des Weines. D. war der Sohn des Zeus und der ↑ Semele, der Tochter des thebanischen Königs Kadmos. Die eifersüchtige Hera gab Semele den Wunsch ein, Zeus in seiner wahren Gestalt zu sehen, und als dieser die Bitte erfüllte, konnte die Sterbliche das Feuer des Gottes nicht ertragen und verbrannte. Das Kind, das sie vorher verloren hatte, nähte Zeus in seinen Schenkel ein und trug es selbst aus. Hermes brachte es zu den Nymphen von Nysa (oder zu Semeles Schwester ↑ Ino). Auf seinem Siegeszug, der von Thrakien ausging und bis nach Indien geführt haben soll, lehrte D. die Menschen den Weinbau und die Kelterei und ließ sie in ekstatischen Festen und Umzügen die Mühen des Alltags, die Unterschiede zwischen Hoch und Niedrig vergessen. Seine Begleiter waren ↑ Pan, ↑ Bakchen und ↑ Satyrn. Er trug den Thyrsos, den mit Efeu und Weinlaub geschmückten Stab; der Phallos war sein Symbol. D.' Macht war groß, wer sich ihr widersetzte, wurde grausam bestraft: ↑ Pentheus wurde von der eigenen Mutter in Raserei zerrissen (in Euripides Tragödie *Die Bakchen,* 405 v. u. Z., tritt der Gott selbst auf, wie er seinen Kult durchsetzt), ↑ Lykurgos (1) schlug er mit Wahnsinn. Oft erschien D. in Tiergestalt (als Löwe, Panther, Bär u. a.) und erschreckte die Menschen, so die Seeräuber auf dem Tyrrhenischen Meer, die ihn gefangennahmen und die sich aus Furcht vor den Verwandlungen des Gottes ins Meer stürzten, wo sie zu

Delphinen wurden. Eng mit dem D.-Mythos ist der der ↑ Ariadne verbunden. D. fand sie auf der Insel Naxos, wo sie von Theseus zurückgelassen worden war, und nahm sie zur Frau.

Die Ausbreitung des D.-Kultes begann wahrscheinlich schon in mykenischer Zeit. In Athen erhob ihn Peisistratos (6. Jh. v. u. Z.) zum Staatskult. Der Gott genoß bei der attischen Bevölkerung hohes Ansehen. Ihm zu Ehren wurden große Feste begangen: die Anthesterien, die Lenäen, die Dionysien. Zum Kult gehörte auch das Kultlied, der Dithyrambos (nach einem Beinamen des D.), aus dem wahrscheinlich die altgriechische Tragödie hervorging; auch der Beginn der Komödie ist in den D.-Umzügen zu suchen. So wurde D. auch zum Gott des Theaters. In jedem griechischen Theater hatte er einen Altar. In den *Fröschen* des Aristophanes (405 v. u. Z.) tritt er auch in dieser Eigenschaft auf. Das letzte große Epos der Antike ist ihm gewidmet, die *Dionysiaka* des Nonnos (5. Jh. u. Z.). In Rom wurde D. unter dem Namen ↑ Bacchus verehrt. – Die Mythen um D. wurden in antiker Zeit besonders häufig auf Gefäßen aller Art dargestellt. Aus dem älteren bärtigen Mann, wie man ihn sich in archaischer Zeit vorstellte (*François-Vase*, Augenschale des Exekias), wurde etwa im 5. Jh. v. u. Z. meist ein jugendlich-schöner Gott (Kertscher Vasen, Apulische Vasen). An Werken der Plastik sind u. a. die D.-Figur auf dem Ostfries des Parthenon-Tempels und auf dem Gigantenfries des Pergamonaltars erhalten. Den kindlichen Gott, den Hermes auf dem Arm hält, zeigt die berühmte Plastik des Praxiteles, die in Olympia gefunden wurde. Auch von den pompejanischen Wandmalereien, von Sarkophagen und anderen Reliefbildern sind D.-Szenen bekannt. In mittelalterlichen Buchmalereien ist der weinlaubbekränzte D. Symbol des Herbstes. Seit der Renaissance waren es die Bacchanal-Szenen, die die Künstler reizten: Kupferstiche von Mantegna, Zeichnung von Dürer, Gemälde von Tizian, später besonders Gemälde von Rubens und Poussin, im 19. Jh. von Corinth. Auch die Geschichten um D. wurden immer wieder gemalt, vor allem die Begegnung und Hochzeit mit Ariadne (Tizian, Tintoretto, Carracci). Der trunkene D. (oder Bacchus) als Sinnbild der Lebensfreude und des Genusses, allein oder in Gesellschaft anderer Götter, war im 16./17. Jh. ein beliebtes Motiv (Baldung Grien, Spranger), ähnlich auch in der Plastik. Hier schuf bereits Michelangelo die Marmorskulptur des trunkenen D. Die Figur war auch sehr beliebt als Gartenplastik und als Schmuck auf Trinkgefäßen. Bis in die Gegenwart ist der griechische Gott Symbolfigur des Weines geblieben.

Dioskuren, die Helden Kastor und Polydeukes (lat. Castor und Pollux), Zwillingsbrüder, Geschwister von Helena und Klytaimestra. Ihre Mutter war ↑ Leda, der Vater von Polydeukes war Zeus, der von Kastor Ledas Gatte ↑ Tyndareos, deshalb war nur Kastor sterblich. Viele heldenhafte Taten wurden den unzertrennlichen D. zugeschrieben. Polydeukes zeichnete sich vor allem als Faustkämpfer aus, Kastor als Rossebändiger und Wagenlenker. Bereits als Jünglinge holten sie ihre Schwester Helena zurück, die von Theseus geraubt und nach Athen gebracht worden war. Dabei nahmen sie Theseus' Mutter ↑ Aithra als Gefangene mit. Auch am Zug der ↑ Argonauten und an der ↑ Kalydonischen Jagd nahmen die Brüder teil. Als Frauen begehrten sie die Töchter des Leukippos, Phoibe und Hilareia, obwohl diese bereits den ↑ Apharetiaden Idas und Lynkeus versprochen waren. So entführten sie die beiden, Phoibe wurde die Frau des Polydeukes, Hilareia die des Kastor. Aber die Apharetiaden rächten sich und forderten die D. zum Kampf. Idas tötete den sterblichen Kastor, Polydeukes erschlug Lynkeus, wurde aber selbst verwundet und von Zeus auf den Olymp geholt. Aus Liebe zu seinem Bruder teilte er seine Unsterblichkeit mit ihm: Die Zwillinge weilen abwechselnd gemeinsam im Hades und bei den Göttern. Bei der Mauerschau in der *Ilias* (III. Gesang) sucht Helena, während sie König Priamos die Namen der griechischen Helden nennt, da sie von den Ereignissen nichts weiß, vergebens ihre Brüder. Die D. wurden besonders in Sparta verehrt; sie galten als Helfer in Schlachten und Beschützer der Seeleute. Auch in der römischen Sage spielen sie eine Rolle: So sollen sie am See Regillus zum Sieg über die Latiner beigetragen haben, anschließend erschienen sie mit der Nachricht auf dem Forum Romanum und tränkten ihre Pferde an der Quelle der Nymphe ↑ Juturna. Ein Tempel wurde ihnen bereits 484 v. u. Z. auf dem Forum Romanum geweiht (Castor-Tempel). Das Sternbild der Zwillinge wurde als ihr Symbol angesehen. – Antike Darstellungen der D. sind häufig. So zeigt der Fries des Siphnier-Schatzhauses in Delphi den Raub der Leukippiden, die Bauchamphora des Exekias die Heimkehr der D., zahlreich sind Abbildungen auf Gemmen und Münzen. Bedeutendste Plastik ist die auf dem Monte Cavallo in Rom. Im Mittelalter symbolisierten sie als nacktes Kinderpaar im Tierkreis das Zeichen der Zwillinge. Berühmtestes Gemälde der europäischen Kunst zu dem Gegenstand ist Rubens' *Raub der Töchter des Leukippos.*

Dirke, Gattin des Königs ↑ Lykos von Theben. Lykos hatte seinem sterbenden Bruder Nykteus versprochen, dessen Tochter ↑ Antiope zu bestrafen, weil sie die Geliebte des Zeus geworden war. Lykos nahm Antiope gefangen; ihre Zwillinge Amphion und Zethos mußte sie nach der Geburt aussetzen. D. behandelte Antiope als Sklavin, bis der Gepeinigten die Flucht gelang. Sie fand in den Bergen ihre Söhne wieder, die von Hirten aufgezogen worden waren. Amphion und Zethos rächten die Leiden ihrer Mutter, indem sie Theben eroberten und Lykos töteten. D. aber banden sie an die Hörner eines Stiers, der sie zu Tode schleifte. Die Grausamkeit und die Bestrafung der D. waren Gegenstand von Euripides' Tragödie *Antiope,* die nur in Fragmenten erhalten ist. Die berühmte Marmorgruppe, die unter dem

Namen *Farnesischer Stier* in die Kunstgeschichte eingegangen ist, stellt gleichfalls die Bestrafung der D. dar. Die Gruppe stammt wahrscheinlich von dem Bildhauer Apollonios von Tralles (1. Jh. v. u. Z.), der sie gemeinsam mit seinem Bruder Tauriskos aus einem einzigen Block gemeißelt haben soll (nach Plinius); eine römische Kopie der Skulptur, die dem Original nicht ganz entspricht, wurde 1546 in Rom entdeckt.

Dis, römischer Gott der Unterwelt, sehr früh mit Pluton (↑ Hades) gleichgesetzt. Ein Staatskult war ihm seit 249 v. u. Z. gewidmet. Dante nennt in seiner *Göttlichen Komödie* (um 1320) die höllische Stadt des sechsten bis neunten Kreises nach ihm, auch für Luzifer steht sein Name.

Dithyrambos ↑ Dionysos

Diuturna ↑ Juturna

Dolon, Sohn des troischen Herolds Eumedes. Nach Hektors Aufforderung meldete er sich als Freiwilliger, um im Lager der Griechen zu spionieren. Gleichzeitig waren von dort Diomedes und Odysseus aufgebrochen, um ein Gleiches im troischen Lager zu versuchen. Sie trafen D. unterwegs, überwältigten ihn und fragten ihn aus. D. verriet den beiden Griechen, daß der thrakische König ↑ Rhesos den Troern zu Hilfe geeilt sei und mit seinen prächtigen Pferden abseits lagere. Nach dem Verrat tötete Diomedes D., die Thraker aber wurden in der gleichen Nacht von den Griechen überfallen und niedergemetzelt. Diese Episode aus dem ↑ Trojanischen Krieg wird im X. Gesang der *Ilias* (der „Dolonie") erzählt.

Donner und Blitz ↑ Zeus

Doris, Tochter des Okeanos, Gemahlin des Meeresgottes Nereus, Mutter der Nereïden (u. a. der ↑ Thetis). Hesiod nennt in seiner *Theogonie* alle fünfzig Namen.

Doros, Sohn des ↑ Hellen und der Nymphe Orseïs, Bruder von ↑ Xuthos und ↑ Aiolos (1). Sein Vater übergab ihm die Herrschaft über den Peloponnes; er wurde Stammvater der Dorer.

Drachensaat ↑ **Sparten,** ↑ **Iason**
Dreizack ↑ **Poseidon**
Dryaden, ↑ Nymphen, die als Beschützerinnen der Bäume galten. Sie wohnten in den Bäumen, einige wurden nach Baumarten genannt. Diejenigen, die mit ihrem Baum geboren wurden und starben, hießen ↑ Hamadryaden.
Dryope, Nymphe, Tochter des Dryops, von Hermes Mutter des ↑ Pan. Die Mutter war über das Aussehen dieses Kindes, das schon Hörner und Hufe hatte, so erschrocken, daß sie es aussetzte. Hermes brachte es zum Olymp, wo die Götter, besonders Dionysos, entzückt von ihm waren.

E

Echidna, nach Hesiods *Theogonie* ein „unsagbares Scheusal", Tochter der alten Meeresgötter Phorkys und Keto aus dem Geschlecht von Gaia und Pontos. Hesiod beschreibt E. als Mischwesen: Ihr Kopf ist der eines schönen Mädchens, ihr Körper der einer greulichen Schlange. Sie wohnte in einer tiefen Höhle fern von

Göttern und Menschen. Durch den Riesen ↑ Typhon wurde sie Mutter schrecklicher Untiere: Sie gebar den zweiköpfigen Hund ↑ Orthos, der die Herden des ↑ Geryoneus hütete, den Höllenhund ↑ Kerberos, die Lernäische ↑ Hydra und die ↑ Chimaira. Alle diese Ungeheuer – mit Ausnahme des Kerberos – wurden später von den Helden Bellerophontes und Herakles getötet.

Echion ↑ **Sparten**

Echo, eine Nymphe, die in den schönen Jüngling ↑ Narkissos verliebt war. Dieser verschmähte sie aber, so daß sie vor Kummer dahinschwand und nur ihre Stimme blieb. Narkissos wurde von Aphrodite für seine Hartherzigkeit mit Selbstliebe bestraft. Die Geschichte ist in dieser Form durch Ovids *Metamorphosen* (III. Buch) überliefert. In einer anderen Version wird erzählt, daß E. so geschwätzig war, daß Hera sie bestrafte: Sie konnte nur noch die letzten Silben der Wörter aussprechen, alles andere hatte sie vergessen. Die Fassung Ovids ging in die europäische Kunst und Literatur ein, wobei sich das Interesse vor allem auf den Jüngling richtete. Ein Gemälde von Poussin zeigt die klagende E. im Hintergrund einer Narkissos-Darstellung. Auf dem Theater des 17. und 18. Jh. war der Stoff beliebt (Calderón, *Echo und Narkissos,* Opern von Scarlatti und Gluck).

Eëtion, König der Stadt Theben in Mysien, Vater der ↑ Andromache. Bei den Beutezügen vom troischen Lager aus eroberte Achilleus die Stadt und tötete E. und seine Söhne. Aus Achtung vor seinem Mut raubte ihm Achilleus aber nicht die Rüstung, sondern verbrannte ihn mit allen Waffen.

Egeria, römische Quell- und Bachnymphe, in Latium verehrt. Sie war die göttliche Gemahlin und Ratgeberin des Königs ↑ Numa Pompilius und verwandelte sich nach dessen Tod aus Kummer in eine Quelle. Aus dieser Quelle, die im Hain der ↑ Camenae entsprang, schöpften die Vestalinnen das Wasser, das für den Tempel der ↑ Vesta bestimmt war.

Ehe ↑ **Demeter,** ↑ **Hera,** ↑ **Juno**
Eid ↑ **Fides**
Eidothea ↑ **Proteus**
Eileithyia, Herrin über die Geburten; bei Hesiod Tochter des Zeus und der Hera. Diese nutzte ihre Stellung, um durch E. ihre Eifersucht an den Geliebten des Zeus auszulassen. So hinderte sie E., Leto bei der Geburt von Apollon und Artemis zu helfen, auch befahl sie ihr, die Geburt des Herakles zu verzögern und die des Eurystheus zu beschleunigen. In Rom wurde sie mit Lucina gleichgesetzt.
Eingang und Ausgang ↑ **Janus**
Einigkeit, Eintracht ↑ **Concordia**
Eirene (‚Frieden'), Göttin des Friedens; bei Hesiod als Tochter des Zeus und der Themis eine der drei ↑ Horen. In den alten Mythenerzählungen spielt sie keine Rolle, der Kult begann erst im 5.Jh.v.u.Z. Die Dramatiker verwendeten sie als Symbolfigur. Bekanntestes Beispiel ist Aristophanes' Komödie *Der Frieden* aus dem Jahre 421 v.u.Z., die mitten im Peloponnesischen Krieg den Frieden beschwört: Der Bauer Trygaios zieht zum Olymp und befreit die eingesperrte E., damit er wieder in Ruhe sein Feld bestellen kann. P. Hacks schuf eine Nachdichtung der Komödie (1962), die die Lebendigkeit antiker Theatertradition und die Allgemeingültigkeit der mythologischen Gleichnisse glänzend demonstriert. – E. entspricht der römischen Göttin ↑ Pax.
Elektra: 1. Tochter des Okeanos und der Tethys, Mutter der ↑ Iris und der ↑ Harpyien. – 2. eine der ↑ Pleïaden, die Mutter des ↑ Dardanos, des Ahnherrn des troischen Königshauses. – 3. Tochter des ↑ Agamemnon und der ↑ Klytaimestra. Sie hatte den Mord an ihrem Vater miterlebt und lebte danach unter unwürdigen Verhältnissen in Mykene nur ihren Rachegedanken. Sehnsüchtig wartete sie, bis ihr Bruder ↑ Orestes, den sie nach dem Mord in Phokis in Sicherheit gebracht hatte, erwachsen geworden war. E. ist mehr eine literarische als eine mythische Gestalt. Bei Homer

wird sie nicht erwähnt; wahrscheinlich führte sie der griechische Dichter Stesichoros (6. Jh. v. u. Z.), von dessen Werken nur Fragmente erhalten sind, in die Handlung ein. Erstmals faßbar ist die Figur der E. in den *Choephoren,* dem zweiten Teil der *Orestie* des Aischylos (458 v. u. Z.); auch Euripides und Sophokles schrieben *Elektra*-Tragödien (beide um 415 v. u. Z.). So unterschiedlich die drei Tragiker ihre Stücke auch anlegten, immer ist es E., die den Bruder zum Muttermord treibt, um die Bluttat an Agamemnon zu rächen. Ihr Haß auf Klytaimestra, ihre Verachtung für die duldende Schwester ↑ Chrysothemis, ihre Liebe zu Orestes, die ungeheuerliche Tat, die sie von ihrem Bruder fordert und die auch der Wille der Götter ist, ermöglichen die hochdramatischen Konstellationen, die gerade diesen Teil der Atriden-Tragödie für die moderne Dramatik so fruchtbar gemacht haben. H. von Hofmannsthal (*Elektra,* 1904, Oper von R. Strauss) und G. Hauptmann (*Elektra,* 1947, dritter Teil der *Atriden*-Tetralogie) lehnen sich dabei ziemlich eng an die antiken Vorbilder an, Giraudoux (*Elektra,* 1937) ironisiert den Racheanspruch der Geschwister und zeigt die Fragwürdigkeit jeglichen Fanatismus. O'Neill (*Trauer muß Elektra tragen,* 1931) überträgt die Fabel in die Zeit des amerikanischen Bürgerkriegs; ohne Hilfe der Götter muß die als einzige Überlebende (bei O'Neill Lavinia) ihre Schuld ertragen. In Sartres *Fliegen* (1943) ist Orestes die Hauptperson; die Fliegen – späte Nachfahren der Erinyen – erreichen E., nicht den Bruder, der zu seiner Tat steht.

Elektryon, König von Mykene, Sohn des Perseus und der Andromeda, Vater der ↑ Alkmene. Er kämpfte gegen die Teleboer, die von der Insel Taphos aus ihn angegriffen und seine Herden weggetrieben hatten. ↑ Amphitryon tötete ihn durch einen unglücklichen Zufall.

Eleusinische Mysterien ↑ Demeter, ↑ Keleos

Elissa ↑ Dido

Elysion (lat. Elysium), die Inseln der Seligen (elysische Gefilde), der Ort im äußersten Westen der Erde, wohin die Götter ihre Günstlinge nach dem Tod schickten; auch als Teil des Totenreiches angesehen. Dort herrschte der weise ↑ Rhadamanthys (oder ↑ Kronos). Der Meeresgott ↑ Proteus prophezeite dem Menelaos bei seiner Rückreise aus Troja, daß er als Gatte der Zeustochter Helena dort weilen wird: „Wo nicht Regen, noch Schnee, noch je ein heftiger Sturmwind, sondern Okeanos stets des lieblich tönenden Zephyrs Wehen aufwärts sendet zu aller Menschen Erquickung" (*Odyssee*, VI. Gesang). Hesiod (in *Werke und Tage*) nennt den Wohnsitz der Heroen des „vierten Zeitalters" die „seligen Inseln". Auch von Achilleus, Alkmene, Penelope, Telemachos, Kadmos u. a. wird erzählt, daß sie in das E. aufgenommen wurden. Aeneas kommt auf seiner Unterweltsfahrt gleichfalls „zu den Fluren der Wonn' ... ewiger seliger Hain". Hier dürfen die weilen, die für ihr Vaterland gekämpft haben, die Priester, die fromm geblieben sind, die Dichter und die Wohltäter der Menschheit. Aeneas trifft dort seinen Vater ↑ Anchises (*Aeneis*, VI. Buch). – Später wurde das Wort E. Synonym für einen paradiesischen Idealzustand der Menschheit. Berühmtestes Beispiel dafür bei Schiller: „Freude, schöner Götterfunken, Tochter aus Elysium ..."

Empusa, unheimliche Gestalt, die zum Gefolge der ↑ Hekate gehört. Als schönes Mädchen, als Maulesel oder als Hund erscheint sie, um Schrecken zu verbreiten. Goethe läßt sie in der „Klassischen Walpurgisnacht" des *Faust II* als Verwandte des Mephisto auftreten.

Endymion, ein außergewöhnlich schöner Jäger oder Hirt. Zeus nahm ihn wegen seiner Schönheit mit auf den Olymp, doch er trat Hera zu nahe und wurde von ihr (oder von Zeus) mit ewigem Schlaf bestraft. Nach einer anderen (bekannteren) Version verliebte sich die Mondgöttin ↑ Selene in E. und versenkte ihn in Schlaf, um seine Schönheit zu erhalten oder um ihn ungestört küssen zu können. – Der schlafende E. war schon im Hellenismus ein beliebtes Motiv in der bildenden Kunst (auf römischen Sarkophagen, pompejanischen Fresken), das von der Renaissance- und Barockmalerei wieder aufgenommen wurde (u. a. von Tintoretto, Carracci, Giordano, Rubens, van Dyck). Auch für die Dichter war die Gestalt reizvoll: Lukian verwendete sie in den *Göttergesprächen;* Fontenelle machte sie zum Gegenstand einer seiner *Pastoralen* (1689); besonders beliebt aber war sie in der englischen Literatur seit der Renaissance (zahlreiche lyrische und dramatische Werke, so von Fletcher, Lyly, Wordsworth, Garnett). Die Verserzählung von J. Keats *Endymion* (1818) beginnt mit dem berühmten Vers „Ein Ding von Schönheit ist ein Glück auf immer".

Enkelados, einer der ↑ Giganten, kämpfte in der Gigantomachie gegen Athene.

Enyo, 1. eine der ↑ Graien. – 2. Kriegsgöttin aus dem Gefolge des Ares. Sie stiftet Verwirrung in der Schlacht. Die ↑ Sieben gegen Theben riefen sie (in der Tragödie des Aischylos) um Beistand an; vor Troja erschien sie und half Ares, Diomedes in die Flucht zu schlagen (im V. Gesang der *Ilias*). Die römische ↑ Bellona ist ihr gleichgesetzt.

Eos, Göttin der Morgenröte; nach Hesiod (*Theogonie*) Tochter der Titanen Hyperion, Theia, Schwester von Helios und Selene. Ihr göttlicher Gemahl war ↑ Astraios, von ihm wurde sie Mutter der Winde Boreas, Notos und Zephyros. „Die Rosenfingrige" (Homer) verliebte sich oft in sterbliche Jünglinge (nach einer späteren Überlieferung eine Rache der Aphrodite, weil E. mit ihrem Geliebten Ares geschlafen hatte); so entführte sie ↑ Orion und ↑ Kephalos, auch den schönen ↑ Tithonos, den Sohn des troischen Königs Laomedon. Ihn liebte sie so sehr, daß sie Zeus um Unsterblichkeit für ihn bat. Der Herr der Götter gewährte sie, aber da E. vergessen hatte, auch ewige Jugend zu erbitten, welkte er zum Greis und wurde schließlich in eine Zikade verwandelt. Von Tithonos war E. Mutter des ↑ Memnon. – F. Fühmann schildert in seiner Erzählung *Der Geliebte der Morgenröte* (1980) die Liebe der E. zu Tithonos und ihren Abscheu vor dem Altgewordenen, der sie aber unvermindert liebt. In Rom wurde E. unter dem Namen Aurora verehrt.

Epaphos, Sohn der ↑ Io und des Zeus. Die eifersüchtige Hera hatte die in eine Kuh verwandelte Io von einer Bremse durch viele Länder jagen lassen, bis sie endlich am Ufer des Nils wieder ihre menschliche Gestalt annehmen konnte. Zeus berührte sie als Hauch, und sie gebar E. Ios späterer Gatte Telegonos erzog ihn; nach dessen Tod wurde E. König von Ägypten und Stammvater berühmter Heldengeschlechter.

Epeios, einer der griechischen Kämpfer im Trojanischen Krieg. Die *Ilias* erwähnt ihn, wie er bei den Leichenspielen zu Ehren des Patroklos den Faustkampf gewinnt. Nach späteren Quellen soll er ein geschickter Baumeister gewesen sein; auch das hölzerne Pferd, mit dem Troja erobert wurde, soll er nach den Anweisungen des Odysseus geschaffen haben.

Ephialtes, 1. einer der ↑ Aloaden. – 2. einer der ↑ Giganten, kämpfte in der Gigantomachie gegen Apollon.

Epigonen (‚Nachkommen'), die Söhne der Heerführer, die mit Polyneikes gegen Theben gezogen waren (↑ Sieben gegen Theben). Sie wiederholten das Unternehmen zehn Jahre später unter günstigeren Vorzeichen als ihre Väter. Zu den E. gehörten ↑ Amphilochos als Sohn des Amphiaraos, Thersandros als Sohn des Polyneikes, ↑ Diomedes als Sohn des Tydeus, Sthenelos als Sohn des Kapaneus, Aigialeus als Sohn des Adrastos und ↑ Adrastos selbst, der den unglücklich endenden ersten Feldzug überlebt hatte. Aigialeus wurde als einziger der E. getötet, er fiel durch den Sohn des Eteokles, Laodamas. Die E. eroberten Theben und zerstörten die Stadt. – Die Wörter Epigone, Epigonentum haben sich im Sprachgebrauch erhalten als Ausdruck für

Nachahmer bzw. unschöpferische Nachahmung (besonders in der Kunst) von unerreichten Vorbildern.

Epikaste ↑ Iokaste

Epimetheus, Bruder des ↑ Prometheus, Sohn des Titanen Iapetos. Im Gegensatz zu seinem Bruder bedachte er seine Handlungen zu spät (der Name bedeutet ‚der danach Denkende') und nahm trotz Prometheus' Warnung ↑ Pandora zur Frau, die alles Übel auf die Welt brachte. Sie gebar ihm Pyrrha, die später die Frau von Prometheus' Sohn Deukalion wurde.

Epopeus, 1. König von Sikyon. Auf der Flucht vor dem Zorn ihres Vaters Nykteus kam ↑ Antiope (1) zu ihm, nachdem sie Zeus die Zwillinge Amphion und Zethos geboren hatte. Er nahm sie auf und machte sie zu seiner Frau. ↑ Lykos, der Bruder des Nykteus, hatte diesem auf dem Totenbett versprochen, die Schande der Tochter zu rächen. Er zerstörte Sikyon, tötete E. und brachte Antiope zu seiner Frau ↑ Dirke, die sie wie eine Sklavin behandelte. – 2. König von Lesbos. Er verband sich in verbotener Liebe mit seiner eigenen Tochter Nyktimene, die von Athene in eine Eule verwandelt wurde (so im II. Buch von Ovids *Metamorphosen* erzählt).

Erato, eine der ↑ Musen, Tochter des Zeus und der Mnemosyne. Seit hellenistischer Zeit war sie die Schutzherrin der Liebesdichtung und der Götterhymnen. Ihr Attribut war die Kithara.

Erdbeben ↑ Poseidon

Erde ↑ Gaia, ↑ Tellus

Erebos, bei Hesiod (*Theogonie*) die Finsternis, wie die Nacht (↑ Nyx) zu Beginn der Welt aus dem Chaos entstanden. Nyx und E. zeugten den Tag (Hemera) und den Himmel (Aither). In der *Ilias* wird der Name E. auch für die Unterwelt verwendet.

Erechtheus, mythischer König von Attika, Sohn des ↑ Pandion (1), Enkel des Erichthonios. E. und sein Zwillingsbruder ↑ Butes teilten sich die Herrschaft in Athen. E. war König, Butes oberster Priester. Er war mit Praxithea verheiratet, die ihm viele Töchter gebar. Um in einem Krieg gegen Eleusis die Götter für Athen günstig zu stimmen, opferte er eine seiner Töchter (Chthonia), andere Töchter folgten ihr freiwillig nach. Dennoch wurde E. auf Forderung des Poseidon von Zeus mit einem Blitz erschlagen, weil er ↑ Eumolpos, den Sohn des Poseidon, der auf seiten der Eleusier kämpfte, getötet hatte (Tragödienfragment von Euripides erhalten). E. (oder Erichthonios) stiftete in Athen das Fest der Panathenäen, führte den Kult der Athene ein und lehrte die Athener den Weizenbau. Das Erechtheion, der berühmte Tempel auf der Akropolis von Athen (5. Jh. v. u. Z.), ist nach ihm benannt.

Erfolg ↑ Fortuna

Erginos, 1. König von Orchomenos in Böotien. Da die Thebaner seinen Vater Klymenos getötet hatten, führte er einen Krieg gegen Theben, den er siegreich beenden konnte. Die Stadt wurde ihm tributpflichtig, bis der noch junge Herakles ihr zu Hilfe kam. Herakles zog gegen Orchomenos, besiegte E. und tötete ihn. Jetzt mußte Orchomenos nach Theben Tribut zahlen. E. war der Vater der beiden berühmten Baumeister ↑ Agamedes und ↑ Trophonios. – 2. Sohn des Poseidon. Er war einer der Steuerleute der „Argo" (↑ Argonauten).

Erichthonios, 1. mythischer König von Attika. E., aus der Erde selbst entsprossen, war halb Mensch, halb Schlange und stand unter dem Schutz der Athene. Sie versteckte das Kind E. in einem Kästchen und gab dieses den Töchtern des ↑ Kekrops zur Aufbewahrung. Als ↑ Agraulos und ihre Schwestern gegen das strenge Verbot der Göttin das Kästchen öffneten, erschraken sie so vor der Gestalt, daß sie wahnsinnig wurden. Athene erzog E. selbst. Als er herangewachsen war, vertrieb er ↑ Amphiktyon aus Athen und übernahm die Herrschaft. E. wird oft mit ↑ Erechtheus gleichgesetzt, der nach anderen Überlieferungen sein Enkel sein soll. – 2. König von Troja, Vater des ↑ Tros.

Eridanos, einer der Flüsse, die (nach Hesiods *Theogo-*

nie) ↑ Tethys dem Okeanos gebar. Man dachte ihn sich im äußersten Westen der Erde. Die Argonauten befuhren ihn auf dem Rückweg von Kolchis. Zeus stürzte ↑ Phaëton in den Fluß, als er mit dem Sonnenwagen die Erde in Brand zu setzen drohte. Später wurde der E. mit dem Po gleichgesetzt.

Erigone, 1. Tochter des ↑ Ikarios, Geliebte des Dionysos, der ihr eine Weinrebe schenkte. Sie erhängte sich aus Verzweiflung, als Hirten ihren Vater getötet hatten: Dieser hatte ihnen Wein zu trinken gegeben, und sie glaubten sich vergiftet. – 2. Tochter des ↑ Aigisthos und der Klytaimestra. Artemis rettete sie vor der Rache des Orestes und machte sie zu ihrer Priesterin. In den Tragödien um das Atridengeschlecht spielt die Figur keine Rolle.

Erinyen, auch Erinnyen, archaische Rachegöttinnen, von ↑ Gaia aus dem Blut des entmannten ↑ Uranos geschaffen (nach einer anderen Überlieferung Töchter der ↑ Nyx und des ↑ Erebos; noch in Goethes *Iphigenie* sind sie „der Nacht uralte Töchter“). Ihre Namen sind Alekto, Megaira und Tisiphone; sie wohnen im Hades. Unerbittlich verfolgen die E. alle, die sich gegen die sittliche Ordnung vergangen haben, und verbreiten Wahnsinn und Tod. Man stellte sie sich als Greisinnen vor, mit Schlangen statt Haaren, bluttriefend und Fackeln schwenkend. – In der Literatur spielen die E. vor allem eine Rolle in der Geschichte der ↑ Atriden, wo sie ↑ Orestes wegen des Muttermords peinigen. Aischylos kündet im dritten Teil seiner *Orestie*, den *Eumeniden* (458 v. u. Z.), das Ende ihrer grausamen Herrschaft im Namen eines neuen Rechts: Durch Athenes Stimme wird auf dem Areopag der Muttermörder Orestes freigesprochen, die Göttin besänftigt die Furchtbaren mit der Errichtung eines neuen Kults, der die E., nun Eumeniden (‚die Wohlmeinenden‘, ‚die Segenbringenden‘) genannt, zu Hüterinnen alles Heilbringenden beruft. In späteren dichterischen Visionen der Unterwelt bzw. der Hölle sind sie, auch unter ihrem römischen Namen Furien, wieder in ihrer alten Gestalt lebendig: Aeneas sieht sie bei seiner Unterweltfahrt; Dante beschreibt ihr schreckliches Aussehen im 9. Gesang des Inferno der *Göttlichen Komödie* (um 1320), wo sie dem Dichter den Eintritt in die Höllenstadt Dis verwehren. In Schillers Ballade *Die Kraniche des Ibykus* (1797) überführen sie – als Chor der Tragödie – die Mörder. Auch in Goethes *Faust II* treten sie (unter dem Namen Furien) auf: Im Maskenzug des 1. Aktes verkörpern sie mit Grazien und Parzen die griechische Mythologie, allerdings nicht in ihrer furchtbaren Gestalt – als junge Mädchen stören sie Liebesbeziehungen.

Eriphyle, Schwester des ↑ Adrastos, des Königs von Argos, verheiratet mit ↑ Amphiaraos. Sie mußte ihn überreden, am Zug der ↑ Sieben gegen Theben teilzunehmen. Polyneikes hatte sie mit dem Halsband der Harmonia bestochen. Amphiaraos kehrte aus Theben nicht zurück, und sein Sohn ↑ Alkmaion rächte einem Schwur gemäß den Vater, indem er E. tötete. Der andere Sohn, Amphilochos, nahm am Zug der ↑ Epigonen gegen Theben teil.

Eris, die Göttin des Streits und der Zwietracht, Tochter der Nyx; bei Hesiod eine der ältesten Göttinnen, die Mühsal, Hunger, Krieg, Mord, Gesetzlosigkeit und Meineid hervorbrachte. Hesiod (in *Werke und Tage*) nennt aber auch jene Göttin E., die zur Arbeit ermuntert und den Wettstreit fördert. Zur Hochzeit des ↑ Peleus mit Thetis hatte man die unbeliebte Göttin nicht eingeladen. Als sie dennoch erschien, warf sie einen Apfel unter die Gäste, der die Aufschrift trug „Der Schönsten". Da Hera, Athene und Aphrodite gleichermaßen beanspruchten, die Schönste zu sein, entbrannte der Streit, der von ↑ Paris zwar entschieden wurde, aber schließlich zum ↑ Trojanischen Krieg führte. Der Apfel der E. lebt als „Zankapfel" in der Sprache weiter.

Ernte ↑ Consus, ↑ Demeter, ↑ Ops

Eros, Gott der Liebe; nach Hesiod „der schönste der

ewigen Götter", mit dem Chaos, der Erde (Gaia) und dem Tartaros eines der kosmischen Urprinzipien. Er geleitete Aphrodite nach ihrer Geburt aus dem Meer zu den anderen Göttern. Bei den späteren Dichtern wandelte sich das Bild des E.: Aus der Urmacht wurde der Sohn der Aphrodite und des Ares (oder der Iris und des Zephyros, auch andere Deutungen sind belegt), ein geflügelter Knabe, der nicht einmal seiner Mutter gehorchte und immer Sieger blieb. Er war ständiger Begleiter der Aphrodite und brachte mit seinen Pfeilen Liebe, aber auch Unruhe und Unglück zu Göttern und Menschen gleichermaßen. Er wurde kultisch verehrt, besonders in Thespiai (Böotien), wo alle fünf Jahre glänzende Spiele gefeiert wurden.
Dichter und Philosophen interpretierten E.' Macht auf die unterschiedlichste Weise. Für Kunst und Literatur folgenreich war im 2. Jh. u. Z. Apuleius' Erzählung *Amor und Psyche,* die in seinen Roman *Der goldene Esel* eingeschoben ist. Hier ist E. (lat. Amor) der schöne heimliche Geliebte der Königstochter ↑ Psyche, Aphrodite erscheint mißgünstig und grausam. Die märchenhafte, glücklich endende Geschichte wurde vielfach nachgestaltet und illustriert (vgl. Psyche). Seit antiker Zeit wurde E. als schöner Knabe oder Jüngling dargestellt, oft zusammen mit Aphrodite (auf dem Parthenonfries von Athen, auf dem Gigantenfries des Pergamonaltars, zahlreiche Vasenbilder). Die hellenistische und römische Kunst sah in E. nicht mehr den mächtigen Gott Hesiods. Er wird zum niedlichen Kind und oft vervielfacht: Eroten schmücken Münzen, Zier- und Gebrauchsgegenstände (Vorläufer der Putten). Die antiken Darstellungen beeinflußten auch die Renaissancekunst, in der E., als nackter Knabe oder Jüngling, Begleiter der Aphrodite (bzw. Venus) ist. Fast alle großen Künstler vom 15. bis zum 18. Jh. schufen Gemälde bzw. Skulpturen, die den Gott der Liebe zeigen. Bis in die Gegenwart erscheint die verniedlichte (verkitschte) Gestalt des großen Gottes im Kunstgewerbe.

Erymanthischer Eber ↑ **Erymanthos,** ↑ **Herakles**

Erymanthos, Sohn des Apollon. Zufällig hatte er Aphrodite beim Baden erblickt und war von der zornigen Göttin dafür geblendet worden. Apollon rächte sich an ihr und schickte einen wilden Eber (oder verwandelte sich selbst in diesen), der den Geliebten der Göttin, ↑ Adonis, tötete. Die vierte Arbeit des Herakles war es, diesen Eber zu fangen.

Erysichthon, Sohn des thessalischen Königs Triopas. Er frevelte im heiligen Hain der Demeter: Obwohl die Göttin ihm selbst in Gestalt einer Priesterin erschienen war und ihn gewarnt hatte, fällte er dort eine große Eiche. Demeter bestrafte ihn, indem sie ihn mit ständigem Heißhunger erfüllte, der durch nichts gestillt werden konnte. Nachdem E. alles Eßbare in seiner Umgebung vertilgt hatte, aß er sich selbst auf (erzählt im VIII. Buch der *Metamorphosen* des Ovid).

Eryx, Sohn des ↑ Butes (2) und der Aphrodite. Herakles kam nach dem Raub der Rinder des Geryoneus (zehnte Arbeit) auch durch das von E. beherrschte Land. Dieser forderte Herakles zum Zweikampf heraus und wollte, wenn er siegen sollte, die Rinder behalten. Herakles gewann den Kampf und tötete E.

Eteokles, Sohn des ↑ Oidipus und der ↑ Iokaste. Nachdem Oidipus seine Verbrechen entdeckt und mit seiner Tochter Antigone Theben verlassen hatte, lastete der Fluch des Vaters auf E. und seinem Bruder ↑ Polyneikes. Sie entzweiten sich im Kampf um die Macht. E. wurde Herrscher von Theben, Polyneikes suchte Verbündete, um die Macht zurückzugewinnen (↑ Adrastos), und führte schließlich den Zug der ↑ Sieben gegen Theben. E. trat zum Zweikampf gegen Polyneikes an, und die Brüder töteten sich gegenseitig. Die griechischen Tragiker sahen den Charakter des E. auf gegensätzliche Weise: In Aischylos' *Sieben gegen Theben* (467 v. u. Z.) erfüllt er seine Pflicht bei der Verteidigung seiner Heimat; in den *Phoinikerinnen* (411/408 v. u. Z.) des Euripides ist er nur auf seinen Ruhm bedacht.

Euadne, Gattin des ↑ Kapaneus, der beim Kampf der ↑ Sieben gegen Theben von Zeus getötet wurde. E. wollte nach dem Tod ihres Mannes nicht mehr weiterleben und stürzte sich auf den brennenden Scheiterhaufen. Ihre Gestalt galt den antiken Autoren als Sinnbild der Gattentreue.

Euandros, auch Evander, Sohn des arkadischen Königs Pallas (oder des Hermes) und einer Nymphe. Er mußte seine Heimat verlassen, weil er seinen Vater getötet hatte, und ließ sich in Latium nieder. Von ↑ Faunus erhielt er Land, kultivierte es und baute auf dem Palatin die Stadt Pallantium. Zu Ehren des Faunus stiftete er das Fest der Lupercalien und lehrte die Bewohner Latiums den Gebrauch der Schrift. Als Aeneas in das Land des E. kam, nahm er ihn auf und half ihm mit vierhundert Reitern, die von seinem Sohn Pallas geführt wurden, im Kampf gegen den Rutulerführer Turnus.

Eubuleus, 1. Bruder des ↑ Triptolemos, Priester der Demeter und Begründer eines Priestergeschlechts. Sein Name steht im Zusammenhang mit den Eleusinischen Mysterien (vgl. Demeter). – 2. Beiname des ↑ Hades.

Eumaios, der Schweinehirt des Odysseus. Nach dem Rat der Athene begab sich der heimgekehrte Odysseus zunächst unerkannt zu ihm, um Auskunft über die Ereignisse in seinem Hause zu erhalten. E. hatte seinem Herrn die vielen Jahre seines Fernseins die Treue gehalten. Er erzählte ihm auch, daß er seiner Herkunft nach ein Königssohn sei, der in der Sklaverei verkauft worden war. Dann begleitete er ihn an den Königshof und gehörte zu den ersten, denen Odysseus sich zu erkennen gab. Er half seinem Herrn beim Kampf gegen die Freier der Penelope und gegen die untreuen Diener.

Eumeniden ↑ Erinyen

Eumolpos, König von Thrakien. Sohn des Poseidon und der ↑ Chione (1), berühmter Sänger. Im Krieg der Athener gegen Eleusis stand er letzterem bei und wurde von ↑ Erechtheus getötet. Dafür wurde dieser, auf die Forderung von Poseidon, von Zeus mit einem Blitz erschlagen.

Eunomia, eine der ↑ Horen.

Euphrosyne, eine der ↑ Chariten.

Europa, Tochter des ↑ Agenor, des Königs von Phönikien, und der Telephassa. Ihre Schönheit erregte die Aufmerksamkeit von Zeus, der sich ihr in Gestalt eines prächtigen Stiers näherte, sie auf den Rücken nahm und zur Insel Kreta schwamm. Dort wurde E. die Geliebte des Zeus und gebar ihm ↑ Minos, ↑ Rhadamanthys und ↑ Sarpedon. Der König von Kreta, Asterios, der kinderlos geblieben war, nahm E. später zur Frau und adoptierte die Zeussöhne. E.s Vater schickte ihre Brüder aus, u. a. ↑ Kadmos, um die Schwester zu suchen. Als dieser sie nicht fand, ließ er sich auf einen Orakelspruch hin am Ort des späteren Theben nieder. Von einer Tragödie des Aischylos *Die Karer oder Europa* sind einige Fragmente erhalten. Hier verwandelt sich Zeus nicht selbst, sondern schickt den Stier und erwartet das Mädchen auf Kreta. – Der Raub der E. war beliebtes Thema bereits in der antiken Kunst (Vasenbilder, Münzen, Wandgemälde von Pompeji); durch die Vermittlung Ovids, der die Geschichte im II. Buch seiner *Metamorphosen* erzählt, nahm es die Renaissance auf: Tizian, Veronese, Jordaens u. a. malten E. mit dem Stier. Die Entführung als galant-erotische Szene malten u. a. Lorrain, Watteau und Boucher.

Euros, Gott des Südostwindes. Seine Herkunft ist unklar. Er bringt Schwüle und Gewitter; zusammen mit ↑ Notos und ↑ Zephyros ruft er Stürme hervor und bringt Schiffe zum Kentern.

Euryale, eine der ↑ Gorgonen.

Euryalos, 1. Sohn des Königs Mekisteus. Er kämpfte vor Troja im Gefolge des Diomedes. Nach einigen Quellen soll er auch am Zug der Argonauten und am Zug der ↑ Epigonen gegen Theben teilgenommen haben. – 2. Sohn des Odysseus und der Euippe, der Tochter des Königs von Epeiros. Odysseus war ihr begegnet, als er sich nach der Tötung der Freier in Epeiros reinigte. Von E. wird eine ähnliche Geschichte erzählt wie von ↑ Telegonos, dem Sohn der Kirke und des Odysseus. Auch E. wurde von der Mutter nach Ithaka geschickt mit einer Botschaft an den Vater, als dieser gerade nicht in der Heimat war. Die eifersüchtige Penelope verleumdete den Jüngling bei dem Heimgekehrten, und dieser (oder Telemachos) tötete ihn. Sophokles schrieb eine Tragödie *Euryalos*, die nicht erhalten ist.

Eurybia, Tochter der Gaia und des Pontos, Gattin des Titanen Kreios.

Eurydike, 1. Gemahlin des Sängers ↑ Orpheus. Als sie mit Nymphen im Wald spielte, wurde sie von einer Schlange gebissen, so daß sie starb. Der unglückliche Orpheus wagte sich in die Unterwelt, um von Hades und Persephone die Rückgabe der E. zu erbitten. Sein Gesang rührte die Herrin des Totenreiches so, daß sie die Rückkehr erlaubte, allerdings unter der Bedingung, daß Orpheus sich nicht umschaue. Da er dieses Verbot nicht einhielt, mußte E. für immer in der Unterwelt bleiben. Die berühmte Darstellung von E., die mit Orpheus von Hermes geleitet wird, auf dem Marmorrelief der Villa Albani in Rom gab Rilke Anlaß zu seinem Gedicht *Orpheus. Eurydike. Hermes* (in: *Neue Gedichte,* 1907), das eine E. zeigt, die schon mit der Welt der Lebenden abgeschlossen hat. J. Anouilh setzte den Stoff in seinem Schauspiel *Eurydice* (1942) in das Theatermilieu der Gegenwart um. – 2. Tochter des ↑ Adrastos, von Ilos Mutter des troischen Königs Laomedon. – 3. eine der ↑ Danaïden. – 4. Gattin des thebanischen Königs ↑ Kreon.

Eurypylos, 1. Sohn des Euaimon, des Königs von Ormenion in Thessalien. Er zog in den Trojanischen Krieg als Anführer von vierzig Schiffen. Die *Ilias* berichtet an mehreren Stellen über seine Heldentaten. So half er dem großen Aias aus höchster Bedrängnis, wurde aber selbst dabei verwundet. – 2. Sohn des Telephos, des Königs von Mysien, und der Astyoche, einer Schwester des Priamos. Er half den Troern mit einer großen Streitmacht und wurde bei der Eroberung der Stadt von Neoptolemos, dem Sohn des Achilleus, getötet.

Eurysthenes, einer der ↑ Herakliden.

Eurystheus, König von Tiryns und Mykene, Sohn des Sthenelos und der Nikippe. Als Enkel des Perseus war er ein Nachfahre des Zeus. Hera beschleunigte seine Geburt und verzögerte die des ↑ Herakles, nachdem Zeus geschworen hatte, dem an diesem Tag geborenen Zeussproß große Macht zu verleihen. Herakles mußte deshalb dem E. dienen und seine zwölf Arbeiten verrichten, obwohl er ihm weit überlegen war. Nach dem Tod des Herakles verfolgte E. Herakles' Mutter Alkmene und die Herakliden und wurde im Kampf getötet. Von einer Tragödie *Eurystheus* des Euripides sind nur wenige Fragmente erhalten.

Eurytion ↑ Herakles

Eurytos, 1. einer der ↑ Giganten. – 2. König von Oichalia, Vater der ↑ Iole und des Iphitos. Er wollte seine Tochter nur demjenigen zur Frau geben, der ihn im Bogenschießen übertreffen würde. Obwohl Herakles ihn in einem Wettkampf besiegte, hielt er sein Versprechen nicht. Deshalb zerstörte Herakles später Oichalia, tötete E. und seine Söhne und raubte Iole. – 3. Sohn des Poseidon (oder des Aktor) und der Molione. Er kämpfte mit seinem Zwillingsbruder Kteatos gegen Herakles; die Brüder wurden dabei getötet.

Euterpe, eine der ↑ Musen, Tochter des Zeus und der Mnemosyne, Schutzherrin der lyrischen Dichtung. Ihr Attribut ist die Doppelflöte.

Evander ↑ Euandros

F

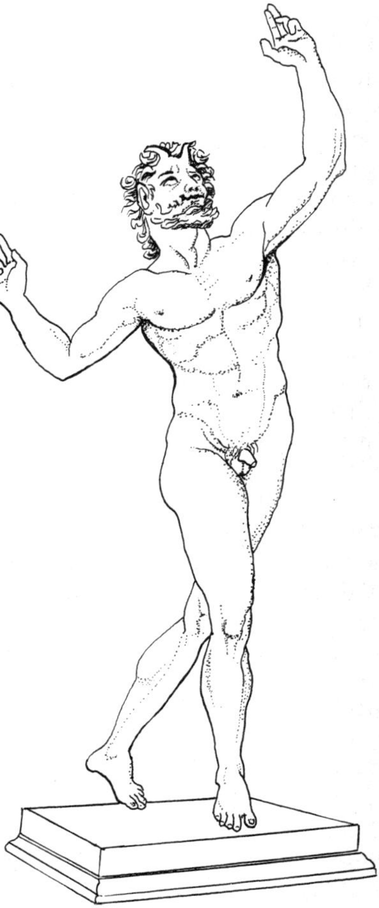

Fama (lat.; griech. Phame), die Personifikation des Gerüchts, des guten oder auch schlechten Rufs. Vergil beschreibt ihr Wirken im IV. Buch der *Aeneis*: „Rührigkeit mehrt ihr Gedeihn, und kräftiger wird sie im Fortgehn; anfangs klein und verzagt; bald hoch in die Lüfte sich hebend, tritt sie einher auf dem Boden und birgt in den Wolken die Scheitel." Ovid läßt sie in einem ehernen Palast zwischen Himmel und Erde – „mitten im Raum" – wohnen, der tausend Öffnungen hat. Nach allen Richtungen hält sie Ausschau, und das tönende Erz verstärkt jeden von fernher kommenden Laut um das Vielfache. Im Mittelalter verkörperte F. vor allem den irdischen Ruhm.

Familie ↑ **Hera,** ↑ **Juno,** ↑ **Laren,** ↑ **Penaten**

Fatum, das vorherbestimmte Schicksal, dem keiner entgehen kann. Die Gottheiten, die das F. personifizieren, sind die Fata, die den griechischen ↑ Moiren und den römischen ↑ Parzen gleichgestellt sind. Über das Französische gelangte das Wort als „Fee" in die deutsche Sprache.

Faunus, römischer Gott der Hirten und der Herden, Vater oder Gatte der ↑ Bona Dea. Sein Kult wurde in Rom von ↑ Euandros eingeführt, dem Sohn des arkadischen Königs Pallas, der sich auf dem Palatin angesiedelt hatte. Im römischen Mythos gilt F. als Sohn des Waldgottes ↑ Picus, als erster König von Latium und Vater des ↑ Latinus. Das Fest der Lupercalien war F. geweiht (15. Februar); der Name geht auf die heilige Grotte des Faunus Lupercus (von lupus, ‚Wolf') am Palatin zurück. Die Priester des F., die Luperci, bekleideten sich zu dem Fest mit dem Fell frischgeschlachteter Ziegenböcke und vollzogen Fruchtbarkeitsriten. Die Gestalt des F., die an den griechischen ↑ Pan erinnert (auch mit ihm gleichgesetzt wird), ging in die Fauni (Faune), ein, lüsterne Waldgeister mit Bocksbeinen und -hörnern, den griechischen ↑ Satyrn vergleichbar. Der Name F. erhielt sich in der Sprache auch in der Bezeichnung für die Tierwelt – Fauna.

Faustulus, Hirt aus Latium, der in der Nähe des Palatins die königlichen Herden hütete. Er fand den Korb, in dem die von ↑ Amulius ausgesetzten Kinder Romulus und Remus lagen. F. nahm sie mit in seine Hütte, wo sie von ihm und seiner Frau ↑ Acca Larentia wie eigene Kinder aufgezogen wurden. Als die Zwillinge erwachsen waren, half F. mit, das Geheimnis ihrer Herkunft vor dem Großvater ↑ Numitor aufzudecken.

Feronia, römische Göttin der Wälder, der Heilquellen und der Heilkräuter. Etruskischen und sabinischen Ursprungs, wurde sie besonders in Mittelitalien verehrt, wo sie als Gemahlin des Jupiter mit Juno gleichgesetzt wurde. In ihrem Tempel in Terracina (an der Küste zwischen Rom und Neapel gelegen) gab man Sklaven die Freiheit. F. war deshalb bei Sklaven und Freigelassenen sehr beliebt.

Feuer ↑ Hephaistos, ↑ Vulcanus

Fides, römische Göttin des Eides, eng verbunden mit Jupiter, der gleichfalls beim Schwur angerufen wurde. Ihr Kult, der von ↑ Numa Pompilius gestiftet wurde, spielte eine wichtige Rolle im öffentlichen Leben Roms; Eidestreue gehörte zu den Eigenschaften, auf die die Römer besonders stolz waren. Bei Opfern, die F. gebracht wurden, bedeckten die Priester ihre rechte Hand, die F. geweiht war, mit einem weißen Tuch. In ihrem Tempel auf dem Capitol wurden Verträge aufbewahrt. F. ist häufig auf Münzen dargestellt.

Finsternis ↑ Hekate

Flora, römische Göttin der Blumen, Gärten und des Frühlings. Sie hatte einen Tempel auf dem Quirinal, wo eine Priesterin ihr diente, und gehörte zu den zwölf Gottheiten, denen bei außergewöhnlichen Ereignissen Sühneopfer gebracht wurden. Die Göttin wurde (der Legende nach auf Geheiß der Sibyllinischen Bücher) seit 173 v. u. Z. in den Floralia verehrt. Bei diesen kultischen Spielen feierte das Volk im Frühling (28. April bis 3. Mai) die Göttin mit Blumen, Wettrennen von Hasen und Ziegen, auch mit erotischer Ausgelassenheit. – In der bildenden Kunst war F. sehr beliebt. Sie wird als schönes junges Mädchen mit Blumen dargestellt, so auf einem Fresko von Stabiae, häufig auch auf Rückseiten von Münzen. Später malten u. a. Tizian, Rembrandt und Böcklin F.-Bilder. Auch in der Gartenplastik begegnet sie häufig, in die Landschaftsparks des

18. und 19. Jh. wurden Tempel für sie einbezogen. Der Name F. wurde in der Neuzeit übernommen für die Bezeichnung der Pflanzenwelt.

Fons ↑ Juturna

Fortuna, römische Göttin des Glücks, des Zufalls, des Erfolgs, auch des Schicksals. Ihr Kult soll von ↑ Servius Tullius eingeführt worden sein, der ihr mythischer Gemahl war. Später hatte jeder Kaiser seine eigene F. (Fortuna Augusta). Sie hatte viele Beinamen und Kulte, Zentren waren Rom, Antium und Praeneste. F. wurde der griechischen ↑ Tyche gleichgesetzt; in hellenistischer Zeit ging ihr Kult in den der Isis ein.
F.-Darstellungen finden sich auf vielen Münzen und Gemmen; auch Reliefs und zahlreiche Statuetten sind erhalten. Die Attribute der Göttin sind vielfältig: Füllhorn (↑ Amaltheia), Rad oder Kugel, Steuerruder, Mondscheibe (von Isis übernommen), Caduceus (Heroldsstab), Flügel. In der mittelalterlichen Kunst symbolisierte oft nur das sich drehende Rad die Wandelbarkeit des Glücks, in der Renaissance und im Barock wurde F. wieder als Göttin mit ihren Attributen dargestellt (Dürer, Aldegrever, Rubens). – Der mittelalterlichen F.-Auffassung in der bildenden Kunst entsprechen auch zahlreiche poetische Texte: In der *Göttlichen Komödie* (Inferno, VII. Gesang) belehrt Vergil den Dichter über F., „die jenen eitlen Glanz zur rechten Stunde von Volk zu Volk, von Stamm zu Stamm vertausche, entrückt der Gegenwehr von Menschenklugheit". Das Bild der die Welt beherrschenden F. (*Fortuna imperatrix mundi*) vermitteln die Verse aus den *Carmina burana* (13. Jh.) – „O Fortuna, wie der Mond so veränderlich, wächst du immer oder schwindest! – Schmählich Leben! ... " –, die C. Orff dem schicksalhaften Eingangs- und Schlußchor seiner szenischen Kantate *Carmina burana* (1937) zugrunde legte.

Frieden ↑ Eirene, ↑ Pax

Fruchtbarkeit ↑ Acca Larentia, ↑ Artemis, ↑ Demeter, ↑ Diana, ↑ Dionysos, ↑ Liber, ↑ Priapos

Früchte ↑ **Pomona**
Frühling ↑ **Flora**
Füllhorn ↑ **Amaltheia**
Furien, römische Rachegöttinnen, die schuldig gewordene Menschen verfolgen. Sie sind mit den griechischen ↑ Erinyen gleichzusetzen.

G

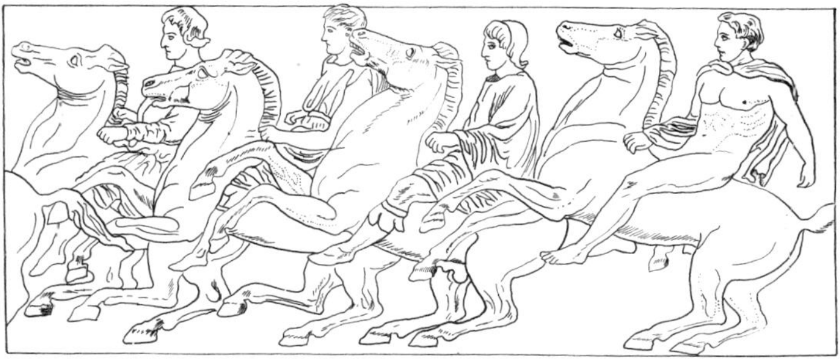

Gaia, auch Ge, die uralte Göttin der Erde; nach Hesiod (*Theogonie*) nach dem Chaos gemeinsam mit Eros und Tartaros entstanden. Sie gebar ↑ Uranos, den Himmel, ↑ Pontos, das öde Meer, und das Gebirge. Von Uranos empfing sie die ↑ Titanen (darunter auch Kronos und Rheia, die Eltern des Zeus), aber auch die ↑ Kyklopen und die ↑ Hundertarmigen. Diese Ungeheuer waren dem Vater verhaßt, er erlaubte nicht, daß sie ans Licht kamen, sondern hielt sie im Schoß der G. zurück. Um sich dafür zu rächen und von der fürchterlichen Zeugungskraft des Uranos befreit zu werden, formte G. eine Sichel und überredete ↑ Kronos, ihren jüngsten Sohn, Uranos zu entmannen. Von Pontos empfing G. Nereus, Thaumas, Phorkys, Keto und Eurybia. Nach dem Aufstieg der olympischen Götter spielte G. nur noch eine untergeordnete Rolle. Sie gab weise Ratschläge, hütete die Sitten und Gesetze; später wurde sie mit ↑ Themis identifiziert. Das Orakel des Apollon in Delphi gehörte ursprünglich der G. Bildhauerische Darstellungen gibt es einige aus antiker Zeit (so auf dem Gigantenfries des Pergamonaltars). Später symbolisierte die römische Göttin ↑ Tellus die Erde.

Galateia, eine der ↑ Nereïden, lebte auf Sizilien. Sie war die Geliebte des Akis (lat. Acis), eines jungen Hirten, Sohn des Pan. Auch der Kyklop ↑ Polyphem liebte sie und stellte ihr vergeblich nach. Aus Rache warf er einen Felsbrocken nach dem Paar und tötete damit Akis. G. verwandelte den Geliebten in einen Bach. – Die bei Theokrit und in Ovids *Metamorphosen* (XIII. Buch) überlieferte Geschichte entsprach dem Geschmack, den die gebildete Welt seit der Renaissance an einem idealisierten Hirtenleben fand. Der Stoff wurde deshalb vielfältig literarisch verarbeitet, so von Sannazaro in einer Ekloge und von Góngora in der Versdichtung *Polyphem und Galatea* (1612), einem Gipfelwerk der europäischen Barockdichtung. Der Name G. wurde stereotyp in den Hirtendichtungen für die jungen Heldinnen angewendet (z. B. von Cervantes in seinem Schäferroman *La Galatea,* 1585, oder in Logaus berühmtem Sinngedicht, das G. Keller zum Leitmotiv seines kunstvollen Novellenzyklus *Das Sinngedicht,* 1882, machte). Aus den zahlreichen musikalischen Bearbeitungen des Stoffes (Lully, Haydn u. a.) ragt Händels Pastorale *Acis und Galatea* (Text von J. Gay) heraus. Der Name G. für die belebte Statue des ↑ Pygmalion geht erst auf das 18. Jh. zurück. Ähnlich beliebt war die Darstellung der ländlichen Idylle und der Welt der Meeresgötter in der bildenden Kunst seit der Renaissance. Raffael malte den *Triumph der Galatea* (Fresko in der Villa Farnesina), in seiner Nachfolge stehen die G.-Bilder von Carracci, Poussin, Van Loo u.a. Der französische Bildhauer F. G. Adam schuf eine G.-Skulptur für das Schloß Sanssouci. Das G.-Bild Raffaels beeinflußte auch Goethe, der die Nereïde im Meeresfest der „Klassischen Walpurgisnacht" (*Faust II*) als Königin aller Naturwesen auftreten läßt.

Ganymed(es), Sohn des troischen Königs ↑ Tros und der Nymphe Kallirrhoë; nach Homer „der schönste ...

von allen sterblichen Menschen". Deshalb holte Zeus ihn zu sich: Er verwandelte sich in einen Adler oder schickte einen solchen, der G. auf den Olymp trug. Hier wurde G. der Geliebte des Zeus und der Mundschenk der Götter. Zeus schenkte dem Vater als Trost für den verlorenen Sohn herrliche Pferde. – Für die bildende Kunst der Antike war die Entführung des schönen Jünglings ein beliebtes Thema. Eine Terrakotta-Gruppe aus dem 5. Jh. v. u. Z., in Olympia gefunden, zeigt den Göttervater selbst, wie er G. davonträgt. Später wurde die Entführung durch den Adler dargestellt, so auf zahlreichen Vasen, auf Schmuck- und Gebrauchsgegenständen. Von einer Bronzeplastik des Leochares (4. Jh. v. u. Z.) existiert eine Marmorkopie. Die Kunst von Renaissance und Barock nahm das Thema der Entführung gleichfalls auf (Zeichnung von Michelangelo, Gemälde von Correggio, Rubens, Bronze von Cellini). Rembrandts Gemälde zeigt im Gegensatz zu den heroisierten Darstellungen ein erschrockenes, kläglich weinendes Kind, das vom Adler davongetragen wird. Lukian verspottete den Mythos drastisch und vergnüglich in zweien seiner *Göttergespräche*. Goethes berühmte Sturm-und-Drang-Hymne *Ganymed* (e. 1772/73) bringt – die Kenntnis des Mythos voraussetzend – die Sehnsucht nach dem Einswerden mit der Natur zum Ausdruck.

Gärten ↑ Flora, ↑ Pomona, ↑ Silvanus

Ge ↑ Gaia

Geburt ↑ Eileithyia, ↑ Hera, ↑ Juno

Gelanor, König von Argos, letzter aus dem Stamm des ↑ Phoroneus. ↑ Danaos, der aus Ägypten geflohen war, forderte ihn zum Wettstreit um die Königswürde heraus. Als ein Wolf die Stierherde an der Stadtmauer von Argos überfiel, wurde das vom Volk als göttliche Entscheidung zugunsten des Danaos aufgefaßt, der nun König wurde. Danaos baute dem Apollon, dem der Wolf heilig war, zum Dank einen Tempel.

Gerechtigkeit ↑ Astraia, ↑ Dike ↑ Justitia

Gerücht ↑ Fama, ↑ Ossa

Geryoneus, Sohn des ↑ Chrysaor und der Okeanide Kallirrhoë, ein Riese mit drei Leibern und drei Köpfen. Er wohnte auf der Insel Erytheia im äußersten Westen der Welt. ↑ Herakles hatte als zehnte Arbeit von Eurystheus aufgetragen bekommen, die herrlichen Rinder des Riesen nach Griechenland zu bringen. Die Herde wurde von dem gleichfalls riesenhaften Hirten Eurytion und von dem schrecklichen zweiköpfigen Hund ↑ Orthos bewacht. Herakles besiegte beide, tötete auch G. mit seinen Pfeilen und trieb die Rinder weg. – In Dantes *Göttlicher Komödie* (um 1320) ist G. Symbol des Betruges, Bote des Reiches der Falschheit. Er bringt den Dichter und seinen Führer Vergil in den achten Höllenkreis.

Gesundheit ↑ Hygieia

Gewinn ↑ Merkur

Giganten, Riesen, die ↑ Gaia aus den Blutstropfen des entmannten ↑ Uranos schuf. Ihre Zahl wird in den Quellen unterschiedlich angegeben, sie schwankt zwischen dreizehn und einhundertfünfzig. Wie auch viele andere Gestalten der ältesten griechischen Götterwelt (die G. sind wahrscheinlich vorgriechischer Herkunft) waren sie schrecklich anzusehen: riesig, bärtig, mit Beinen, die gewaltigen Schlangen glichen, Hesiod beschreibt sie in der *Theogonie* als „waffenleuchtende Riesen, die ragende Lanze in Händen". Im Unterschied zu den ↑ Titanen waren sie sterblich. Als sie sich (wahrscheinlich von Gaia angestachelt), gegen die olympischen Götter erhoben, wurden sie in der Schlacht auf den Feldern von Phlegra vernichtet. In diesem Gigantomachie genannten Kampf trug ↑ Herakles mit seinen Pfeilen entscheidend zum Sieg der Götter bei; als Lohn dafür erhielt er von ihnen später die Unsterblichkeit. Mit dem Sieg über die G. waren die Macht des Zeus und damit die Weltordnung nicht mehr gefährdet. – Die kämpfenden Paare (Zeus gegen Porphyrion, Apollon gegen Ephialtes, Athene gegen

Enkelados u. a.) wurden bereits in frühklassischer Zeit von den Künstlern dargestellt. Die ältesten erhaltenen Kunstwerke sind u. a. das Relief am Westgiebel des Artemis-Tempels von Korfu, der Nordfries des Schatzhauses der Siphnier im Apollon-Heiligtum von Delphi (6. Jh. v. u. Z.). Berühmteste Architekturplastik ist der *Gigantenfries* des Zeus-Altars von Pergamon. Zahlreich sind auch die Darstellungen auf Vasen, Münzen und Gemmen. In Dantes *Göttlicher Komödie* (um 1320) stehen die Riesen um den Brunnenschacht, der vom achten zum neunten Kreis der Hölle führt. Der Dichter unterscheidet nicht zwischen den G., die von Zeus (bzw. Jupiter) besiegt wurden, und anderen Riesen der antiken Überlieferung, er nennt hier auch Antaios und ↑ Briareos.

Gigantomachie ↑ **Giganten**

Glauke, 1. Tochter des Nereus und der Doris, eine der Nereïden. – 2. anderer Name der ↑ Krëusa (3), der Braut des Iason.

Glaukos, 1. Vater des ↑ Bellerophontes. – 2. Enkel des Bellerophontes. Er kämpfte vor Troja als Verbündeter der Belagerten und wurde von Diomedes zum Zweikampf gefordert (*Ilias,* VI. Gesang). Da dieser den G. nicht kannte, fragte er ihn nach seiner Herkunft und erfuhr so die Familiengeschichte. Da Bellerophontes einst bei Diomedes' Großvater ↑ Oineus zu Gast gewesen war, wollten die Enkel nicht miteinander kämpfen, sondern tauschten zum Zeichen der Freundschaft die Rüstungen (wobei nach Homer G. seine goldene für die bronzene des Diomedes gab). – 3. ein Meeresgott. Ursprünglich ein Fischer aus Anthedon in Böotien, hatte er zufällig ein Kraut gegessen, das ihn verzauberte: Er bekam einen Fischschwanz, auch das übrige Aussehen glich nun den Meeresgottheiten. Wie sie war er unsterblich geworden und konnte die Zukunft vorhersagen. Er erschien den Argonauten, als sie von der Insel Kios ohne Herakles weggefahren waren und darüber stritten, ob sie umkehren sollten. Da verkündete

G. ihnen, daß die Götter Herakles für andere Taten bestimmt hätten.

Glenos, Sohn des Herakles und der Deïaneira, ↑ Herakliden.

Glück ↑ Fortuna

Goldenes Vlies, das kostbare Fell des goldenen Widders, den ↑ Phrixos und ↑ Helle von ihrer Mutter Nephele bekamen, damit sie den Nachstellungen ihrer Stiefmutter ↑ Ino entgehen konnten. Der Widder trug die Geschwister durch die Lüfte davon. Helle stürzte aber über dem Meer ab, das ihren Namen erhielt (Hellespont). Phrixos kam zu König ↑ Aiëtes in das Land Aia (Kolchis) am Schwarzen Meer und opferte den Widder dem Zeus. Das Fell wurde im heiligen Hain des Ares aufgehängt, wo es von einem Drachen bewacht wurde. Die ↑ Argonauten holten das G. V. wieder nach Griechenland; Iason, ihr Führer, brachte es zu König Pelias nach Iolkos. – Der „Orden vom Goldenen Vlies“ wurde 1429 durch Herzog Philipp den Guten von Burgund begründet, der seinen Stammbaum bis auf Iason zurückführte.

Gordias, mythischer König von Phrygien, Vater des ↑ Midas. Ursprünglich ein einfacher Bauer, wurde er nach einem Orakelspruch zum König gewählt: Er war der erste, den die führerlos gewordenen Phrygier auf dem Weg zum Tempel des Zeus mit einem Fuhrwerk antrafen. Schon vorher hatte ein Adler, der sich auf das Joch von G.' Stieren gesetzt hatte, von der künftigen Königswürde gekündet. G. gründete eine Hauptstadt und gab ihr seinen Namen. Das Fuhrwerk, dem er seine Macht verdankte, stellte er im Tempel auf und verknüpfte das Joch mit einem unlösbaren Knoten. Das Orakel sagte demjenigen, der den „Gordischen Knoten“ lösen könne, die Herrschaft über ganz Asien voraus. Der Legende nach zerschlug Alexander von Makedonien, als er nach Gordias kam, den Knoten mit dem Schwert.

Gordischer Knoten ↑ Gordias

Gorgonen, Töchter der Meeresgötter Phorkys und Keto mit Namen Sthenno, Euryale und ↑ Medusa. Sie waren schrecklich von Angesicht, hatten Schlangen statt Haare, fürchterliche Zähne und Flügel. Jeder, der sie anschaute, wurde zu Stein. Sie wohnten am Rande der Welt, nahe dem Garten der Hesperiden. Dorthin wurde Perseus geschickt, das Haupt der einzigen sterblichen Gorgo, der Medusa, zu holen. Aischylos läßt im *Gefesselten Prometheus* durch seinen Helden die ↑ Io, die von Hera durch die Welt gehetzt wird, vor den G. (wie auch vor ihren Schwestern, den ↑ Graien) warnen.

Götterbote ↑ Hermes, ↑ Merkur

Götterbotin↑ Iris

Graien (‚Greisinnen'), Töchter der Meeresgottheiten Phorkys und Keto, Schwestern der ↑ Gorgonen. Hesiod nennt in der *Theogonie* nur Enyo und Pephredo, in anderen Quellen wird eine dritte, Deino, genannt. Sie waren seit ihrer Geburt grauhaarig, auch hatten sie gemeinsam nur ein Auge und einen Zahn. Perseus konnte nur von den G. den Weg zu den Nymphen erfahren, die ihm helfen sollten, die ↑ Medusa zu töten. Deshalb nahm er ihnen Auge und Zahn weg und gab sie ihnen erst zurück, als er von ihnen Auskunft erhalten hatte. In Aischylos' *Gefesseltem Prometheus* warnt Prometheus die gehetzte ↑ Io davor, den G. zu nahe zu kommen. In Goethes *Faust II* treten sie in der „Klassischen Walpurgisnacht" als Phorkyaden auf. Mephisto nimmt ihre Maske an (Phorkyas).

Gratiae, Grazien ↑ Chariten

Greifen, Fabelwesen, die aus der babylonischen, assyrischen und ägyptischen Mythologie von den Griechen übernommen wurden. Man stellte sie sich mit geflügeltem Löwenkörper und Vogel- oder Schlangenkopf vor. G. gehörten zur Begleitung des Apollon, auch der Artemis und des Dionysos. Ihr Wohnort wird unterschiedlich angegeben: Prometheus (in Aischylos' Tragödie *Der gefesselte Prometheus*) warnt die gejagte ↑ Io vor den G., die er Hunde des Zeus nennt, wenn sie in den Süden, in die Nähe des Landes der ↑ Aithiopen kommt. Dort sollten die G. mit den einäugigen Arimaspen um Gold kämpfen. Bei Herodot leben die G. im äußersten Norden, in der Nähe der ↑ Hyperboreer. – In der bildenden Kunst begegnen die G. seit frühester Zeit in der kretisch-mykenischen, später in der griechischen Sphäre, so auf den Fresken des Thronsaales von Knossos, auf zahlreichen Vasen und Metallgefäßen. Auch als Waffenschmuck waren die Fabelwesen beliebt.

Grenzen, Grenzsteine ↑ **Terminus**

Gyes, einer der ↑ Hundertarmigen.

H

Hades, Gott des Totenreiches, Sohn von Kronos und Rheia, Bruder des Zeus. Nach dem Sturz des ↑ Kronos, als die Herrschaftsbereiche aufgeteilt wurden, erhielt er die Unterwelt zugesprochen, die gleichfalls H. genannt wird. Als Herr über die Reichtümer im Innern der Erde hieß er Pluton (lat. Pluto). Zur Gattin holte er sich gewaltsam ↑ Persephone, die Tochter der Demeter. Da die Mutter über den Verlust untröstlich war und

auf der Erde alles Wachstum stockte, gab Zeus der Persephone die Erlaubnis, zu den Lebenden zurückzukehren. Um sie nicht ganz zu verlieren, wandte H. aber eine List an: Er ließ Persephone einen süßen Granatapfelkern kosten. Weil sie dort etwas gegessen hatte, war sie der Unterwelt verfallen und mußte für ein Drittel des Jahres bei H. bleiben. Das Reich des H. wurde von dem schrecklichen Hund ↑ Kerberos bewacht, der jeden hineinließ, aber keinen heraus. Nur wenigen Verwegenen gelang es, die Unterwelt wieder zu verlassen (Orpheus, Sisyphos). Als ↑ Theseus und ↑ Peirithoos jedoch Persephone rauben wollten, blieben sie am Eingang der Unterwelt an einen Felsen festgebannt. Erst ↑ Herakles, als er in Eurystheus' Auftrag den Kerberos holte (letzte Arbeit), konnte Theseus befreien, Peirithoos aber mußte im H. bleiben. ↑ Orpheus rührte mit seiner Musik H. und Persephone so sehr, daß er die Erlaubnis erhielt, Eurydike zurückzuführen. ↑ Sisyphos schließlich überlistete als einziger den Herrscher der Unterwelt. Noch unter dem H. lag der ↑ Tartaros, der finstere Abgrund, der die Frevler wider die Götter aufnahm (die Titanen, Tantalos, Sisyphos, Tityos). Die Richter der Unterwelt waren Minos, Rhadamanthys und Aiakos. Sie entschieden, wer in das paradiesische ↑ Elysion aufgenommen wurde.
Bei Homer und Hesiod sind Beschreibungen des H. zu finden: Der Eingang sollte sich im äußersten Westen befinden, am Rande des Okeanos, Flüsse begrenzen und durchfließen ihn (Acheron, Styx, Kokytos, Pyriphlegeton). Bei Vergil (*Aeneis*) nimmt die Beschreibung des Reiches der Toten gleichfalls einen wichtigen Platz ein. In Dantes *Göttlicher Komödie* (um 1320) ist Vergil dann der Führer des Dichters durch das Inferno, das auch von vielen Gestalten der antiken Mythologie bevölkert ist. Wie die antike Unterwelt zur christlichen Hölle wurde, so verkörperte H. im Mittelalter auch in der bildenden Kunst den Teufel. Eine andere Traditionslinie führt zu Aristophanes, der in den *Fröschen*

(405 v. u. Z.) die Unterwelt erstmals zum Schauplatz einer Komödie machte. Seit Lukians *Totengesprächen* (2. Jh. u. Z.) erfreute sich diese literarische Gattung bei Dichtern und Lesern großer Beliebtheit. Fénélon, Fontenelle, Wieland, Goethe und Hacks knüpften an Lukian an. Zur Darstellung in der bildenden Kunst siehe Persephone.

Häfen ↑ Portunus

Haimon, Sohn des ↑ Kreon, der nach dem Tod des ↑ Eteokles König von Theben wurde. Als Verlobter der ↑ Antigone versuchte er, den Vater von dem Todesurteil abzubringen, das dieser ausgesprochen hatte. Er drang dann in die Höhle ein, in die das Mädchen eingemauert worden war, fand sie aber bereits tot und wollte den hinzukommenden Kreon töten. Als er ihn verfehlte, tötete er sich selbst.

Halirrhotios, Sohn des Poseidon und der Nymphe Euryte. Der Meeresgott sandte ihn aus, um den heiligen Olivenbaum der Athene in Attika zu fällen (die beiden Götter stritten sich um den Besitz des Landes). Als H. die Axt an den Baum legte, entfiel sie seinen Händen und tötete ihn. Nach einer anderen Überlieferung entehrte H. die Tochter des Ares und der ↑ Agraulos, Alkippe, und wurde deshalb von Ares getötet. Poseidon klagte daraufhin den Kriegsgott vor dem Areopag, dem Gericht der Götter, an, doch dieser wurde freigesprochen.

Halsband der Harmonia ↑ Akarnan, ↑ Alkmaion, ↑ Eriphyle, ↑ Harmonia

Hamadryaden, ↑ Nymphen, die mit dem Baum, in dem sie wohnen, geboren werden und sterben. Als ↑ Erysichthon im Hain der Demeter eine herrliche Eiche fällen ließ, flehten die anderen H. die Göttin um Rache an. Demeter schickte daraufhin dem Frevler unstillbaren Hunger. Aphrodite ließ ihren Sohn Aeneas, den sie von ↑ Anchises empfangen hatte, von H. aufziehen. Im *Homerischen Hymnos Auf Aphrodite* sind Leben und Sterben der H. mit ihren Bäumen geschildert.

Handel ↑ **Merkur**

Handwerk ↑ **Athene,** ↑ **Hephaistos,** ↑ **Minerva**

Harmonia, Tochter des Ares und der Aphrodite. Sie wurde die Gemahlin des ↑ Kadmos, als Ares sich mit diesem wieder versöhnte (Kadmos hatte den Drachen erschlagen, der die Quelle bei der späteren Burg Theben bewachte; dieser Drache stammte von Ares ab, und Kadmos mußte ihm zur Sühne acht Jahre dienen). Zur Hochzeit waren alle Götter eingeladen. Sie schenkten H. ein kostbares Halsband, das Hephaistos selbst gefertigt hatte. Dieses Halsband brachte später allen, die es besaßen, Unglück.

Harpalyke, Tochter des Stammesfürsten Harpalykos aus Thrakien. Sie wurde von ihrem Vater wie ein Mann erzogen und zu einer berühmten Heldin. Als ihr Vater von seinem Stamm wegen seiner Grausamkeit vertrieben wurde, ging sie mit ihm in die Wälder. Sie lebten von Raub und wurden später von Hirten gefangen und getötet.

Harpyien, uralte Ungeheuer, Töchter des ↑ Thaumas und der Okeanide Elektra. Hesiod nennt zwei, Okypete und Aëllo, in späteren Quellen sind es fünf. Sie hatten Vogelgestalt und Menschengesichter, konnten sehr schnell fliegen; als ihren Wohnort stellte man sich die Strophaden, die „schwimmenden Inseln", vor. Die H. brachten Verderben und raubten die Seelen der Verstorbenen. Auch in der Argonautensage spielen sie eine Rolle. Als die Schiffer zu dem blinden Seher ↑ Phineus kamen, befreiten sie ihn von den H., die ihm die Speisen beschmutzten oder raubten, und erfuhren zum Dank ihren weiteren Weg. Als ↑ Aeneas mit seinen Getreuen auf den Strophaden rastete, besudelten die H. ihnen ebenfalls das Essen und verbreiteten einen gräßlichen Gestank. Die Trojaner jagten sie daraufhin, aber eine der H. prophezeite ihnen Unheil, so daß die Flüchtlinge aus Angst schnell weiterfuhren. Später sah Aeneas die H. bei den Unterweltsdämonen am Eingang des Orkus, zusammen mit den ↑ Gorgonen, der

↑ Chimaira und den ↑ Hundertarmigen. Auch in Dantes *Göttlicher Komödie* (um 1320) haben sie ihren Platz: Im zweiten Ring des siebenten Höllenkreises plagen sie die Selbstmörder. – Aus antiker Zeit sind einige Vasenbilder der H. erhalten, in Mittelalter und Renaissance gehörten sie zu den höllischen Geschöpfen, die von den Künstlern als Symbole des Bösen gesehen wurden, so auch noch bei Goya.

Hebe, Tochter von Zeus und Hera, Göttin der Jugend und Mundschenkin der olympischen Götter, ehe ↑ Ganymed für diese Aufgabe von Zeus bestimmt wurde. Als ↑ Herakles unter die Unsterblichen aufgenommen wurde, gab Hera ihm H. zur Frau als Zeichen, daß ihr Haß, mit dem sie ihn seit seiner Geburt verfolgt hatte, vorbei sei. Diese Hochzeit war seit der Antike Gegenstand zahlreicher Dichtungen (Sappho, Pindar, Ovid); später nahmen sich die Musiker des Themas an (Gluck, Mercadente). H.-Darstellungen finden sich häufig auf Trinkgefäßen. Die Bildhauer des europäischen Klassizismus (Canova, Thorvaldsen) schufen Plastiken der Mundschenkin mit Becher und Kanne. In Rom wurde H. unter dem Namen ↑ Juventas verehrt.

Hecuba ↑ Hekabe

Hekabe (lat. Hecuba), Königin von Troja, Gattin des ↑ Priamos. Die Mutter vieler Söhne und Töchter, u. a. Hektors, Paris', Helenos', Deïphobos', Troilos', Kassandras und Polyxenas, mußte beim Kampf um Troja, bei der Zerstörung der Stadt und der Rache der Sieger den Tod oder die Sklaverei aller ihrer Kinder erleben und wurde selbst zur Sklavin gemacht. Sie soll dann von Apollon nach Lykeia gebracht worden sein (nach anderer Version verwandelte sie sich in eine Hündin). Am Hellespont wurde ein Hügel als ihr Grab bezeichnet.
H.s Schicksal, das in der *Ilias* nur kurz gestreift wird, gab den griechischen Dramatikern die Möglichkeit, Stolz und Überlegenheit auch nach härtesten Prüfungen zu zeigen. Euripides machte die Herrscherin von Troja zur Hauptperson der Tragödie *Hekabe* (425/420

v. u. Z.). Hier muß sie, schon als Gefangene, den Tod ihres jüngsten Sohnes, Polydoros, erfahren, der von dem thrakischen König Polymestor getötet wurde. Sie fleht Agamemnon an, Rache nehmen zu dürfen, und der König gewährt ihr die Bitte. H. tötet die Kinder des Polymestor und sticht ihm die Augen aus. In den *Troerinnen* (415 v. u. Z.) muß H. die Morde an ↑ Polyxena und ↑ Astyanax erleben, während die Urheberin allen Leids, Helena, straflos ausgeht. Die *Troerinnen* des Euripides wurden von späteren Dramatikern oft bearbeitet, so von Seneca, von dem Franzosen R. Garnier (*Die Troade,* 1579), von dem Niederländer Vondel (*Die Amsterdamer Hecuba,* 1621), von J. E. Schlegel (*Die Troerinnen,* 1737) und F. Werfel (*Die Troerinnen,* 1915), in jüngster Zeit von W. Jens (*Der Untergang,* 1982). Diese Tragödie, die die Leiden und Greuel des Krieges aus der Sicht der Besiegten zeigt, ist in der Gegenwart eines der wichtigsten Stücke des antiken Erbes geworden und regt immer wieder zu Auseinandersetzungen an.

Hekale, eine alte Frau, die ↑ Theseus gastlich aufnahm, als er von einem Sturm überrascht wurde. Sie starb, ehe sich Theseus bei ihr bedankt hatte; deshalb stiftete er ihr zu Ehren das Hekalesienfest. Kallimachos (3. Jh. v. u. Z.) erzählt die Geschichte in der (nur in Fragmenten erhaltenen) Verserzählung *Hekale,* um ein Muster der Gattung des kleinen Epos (Epyllion) zu geben.

Hekate, Göttin der Finsternis, der Zauberei und der Gespenster, uralte Gottheit aus Kleinasien (Karien), die in die griechische Mythologie übernommen wurde. So ist H. bei Hesiod die Tochter der Titanen Perses und Asteria. Sie wurde nicht, wie die anderen Titanen, in den Tartaros gestürzt, sondern war auch noch unter der Herrschaft des Zeus mit großer Macht ausgestattet. Ihre Funktionen werden in Hesiods *Theogonie* vielfältig beschrieben: Wessen Opfer sie annimmt, dem hilft sie in Wettkämpfen und im Krieg, bei Gericht, auf See, auf den Feldern und bei den Herden. Gleichzeitig war

H. die Herrin der Nacht, mit Schlangen auf dem Haupt und Fackeln in den Händen. Die düstere Göttin wurde von Hunden begleitet, man rief sie bei allen Arten von Zauber an. Sie jagte an den Gräbern und wurde an dreigeteilten Wegen beschworen (daher Trioditis, lat. Trivia, genannt). Ihre Gestalt verschmilzt zum Teil mit Artemis, zum Teil mit der Mondgöttin Selene, zum Teil mit der Herrin der Unterwelt, Persephone. – Die bildende Kunst der Antike stellte H. oft dreigestaltig oder dreiköpfig dar, so auf dem Fries des Pergamonaltars. Erhalten sind zahlreiche Reliefs und Kultbilder aus ihren Heiligtümern, u. a. aus Argos und Epidauros. In die europäische bildende Kunst ging H. nicht ein. H. als die dunkle Seite der Artemis ist ein zentrales Motiv in G. Hauptmanns *Atriden*-Tetralogie (1944/48).

Hekatoncheiren ↑ **Hundertarmige**

Hektor, ältester Sohn des ↑ Priamos und der ↑ Hekabe, größter der troischen Helden bei der Verteidigung der Stadt im ↑ Trojanischen Krieg. H.s Taten und sein Tod im zehnten Jahr der Belagerung werden in der *Ilias* geschildert. H. führte das Heer seines greisen Vaters; er bestand den Zweikampf mit dem großen Aias, drang bis zu den Schiffen der Griechen vor und brannte eines davon nieder. Als der grollende Achilleus ↑ Patroklos in seiner Rüstung in die Schlacht schickte, tötete H. ihn und erbeutete die Rüstung. Auch dem Achilleus stellte sich H. zum Zweikampf, aber die Waage des Schicksals, die Zeus befragt hatte, bestimmte seinen Tod, und der ihn beschützende Gott Apollon verließ ihn. H.s Abschied von seiner Frau ↑ Andromache ist eine der bewegendsten Szenen der *Ilias.* H. fiel durch die Hand des Achilleus, dem Athene half, prophezeite aber dem Griechen einen baldigen Tod. Um den Tod seines Freundes Patroklos zu rächen, schleifte Achilleus den Leichnam des H. zwölf Tage lang dreimal um das Grab. Aber Aphrodite hatte den Toten mit Ambrosia gesalbt, so daß die schändliche Behandlung dem Körper nicht schadete. Endlich wagte sich Priamos zu

Achilleus und flehte ihn um die Herausgabe des toten Sohnes gegen reiches Lösegeld an. Achilleus gab nach, weil er den Willen der Götter erkannte, so daß der Vater H. ehrenvoll bestatten konnte.
Die Heldentaten des H., der Abschied von Andromache, sein Tod, die Schleifung und der Bittgang des Priamos wurden sehr oft auf griechischen Vasen dargestellt, sein Tod besonders auf Sarkophagreliefs. Die gleichen Szenen malten auch spätere Künstler (u. a. Rubens, Lebrun, Tiepolo), auch die Abschiedsszene war beliebt (Coypel u. a.). Die Schriftsteller sahen in H. den Verteidiger seiner Heimat, den liebenden Gatten und Vater, der seine Pflicht erfüllt. So wird in den mittelalterlichen Trojaromanen H. positiver gezeichnet als sein Gegenspieler Achilleus. Auch in Schillers Gedicht *Hektors Abschied* ist dieses Bild noch sichtbar. In Giraudoux' Stück *Der Trojanische Krieg findet nicht statt* (1935) verkörpert H. das Prinzip der Vernunft, das sich nicht durchsetzen kann.

Helena, die schönste Frau des mythischen Zeitalters, Tochter von Zeus und ↑ Leda (oder ↑ Nemesis). Wahrscheinlich war sie ursprünglich eine Vegetations- und Fruchtbarkeitsgottheit. Ihre Schönheit zog von frühester Jugend die Männer an. Schon mit zwölf Jahren wurde sie von Theseus geraubt, aber von ihren Brüdern, den Dioskuren, wieder befreit. Sie lebte in Sparta am Hofe des ↑ Tyndareos, der mit Leda verheiratet war. Die größten Helden aus ganz Griechenland bewarben sich bei Tyndareos um H.s Hand, so die beiden Aias, Diomedes, Odysseus. Tyndareos gab sie schließlich dem Menelaos, dessen älterer Bruder Agamemnon bereits mit H.s Schwester Klytaimestra verheiratet war. Auf den Rat des Odysseus hin hatte der König aber alle Freier vorher schwören lassen, die Ehre des Gatten der H. zu verteidigen. Obwohl H. nun verheiratet war, versprach Aphrodite dem ↑ Paris die schönste Frau, wenn er sie beim Streit der Göttinnen um den Apfel der ↑ Eris wählen würde. So brachte Aphrodite den troischen Königssohn nach Sparta, wo Menelaos inzwischen Nachfolger des Tyndareos geworden war. H. verliebte sich sofort in den schönen Jüngling und ließ sich von ihm nach Troja entführen, auch Schätze und Sklaven nahm sie mit. Menelaos konnte durch den Eid, der die ehemaligen Freier der H. band, zum Krieg gegen Troja aufrufen, um H. zurückzuholen. Diese Vorgeschichte des ↑ Trojanischen Krieges, der um die schönste Frau geführt wurde, wird in der *Ilias* nur angedeutet, ist aber Ausgangspunkt der Handlung und auch der Stellung der Götter: Aphrodite hilft dem liebenden Paar, Hera, als Beschützerin der legitimen Ehe und in ihrer Eitelkeit gekränkt, ist erbitterte Feindin der Troer. Möglicherweise von Hesiod stammt die Version, die von Stesichoros (6. Jh. v. u. Z.) aufgenommen wurde: Hera hatte ein Trugbild der H. geschaffen, das Paris entführte, während die wirkliche H. nach Ägypten entrückt wurde; nach Beendigung des Krieges kehrte sie zu Menelaos zurück. Euripides nahm in seiner Tragödie *Helena* (412 v. u. Z.) diese Version auf, wie in neuerer Zeit H. von Hofmannsthal in dem Drama *Die ägyptische Helena* (1928). Auch in Christa Wolfs Erzählung *Kassandra* (1983) ist H. nur ein Schattenbild. In den *Troerinnen* des Euripides (415 v.u.Z.) ist H. dagegen die gewissenlose Verführerin, deren Schönheit alle Männer ausgeliefert sind und die an allem Leid Schuld ist. H.s Schicksal nach der Eroberung Trojas zeigt wiederum die Macht ihrer Schönheit: Menelaos brachte es nicht fertig, sie zu töten, und auch die Krieger, die sie steinigen sollten, waren von ihr bezaubert. In der *Odyssee* ist sie wieder die Frau des Menelaos, als hätte es Entführung und Krieg nicht gegeben. Andere Mythen erzählen, die schönste der Frauen sei nach dem Tod auf der Insel der Seligen mit Achilleus, dem größten Helden, vereint worden.

Die römischen Autoren knüpften an das negative H.bild an (Ovid in den *Heroiden*, Vergil in der *Aeneis*, u. a.). Auch in den mittelalterlichen Trojaromanen verkörpert H. die Sünde. Als Schönheitsideal der Antike taucht sie dann im Volksbuch *Historia von D. Johann Fausten* (1587) auf und wird schließlich von Goethe im zweiten Teil des *Faust* als Symbol der Synthese von Antike und Neuzeit gestaltet. Daneben entstand eine Reihe vor allem musikalischer Bühnenwerke um die Entführungsgeschichte (u. a. Gluck); lebendig blieb davon Offenbachs geniale Mythentravestie *Die schöne Helena* (1864, Text von H. Meilhac und L. Halévy; Bearbeitung von P. Hacks, 1964). Weitere moderne Gestaltungen des H.-Stoffes kommen von Verhaeren (*Helena aus Sparta,* Drama, 1912), Giraudoux (*Der Trojanische Krieg findet nicht statt,* Drama, 1935), W. Hildesheimer (*Das Opfer Helena,* Hörspiel, 1955). – In der bildenden Kunst ist es vor allem die Entführungsszene, die immer wieder dargestellt wurde, in antiker Zeit auf griechischen Vasen, römischen Fresken und Reliefs, in der Neuzeit auf Gemälden u.a. von Tintoretto, Romano, Reni, Tischbein, David.

Helenos, einer der Söhne des troischen Königspaares Priamos und Hekabe. Wie seine Schwester Kassandra besaß auch H. prophetische Gaben; wie sie riet auch er von der Reise seines Bruders ↑ Paris nach Sparta ab. Bei der Belagerung Trojas war er Ratgeber Hektors. Nachdem Paris gefallen war, stritt er sich mit seinem Bruder ↑ Deïphobos um Helena und verließ grollend die Stadt, als Deïphobos sie zur Frau bekam. Odysseus nahm ihn gefangen und zwang ihn, die Bedingungen zu verraten, unter denen Troja fallen würde. So offenbarte H. den Griechen, daß sie das uralte Kultbild der Athene (das Palladion, das einst vom Himmel gefallen war) aus der Stadt rauben müßten und daß zur Eroberung der Bogen des Herakles, den ↑ Philoktetes führte, notwendig sei. Nach dem Sieg der Griechen begleitete H. als Gefangener des ↑ Neoptolemos diesen und Andromache nach Epeiros. Auf seinen Rat hin nahmen sie den Landweg und wurden so von dem Sturm, der die griechische Flotte heimsuchte, verschont. Nach dem Tod des Neoptolemos heiratete H. Andromache und herrschte mit ihr über Epeiros. Aeneas kam auf der Suche nach einer neuen Heimat auch zu ihm und wurde freundlich aufgenommen.

Heliaden, die Töchter des Sonnengottes ↑ Helios und der Nymphe Klymene. Als ihr Bruder ↑ Phaëthon mit dem Sonnenwagen abgestürzt war, trauerten sie so sehr, daß sie sich in Pappeln verwandelten (Ovid, *Metamorphosen,* II. Buch), ihre Tränen wurden zu Bernstein.

Helikon, Gebirge in Böotien. Sein höchster Gipfel soll ein bevorzugter Ort der ↑ Musen gewesen sein. Dort entspringt die Quelle ↑ Hippokrene, die dichterische Inspiration verleiht. Hesiod ruft zu Beginn seiner *Theogonie* die „Musen am Helikon" an.

Helios, der Sonnengott; nach Hesiod Sohn der Titanen Hyperion und Theia, Bruder der Morgenröte (↑ Eos) und der Mondgöttin (↑ Selene). Er lenkt Tag für Tag den Sonnenwagen, der von vier feurigen Rossen gezogen wird, von Ost nach West über die Erde, taucht im Okeanos unter und kehrt nachts in einer Schale nach Osten zurück. Der alles sehende Gott wurde häufig als Schwurzeuge angerufen, so in der *Ilias* (III. Gesang) von Agamemnon vor dem Zweikampf zwischen ↑ Paris und Menelaos, der den Streit um Helena entscheiden sollte: „Helios auch, der du alles erschaust und alles mit anhörst". Seine Kinder waren u. a. die Zauberin ↑ Kirke, ↑ Aiëtes, König von Kolchis, ↑ Pasiphaë, die Gattin des Minos, und ↑ Phaëthon, der vergeblich versuchte, den Sonnenwagen zu lenken. H.' Töchter Lampetia und Phaetusa hüteten auf der Insel Thrinakia die großen Herden der Rinder und Schafe, die dem Sonnengott heilig waren. Obwohl Kirke Odysseus gewarnt hatte, schlachteten seine Gefährten die Rinder, während dieser schlief. H. forderte bei Zeus strengste Bestrafung für den Frevel und drohte sogar, die Erde zu verlassen. Zeus zerschmetterte das Schiff mit einem Blitz, Odysseus allein konnte sich retten.

H. wurde besonders auf der Insel Rhodos verehrt; der als eines der Sieben Weltwunder angesehene „Koloß von Rhodos" war wahrscheinlich eine gigantische H.-Statue. In hellenistischer Zeit war der Kult in Kleinasien und ganz Griechenland verbreitet. H. wurde später mit Apollon, in Rom mit ↑ Sol gleichgesetzt. Die antiken Darstellungen zeigen den Gott mit Strahlenkranz, auch mit dem Sonnenwagen (H.-Metope aus Troja, 2. Jh. v. u. Z.). Im Mittelalter gehörte er (als Sol) zu den sieben Planetengöttern. Später wurde er zum Symbol absoluter weltlicher Macht – Ludwig XIV., der „Sonnenkönig", ließ sich gern mit H. vergleichen.

Helle, Tochter des ↑ Athamas, des Königs von Theben, und der ↑ Nephele. Als Nephele zu den Göttern zurückgekehrt war, heiratete Athamas ↑ Ino. Diese haßte H. und deren Bruder ↑ Phrixos. Als sie ihre Söhne Learchos und Melikertes geboren hatte, versuchte sie, H. und ihren Bruder umzubringen. Nephele rettete ihre Kinder vor den Nachstellungen der Stiefmutter, indem sie ihnen einen goldenen Widder schickte (↑ Goldenes Vlies), auf dem sie durch die Luft fliehen konnten. H. aber stürzte über der Meerenge ab, die nach ihr den Namen Hellespont erhielt.

Hellen, Sohn des ↑ Deukalion und der Pyrrha, Enkel des Prometheus. H. gilt als Ahnherr aller Griechen (Hellenen). Die Nymphe Orseïs gebar ihm die Söhne ↑ Aiolos, ↑ Doros und ↑ Xuthos, von denen die griechischen Stämme hergeleitet werden.

Hemera ↑ Nyx

Hephaistos, Gott des Feuers und des Schmiedehandwerks. Seine Herkunft wird bei Homer und Hesiod unterschiedlich angegeben: In der *Ilias* ist er Sohn des Zeus und der Hera, in der *Theogonie* nur der Sohn der Hera, die H. aus Zorn und Eifersucht auf Zeus, der Athene aus seinem Haupt geboren hatte, „ohne Liebesgemeinschaft" gebar. H. war häßlich und hinkte auch noch, nachdem er von Zeus (oder von Hera selbst) vom Olymp geworfen worden war. Von ↑ Thetis aufgezogen, wurde er der geschickteste und kunstreichste unter den Göttern. Um sich an seinen Eltern für die schlechte Behandlung zu rächen, fertigte er einen prachtvollen Thronsessel, der aber keinen freiließ, der sich darauf gesetzt hatte. Er schickte ihn Hera, die nun gefesselt war und erst wieder aufstehen durfte, als ihm die Rückkehr auf den Olymp gestattet wurde. H. erhielt die schöne Aphrodite zur Gemahlin, die allerdings den Kriegsgott Ares dem häßlichen H. vorzog (so in der *Odyssee*; in der *Ilias* wird H.' Gemahlin Charis genannt). H. schuf in seiner Werkstatt, die man sich unter dem Ätna dachte, für die Götter herrliche Kunstwerke: Heras Schlafgemach, den Wagen des Helios, den Thyrsos des Dionysos, das Szepter des Zeus. Als Achilleus sich vor Troja grollend aus dem Kampf zurückzog und seine Waffen Patroklos überließ, schmiedete H. ihm auf Bitten der Thetis Schild, Helm, Panzer und Beinschienen so prächtig und kunstreich, daß alle Sterblichen außer Achilleus den Blick abwenden mußten (Waffenschmiedung im XVIII. Gesang der *Ilias*). Auch ↑ Pandora war sein Werk, und Zeus ließ ihn den ↑ Prometheus an den Felsen schmieden. – H. war der Beschützer der Handwerker und Künstler, in dieser Eigenschaft eng mit Athene verbunden. Er wurde häufig auf Vasenbildern als Handwerker bei der Arbeit dargestellt. In Rom wurde er unter dem Namen ↑ Vulcanus verehrt. Für die europäische Kunst seit der Renaissance war der Gegensatz des arbeitenden, häßlichen, schmutzigen Gottes und der schönen Liebesgöttin reizvoll: H. und Aphrodite (bzw. Vulcan und Venus) malten van Dyck, Le Nain; das durch H. ertappte Liebespaar Ares und Aphrodite zeichnete Rembrandt. Die gleiche, in der *Odyssee* erzählte Szene (↑ Aphrodite) gab F. Fühmann die Vorlage für seine Erzählung *Das Netz des Hephaistos* (1980).

Hera, höchste olympische Göttin, Tochter von Kronos und Rheia, Schwester des Zeus, gleichzeitig seine dritte rechtmäßige Gemahlin (nach ↑ Metis und ↑ Themis).

H. schützte Ehe und Familie und stand den Gebärenden bei. Die ↑ Horen waren ihr dienstbar. Die Mythen schildern sie als herrschsüchtige unversöhnliche Gebieterin, die unbarmherzig die Geliebten des Zeus und deren Kinder verfolgte (↑ Alkmene, ↑ Io, ↑ Leto, ↑ Semele). Ihre Kinder von Zeus waren der Kriegsgott ↑ Ares, die Göttin der Jugend ↑ Hebe und ↑ Eileithyia, die Geburtsgöttin. Um Zeus ihre Unabhängigkeit zu beweisen, gebar sie ohne Zeugung den ↑ Hephaistos. Im Trojanischen Krieg stand sie auf der Seite der Griechen, denn der Troer Paris hatte sie tödlich beleidigt, als er Aphrodite den Preis für „die Schönste" zugesprochen und die verheiratete Helena entführt hatte (↑ Eris). Um ungestört den Griechen helfen zu können, verführte sie Zeus (in der von Homer im XIV. Gesang der *Ilias* geschilderten Liebesszene) mit Hilfe des Gürtels der Aphrodite, so daß er in tiefen Schlaf versank. Auch den Zeussohn ↑ Herakles verfolgte sie mit ihrem Haß, bis er unter die Unsterblichen aufgenommen wurde. Ihre heiligen Tiere waren Hahn, Kuh und vor allem der Pfau (↑ Argos). In Rom wurde sie mit ↑ Juno gleichgesetzt. Die bildende Kunst stellte sie seit den frühesten Zeiten als Gebieterin dar. Eines der bekanntesten Kunstwerke ist die *Juno Ludovisi* (Kopie davon im Goethe-Haus in Weimar).

Herakles, Sohn des Zeus und der ↑ Alkmene, der berühmteste und beliebteste griechische Heros; in Theben geboren. Schon vor seiner Geburt verfolgte ihn die eifersüchtige Hera: Da Zeus (auf Heras Veranlassung) mit heiligem Eid geschworen hatte, dem an diesem Tag geborenen Sproß aus seinem Stamm große Macht zu verleihen, verzögerte sie die Geburt des H. und beschleunigte die des ↑ Eurystheus, eines Nachkommen des Zeussohnes Perseus. Der Herr der Götter mußte seinen Eid halten, deshalb war H. später gezwungen, für lange Zeit dem schwächlichen, feigen Eurystheus, der König von Mykene war, zu dienen. Auf den gerade geborenen H. verübte Hera einen neuen

Anschlag. Sie schickte zu ihm und seinem Zwillingsbruder ↑ Iphikles (den Alkmene von ihrem Gatten ↑ Amphitryon empfangen hatte) zwei riesige Schlangen, die die Kinder töten sollten. Doch H. war schon so stark, daß er sie erwürgen konnte. Amphitryon erzog den Zeussohn und ließ ihn bei den besten Lehrern ausbilden. Er selbst unterrichtete ihn im Wagenrennen, ↑ Autolykos im Ringen, Polydeukes, einer der ↑ Dioskuren, im Faustkampf. Auch ↑ Cheiron gehörte zu seinen Lehrern. Als ↑ Linos, der ihm das Kitharaspielen beibringen sollte, ihn tadelte, erschlug H. ihn im Zorn mit dem Instrument.

Von früher Jugend an vollbrachte H. gewaltige Heldentaten. So tötete er schon mit achtzehn Jahren den Löwen, der die Gegend von Kithairon verwüstete, und besiegte König ↑ Erginos von Orchomenos, dem Theben tributpflichtig war. Zum Dank gab ihm der thebanische Herrscher Kreon seine Tochter Megara zur Frau. Doch Hera verfolgte H. weiter; sie schickte ihm einen Wahnsinnsanfall, in dem er Frau und Kinder tötete. Theseus reinigte ihn von der Bluttat. Das Orakel von Delphi wies ihm danach seinen weiteren Weg: Um sich unsterblichen Ruhm zu erwerben, mußte er zehn Arbeiten verrichten, die Eurystheus ihm auftragen würde. Die Überlieferung nennt zwölf Arbeiten (in unterschiedlicher Reihenfolge), obwohl H. nur zu zehn verpflichtet war, aber zwei Arbeiten erkannte Eurystheus nicht an. H. brauchte für die Lösung der Aufgaben alle seine Kraft, seine Geschicklichkeit und seinen Erfindungsgeist. Er zog in den Kampf gegen urweltliche Ungeheuer, die die menschliche Gemeinschaft bedrohten, erwarb Wunderdinge und schuf Ordnung. Hilfe erhielt er dabei von der Göttin Athene, der Beschützerin der Zivilisation.

Zuerst mußte er den Nemeischen Löwen töten. Dessen Fell war für Pfeile unverwundbar, deshalb erwürgte ihn H., zog ihm das Fell ab und trug es fortan als Kleidung. Der zweite Auftrag war die Tötung der Lernäischen ↑ Hydra. Dieses Untier, einer der schrecklichen Nachkommen des Typhon und der Echidna, hatte neun Köpfe, von denen einer unsterblich war. Die Köpfe, die H. der Hydra abschlug, wuchsen immer wieder nach, bis ↑ Iolaos die Hälse ausbrannte. So konnte H. ihr das letzte, unsterbliche Haupt vom Hals trennen; er vergrub es und wälzte einen Felsblock darüber. In die giftige Galle der Hydra tauchte er seine Pfeile, die künftig unheilbare Wunden brachten. Eurystheus erkannte diese Arbeit nicht an, weil Iolaos ihm geholfen hatte. – Als dritte Arbeit stellte ihm Eurystheus die Aufgabe, die Kerynitische Hirschkuh lebendig zu fangen. Dieses Wundertier war der Artemis heilig; es hatte ein goldenes Geweih und eherne Hufe. H. verfolgte sie ein Jahr lang durch viele Länder, bis er sie fangen und zu Eurystheus bringen konnte. Als vierte Arbeit verlangte der König von H., den schrecklichen Eber, der in Erymanthos wütete, unschädlich zu machen. Als er unterwegs bei dem gastfreundlichen Kentauren ↑ Pholos rastete, kam es zu einem Streit mit den wilden Kentauren. Dabei wurden durch unglückliche Zufälle Pholos und ↑ Cheiron, der vermitteln wollte, von den giftigen Pfeilen des H. getroffen. H. zog weiter, traf auf den Erymanthischen Eber und hetzte ihn so lange durch tiefen Schnee, bis das Tier völlig erschöpft war und sich fesseln ließ. Eurystheus war so erschrocken über das Ungetüm, daß er sich verkroch. – Mit der fünften Arbeit wollte Eurystheus H. demütigen. Er gab ihm den Auftrag, die Ställe des ↑ Augeias, des Königs von Elis, auszumisten. Dieser besaß so riesige Viehherden, daß sich im Laufe vieler Jahre eine ungeheure Menge Mist angesammelt hatte. H. leitete an einem einzigen Tag die Flüsse Alpheios und Peneios um, ließ sie durch die Ställe fließen und den Unrat hinwegspülen. Da er sich aber bei Augeias als Lohn den zehnten Teil des Viehs ausbedungen hatte, erkannte Eurystheus auch diese Arbeit nicht an. – Dann wurde H. ausgeschickt, die ↑ Stymphalischen Vögel zu vertreiben (sechste Arbeit). Athene gab ihm dazu Klappern aus Bronze, die Hephaistos gefertigt hatte. Damit scheuchte H. die Vögel, die ihre ehernen Federn wie Pfeile gebrauchen konnten, aus dem Sumpf und tötete sie (ein Teil konnte fliehen und erschreckte später die Argonauten). Als siebente Arbeit trug Eurystheus dem H. auf, den wilden Stier von Kreta zu fangen, den einst Poseidon dem Minos geschickt hatte und in den sich ↑ Pasiphaë verliebt hatte. Auch ihn konnte H. überwältigen. Er brachte ihn gefesselt nach Mykene, ließ ihn dann in Attika frei, so daß er dort die Felder verwüstete. – Für die achte Arbeit mußte H. nach Thrakien ziehen. Dort herrschte der grausame König ↑ Diomedes (1), der schreckliche Pferde besaß, die mit Menschenfleisch gefüttert wurden. Diomedes warf deshalb alle Fremden seinen Pferden vor. H. tat das gleiche mit Diomedes, bändigte die Pferde und brachte sie zu Eurystheus. Dessen Tochter begehrte den Gürtel der Amazonenkönigin ↑ Hippolyte. Deshalb mußte ihn H. als neunte Arbeit für sie holen. Er kämpfte mit den Amazonen, tötete Hippolyte und nahm ihr den Gürtel, den sie einst von Ares erhalten hatte. (Nach einer anderen Version nahm er sie gefangen und gab sie Theseus zur Frau.) Auf der Rückreise kam H. mit seinem Schiff an der troischen Küste vorbei, wo ↑ Hesione gefesselt auf ihren Tod durch ein Meeresungeheuer wartete. Ihr Vater Laomedon, König von Troja, versprach H. für die Befreiung seiner Tochter die herrlichen Pferde der troischen Könige. H. tötete das Ungeheuer, doch Laomedon weigerte sich, ihm die Pferde zu geben. So schwor H. Rache und fuhr zurück nach Mykene. – Die zehnte Arbeit des H. bestand darin, die Rinderherden des Riesen ↑ Geryoneus zu Eurystheus zu bringen. Der dreiköpfige Unhold hauste auf der Insel Erytheia am westlichen Rand der Welt. Auf dem Weg dorthin stellte H. die „Säulen des Herakles“, die Felsen der Meerenge von Gibraltar, auf. Für die Reise über den Okeanosstrom lieh Helios ihm seinen Sonnenbecher. Auf Erytheia mußte H. zuerst mit dem Hirten des Geryoneus, Eurytion, und dessen zweiköpfigem Hund ↑ Orthos kämpfen. Nachdem er sie besiegt hatte, tötete er auch den Riesen selbst und brachte die Rinder mit Hilfe des Sonnenbechers zum Festland. Dort gab er Helios den Becher zurück und trieb die Rinder nach Mykene. – Als nächstes sollte H. die goldenen Äpel der ↑ Hesperiden holen (elfte Arbeit). Um den Weg dorthin zu erfahren, mußte er mit ↑ Nereus kämpfen, der wie alle Meeresgottheiten vielerlei Gestalt annehmen konnte und erst Auskunft gab, wenn er sich als Besiegter in seiner wahren Gestalt zeigen mußte. Auf dem Weg zum Ende der Welt, wo der Baum mit den goldenen Äpfeln stand, mußte H. ↑ Antaios besiegen und wurde von den Ägyptern gefangengenommen. Er sollte, wie alle Fremden, dem Zeus geopfert werden. Er sprengte jedoch seine Fesseln, tötete den ägyptischen König ↑ Busiris und zog weiter. Er kam zum Rand der Welt, wo ↑ Atlas nahe dem Garten der Hesperiden das Himmelsgewölbe auf den Schultern trug. Mit List erreichte er, daß der Riese ihm die Äpfel holte und dann doch die Last des Himmels, die H. ihm abgenommen hatte, wieder auf sich nahm. (Eine andere Version erzählt, daß H. selbst zu den Hesperiden ging und den Drachen, der den Baum bewachte, tötete.) Der Held brachte die Äpfel zu Eurystheus; dieser schenkte sie dem H., der sie über Athene wieder an die Hesperiden zurückgab. – Die zwölfte Arbeit war die schwerste, unmöglich für einen Sterblichen. H. mußte in die Unterwelt steigen und von dort den fürchterlichen Höllenhund ↑ Kerberos heraufbringen. Am Eingang des Hades sah er Theseus und ↑ Peirithoos, die dort an den Felsen gewachsen waren zur Strafe für den Frevel, daß sie Persephone rauben wollten. Zwar gelang es H., Theseus zu befreien, Peirithoos aber, der Anstifter des Unternehmens, mußte für ewig dort bleiben. Der Herrscher der Unterwelt erlaubte H., den Kerberos nach oben

mitzunehmen, stellte aber die Bedingung, daß H., um ihn zu bändigen, keine Waffen gebrauchen dürfe. Auch dies gelang dem Helden nach einem schrecklichen Kampf; er würgte das Untier, obwohl die Schlange, die es anstelle des Schwanzes hatte, ihn biß. So brachte er den Kerberos zu Eurystheus, der aber befahl, ihn sofort wieder zurückzuschaffen.
Damit war der Dienst des H. bei Eurystheus beendet. Der Held zog aus zu neuen Taten, eroberte Städte, errang Schätze und zeugte Kinder. Er begehrte ↑ Iole, die Tochter des Eurytos, König von Oichalia, zur Frau. Dieser verweigerte sie ihm, und H. schwor Rache. In einem neuen Wahnsinnsanfall, den Hera ihm schickte, stürzte er später den Sohn Eurytos', ↑ Iphitos, von der Mauer der Burg Tiryns. In Delphi wurde ihm die Entsühnung der Bluttat verweigert. Weil er daraufhin an der heiligen Stätte gewalttätig wurde, befiel ihn eine schwere Krankheit, und er mußte, um davon geheilt zu werden, bei der lydischen Königin ↑ Omphale drei Jahre als Sklave dienen. Omphale demütigte ihn, indem sie ihm sein Löwenfell wegnahm, ihm dafür Frauenkleider gab und Frauenarbeit verrichten ließ. Wieder erlöst aus diesem Dienst, bestand H. neue Abenteuer. Am Zug der Argonauten nahm er teil, versäumte aber auf der Insel Kios die Weiterfahrt, weil er seinen Geliebten ↑ Hylas suchte, der wegen seiner Schönheit von Quellnymphen geraubt worden war. Als unter den Argonauten ein Streit ausbrach, ob man umkehren solle, um ihn zu holen, erschien der Meeresgott Glaukos und kündete, daß H. für andere Taten bestimmt sei. So half H. den olympischen Göttern im Kampf gegen ihre letzten Feinde, die ↑ Giganten, er tötete den Adler, der ↑ Prometheus peinigte, und löste die Fesseln des Titanen. Dann rächte er sich an Laomedon, der ihn einst um seinen Lohn geprellt hatte, und zerstörte Troja. Er tötete Laomedon und seine Söhne, nur den jungen Podarkes ließ er am Leben, weil Hesione ihn darum bat. Dieser wurde dann unter dem Namen Pria-

mos König von Troja. Seinem Gefährten ↑ Telamon gab H. Hesione zur Frau. Schließlich freite er bei dem König von Kalydon, Oineus, um die Hand von dessen Tochter ↑ Deïaneira. Zuvor mußte er seinen Nebenbuhler, den Flußgott ↑ Acheloos, besiegen. Deïaneiras Eifersucht brachte H. den Tod. Als er von seinem Rachefeldzug gegen Eurytos die jüngere Iole mitbrachte, fürchtete sie um seine Liebe und schickte ihm das Gewand, das sie einst auf den heimtückischen Rat des Kentauren ↑ Nessos mit dessen giftigem Blut getränkt hatte. H. zog es zur Feier seines Sieges über Eurytos an und wurde sofort von schrecklichen Schmerzen befallen, denn das Gewand fraß sich in die Haut des Helden, so daß er es nicht wieder abstreifen konnte. Seine Qualen waren so groß, daß er einen Scheiterhaufen errichten ließ, damit er sich verbrenne. Sein Freund ↑ Philoktetes hatte als einziger den Mut, das Holz anzuzünden. Deshalb schenkte H. ihm seinen Bogen, der später für die Eroberung Trojas gebraucht wurde. (Einige Quellen berichten, daß H. den Bogen dem Vater des Philoktetes gab.) Als die Flammen H. umfingen, senkte sich eine Wolke herab und trug den Helden zu den Göttern, in deren Kreis er nun aufgenommen wurde. Sogar seine alte Feindin Hera versöhnte sich mit ihm und gab ihm ihre Tochter Hebe zur Gemahlin. In ganz Griechenland wurde H. als Wohltäter der Menschen und als Gott verehrt. Er befreite die Erde von Ungeheuern, die Reihe seiner Taten ist beispiellos im griechischen Mythos. Er wurde Symbol für Kraft und Mut, er nahm alle Leiden, die ihm bestimmt waren, auf sich, er wich keiner Schwierigkeit aus und wurde dafür belohnt. H. zu Ehren wurden Feste gefeiert und Spiele veranstaltet, die Herakleien. Besondere Kultorte waren Sikyon und Theben. In die römische Sage ging er unter dem Namen ↑ Hercules ein.

Von den Taten des H. gibt es keine geschlossene literarische Überlieferung aus antiker Zeit. Einige Episoden (die Geburt, die Fahrt in den Hades und die zu den

Hesperiden, die Befreiung des Prometheus) werden bei Homer und Hesiod andeutungsweise erzählt, die Zusammenhänge aber beim Zuhörer als bekannt vorausgesetzt. Das (fragmentarisch erhaltene) Epos *Der Schild des Herakles* ist zwar unter dem Namen des Hesiod überliefert, stammt aber wahrscheinlich von einem anderen Autor. Auch andere Texte sind in Bruchstücken erhalten, so von Stesichoros (um 600 v. u. Z.) Teile des Geryoneus-Abenteuers.

Die attischen Tragiker nahmen Teile des H.-Mythos auf: Euripides gestaltete in *Herakles* (421/415 v. u. Z.) den Wahnsinnsanfall, in dem H. Frau und Kinder tötet, Sophokles in den *Trachinierinnen* (435 v. u. Z.) den Tod des Helden und die Verzweiflung der Deïaneira. Mit einigen seiner Charaktereigenschaften (Jähzorn, Völlerei) wurde H. auch Komödienfigur, so in den *Vögeln* des Aristophanes (414 v. u. Z.). – Folgenreich wurde die Erzählung des Prodikos aus Keos (5. Jh. v.u.Z.), die u.d.T. *Herakles am Scheidewege* in die Weltliteratur einging. Von Xenophon überliefert, wurde die allegorische Handlung zur Vorlage zahlreicher Werke in bildender Kunst, Literatur und Musik: Der Held muß sich entscheiden zwischen zwei Frauen, die sich ihm als Führerinnen anbieten und ihm gegensätzliche Zukunftsbilder ausmalen: Die erste symbolisiert das Laster und zeigt ihm einen leichten, erfreulichen Weg, die zweite ist die Tugend, die ihm steile, gefährliche Pfade weist. H. folgt der Tugend und nimmt damit alle Mühe seines Lebens auf sich (Libretti u.a. von Metastasio und Wieland, Kantate von J. S. Bach, zahlreiche Barockopern). Die Taten des H. gaben auf der Barockbühne die Vorlage für Ausstattungsstücke aller Art, vor allem die Erhebung des Helden auf den Olymp und die Hochzeit mit Hebe waren dazu geeignet (Oper von Gluck, *Le nozze d'Ercole e d'Ebe,* 1747); Telemann schrieb eine Oper *Omphale* (1724), Händel ein Oratorium *Herakles* (1744) über den Tod des H.

Für das Sprechtheater erwies sich nur der tragische

Tod des H. und die Schuld der Deïaneira als möglicher dramatischer Stoff (Tragödien *Der sterbende Hercules* von Rotrou, 1632, und von Marmontel, 1761). M. Klingers Drama *Der verbannte Göttersohn* (1786) blieb unvollendet. – Im 20. Jh. ist die ungebrochene Verherrlichung einer Gestalt wie H. wohl nicht mehr möglich. Dies wurde schon 1917 in F. Wedekinds Drama *Herakles* deutlich. Später zeigen E. Pound (Bearbeitung der Sophokles-Tragödie, 1956), F. Dürrenmatt (Hörspiel *Herkules und der Stall des Augias,* 1954) und P. Hacks (*Omphale,* 1970) einen Helden, der kaum noch etwas Heroisches an sich hat.
In der bildenden Kunst sind aus antiker Zeit sehr viele Darstellungen der Taten des H. überliefert. Der Held erscheint als bärtiger, nackter Mann mit Keule und Löwenfell. Vasen- und Wandbilder zeigen H. bei seinen Arbeiten und seinen Einzug bei den Göttern. Auch mehrere bedeutende plastische Darstellungen sind erhalten: Die Metopen des Zeus-Tempels von Olympia, des Schatzhauses der Athener in Delphi, des Theseions von Athen und eines der Tempel von Selinunt zeigen Taten des H. Die berühmte Kolossalstatue des Lysipp (4. Jh. v. u. Z.) ist in einer Marmorkopie des Atheners Glykon erhalten (*Herakles Farnese*), die 1540 entdeckt wurde. In mittelalterlichen Illustrationen zu kosmologischen Werken taucht H. als Symbol des Sternbildes Engonasin (der Kniende) auf, im 12. bis 15. Jh. als Ritter gekleidet. Dürer nahm in einem Holzschnitt das antike Bild des Helden wieder auf. Für die christliche Kunst war H. der Sieger über höllische Mächte. Die Allegorie *Hercules am Scheidewege* war ein beliebtes Motiv der Renaissancemalerei (Liss, Carracci, van Dyck); über seine Taten entstanden ganze Bilderfolgen (Pollaiuolo, Vasari, Reni, Aldegrever). L. Cranach d. Ä. malte (mehrmals) H. bei Omphale, Rubens in barocker Pracht die Fahrt des Helden zum Olymp. Auch in der Gartenplastik taucht die Figur (zuweilen mit der Weltkugel) häufig auf.

Herakliden, die Nachkommen des Herakles, besonders seine Kinder von ↑ Deïaneira: ↑ Hyllos, Ktesippos, Glenos, Oneites, ↑ Makaria. Nach dem Tod der Eltern mußten die H. vor den Nachstellungen des ↑ Eurystheus fliehen. Mit ihnen zogen Alkmene, Herakles' Mutter, und sein Wagenlenker Iolaos. In Athen gewährte ihnen Theseus (oder dessen Sohn) Zuflucht, der sich den Verfolgern zum Kampf stellte. Um die Götter günstig zu stimmen, opferte sich Makaria der Persephone. Eurystheus wurde besiegt, gefangengenommen und auf Befehl der Alkmene getötet. Doch die Götter erlaubten den H. noch nicht, wieder in ihrer Heimat zu herrschen. Sie schickten die Pest über den Peloponnes und verkündeten durch das Orakel von Delphi ihre Rückkehr „nach der dritten Frucht". Deshalb unternahmen die H. nach drei Jahren wieder den Versuch, dabei kam Hyllos um, auch weitere Unternehmungen endeten unglücklich. So wurde der Sinn des Orakels anders ausgelegt: Nach drei Generationen zogen die Nachkommen Temenos, Eurysthenes, Proklos und Kresphontes erneut in das Land ihres berühmten Vorfahren und konnten es nun erobern. Euripides' Tragödie *Die Kinder des Herakles* gestaltet den Aufenthalt der H. in Athen und das Opfer der Makaria.

Hercules (dt. Herkules), römischer Heros, dem griechischen ↑ Herakles gleichgesetzt. Doch werden auch Taten von ihm erzählt, die ausschließlich zur römischen Überlieferung gehören. Die bekannteste ist der Sieg über ↑ Cacus, der versucht hatte, H. einen Teil der Rinderherden des Geryoneus zu stehlen, als der Held damit durch Italien zog (zehnte Arbeit). Zum Gedenken an diesen Sieg soll H. vor der Höhle des Cacus (dem späteren Forum Boarium, ‚Rindermarkt', in Rom) dem Jupiter einen Altar errichtet haben. Der Kult des H. wurde zuerst bei den Etruskern eingeführt. Von dort und von den griechischen Kolonien gelangte er Anfang des 4. Jh. v. u. Z. nach Rom. Zunächst wurde er als Privatkult der Patrizierfamilien der Potitii und der Pinarii praktiziert, ab 312 v. u. Z. wurde er zum Staatskult erhoben, das Fest des H. wurde am 12. August gefeiert. Wie auch in Griechenland war H. als der unermüdliche Bekämpfer aller Übel, der mit der Erhebung zum Gott belohnt wurde, im Römischen Reich sehr beliebt. Die Kaiser verglichen sich mit dem „Hercules Invictus", dem unbesiegbaren Helden; er war aber auch Schutzpatron des Handels, des Gewinns, des Verkehrs und der Soldaten. Die spätere europäische Kunst und Literatur unterscheidet nicht zwischen dem griechischen und dem römischen Heros: Die „Herkulesarbeit" bezieht sich auf die Arbeiten, die Herakles für ↑ Eurystheus leisten mußte. Das Wort wird auch heute noch gebraucht, um Taten zu kennzeichnen, die über das menschliche Maß hinausgehen.

Herd ↑ Hestia, ↑ Penaten, ↑ Vesta

Herden ↑ Faunus

Herkules ↑ Hercules

Hermaphrodit(os), Sohn des Hermes und der Aphrodite, ein Jüngling von außergewöhnlicher Schönheit. Die Quellnymphe Salmakis entbrannte in Liebe zu ihm, als er in ihrer Quelle badete. Als er die Nymphe zurückwies, bat sie die Götter, H. mit ihr in einem Wesen zu vereinen. So entstand der zweigeschlechtliche göttliche H. – Die Geschichte wurde von Ovid in die *Metamorphosen* (IV. Buch) aufgenommen. Plastiken des Zwitterwesens sind aus hellenistischer Zeit überliefert. Die Künstler des Barock malten den badenden H. mit der Nymphe (Albani, Spranger).

Hermes, Götterbote des Olymp, Sohn des Zeus und der Pleïade ↑ Maia, in einer Höhle in Arkadien geboren. Seine Funktionen waren vielfältig: Er geleitete die Seelen der Verstorbenen zu Charon, überbrachte Nachrichten und Geschenke, wies Wege und erfand Listen, er war der Gott des Zufalls und des glückhaften Findens. So tritt er als Bote, Begleiter und Führer in zahlreichen Mythen auf (↑ Sisyphos, ↑ Paris, ↑ Perseus,

↑ Kirke, ↑ Philemon und Baukis). Flügelschuhe, Reisehut und Heroldsstab sind seine Attribute. Der Stab vermochte einzuschläfern, aufzuwecken und Botschaften durch Träume zu vermitteln. Als Gott der Wege war er der Schutzherr des Handels, aber auch der Diebe – bereits als Kind stahl er Apollon eine Rinderherde, ohne dafür bestraft zu werden, denn er besänftigte den Gott, indem er ihm die Lyra schenkte, die er aus einer Schildkrötenschale gemacht hatte. Sein Sohn ↑ Autolykos war ein geschickter Dieb, dessen Nachkomme war der listenreiche Odysseus. H. war es, der im Auftrag des Zeus ↑ Pandora zu Epimetheus brachte. Die Kunst, andere zu überreden und Ausreden zu finden, machte ihn zum Gott der Beredsamkeit. Bei den Römern entsprach H. der Gott ↑ Merkur, die Griechen setzten den ägyptischen Totengott Anubis ihm gleich.
H. wurde seit ältester Zeit hoch verehrt; Steinsäulen (Hermen), an Kreuzwegen, Gräbern, Toren usw. errichtet, galten als sein Abbild. Die griechischen Künstler stellten ihn mit seinen Attributen in archaischer Zeit als bärtigen Mann, später als schönen Jüngling dar: *Hermes* des Praxiteles von Olympia, *Hermes Farnese, Hermes Ludovisi.* Als Beschützer der Herden (er war Vater des Hirtengottes Pan) wurde er mit einem Lamm auf der Schulter abgebildet (Vorbild des „Guten Hirten" der christlichen Kunst). Im Mittelalter gehörte H. als Symbol des Planeten Merkur in den Planetenreigen, in allegorischen Darstellungen verkörperte er Künste, Beredsamkeit, Handel und Handwerk. Die Renaissance sah in H. auch wieder den Begleiter der Seelen (Raffael, *Hermes führt Psyche zum Olymp*); bei Rubens (*Versöhnung der Maria Medici mit ihrem Sohn*) verkörpert er die Vernunft. – Bis in die Gegenwart gilt die Figur des H. als Symbol des friedlichen Handels. Auch die Dichter nutzten die schillernde Persönlichkeit des Gottes: Der *Homerische Hymnos Auf Hermes* erzählt die Geschichte des Rinderraubs. Die Charakteristik des Götterboten, die hier gegeben wird („Hermes

pflegt mit sämtlichen Menschen und Göttern Gemeinschaft. Nutzen zwar stiftet er wenig; unendlich dagegen betrügt er in dem Verlauf der finsteren Nacht die sterblichen Menschen."), blieb bei den nachfolgenden Dichtern, die den Gott als handelnde Figur in ihre Werke einbezogen, meist erhalten (so in Aischylos' *Der gefesselte Prometheus,* in Aristophanes' *Der Frieden,* in Plautus' *Amphitryon,* in Lukians *Göttergesprächen*). Für Th. Manns Helden Joseph und Felix Krull ist H. vielschichtige, symbolträchtige Bezugsperson.

Hermione, Tochter des Menelaos und der Helena. Sie war mit ↑ Orestes verlobt, wurde aber während des Trojanischen Krieges dem Sohn des Achilleus, ↑ Neoptolemos, versprochen. Als dieser aus dem Krieg zurückkehrte, brachte er ↑ Andromache als Gefangene mit, mußte jedoch H. heiraten. Diese Konstellation, u. a. in der *Odyssee* überliefert, wurde bereits von den altgriechischen Dramatikern für tragische Verwicklungen genutzt, so von Euripides in der Tragödie *Andromache* (415 v. u. Z.), die auch von Racine (1667) bearbeitet wurde. Nach dem Tod des Neoptolemos wurde H. die Frau des Orestes, der inzwischen vom Muttermord gereinigt war. Der Sohn von H. und Orestes, Teisamenos, wurde später König von Sparta.

Hero, Priesterin der Aphrodite in Sestos am Hellespont. Sie hatte Ehelosigkeit geschworen, entbrannte aber in Liebe zu Leandros, der am gegenüberliegenden Ufer der Meerenge in Abydos lebte. Jede Nacht zündete H. eine Lampe an, damit Leandros den Weg zu ihr finden konnte, wenn er den Hellespont durchschwamm. Er wagte das auch, als ein Sturm tobte. Doch der hatte die Lampe verlöschen lassen, Leandros verfehlte den Weg und ertrank. Als am anderen Morgen der Tote ans Ufer gespült wurde, stürzte sich H. verzweifelt ins Meer. – Die traurige Liebesgeschichte wird in der römischen Literatur von Vergil (in den *Georgica*) und Ovid (in den *Heroiden*) erwähnt. In die neuere europäische Literatur kam sie über den spätgriechischen Epiker Musaios (5./6. Jh.), der in dem Kleinepos *Hero und Leander* den Stoff in die geläufige Form brachte. So nahm ihn H. Sachs auf, der daraus die *Historia Die unglückhaffte Liebe Leandri mit Fraw Ehron* (1541) schuf. Weitere Bearbeitungen stammen u. a. von den Spaniern Boscán (*Leandro,* 1543) und Góngora (*Geschichte von Leander und Hero,* um 1600) sowie von Marlowe (fortgesetzt von Chapman, *Hero und Leander,* 1598). Schiller übernahm für die Ballade *Hero und Leander* (1801) gleichfalls den Stoff. Hier sind es feindliche Väter, vor denen sich die Liebenden verstecken müssen. Die hochdramatische Gestaltung der Ballade verweist bereits auf den Höhepunkt der Rezeption des Stoffes in der deutschsprachigen Literatur, auf Grillparzers große Liebestragödie *Des Meeres und der Liebe Wellen* (1831).

Herophile, eine der ↑ Sibyllen. Sie war die Tochter einer Nymphe und eines Sterblichen und lebte in einer Grotte in Erythrai. Sie soll den Untergang Trojas durch eine Spartanerin vorhergesagt haben. Unter den Sprüchen, die die Sibylle von Cumae der Legende nach an den König ↑ Tarquinius Superbus verkaufte, sollen auch die der H. gewesen sein.

Herse ↑ Agraulos

Hesione, 1. eine der Okeaniden, Gemahlin des Prometheus. – 2. Mutter des ↑ Palamedes. – 3. Tochter des troischen Königs ↑ Laomedon. Poseidon und Apollon hatten ihm die Stadtmauer erbaut, aber Laomedon verweigerte ihnen den Lohn. Poseidon schickte deshalb ein Meeresungeheuer, das Menschen verschlang und das Land verwüstete. Das Orakel verkündete, daß H. geopfert werden müsse, um das Untier zu vertreiben. Herakles tötete das Ungeheuer, aber auch ihm gab Laomedon nicht die als Lohn versprochenen herrlichen Rosse des ↑ Tros. Herakles schwor Rache, zog später gegen die Stadt und zerstörte sie. Telamon, der ihm geholfen hatte, gab er H. zur Frau. Sie wurde Mutter des ↑ Teukros.

Hesperiden, Nymphen, Töchter der Nyx. Sie hüteten im äußersten Westen der Erde, am Rande des Okeanos, den Baum mit den goldenen Äpfeln, den der Drache ↑ Ladon bewachte. Als elfte Arbeit mußte ↑ Herakles diese Äpfel holen, die einst Gaia der Hera zur Hochzeit geschenkt hatte und die ewige Jugend brachten. Auf den Rat des Prometheus hin bat Herakles den ↑ Atlas, die Äpfel zu pflücken; nach anderer Überlieferung erschlug er den Drachen und holte die Äpfel selbst. Eurystheus, der die Äpfel von Herakles verlangt hatte, schenkte sie dem Helden, dieser gab sie seiner Beschützerin Athene, die sie schließlich zu den H. zurückbrachte. In einer anderen Version sind die H. die Töchter des Atlas und seiner Nichte Hesperis. Der ägyptische König Busiris raubte sie, Herakles befreite sie und brachte sie wieder zu ihrem Vater. Die H. wurden in antiker Zeit häufig auf Vasen und Reliefs dargestellt.

Hestia, Göttin des Herdfeuers; gehört als Tochter von Kronos und Rheia zu den olympischen Göttern. Poseidon und Apollon begehrten sie, aber sie blieb keusch und hütete die Flamme, die die Gemeinschaft unter den Göttern und unter den Menschen erst möglich macht. Mythen werden von H. nicht erzählt; ihre Gestalt ist Symbol. In Rom wurde sie als ↑ Vesta verehrt.

Hilareia, eine der Töchter des ↑ Leukippos. Sie war verlobt mit Lynkeus, einem der ↑ Apharetiaden. Mit ihrer Schwester Phoibe wurde sie von den Dioskuren geraubt.

Himmel ↑ Jupiter, ↑ Uranos, ↑ Zeus

Hippodameia, 1. Tochter des ↑ Oinomaos, Gattin des ↑ Pelops, die dieser durch seinen betrügerischen Sieg beim Wagenrennen gewann. H. war Mutter von ↑ Atreus und ↑ Thyestes. Sie stiftete ihre Söhne zum Mord an ihrem Stiefsohn ↑ Chrysippos an und wurde deshalb von Pelops aus Mykene verjagt. – 2. Gattin des Lapithen ↑ Peirithoos. Ihre Hochzeit war der Anlaß der Kentauromachie.

Hippokoon ↑ **Tyndareos**

Hippokrene (‚Pferde-, Roßquelle'), Quelle auf dem Berg Helikon in Böotien, die durch den Hufschlag des ↑ Pegasos entsprang. Die Musen, die ihren Wohnsitz auf dem Helikon hatten, badeten in ihr; für die Dichter sollte sie Quelle der poetischen Inspiration sein. Auch Hesiod erwähnt sie in der Anrufung der Musen zu Beginn seiner *Theogonie.*

Hippolochos ↑ **Bellerophon(tes)**

Hippolyte, Königin der ↑ Amazonen. Die neunte Arbeit des Herakles war es, ihren Gürtel zu gewinnen, den Eurystheus für seine Tochter Admete haben wollte. Herakles tötete H. und nahm den Gürtel mit. Nach einer anderen Überlieferung begleitete ↑ Theseus den Herakles auf dieser Fahrt und nahm H. zur Frau. Sie gebar ihm ↑ Hippolytos (die gleiche Geschichte wird von der Schwester H.s, Antiope, erzählt). H. fiel im Kampf gegen ihr eigenes Volk, das gegen Athen Krieg geführt hatte. – Die Hochzeit des Theseus mit H. bildet die Rahmenhandlung von Shakespeares *Sommernachtstraum.*

Hippolytos, Sohn des Theseus und einer Amazonenkönigin (Antiope, Hippolyte oder Melanippe). Als Jäger betete er nur Artemis an, die Frauen waren ihm gleichgültig. Das rief den Zorn der Aphrodite hervor, die sich für die Verachtung rächte: Sie weckte in Phaidra, Theseus' zweiter Frau, leidenschaftliche Liebe zu dem Stiefsohn. Dieser wies sie zurück, mußte ihr aber schwören, über den Antrag zu schweigen. Die beleidigte Phaidra klagte H. bei Theseus an, daß er unerlaubte Liebe von ihr fordere. Theseus verfluchte den Sohn und rief seinen göttlichen Vater Poseidon um Rache an. Der Gott sandte ein Ungeheuer aus dem Meer, das H.' Pferde scheuen ließ, die ihn zu Tode schleiften. Phaidra gab sich selbst den Tod. Das in vielen Mythen verbreitete Motiv der in den Stiefsohn verliebten Frau regte auch hier die Dramatiker an: Euripides schrieb eine 428 v. u. Z. uraufgeführte Tragödie *Hippolytos,* die für die späteren Gestaltungen (↑ Phaidra) das Vorbild lieferte.

Hippomedon, Bruder des Adrastos, nahm am Zug der ↑ Sieben gegen Theben teil. H. zeichnete sich durch ungewöhnliche Größe und Stärke aus. Dennoch fiel er wie die anderen an der Stadtmauer.

Hippomenes ↑ Atalante

Hippothoon ↑ Alope

Hirten ↑ Faunus, ↑ Pan

Hochzeit ↑ Hymenaios

hölzernes Pferd ↑ Laokoon, ↑ Trojanischer Krieg

Horatier, Name eines römischen Patriziergeschlechts. Unter König ↑ Tullus Hostilius brach ein Krieg zwischen Rom und Alba Longa um die Vorherrschaft aus. Um diesen Krieg zu beenden, sollten je drei Männer aus jeder Stadt zum Zweikampf gegeneinander antreten. Das Los entschied, daß Drillingsbrüder aus dem Geschlecht der H. gegen Drillingsbrüder aus dem Geschlecht der Curiatier kämpfen sollten. Zunächst neigte sich der Sieg nach der Seite der Curiatier. Sie waren zwar verwundet, doch hatten sie zwei der H. getötet. Der dritte gab vor zu fliehen, konnte dadurch die Curiatier täuschen und schließlich töten. Als Sieger nach Rom zurückgekehrt, fand er seine Schwester Camilla in Trauer, da einer der Curiatier ihr Verlobter war. Voll Zorn über ihr unpatriotisches Verhalten tötete er sie und wurde für das Verbrechen selbst zum Tode verurteilt. Da er jedoch seine Vaterstadt gerettet hatte, mußte er nur unter dem Joch hindurchgehen (als Zeichen der Niederlage und der Entsühnung).

P. Corneille bearbeitete den Stoff, der von Livius und Dionysios Halikarnassos überliefert ist, für seine Römertragödie *Horace* (1640), das erste Stück der französischen Klassik, das die Idee des Vorrangs der Staatsinteressen vor denen des Individuums auf die Bühne brachte. In Brechts Parabelstück *Die Horatier und die Kuriatier* (e. 1938, U. 1958) wird der Stoff verwendet, um das Problem des gerechten und des ungerechten

Krieges zu erörtern. H. Müllers Lehrstück *Der Horatier* (1988) steht in der Tradition von Brecht. – Auch für die französische Malerei hat die römische Sage Bedeutung: J.-L. Davids Gemälde *Der Schwur der Horatier* (1784/85) wurde als erstes Werk der französischen klassizistischen Malerei gefeiert.

Horen, Göttinnen der Jahreszeiten, Hüterinnen von Recht und Ordnung in der Gesellschaft (in dieser Eigenschaft der ↑ Hera dienstbar). Töchter des Zeus und der Themis. Den Menschen waren sie freundlich gesonnen. Bei Homer (*Ilias*) bewachen sie den Olymp, öffnen und schließen die Tore. Hesiod nennt ihre Namen: Eunomia (‚Gesetzlichkeit'), Dike (‚Gerechtigkeit'), Eirene (‚Frieden'). Sie sind die Schwestern der ↑ Moiren. Dargestellt wurden sie als schöne junge Mädchen, zuweilen mit Schmetterlingsflügeln. – Schiller nannte seine berühmte Zeitschrift, die im Sinne der Weimarer Klassik bei der Verbesserung der Sitten helfen sollte, nach den Göttinnen *Die Horen.*

Hundertarmige (griech. Hekatoncheiren), die drei Ungeheuer Kottos, ↑ Briareos und Gyes, Söhne des ↑ Uranos und der ↑ Gaia. Jeder von ihnen hatte fünfzig Köpfe und hundert Arme. Ihr furchtbares Aussehen ließ sie dem eigenen Vater verhaßt werden, der sie in die tiefsten Abgründe verbannte. Zeus befreite sie, damit sie ihm im Kampf gegen die ↑ Titanen (Titanomachie) helfen konnten. Nach ihrem Sieg bewachten sie die gefangenen Titanen im Tartaros.

Hyaden, Nymphen, Töchter des Atlas und der Okeanide Pleione. Sie starben vor Kummer, weil ihr Bruder Hyas von einem Löwen zerrissen wurde. Zeus verwandelte sie in Sterne (Sternhaufen im Sternbild Stier). Da sie im Oktober abends sichtbar werden, nannte man sie ‚Regensterne'.

Hyakinthos, schöner Jüngling, Sohn des Amyklas, des Königs von Sparta. Er war der Liebling des Apollon, der ihn unbeabsichtigt bei einem Diskuswettkampf tötete (der auf H. eifersüchtige ↑ Zephyros hatte den Diskus falsch gelenkt). Apollon ließ aus H.' Blut eine Blume mit Namen Hyazinthe wachsen. Ovid erzählt die Geschichte im X. Buch der *Metamorphosen.* Hier heißt der Vater des H. Oebalus. In Amyklai (Sparta) hatte H. ein uraltes Heiligtum und wurde dort als Gott verehrt (Fest der Hyakinthia). Später ging seine Gestalt in Apollon ein.

Hyas ↑ **Hyaden**

Hydra, eines der von ↑ Echidna geborenen Ungeheuer, ihr Vater war ↑ Typhon. Sie lebte in den Sümpfen von Lerna (Lernäische H.); mit ihren neun Köpfen verschlang sie alles, ihrem giftigen Atem konnte nichts widerstehen. Hesiod berichtet in der *Theogonie,* daß Hera sie besonders ernährte, damit das Ungeheuer den der Göttin so verhaßten ↑ Herakles vernichte. Der Held mußte (als zweite Arbeit für Eurystheus) die H. töten. Sooft er aber einen Kopf abschlug, wuchsen aus dem Hals zwei neue. Erst als er von seinem Gefährten Iolaos die Halsstümpfe ausbrennen ließ, konnte Herakles die H. besiegen und ihr den letzten, unsterblichen Kopf abschlagen. Er vergrub ihn und wälzte einen schweren Stein darüber. Mit der Galle der H. vergiftete Herakles seine Pfeile, die seitdem unheilbare Wunden brachten.

Hygieia, Tochter des Heilgottes Asklepios. Als Personifikation der Gesundheit wurde sie in Athen seit dem 5. Jh. v. u. Z. kultisch verehrt. In den mythologischen Erzählungen spielt sie, anders als ihre Brüder ↑ Podaleirios und ↑ Machaon, die am Trojanischen Krieg teilnahmen, keine Rolle. Dagegen wurde sie in der bildenden Kunst der Antike häufig dargestellt; so sind zahlreiche Weihreliefs überliefert, auch eine Statue aus dem Asklepios-Heiligtum von Epidauros (4. Jh. v. u. Z.). Im 18./19. Jh. wurde die Figur oft als Gartenplastik gestaltet. Der neuzeitliche Begriff Hygiene geht auf ihren Namen zurück.

Hylas, Sohn des Theiodamas, des Königs der Dryoper, und der Nymphe Menodike. Als Herakles Theiodamas besiegte und tötete, nahm er H. mit sich. Der schöne Jüngling wurde sein Gefährte und Geliebter. Auch auf der Argonautenfahrt begleitete er ihn. Auf der Insel Kios, wo die „Argo" anlegte, ging H. zu einer Quelle, um Wasser zu holen. Die Nymphen dort waren so entzückt von seiner Schönheit, daß sie ihn entführten. Herakles suchte den Freund so lange, daß das Schiff ohne ihn weiterfuhr.

Hyllos, Sohn des Herakles und seiner Frau ↑ Deïaneira. Er war nach dem Tod des Vaters Anführer aller Nachkommen, der ↑ Herakliden, als diese das Reich des Herakles zurückerobern wollten. Er fiel im Zweikampf mit dem König von Arkadien.

Hymenaios, Gott der Hochzeit, Sohn des Dionysos und der Aphrodite (oder des Apollon und einer Muse). Er war Sänger und Musiker und wurde als schöner Jüngling mit Kranz und Fackel dargestellt. Wahrscheinlich ist er die Personifikation des alten Kultliedes, das zum Geleit des Brautpaares am Hochzeitsabend gesungen wurde (Hymen, Hymenaios).

Hyperboreer, mythisches Volk, das nach den Vorstellungen der Griechen weit im Norden (jenseits des ↑ Boreas) lebte. Die H. galten als Lieblinge des Apollon, der den Winter dort verbrachte. Wie er liebten die H. Musik, Tanz und Gesang; damit und mit Gebeten verbrachten sie in ewiger Glückseligkeit ihre Tage. Herodot berichtet von ihnen, sie würden ihre Opfergaben in Weizenstroh verpacken, sie so bis zu ihrer Grenze bringen und die Nachbarvölker bitten, sie weiterzuleiten. Auf diese Weise gelangten die Gaben für Apollon bis zu seinem Heiligtum nach Delos.

Hyperion, einer der ↑ Titanen, Sohn der Gaia und des Uranos. Mit seiner Schwester Theia zeugte er ↑ Helios, ↑ Selene und ↑ Eos (Hesiod, *Theogonie*). Er wurde oft mit Helios gleichgesetzt. – Der englische Lyriker Keats gestaltete in der Versdichtung *Hyperion* (Fragment, 1820) den Sturz des H. durch Apollon und die Ablösung der Titanen durch die olympischen Götter.

Hypermestra, Hypermnestra, eine der ↑ Danaïden. Als einzige der fünfzig Schwestern befolgte sie nicht den Befehl ihres Vaters, in der Hochzeitsnacht ihren Gatten zu ermorden. Sie ließ ↑ Lynkeus (1) fliehen und wurde dafür von ihrem Vater bestraft. – Im 17./18. Jh. regte der Stoff zu dramatischen und musikalischen Gestaltungen an (Dramen von Gombauld, Lemierre und Metastasio, Opern von Gluck und Paisiello).

Hypnos, Gott des Schlafes, Sohn der ↑ Nyx und des ↑ Erebos, Zwillingsbruder des Todes (↑ Thanatos). Homer erzählt in der *Ilias,* wie Hera den H. um Hilfe bittet, damit sie ungestört den Griechen beistehen kann: H. soll für einen tiefen Schlaf des Götterfürsten sorgen, nachdem Hera ihn auf dem Berg Ida verführt hat. Dafür verspricht sie H. die Charite Pasithea zur Frau. – H. wurde auf Vasen und Sarkophagen mit Mohnstengeln und einem Füllhorn dargestellt, das die Träume bringt. In Rom entsprach ihm der Gott Somnus.

Hypsipyle, Königin der Insel Lemnos. Ihr Vater war Thoas, der Sohn des Dionysos und der Ariadne. Die Frauen von Lemnos hatten alle Männer ihrer Insel getötet, weil diese ihnen während eines Kriegszuges in Thrakien untreu geworden waren. Nur H. hatte ihren Vater, den König von Lemnos, versteckt. Sie übernahm die Herrschaft der Insel. Als die ↑ Argonauten hier anlegten, wurde sie die Geliebte des Iason, dem sie die Söhne Euneos und Thoas gebar. Kurz danach wurde bekannt, daß H. ihren Vater nicht getötet hatte. Dieser wurde vertrieben, H. aber von den Frauen zum Tode verurteilt. Sie konnte jedoch fliehen, wurde von Piraten gefangengenommen und als Sklavin an Lykurgos, den König der Nemea, verkauft. Dort war sie Amme von dessen Sohn Opheltes. Als das Heer der ↑ Sieben gegen Theben durch Nemea zog, bat man sie, den Kriegern eine Quelle zu zeigen. Dabei ließ sie das ihr anvertraute Kind ohne Aufsicht, es wurde von einer Schlange gebissen und starb. Nur der Schutz des ↑ Amphiaraos bewirkte, daß Lykurgos sie nicht hinrichten ließ. Zur Beschwichtigung des Königs und zum Gedächtnis an Opheltes stiftete Amphiaraos die Nemeischen Spiele. – Der Stoff wurde von den drei großen griechischen Tragikern gestaltet, jedoch ist nur die Tragödie des Euripides in einigen Fragmenten überliefert. Hier treten zum Schluß noch die Söhne der H. auf und beschützen die Mutter, auch Dionysos erscheint und verheißt seiner Enkelin eine bessere Zukunft. Metastasio nahm die Geschichte auf. Sein Melodrama *Issipile* (1732) diente bedeutenden Komponisten (u. a. Gluck und Scarlatti) als Opernlibretto.

Hyrieus, König von Böotien, Sohn des Poseidon und der Pleïade Alkyone. Die Brüder ↑ Agamedes und ↑ Trophonios bauten für ihn ein Schatzhaus.

I

Iakchos, Gott aus dem Umkreis der Demeter. Von seiner Herkunft existieren mehrere Überlieferungen: Er ist der Sohn der Demeter (oder ihrer Tochter Persephone) und des Zeus oder der Sohn des Dionysos und einer Nymphe. Auch mit ↑ Zagreus wurde er identifiziert. I. wurde bei den Eleusinischen Mysterien (↑ Demeter) mit dem Jubelschrei „Iakche" angerufen. I. war auch einer der Beinamen des Dionysos.
Iambe, Dienerin im Hause des eleusinischen Königs ↑ Keleos. Als die trauernde ↑ Demeter auf der Suche nach ihrer Tochter Persephone dort um Obdach bat, gelang es I., sie mit ihrem Witz zum Lachen zu bringen (*Homerischer Hymnos Auf Demeter*).
Iapetos, einer der ↑ Titanen, Sohn der Gaia und des Uranos. Als Gatte der Okeanide Klymene (oder der Asia) war er Vater des ↑ Atlas, des ↑ Menoitios, des ↑ Prometheus und des ↑ Epimetheus. I. kämpfte mit in

der Titanomachie und wurde wie seine Brüder im Tartaros gefangengesetzt.

Iasion, auch Jasion, Sohn des Zeus und der Pleïade Elektra. Die Göttin Demeter entbrannte in Liebe zu ihm und schlief mit ihm „auf dreimal gelockertem Brachfeld" (Homer, *Odyssee,* V. Gesang). Zeus war zornig darüber und erschlug I. mit seinem Blitz. Aus der Verbindung I.s mit Demeter ging ↑ Plutos, der Gott des Reichtums, hervor. Wahrscheinlich ist I. eine alte kretische Ackerbaugottheit.

Iason, auch Jason, Sohn des Königs der griechischen Stadt Iolkos, Aison. Als dessen Stiefbruder ↑ Pelias die Macht in Iolkos an sich riß, wurde I. in Obhut des weisen Kentauren ↑ Cheiron gegeben. Erwachsen geworden, kehrte er in seine Heimat zurück und forderte von Pelias die Rückgabe des Throns an den Vater. Pelias erkannte die Gefährlichkeit des jungen Helden durch einen Orakelspruch. (Es war ihm verkündet worden, daß er von der Hand eines Mannes mit nur einer Sandale sterben würde, und I. hatte beim Überqueren eines Flusses die vom linken Fuß verloren.) Deshalb willigte er zum Schein in die Forderung ein, verlangte aber, daß I. zuvor das Goldene Vlies aus Kolchis zurückbringe. Fünfzig Helden aus ganz Griechenland strömten zusammen, um I. bei dem Unternehmen zu helfen, das als Zug der ↑ Argonauten (nach dem Schiff „Argo", das sie trug) von den Sängern verherrlicht wurde. Von Athene beschützt und mit ↑ Medeias Hilfe konnte I. die von König ↑ Aiëtes gestellten Aufgaben erfüllen: Er pflügte mit den feuerspeienden Stieren ein Feld um, säte Drachenzähne und kämpfte mit den daraus erwachsenen Kriegern („Drachensaat"). Schließlich raubte er das Vlies, da Aiëtes die Herausgabe immer noch verweigerte. Medeia half ihm auch, sich nach der Rückkehr an Pelias zu rächen. Nachdem dieser von seinen eigenen Töchtern umgebracht worden war, mußten I. und Medeia Iolkos verlassen. Sie siedelten sich in Korinth an, wo Medeia die Söhne

Mermeros und Pheres gebar. I. aber begehrte die jüngere ↑ Krëusa (auch Glauke genannt) zur Frau und verstieß Medeia. Diese rächte sich furchtbar, indem sie der Rivalin zur Hochzeit ein prächtiges Festgewand schickte, das sich entzündete, als sie es anzog. Um I. noch schrecklicher zu treffen, tötete sie ihre Kinder und flog mit einem Wagen davon, der von Drachen gezogen wurde. Der vom Schmerz überwältigte I. setzte seinem Leben selbst ein Ende. Nach einer anderen Version wurde er vom morschen Holz seines Schiffes, das im heiligen Hain von Dodona aufgehängt worden war, erschlagen.
Die Gestaltung des I.-Mythos in Kunst und Literatur steht immer im Zusammenhang mit dem der Argonauten und dem der Medeia. Neben dem Argonautenzug war besonders I.s Hochzeit mit Krëusa beliebtes Thema für Vasenbilder und Reliefs. Die Hochzeitsszene wurde für dekorative Zwecke bis ins 18. Jh. verwendet (vgl. Goethes empörte Reaktion auf die Ausgestaltung des Festsaales für die Begegnung der Marie-Antoinette mit den Gesandten des künftigen Königs Ludwig XVI. von Frankreich in Straßburg im 9. Buch von *Dichtung und Wahrheit*). Die dramatische Weltliteratur konzentrierte sich seit Euripides auf die Gestalt der Medeia. Der Konflikt erwächst entweder aus I.s Treulosigkeit oder aus Medeias Zauberkünsten. In Dantes *Göttlicher Komödie* (um 1320) muß I. im achten Kreis der Hölle bei den Verführern büßen. Eine ganz eigene Interpretation der Gestalt des I. gelang A. Seghers in der Erzählung *Das Argonautenschiff* (1948).

Idaias ↑ **Dares**

Idas, Sohn des Aphareos, ↑ Apharetiaden.

Idomeneus, König von Kreta, Enkel des Minos. Da auch er zu den Freiern der Helena gehört hatte, führte er die Streitmacht der Kreter (achtzig Schiffe) in den ↑ Trojanischen Krieg. Von Poseidon angefeuert, vollbrachte er Heldentaten beim Kampf an den Schiffen; der XIII. Gesang der *Ilias* erzählt davon. I. war auch einer der Griechen, die im Inneren des hölzernen Pferdes in Troja eindrangen. Auf der Heimfahrt geriet er in einen fürchterlichen Sturm und gelobte Poseidon, ihm das erste zu opfern, was ihm in der Heimat entgegenliefe, wenn der Gott seine Schiffe bewahren würde. Es kam ihm bei der Heimkehr aber sein Sohn entgegen, und I. brachte Poseidon dieses Opfer nicht. Deshalb wurde Kreta von der Pest heimgesucht und I. schließlich vertrieben. – I. ist einer der wichtigsten Helden des *Tagebuches des Trojanischen Krieges,* das der Kreter Diktys als Augenzeugenbericht verfaßt haben soll, das aber wahrscheinlich aus dem 3. oder 4. Jh. stammt. Mozart verarbeitete in seiner Oper *Idomeneo* (1781) das Thema der Heimkehr.

Ikarios, ein Athener, der Dionysos gastfreundlich aufnahm. Der Gott verliebte sich in I.' Tochter ↑ Erigone und schenkte ihr die Weinrebe. Dem I. schenkte er einen gefüllten Weinschlauch und lehrte ihn die Kunst des Weinbaus. I. wollte diese Kunst an Hirten weitergeben und ließ sie von dem Wein kosten. Als sie davon betrunken wurden, glaubten sie sich vergiftet und erschlugen I.

Ikaros, Sohn des ↑ Daidalos. Er wurde mit seinem Vater von König Minos gewaltsam auf Kreta zurückgehalten. Der Künstler Daidalos fügte Federn und Wachs zu Flügeln zusammen, belehrte I. in ihrem Gebrauch und entfloh mit ihm durch die Lüfte. Doch I. beachtete die Warnungen des Vaters nicht. Er kam beim Fliegen der Sonne zu nahe, das Wachs schmolz, und er stürzte ins Meer, das seitdem Ikarisches Meer genannt wird. Die Vorbereitungen für den Flug zeigt ein Relief in der Villa Albani; weitaus mehr aber beschäftigte seit der Antike der Sturz des I. die bildenden Künstler. Älteste Darstellungen finden sich auf griechischen Vasen und auf pompejanischen Fresken. In der mittelalterlichen Kunst erschien das Motiv des stürzenden I. zuerst als Illustration zu Ovids *Metamorphosen* (wo die Geschichte im VIII. Buch ausführlich erzählt wird), interpretiert als Strafe für die Übertretung des dem Menschen gesetzten Maßes. Seit der zweiten Hälfte des 16. Jh. regte der I.-Mythos viele bedeutende Maler zu Auseinandersetzungen an: Sehr eigenwillig P. Bruegel d. Ä., der die ins Meer stürzende Figur winzig klein in eine ruhige Landschaft mit einem pflügenden Bauern malte. Tintoretto und Rubens schufen Gemälde zum Sturz des I., die Vorbereitungen zum Flug nahm nochmals u. a. van Dyck auf. Für die zeitgenössische Kunst ist I. häufig der tragisch Gescheiterte, so in dem alptraumhaften Sturzflug von W. Mattheuers Gemälde *Sturz des Ikarus,* stärker noch in dem Bild des hilflos am Boden Liegenden auf dem Gemälde *Der Nachbar, der will fliegen.* – Goethe läßt Euphorion, den Sohn Helenas und Fausts, dem I. gleich fliegen und stürzen. Im 20. Jh. erscheint das I.-Motiv u. a. in E. Arendts *Flugoden* (1959).

Ilia ↑ Rhea Silvia

Ilion ↑ Trojanischer Krieg, ↑ Tros

Inachos, Flußgott, Sohn des Okeanos und der Tethys. I. war König von Argos und Vater des ↑ Phoroneus und der ↑ Io. Als sich Poseidon und Hera um Argos stritten, riefen sie I. zum Richter an. Er entschied zugunsten Heras und baute ihr einen Tempel. Aus Zorn darüber läßt Poseidon im Sommer den Fluß I. austrocknen.

Ino, Tochter des Kadmos, des Gründers von Theben, und der Harmonia. Sie war die zweite Gemahlin des ↑ Athamas, König von Böotien. Als Stiefmutter haßte sie ↑ Phrixos und ↑ Helle und versuchte, Phrixos durch einen gefälschten Orakelspruch umbringen zu lassen. Die beiden flohen daraufhin mit Hilfe des wunderbaren Widders (↑ Goldenes Vlies) nach Kolchis. I. und Athamas zogen den Sohn von I.s toter Schwester ↑ Semele, den Gott Dionysos, auf. Heras Haß auf die Kinder von Zeus' Geliebten (oder die Strafe, die Zeus der auf Semele neidischen Schwester sandte) ließ Athamas in Wahnsinn verfallen, so daß er seinen Sohn Learchos tötete. Mit ihrem anderen Sohn Melikertes stürzte sich

I. ins Meer und wurde von Poseidon in die Meeresgöttin ↑ Leukothea verwandelt. Euripides' Tragödie *Ino* (nur in Fragmenten erhalten) beruht auf einer erweiterten Überlieferung: I. verläßt Athamas, dieser heiratet Themisto, die ihm gleichfalls zwei Söhne gebiert und die Kinder der I. haßt. Athamas bringt I. in sein Haus zurück, um sie als Sklavin arbeiten zu lassen, ohne daß Themisto weiß, wer sie ist. So befiehlt Themisto I., ihr beim Mord an den Stiefsöhnen zu helfen. I. vertauscht jedoch die Kinder, und Themisto bringt ihre eigenen Kinder um. Sie tötet sich daraufhin selbst, Athamas wird wahnsinnig.

Inseln der Seligen ↑ Elysion

Io, Tochter des ↑ Inachos. Zeus verliebte sich in sie, fürchtete aber Heras Zorn und verwandelte I. in eine Kuh, um sie zu verstecken. Hera bat sich daraufhin die Kuh als Geschenk aus und ließ sie von dem hundertäugigen ↑ Argos bewachen. Zeus sandte Hermes aus, damit er den Wächter töte, aber Hera schickte eine Bremse, die die Kuh quälen sollte. Auf diese Weise wurde I. durch viele Länder gejagt, bis sie in Ägypten Ruhe und ihre menschliche Gestalt wiederfand. Dort wurde sie die Geliebte des Zeus und gebar ihm den ↑ Epaphos. Aischylos läßt sie als Gehetzte im *Gefesselten Prometheus* auftreten. Prometheus sagt ihr die Zukunft voraus und kündet ihr die Taten ihrer Nachkommen (↑ Danaïden, ↑ Herakles). Das Ionische Meer ist nach ihr benannt. Im Hellenismus wurde sie mit Isis gleichgesetzt. – Das Bild der I. als Kuh findet sich häufig auf griechischen Vasen. Über die Rezeption Ovids, der die Geschichte im I. Buch der *Metamorphosen* erzählt, nahm die europäische Kunst seit der Renaissance das Thema auf: Correggio malte *Io und Jupiter,* den Gott in Gestalt einer Wolke, Rubens malte Argos, der I. bewacht, Tintoretto malte Hermes, wie er den Wächter tötet. Weitere Bilder stammen von Velasquez, Jordaens, Elsheimer, von Rembrandt gibt es eine Zeichnung.

Iobates ↑ **Bellerophon(tes)**

Iokaste, auch Jokaste, Königin von Theben, zuerst Gemahlin des ↑ Laios, dann des ↑ Oidipus, der gleichzeitig ihr Sohn war (bei Homer wird sie Epikaste genannt). Oidipus hatte, ohne es zu wissen, den Vater getötet und danach Theben von der Sphinx befreit, indem er ihr Rätsel löste. Die Belohnung dafür waren die Hand der Königin und der Thron von Theben. Aus der Ehe von Mutter und Sohn gingen vier Kinder hervor: Polyneikes, Eteokles, Antigone und Ismene. Als durch Zeichen die schrecklichen Zusammenhänge bewiesen waren, erhängte sich I., Oidipus blendete sich selbst. Die Epen des thebanischen Sagenkreises sind verloren, die Geschichten von I. und Oidipus sind durch die griechischen Dramatiker überliefert. Sophokles berichtet vom Tod der I. in *König Ödipus* (428 v.u.Z.), Euripides verbindet in den *Phönikerinnen* (410/409 v.u.Z.) die Gestalt mit dem Zug der ↑ Sieben gegen Theben: Die Mutter erlebt noch den Zweikampf der Söhne und tötet sich über deren Leichen.

Iolaos, Sohn des ↑ Iphikles und der Automedusa. Er war wie sein Vater Gefährte des Herakles, lenkte dessen Wagen und stand dem Helden bei seinen Arbeiten bei, so bei dem Kampf mit der Lernäischen Hydra.

Iole, Tochter des Eurytos, des Königs von Oichalia. Eurytos hatte sie dem versprochen, der ihm und seinen Söhnen im Bogenschießen überlegen sei. Herakles, der I. begehrte, siegte zwar in dem Wettkampf, doch Eurytos reute sein Versprechen. Herakles schwor Rache und zog später gegen Oichalia in den Krieg, tötete Eurytos und nahm I. als seine Gefangene mit. Inzwischen war ↑ Deïaneira seine Frau geworden. Sie entbrannte in Eifersucht auf die Jüngere und sandte Herakles zum Dankopfer für den Sieg jenes Gewand, das sie nach dem verräterischen Rat des Kentauren ↑ Nessos mit dessen Blut bestrichen hatte. In seinen Todesqualen gab Herakles I. seinem Sohn ↑ Hyllos zur Frau.

Ion, Sohn der athenischen Königstochter ↑ Krëusa (1)

und des Apollon, Ahnherr des griechischen Stammes der Ionier. Apollon hatte Krëusa überwältigt. Den Sohn, den sie gebar, mußte sie aussetzen, und Hermes brachte ihn zur Erziehung in das Heiligtum nach Delphi. Krëusa heiratete ↑ Xuthos, doch die Ehe blieb kinderlos. Als Xuthos das Orakel von Delphi deshalb befragte, wurde ihm I. als Sohn und Thronerbe für Athen gewiesen. Der Mythos, der Apollon zum Stammvater des Königshauses von Athen machte, ist durch Euripides' Tragödie *Ion* (420 v. u. Z.) überliefert. Ihre dramatische Spannung bezieht sie aus den Mißverständnissen, die aus der Unkenntnis von I.s wirklicher Herkunft erwachsen. Dennoch erkennen sich Mutter und Sohn schließlich; Athene gebietet, daß nur Xuthos nichts davon erfahren soll. – A. W. Schlegels Bearbeitung der Euripides-Tragödie (1802) wurde am Hoftheater in Bad Lauchstädt von Goethe aufgeführt.

Iphigenie (griech. Iphigeneia), älteste Tochter des Agamemnon und der Klytaimestra. Die Göttin Artemis war erzürnt, weil Agamemnon in Aulis, wo die griechische Flotte zum Auslaufen nach Troja bereitlag, sich mit seinem Jagdglück gebrüstet hatte. Sie schickte eine lähmende Windstille, die die Schiffe festhielt. Der Seher Kalchas verkündete, daß der Zorn der Göttin nur besänftigt werden könne, wenn Agamemnon ihr seine Tochter opfern würde. Der König mußte dem Drängen der anderen Heerführer nachgeben und ließ I. mit ihrer Mutter nach Aulis kommen, angeblich, um I. mit Achilleus zu verheiraten. Als I. schon zum Opfer bereit war, schickte Artemis eine Hirschkuh und entrückte I. in einer Wolke. Die griechische Flotte konnte nun auslaufen. I. aber wurde von Artemis nach Tauris gebracht (d. i. die Halbinsel Krim), wo sie als Priesterin der Göttin deren hölzernes Kultbild hütete und ihr alle Fremden, die dorthin verschlagen wurden, opfern mußte. Auch I.s Bruder ↑ Orestes kam mit Pylades nach Tauris, um auf Befehl des Apollon das Kultbild nach Griechenland zu bringen, damit Orestes vom

Muttermord gereinigt würde. Vor dem Opfer erkannten sich die Geschwister und flohen mit dem Kultbild nach Griechenland.
I. war ursprünglich wohl eine skythische Fruchtbarkeits- und Todesgöttin, der auch Menschenopfer gebracht wurden. Ihr Kult ging in den der Artemis ein. Herodot berichtet von der Sitte der Taurier, Schiffbrüchige einer Göttin zu opfern, die von ihnen I., Tochter des Agamemnon, genannt wurde. Diese Gleichsetzung geht wahrscheinlich auf griechische Kolonisten zurück.
Vom Schicksal der I. wird bei Homer nichts erzählt (hier heißt Agamemnons Tochter Iphianassa), es ist in den *Kyprien* überliefert. In die europäische Kunst und Literatur kam die Gestalt über die I.-Tragödien des Euripides: *Iphigenie in Aulis* (406 v.u.Z.) und *Iphigenie unter den Taurern* (412 v.u.Z.). Der große Tragiker benutzte den Mythos, um die griechische Götterverehrung der barbarischen gegenüberzustellen: Artemis verhindert das Opfer an I., und diese rettet Orestes und Pylades. Athene gebietet dem taurischen König, das Bild, dem Menschenopfer gebracht worden sind, nach Griechenland bringen zu lassen. Jüngere Quellen berichten noch davon, daß I. Priesterin in Delphi wurde. Bearbeitungen des I.-Stoffes nach Euripides setzten in Europa im 16.Jh. ein und erreichten in Racines *Iphigenie in Aulis* (1674) einen ersten Höhepunkt. Der Franzose verzichtete auf das Eingreifen der Götter; bei ihm steht die Liebe zwischen I. und Achilleus im Vordergrund. Der Orakelspruch war falsch gedeutet; er galt nicht I., sondern Eriphile, einer Tochter des Theseus und der Helena, die Racine in die Handlung einführt und die sich aus unglücklicher Liebe zu Achilleus selbst den Tod gibt. Die zahlreichen I.-Opern des 18. Jh. (u. a. von Scarlatti und Gluck) verschmelzen meist die altgriechische mit der französischen Fassung des Stoffes. Die I.-Dramen der Neuzeit gipfeln in Goethes *Iphigenie auf Tauris* (Erstausgabe der letzten Fassung 1787). Das

Schauspiel, Inbegriff des klassischen deutschen Dramas und des Humanitätsideals der Weimarer Klassik, greift unmittelbar auf Euripides zurück, an dessen Handlung es sich eng anlehnt. Goethe läßt in I. eine Gestalt erstehen, die nur mit der Kraft ihrer Persönlichkeit unmenschliche Verhältnisse überwindet. Ein düsteres Gegenbild zu der Goetheschen I. entwarf G. Hauptmann in seiner *Atriden*-Tetralogie (1944/48), wobei er eine neue Gestaltung des Tauris-Stoffes meidet: Die Priesterin, die unzählige Menschen geopfert hat, ist in Delphi nicht mehr fähig, an der Seite der Geschwister zu leben, und stürzt sich in den Abgrund. Die bildende Kunst seit der Antike bevorzugte die Opferszene (Sarkophagreliefs und pompejanische Fresken). Bei den mittelalterlichen Darstellungen gibt es Parallelen zu den Märtyrerbildern; spätere Bilder stammen von Domenichio, Rottmayr, Tiepolo. A. Feuerbach malte die sehnsüchtig in die Ferne blickende Priesterin.

Iphikles, Sohn des ↑ Amphitryon und der ↑ Alkmene, zugleich geboren mit dem Zeussohn Herakles. Mit Automedusa zeugte er den ↑ Iolaos. I. begleitete Herakles auf seinen Fahrten, so war er bei der Säuberung der Ställe des ↑ Augeias dabei und beim Krieg des Herakles gegen Laomedon. In der Schlacht des Herakles gegen die Söhne des Hippokoon wurde er getötet.

Iphiklos ↑ Bias

Iphitos, Sohn des Königs von Oichalia, Eurytos. Er nahm am Zug der ↑ Argonauten teil. Homer erzählt in der *Odyssee,* daß Eurytos sich weigerte, seine Tochter ↑ Iole Herakles zur Frau zu geben. Dieser stahl deshalb dem König eine Herde und wurde von I. verfolgt. Herakles erschlug I. in dessen Haus und verletzte damit das Gesetz der Gastfreundschaft. In einer anderen Überlieferung wird berichtet, daß Herakles I. in einem von Hera geschickten Wahnsinnsanfall tötete.

Iris, nach Hesiods *Theogonie* Tochter des ↑ Thaumas und der Okeanide Elektra. Sie war die flinke Botin und

Wagenlenkerin der Götter, die Herrin des Regenbogens. Bei Homer (*Ilias*) übermittelt sie während des Trojanischen Krieges die Befehle des Zeus an die anderen Himmlischen. Als Diomedes Aphrodite in der Schlacht verwundet hatte, brachte sie die Jammernde zurück zum Olymp. Zeus schickte sie auch mit der Botschaft zu Priamos, daß dieser die Leiche seines Sohnes von Achilleus loskaufen solle. Für Achilleus flog sie zu den Winden, um sie zu bitten, den Scheiterhaufen für Patroklos zu entzünden. Aristophanes läßt sie in den *Vögeln* gleichfalls als Götterbotin auftreten.

Isandros ↑ Bellerophon(tes)

Ismene, jüngste Tochter des Oidipus und der Iokaste. I. hatte nicht den Mut, wie ihre Schwester ↑ Antigone, den ↑ Polyneikes zu bestatten, der im Zweikampf mit seinem Bruder Eteokles gefallen war. Erst als Kreon, der neue Herrscher von Theben, Antigone wirklich zum Tode verurteilte, wollte sie einen Teil der Schuld übernehmen, doch lehnte Antigone ab.

Itys ↑ Prokne

Iulus ↑ Ascanius

Iuno ↑ Juno

Ixion, Lapithenkönig, Sohn des ↑ Phlegyas. Nach seiner Hochzeit mit Dia tötete er seinen Schwiegervater Deïoneus, um ihm die versprochenen Brautgeschenke nicht geben zu müssen. Niemand wollte ihn von diesem Verwandtenmord reinigen, außer Zeus selbst, der ihn sogar an der Tafel der Götter sitzen ließ. Doch I. dankte diese Gunst dem Göttervater schlecht, denn er versuchte, Hera zu verführen. Zeus ließ eine Wolke die Gestalt der Hera annehmen, und I. meinte, die oberste der Göttinnen zu besitzen (↑ Nephele, 2). Als er damit prahlte, wurde er im Tartaros zur Strafe auf ein sich ewig drehendes feuriges Rad gebunden. Aus der Wolke aber entstanden die ↑ Kentauren. Von einer Tragödie des Euripides sind nur geringe Fragmente erhalten. Überhebung und Bestrafung des I. gestaltete F. Fühmann in seiner Erzählung *Nephele* (e. 1984).

J

Jagd ↑ **Artemis,** ↑ **Diana**

Janus, römischer Gott des Anfangs und des Endes, des Eingangs und des Ausgangs, auch der Tore und Türen. Ihm waren der Anfang des Tages, des Monats, des Jahres (der Monat Januar ist nach ihm benannt), des menschlichen Lebens gewidmet. Bei Anrufungen der Götter wurde sein Name als erster genannt. Er soll der erste König von Latium gewesen sein. Als ↑ Saturnus vor Jupiter geflohen war, nahm J. ihn freundlich auf. Symbol seiner Gegenwart am Anfang und am Ende aller Dinge war seine Doppelgesichtigkeit. Der (sprichwörtlich gewordene) „Januskopf" hat zwei Gesichter, blickt also gleichzeitig nach vorn und zurück. So wachte er vor allem über die Torbögen. Der berühmte Janusbogen in Rom soll auf ↑ Numa Pompilius zurückgehen. Dieser friedliebende König errichtete auf dem Forum für den Gott einen Bogen, dessen Durchgang geschlossen war, wenn Rom mit allen Völkern Frieden hielt; begann ein Krieg, wurde das Tor geöffnet. In der gesamten Regierungszeit des Numa blieb das Tor geschlossen. Während der folgenden tausendjährigen Geschichte des Römischen Reiches war dies nur noch nach dem ersten Punischen Krieg der Fall und dreimal unter der Herrschaft des Augustus. – Der doppelgesichtige Gott war auf der kleinsten römischen Münze, dem As, abgebildet. In der mittelalterlichen Kunst war er Symbol des Januar. Das Öffnen seines Tempels wurde in der Malerei der Renaissance (auch später) als Allegorie des ausbrechenden Krieges verwendet (so bei Rubens).

Jarbas ↑ Dido

Jasion ↑ Iasion

Jason ↑ Iason

Jokaste ↑ Iokaste

Jovis ↑ Jupiter

Jugend ↑ Hebe, ↑ Juventas

Julus ↑ Ascanius

Juno, Iuno, höchste römische Göttin, Gemahlin des Jupiter. Mit ihm und Minerva gehörte sie zur obersten Göttertriade, die auf dem Capitol verehrt wurde (Juno Regina). Sie war Schutzherrin der Ehe (als Juno Pronuba führte sie die Braut), der Familie und der Mutterschaft (als Juno Lucina wachte sie über die Geburten). Die Frauen feierten ihr Fest, die Matronalia, am 1. März. In ihrem Tempel auf dem Capitol wurden, als Symbol weiblicher Sittsamkeit, Gänse gehalten. Als die Gallier 387 v. u. Z. in Rom eindrangen und nachts sogar das Capitol stürmen wollten, weckten diese Tiere mit ihrem Geschrei die Verteidiger und retteten so die Festung. Die Juno Moneta war die Göttin der Ratschläge, Erinnerungen, Mahnungen. In ihrem Tempel befand sich seit dem 3. Jh. v. u. Z. die römische Münzstätte (der Name Moneta wurde dann auf die Münzen selbst übertragen). J. war auch die Schutzgöttin der etruskischen Stadt Veii. Als die Römer unter Marcus Furius

Camillus nach langem, erbittertem Kampf Veii erobert hatten, sollte ihr Bild nach Rom gebracht werden. Um die Göttin nicht zu erzürnen, fragte einer der edlen Jünglinge, die für den Transport auserwählt worden waren, die Statue, ob sie mit nach Rom gehen wolle. Daraufhin soll sie genickt haben. In Rom ließ Camillus ihr einen Tempel bauen. Als oberste römische Göttin wurde J. mit ↑ Hera, der Gemahlin des Zeus, identifiziert. So erscheint sie in der *Aeneis* des Vergil noch als erbitterte Feindin des Helden (vgl. ihre Rolle im ↑ Trojanischen Krieg). Ihre künstlerischen Darstellungen lehnen sich eng an griechische Vorbilder an. In der späteren bildenden Kunst werden die beiden Gestalten nicht mehr unterschieden.

Jupiter, Iuppiter (Genitiv Jovis), höchster römischer Gott. Ursprünglich alte italische Gottheit des Lichts und der Himmelserscheinungen, wurde J. später dem griechischen ↑ Zeus gleichgestellt. Er führte die ältere Göttertriade an (J., Mars, Quirinus) und stand an der Spitze der jüngeren (J., Juno, Minerva). Genealogie, Taten und Abenteuer des Zeus wurden auf J. übertragen. Er war der Sohn des Saturnus (griech. Kronos) und der Rhea (griech. Rheia). Seine Gemahlin war Juno (griech. Hera), seine Tochter Minerva (Athene). Nach dem Schöpfungsmythos (in Ovids *Metamorphosen*) übernahm er die Herrschaft des „Silbernen Zeitalters". Zahlreiche römische Legenden belegen die wichtige Rolle, die er in der römischen Geschichte beim Aufstieg der Stadt zur Weltmacht spielte. Er befahl ↑ Aeneas, Karthago und die Königin Dido zu verlassen, damit die Macht Trojas auf dem Boden Italiens neu begründet würde. ↑ Romulus baute für ihn den ersten Tempel Roms überhaupt, nachdem er die ersten latinischen Städte besiegt hatte. Durch Zeichen und Wunder lenkte J. das römische Schicksal: Schon dem Aeneas kündete er durch einen Adler seine Gunst für die neue Stadt Lavinium, die der Trojaner auf latinischem Boden bauen wollte. Vor allen wichtigen Entscheidungen deuteten die Auguren den Vogelflug als Zeichen seines Willens, so beim Machtantritt des ↑ Numa Pompilius, der nicht eher bereit war, die Königswürde zu übernehmen, ehe nicht J. sein Zeichen gegeben hatte. ↑ Tarquinius Priscus führte den Kult des Jupiter Optimus Maximus ein und begründete Spiele ihm zu Ehren. König ↑ Tarquinius Superbus begann mit dem Bau für den Tempel des Jupiter Optimus Maximus. Beim Ausheben der Baugrube fand man einen Menschenkopf. Erschrocken über dieses Zeichen, fragte man etruskische Priester nach seiner Bedeutung. Sie kündeten, daß dieses Haupt die Weltherrschaft für Rom prophezeie. Im ersten Jahr der Republik (509 v. u. Z.) wurde der Tempel geweiht. Dieser Tempel beherrschte das Capitol, er war wichtigster Ort für alle offiziellen Feierlichkeiten zu Ehren des Gottes. Bei ihren Triumphzügen ließen die Kaiser sich im Kostüm des J. ehren. Erst unter Konstantin dem Großen wurde der J.-Kult eingestellt.

In den künstlerischen Darstellungen der Antike ist die Gestalt des J. der des Zeus angeglichen, später ist der römische Gott mit dem griechischen identisch. Er war das Haupt der Planetengottheiten (später nannten die Astronomen die Monde des größten Planeten nach den Geliebten des J. bzw. Zeus – Io, Europa, Kallisto, Ganymed), er wachte über irdisches und himmlisches Recht, über Wachstum und Reichtum. Den in seinem Zeichen Geborenen verlieh er Frohsinn. Daraus leitet sich das Adjektiv jovial, ‚heiter, leutselig', ab.

Justitia, Personifikation und Göttin des Rechts und der Gerechtigkeit in Rom. Ihre Gestalt, deren Kult auf Augustus zurückgeht, wurde von Ovid der griechischen ↑ Astraia angeglichen. Als eine der Herrschertugenden hat J. – mit Waage und Schwert – einen festen Platz in den mittelalterlichen Allegorien. Häufig taucht sie als Schmuck von Königssarkophagen und Kathedralen auf, später vor allem an Rathäusern und in Gerichtssälen.

Juturna, auch Diuturna, 1. römische Quellnymphe. Sie wurde zuerst in Lavinium verehrt. Von Janus war sie Mutter des Quellgottes Fons. Ihr Fest, die Juturnalia, wurde im Januar gefeiert. Besonders wurde sie von den Berufen verehrt, die Quellwasser verwendeten. Reste eines uralten Heiligtums wurden auf dem Forum Romanum gefunden. Die ↑ Dioskuren sollen an der Quelle der J. ihre Pferde getränkt haben, nachdem sie die Latiner am See Regillus besiegt hatten. – 2. bei Vergil (*Aeneis*, XII. Buch) die Schwester des Rutulerfürsten ↑ Turnus. In der Schlacht gegen Aeneas feuerte sie ihre Landsleute an.

Juventas, auch Juventus, römische Göttin der Jugend. Sie beschützte die Heranwachsenden, die ihr ein Opfer brachten, wenn sie unter die Erwachsenen aufgenommen wurden. J. war auch das Symbol der ewigen Jugend Roms und wurde deshalb zusammen mit Jupiter verehrt. Die griechische Göttin ↑ Hebe wurde mit ihr identifiziert.

K

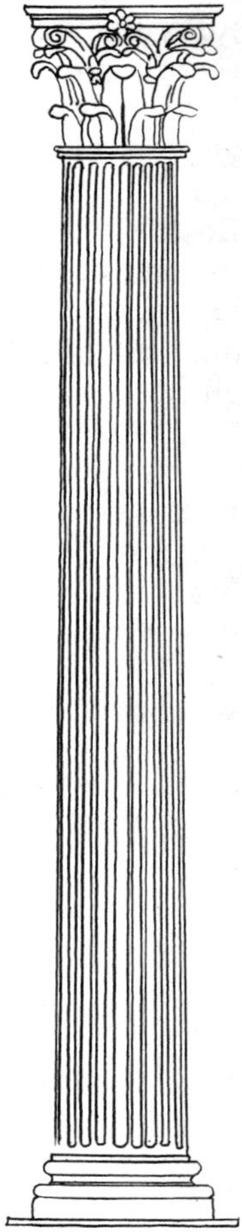

Kabiren, niedere Gottheiten aus dem Kultkreis der Rheia-Kybele, ähnlich den ↑ Kureten und ↑ Korybanten. Wahrscheinlich kleinasiatischer Herkunft, wurden sie später als Kinder des Hephaistos und der Nymphe Kabiro, einer Tochter des ↑ Proteus, angesehen. Sie wurden besonders auf der Insel Samothrake verehrt, wo ihnen vor allem in hellenistischer Zeit ein Mysterienkult gewidmet war. Ein anderes K.-Heiligtum befand sich in Theben, wo die K.-Vasen gefunden wurden, gelbe Tongefäße mit Bemalungen und Inschriften, die sich auf den K.-Kult beziehen. Sie zeigen aber auch Götter und Helden, Fest- und Alltagszenen in oft karikierender Weise.

Kadmos, mythischer Gründer von Theben. Er war Sohn des Königs ↑ Agenor und mußte mit seinen Brüdern seine Schwester ↑ Europa suchen, die von Zeus entführt worden war. Das Apollon-Orakel in Delphi gebot ihm, die Suche aufzugeben, und wies ihn an, der Kuh zu folgen, die vor dem Heiligtum auf ihn wartete. An der Stelle, wo sie sich niederlegen würde, sollte er eine Stadt gründen. Vorher mußte er einen Drachen töten, der an jener Stelle eine Quelle bewachte. Auf den Rat Athenes säte er dessen Zähne aus, aus denen sogleich bewaffnete Krieger erwuchsen (↑ Sparten), die miteinander kämpften, bis schließlich fünf übrigblieben. K. gründete die Festung Kadmeia, die Burg von Theben. Die fünf Krieger wurden die Stammväter des thebanischen Adels. K. bekam von den Göttern ↑ Harmonia, die Tochter des Ares und der Aphrodite, zur Frau. Sie wurde Mutter des Polydoros und der Töchter Autonoë, ↑ Ino, ↑ Agaue und ↑ Semele. Als K. und Harmonia alt geworden waren, wanderten sie nach Illyrien aus und wurden dort in Schlangen verwandelt. K. soll das phönikische Alphabet in Griechenland eingeführt haben.

Kaineus, einer der ↑ Lapithen, Sohn des Elatos. Er war unverwundbar, deshalb konnte er in der Kentauromachie von den ↑ Kentauren nicht getötet werden. Sie begruben ihn lebendig unter Fichtenstämmen, um ihn zu besiegen.

Kalais, Sohn des Boreas, ↑ Boreaden.

Kalchas, Seher der Griechen aus der Zeit des ↑ Trojanischen Krieges. Bei Homer heißt er „der kundigste Seher der Vögel, der da das Heutige kannte, das Kommende und das Vergangene ..." (*Ilias*, I. Gesang). Als Enkel des Apollon hatte er von diesem die Gabe der Weissagung erhalten. Bereits vor der Ausfahrt in Aulis sagte er den Sieg erst im zehnten Kriegsjahr voraus und forderte den Opfertod der Iphigenie, um die von Artemis gesandte Windstille zu beenden. Auch auf der Teilnahme des Sohnes der Thetis, des jungen Helden Achilleus, den die Mutter auf Skyros versteckt hatte, bestand er. Die Pest im Lager der Griechen vor Troja deutete K. als Zorn des Apollon auf die Gefangenschaft der ↑ Chryseïs. In einem Wettstreit der Seher wurde er später von ↑ Mopsos besiegt und starb vor Kummer.

Kalliope (‚die Schönstimmige'), eine der neun ↑ Musen, Tochter des Zeus und der Mnemosyne. Hesiod nennt sie die höchste der Schwestern. Seit hellenistischer Zeit wurde sie als Muse der epischen Dichtung verehrt. Ihre Attribute sind Buchrolle oder Wachstafel und Schreibgriffel. Von dem Flußgott Oiagros (oder von Apollon) wurde sie Mutter des Sängers Orpheus.

Kallirrhoë, 1. eine Okeanide; nach Hesiod Gemahlin des ↑ Chrysaor und Mutter des dreiköpfigen Riesen ↑ Geryoneus. – 2. Flußnymphe, Tochter des ↑ Acheloos. Als Gemahlin des ↑ Alkmaion gebar sie die Söhne Akarnan und Amphoteros. Nachdem Alkmaion von den Söhnen des Königs Phegeus getötet worden war, bat K. Zeus, ihre Kinder sofort erwachsen werden zu lassen. Er gewährte die Bitte, und die Söhne rächten den Vater, indem sie Phegeus und seine Familie töteten. – 3. Tochter des Flußgottes Skamander, von Tros die Mutter des ↑ Ganymed.

Kallisto, Nymphe aus Arkadien, Gefährtin der Artemis. Von Zeus verführt, wurde sie Mutter des ↑ Arkas. Die beleidigte Artemis verwandelte K. in eine Bärin (nach einer anderen Überlieferung verwandelte die eifersüchtige Hera die Nymphe). Zeus versetzte sie als Sternbild des Großen Bären an den Himmel, als ihr Sohn, der ein berühmter Jäger geworden war, sie töten wollte (so in Ovids *Metamorphosen*, II. Buch, überliefert). – Die dramatischen Szenen der Geschichte regten viele bildende Künstler an: Rubens, Tischbein u. a. malten Zeus (bzw. Jupiter), wie er die Nymphe verführt; Artemis, wie sie die Schwangerschaft der K. entdeckt, malten u. a. Tizian, Rubens und Jordaens.

Kalydonische Jagd, eines jener mythischen Ereignisse, die vielen Helden Gelegenheit gaben, ihren Mut zu beweisen (wie auch die Fahrt der ↑ Argonauten, der Zug der ↑ Sieben gegen Theben, der ↑ Trojanische Krieg). ↑ Phoinix, der greise Wagenlenker des Achilleus, erzählte vor Troja dem Grollenden (im XI. Gesang der *Ilias*) davon als einer längst vergangenen Geschichte: Oineus, der König von Kalydon in Aitolien, hatte nach einer reichen Ernte alle Götter mit einem großen Opfer bedacht, dabei aber Artemis vergessen. Die zürnende Göttin rächte sich für die Mißachtung, indem sie einen riesigen Eber göttlicher Herkunft nach Kalydon schickte, der Felder und Gärten verwüstete. Da rief Oineus die Helden aus ganz Griechenland auf, das Untier zu jagen. Viele folgten seinem Ruf, so die Dioskuren, die Söhne des Aphareus, Theseus, Admetos, Peirithoos, Amphitryon und viele andere (einige jüngere Quellen nennen mehr als fünfzig Namen). Auch die schöne Jägerin ↑ Atalante zog mit. Geführt wurden die Jäger von ↑ Meleagros, dem Sohn des Oineus. Die Jagd forderte viele Opfer unter den Jägern, bis es schließlich Meleagros gelang, dem Eber die tödliche Wunde beizubringen. Deshalb erhielt er auch die Trophäe: Fell und Kopf des Tieres. Artemis war aber nicht zufrieden mit ihrer Rache. Sie entfachte einen heftigen Streit um die Trophäe zwischen den Aitolern und den Kureten, die in Pleuron wohnten und mit den Aitolern verwandt waren. Auf der Seite der Kureten kämpfte u. a. Plexippos, der Bruder von Meleagros' Mutter ↑ Althaia. Als Meleagros ihn getötet hatte, verfluchte Althaia den Sohn und wünschte ihm den Tod. Dieser zog sich sofort im Zorn aus dem Kampf zurück, und sogleich gewannen die Kureten die Oberhand. Alle Bewohner von Kalydon baten Meleagros, sie wieder zu verteidigen, auch Althaia flehte ihn an. Aber erst, als seine schöne Frau Kleopatra, die Tochter der ↑ Marpessa, ihm die Greuel der Niederlage ausmalte, zog er wieder in den Kampf und schlug die Kureten zurück. Dies alles erzählte Phoinix dem Achilleus, um ihn zu veranlassen, seinen Groll zu überwinden. In anderen Quellen wird über die Liebe des Meleagros zu Atalante berichtet, die bei der Jagd den Eber als erste verwundete. Meleagros schenkte ihr die Trophäe und rief damit den Zorn der Brüder seiner Mutter, Plexippos und Toxeus, hervor. In dem folgenden Kampf um die Trophäe tötete Meleagros die beiden. Althaia, die von den ↑ Moiren wußte, daß das Leben ihres Sohnes an einem Holzscheit hing, warf dieses Scheit ins Feuer, und Meleagros starb. Diese Version, vor allem die Liebe des Meleagros zu Atalante, gestaltete Euripides in seiner nur in Fragmenten erhaltenen Tragödie *Meleagros*. Szenen aus der K. J. wurden häufig auf griechischen Vasen dargestellt, so auf der *François-Vase* (6. Jh. v. u. Z.).

Kalypso, Nymphe, Tochter des Atlas und der Okeanide Pleione (oder des Helios und der Perseïs). Sie lebte auf der schönen Insel Ogygia im äußersten Westen der Erde. Nachdem ↑ Odysseus alle seine Gefährten verloren hatte, gelangte der Schiffbrüchige auf die Insel der Nymphe und wurde von ihr, da sie ihn liebte, sieben Jahre festgehalten. K. hatte zwei Söhne von Odysseus, Nausithoos und Nausinoos. Mit dem Versprechen, ihm Unsterblichkeit zu schenken, versuchte sie, ihn für immer an sich zu binden. Erst als Zeus auf die Bitte Athenes ihr durch Hermes einen Befehl sandte, erlaubte sie dem Helden die Rückkehr in die Heimat. Auch mußte sie ihm helfen, ein Floß zu bauen, und ihn für die Heimkehr ausrüsten.

Kanake, Tochter des ↑ Aiolos (2), des Gottes der Winde. Ihr Bruder Makareus liebte sie und beredete den Vater, seine sechs Söhne und sechs Töchter miteinander zu verheiraten. Aiolos ließ daraufhin das Los über die Verbindungen entscheiden, und K. mußte einen anderen Bruder heiraten. Euripides benutzte den Stoff für eine Tragödie. Hier wird die Blutschande der K. durch ihre Schwangerschaft aufgedeckt, der Vater schickt ihr ein Schwert, und sie tötet sich damit. Von dieser Tragödie *Aiolos* sind nur geringe Fragmente erhalten. Nach einer anderen Version gebar K. dem Poseidon die Söhne Opleus, Nireus, Epopeus, Aloeus und Triops.

Kapaneus, Teilnehmer am Zug der ↑ Sieben gegen Theben aus Argos. Der Name ist zuerst überliefert durch Aischylos' Tragödie *Sieben gegen Theben* (467 v. u. Z.). K. stürmt dort gegen das südliche Tor, und Eteokles schickt Polyphontes zum Kampf gegen ihn aus. Auch in Euripides' Tragödien *Die Phönikerinnen* und *Die Schutzflehenden* wird er genannt. Er forderte in seinem unbändigen Stolz Zeus selbst heraus und fiel, von einem strafenden Blitz getroffen, an der Stadtmauer. K.' Gemahlin ↑ Euadne wollte seinen Tod nicht überleben und stürzte sich in seinen brennenden Scheiterhaufen. Dante schildert in seiner *Göttlichen Komödie* (um 1320), wie K. – immer noch stolz – im dritten Ring des siebenten Höllenkreises im Feuerregen zusammen mit anderen Gotteslästerern büßt.

Kapys, Nachfahre des ↑ Dardanos, Vater des ↑ Anchises und Großvater des Aeneas. Die Stadt Capua wurde nach ihm benannt (von einem zweiten K., der ein Nachfahre des Aeneas gewesen sein soll).

Kassandra, auch Alexandra genannt, Tochter des Priamos und der Hekabe. Apollon verlieh ihr die Sehergabe, weil er das schöne Mädchen besitzen wollte. Doch als sie sich ihm verweigerte, verkündete er ihr, daß niemand ihren Prophezeiungen Glauben schenken werde. So waren alle Warnungen K.s, die den Untergang Trojas voraussah, vergeblich; sie wurde sogar für wahnsinnig gehalten. K. erkannte die Gefahr, die aus ↑ Paris' Reise nach Sparta drohte, sie wollte seine Heirat mit Helena verhindern und flehte die Troer an, das hölzerne Pferd nicht in die Stadt zu ziehen. Nach der Eroberung der Stadt suchte sie am Altar der Athene Schutz, wurde aber dennoch von Aias dem Oiliden vergewaltigt und dann Sklavin des Agamemnon. Dieser nahm sie mit nach Mykene, wo sie von ↑ Klytaimestra ermordet wurde.

In fast allen literarischen Werken, die vom Krieg um Troja und Agamemnons Heimkehr handeln, erscheint auch die Gestalt der Seherin K. In der *Odyssee* erzählt der tote Agamemnon dem Odysseus am Eingang der Unterwelt von seinem und K.s schrecklichem Ende. Im ersten Teil der *Orestie* des Aischylos, *Agamemnon* (458 v. u. Z.), steht sie vor dem Tor der Burg von Mykene und kündet den Umstehenden von den bevorstehenden Greueltaten. Euripides zeigt in den *Troerinnen* (415 v. u. Z.) ihren gewaltsamen Abschied von der Heimat. Die mittelalterlichen Trojaromane kennen gleichfalls die Gestalt. Hier wird ihre Keuschheit der Sündhaftigkeit Helenas gegenübergestellt. Auch in der Geschichte um ↑ Troilos und Cressida spielt sie eine Rolle. Über die Trojaromane, Boccaccio und Chaucer gelangte der Stoff zu Shakespeare; in seinem Stück *Troilus und Cressida* (1609) tritt K. wieder als ungebetene Warnerin auf und prophezeit Hektors Tod. Schillers Gedicht *Kassandra,* das die Version vom heimtückischen Mord des Paris an Achilleus, der die Priamostochter ↑ Polyxena liebt, aufnimmt, zeichnet eine Frauengestalt, die ihr eigenes Schicksal mit dem der Stadt Troja beklagt. Im 20. Jh., als sich der Troja-Stoff den Schriftstellern als geeignet erwies, Mechanismen der Entstehung von Kriegen sinnfällig zu machen, nimmt auch K. wieder einen wichtigen Platz ein: so in Giraudoux' *Der Trojanische Krieg findet nicht statt* (1935), wo sie nicht mehr versucht, das Unheil abzuwenden, sondern die Unvermeidlichkeit des Krieges verkündet, vor allem aber in Christa Wolfs Erzählung *Kassandra* (1983). Christa Wolf greift auf Aischylos zurück: K. steht vor dem

Burgtor von Mykene und bereitet sich auf den Tod vor. Aus der Sicht der Frau, die nicht vorausgesehen, sondern bewußt gesehen und erlebt hat, blickt sie noch einmal auf den Krieg und seine Vorgeschichte zurück. Ohne den überlieferten Gang der Ereignisse wesentlich zu verändern, bringt diese Interpretation die mythische Gestalt der K. auf bestürzende Weise der Gegenwart nahe. – Auch bildkünstlerische Darstellungen der Figur sind zahlreich, viele Vasenbilder zeigen K., wie sie am Bild der Athene vor Aias Schutz sucht. Für die Neuzeit ist vor allem die Plastik M. Klingers zu nennen. – Von den düsteren Prophezeiungen, mit denen K. sich unbeliebt machte, zeugen im modernen Sprachgebrauch noch die „Kassandra-Rufe".

Kassiopeia, Gemahlin des Königs ↑ Kepheus von Aithiopien. Sie glaubte sich schöner als die Nereïden und prahlte vor ihnen damit. Das rief den Zorn des Poseidon hervor. Er schickte ein Meeresungeheuer, von dem das Land nur befreit werden konnte, wenn die Königstochter ↑ Andromeda ihm geopfert würde. ↑ Perseus bewahrte sie davor und tötete das Ungeheuer. K. wurde – ebenso wie Kepheus, Andromeda und Perseus – als Sternbild an den Himmel versetzt.

Kastalia ↑ Parnassos

Kastor, Sohn der Leda und des Tyndareos, Zwillingsbruder des Polydeukes (↑ Dioskuren).

Katreus, König von Kreta, Sohn des Minos und der Pasiphaë. Ein Orakel hatte ihm verkündet, daß er durch eines seiner Kinder den Tod finden würde. Deshalb zogen sein Sohn Althaimenes und die Tochter Apemosyne nach Rhodos, auch die beiden anderen Töchter, ↑ Aërope und Klymene, wurden fern der Heimat verheiratet. Als K. im Alter seinen Sohn auf Rhodos besuchen wollte, kam es durch ein Mißverständnis zum Kampf, so daß der Sohn den Vater tötete.

Kekrops, der älteste König von Attika, aus der Erde selbst geboren, ein Mensch mit Schlangenfüßen. Die Götter Poseidon und Athene stritten sich um den Besitz des Landes und beschenkten es, um ihm ihre Macht zu zeigen: Poseidon schenkte Pferde (oder ließ eine Quelle entspringen), Athene pflanzte einen Ölbaum. K. wurde als Schiedsrichter angerufen, und er sprach Athene das Land zu, die fortan Schutzherrin Attikas wurde. Sie war es auch, die den Töchtern des K., ↑ Agraulos, Herse und Pandrosos, das Kästchen übergab, in dem der kleine ↑ Erichthonios, der künftige erste König Athens, lag.

Keleos, König von Eleusis. Er und seine Familie gewährten der trauernden Demeter Gastfreundschaft. Die Göttin, die ihre Tochter suchte, hatte die Gestalt einer alten Frau angenommen. Als Demeter ihr wahres Wesen entdecken und K. verlassen mußte (↑ Demophon, 1), befahl ihm die Göttin, ihr in Eleusis einen Tempel zu bauen, den Kultort für die künftigen Eleusinischen Mysterien.

Kentauren, Zentauren, Fabelwesen, halb Mensch, halb Pferd. Sie sollen von jener Wolke abstammen, die Heras Gestalt angenommen hatte, als der Lapithenkönig ↑ Ixion die Herrin der Götter verführen wollte. Die K. standen unter dem Schutz des Poseidon. Den Menschen waren sie feindlich gesonnen. Eine Ausnahme waren der weise Kentaur ↑ Cheiron, der Erzieher vieler Helden, und ↑ Pholos, der Herakles gastfreundlich aufnahm. Da die anderen K. dabei vom Duft des Weines angelockt wurden, kam es zum Streit, bei dem Herakles zu den Waffen greifen mußte. Dabei wurden unglücklicherweise Pholos und Cheiron durch die giftigen Pfeile des Herakles verletzt. Pholos starb, der unsterbliche Cheiron erlitt furchtbare Qualen, bis er für ↑ Prometheus in die Unterwelt einging. Der Kentaur ↑ Nessos verschuldete später den Tod des Herakles. Auch auf der Hochzeit des Lapithenkönigs ↑ Peirithoos zeigte sich die Streitlust der K. Sie waren zu dem Fest geladen, vergriffen sich aber an der Braut Hippodameia (oder versuchten, die Frauen der Lapithen zu rauben). Es kam zu einem blutigen Kampf zwischen

Lapithen und K. (Kentauromachie). Mit Hilfe des Theseus konnten die Lapithen die K. besiegen.
In der bildenden Kunst werden die K. oft in Kampfszenen dargestellt. Die Bildplastiken des Zeus-Tempels von Olympia und die Parthenon-Metopen zeigen auch kämpfende K., desgleichen zahlreiche Vasenbilder. Im Mittelalter war die Gestalt des bogenschießenden K. Symbol des Tierkreiszeichens Schütze. K. gehörten aber auch zu jenen Wesen, die aus dem antiken Mythos in die christliche Hölle übernommen wurden. So bewachen in Dantes *Göttlicher Komödie* (um 1320) die K. die gewalttätigen Sünder, die im ersten Ring des siebenten Höllenkreises in einem kochenden Blutstrom büßen müssen. Diener des Bösen sind die K. auf dem Höllenfresko des Nardo di Cione von Florenz. Die Künstler von Renaissance und Barock gestalteten wieder Szenen des griechischen Mythos: Herakles, Nessos und Deïaneira (Gemälde von Reni, Rubens), die Kentauromachie (Marmorrelief von Michelangelo, Gemälde von Rubens), den lehrenden Cheiron (A. Carracci, Rubens). In neuerer Zeit reizten die seltsamen Wesen Böcklin, M. Klinger und Picasso zu originellen, teils sehr phantastischen Schöpfungen. In der modernen Literatur verwendete der Amerikaner J. Updike in seinem Roman *Der Zentaur* (1963) die Gestalt allegorisch für einen Außenseiter der Gesellschaft.
Kephalos, Sohn des Hermes (oder Nachfahre des Deukalion), verheiratet mit der Tochter des Königs Erechtheus, Prokris. Eos, die Göttin der Morgenröte, verliebte sich in ihn und nahm ihn mit sich auf den Olymp. Aber K. hatte Sehnsucht nach seiner Frau, und Eos ließ ihn wieder zurückkehren, riet ihm aber, Prokris' Treue auf die Probe zu stellen. Deshalb verkleidete sich K. und verführte sie, ohne daß sie ihn erkannte. Nach der Entdeckung flüchtete Prokris zu Artemis. Die Göttin gewährte ihr Schutz und schenkte ihr einen Speer, der immer sein Ziel traf. Als sich die Ehegatten wieder versöhnt hatten, gab Prokris den Speer

an K. weiter. Aus Eifersucht verfolgte sie ihn eines Tages auf der Jagd und wurde durch diesen Speer von K., der sie für ein wildes Tier hielt, getötet. K.' Begleiter bei der Jagd war ein Hund (ebenfalls ein Geschenk der Artemis) von wunderbarer Schnelligkeit, der jedes Tier einholen konnte. K. lieh ihn ↑ Amphitryon, als dieser die wilde teumessische Füchsin erlegen sollte, damit Kreon ihm im wilden Kampf gegen die Teleboer helfen würde. Die Füchsin lief so schnell, daß keiner sie erreichen konnte. Der Wettkampf zwischen den beiden Tieren wurde von Zeus beendet, der sie zu Stein werden ließ. – Die tragische Geschichte von K. und Prokris wurde aus der Antike von Ovid (*Metamorphosen*, VII. Buch) und Hygin (*Fabeln*) überliefert. Boccaccio gab sie in seinen *Genealogien* wieder. Die Dramatiker bearbeiteten in der Folgezeit den Stoff entweder als Liebesabenteuer der Eos (bzw. Aurora) oder als moralisierendes Ehe- und Eifersuchtsdrama, ersteres bei Chiabrera (*Die Entführung Cefalos,* 1600) und bei Lope de Vega (*Die schöne Aurora,* 1635), letzteres bei N. de Correggio (*Cefalo,* 1487) und Calderón (*Eifersucht tötet noch immer wegen nichts,* vor 1662). Aus dem 18. Jh. stammen einige musikalische Bearbeitungen, so von Grétry und Ramler. Die Entführungsszene war auch in der bildenden Kunst dieser Zeit beliebt (Gemälde von Boucher).

Kepheus, König von Aithiopien, Nachkomme des ↑ Belos. Seine Gemahlin ↑ Kassiopeia zog den Zorn Poseidons auf sich, so daß ihre Tochter Andromeda einem Meeresungeheuer preisgegeben werden mußte.

Kerberos (lat. Cerberus, dt. Zerberus), eines der Ungeheuer, die ↑ Echidna dem ↑ Typhon gebar. Er war der Hund, der den Eingang zur Unterwelt bewachte; mit drei Köpfen, den Leib mit Schlangen bedeckt, erregte er Furcht und Schrecken. Jeden Toten ließ er in den Hades eintreten, aber keinem erlaubte er die Rückkehr. Lebenden versperrte er den Weg, nur Orpheus betörte ihn mit seinem Gesang. Als Aeneas das Totenreich betrat, betäubte seine Führerin, die Sibylle von Cumae, den K. „mit würzigen Säften und Honig", so daß er einschlief. Herakles mußte, als zwölfte und schwerste Arbeit, den K. besiegen und zu Eurystheus bringen. Mit Erlaubnis des Hades gelang ihm auch dies (er durfte nur die bloßen Hände gebrauchen). Er brachte den Hund gefesselt nach Mykene und führte ihn dann wieder in den Hades zurück. Mit seinen drei Rachen gilt K. auch als Symbol der Schlemmerei. So bewacht er in Dantes *Göttlicher Komödie* (um 1320) den dritten Kreis der Hölle, wo die Schlemmer büßen, die er mit seinen Krallen peinigt. Aus seinem Geifer soll der giftige Eisenhut entstanden sein.

Keren, Schicksals- und Todesdämonen, von Nyx, der Nacht, hervorgebracht; nach Hesiod „die Rachestrafenden". Sie waren in den Schlachten gegenwärtig. Zeus läßt sie in der *Ilias* (XXII. Gesang) über den Ausgang des Zweikampfes zwischen Hektor und Achilleus entscheiden: Er legt die K. der beiden Helden auf eine goldene Waage; als die Ker des Hektor sinkt, muß Apollon seinen Schützling verlassen, und Achilleus kann Hektor besiegen.

Kerkopen, ein Volk, das in der Nähe von Ephesos vom Raub lebte, Reisenden auflauerte und sie ermordete. Da dies im Machtbereich der ↑ Omphale geschah, zog Herakles, als er bei ihr in Diensten stand, gegen die K. Er tötete viele oder nahm sie gefangen und brachte sie zu der Königin. Zeus soll die K. zur Strafe für ihre Heimtücke in Affen verwandelt haben. Das K.-Abenteuer des Herakles ist auf einer der Metopen des Tempels C von Selinunt dargestellt.

Kerkyon, Sohn des Poseidon, lebte bei Eleusis. Er lauerte den Reisenden zwischen Eleusis und Megara auf, zwang sie, mit ihm zu ringen, und tötete sie dabei. Als Theseus sein Gegner war, konnte K. mit seiner rohen Kraft der Geschicklichkeit des Helden nicht widerstehen und wurde von ihm getötet. Eine in wenigen Fragmenten erhaltene Tragödie des Euripides verarbeitet das tragische Schicksal von K.s Tochter ↑ Alope. Hier ist K. König von Eleusis.

Kerynitische Hirschkuh ↑ Herakles

Keto, Tochter der Gaia und des Pontos. Von ihrem Bruder ↑ Phorkys wurde sie die Mutter archaischer Ungeheuer, so der ↑ Gorgonen, der ↑ Graien, der ↑ Echidna u. a.

Keuschheit ↑ Artemis

Keÿx, König von Trachis und Thessalien, Gemahl der ↑ Alkyone (2), der wie sie von den Göttern in einen Eisvogel verwandelt wurde.

Kikonen, thrakischer Stamm, kämpfte im Trojanischen Krieg, von Euphemos geführt, auf der Seite der Troer. Auf der Heimfahrt aus Troja gelangte Odysseus auch in ihre Stadt Ismaros. Er zerstörte sie und verteilte die Beute, Frauen und Schätze, unter seine Gefährten. Gegen den Rat ihres Führers feierten die Griechen noch ihren Sieg, so daß die K. aus anderen Städten kamen und zum Kampf gegen die Eindringlinge antraten. Odysseus mußte der Übermacht weichen und verlor von jedem Schiff sechs Mann (erzählt im IX. Gesang der *Odyssee*).

Kinyras, Sohn des Apollon, König von Zypern. Er begründete den Kult der Aphrodite von Paphos und wurde der Stammvater des dortigen Priestergeschlechts. Nach Ovid (*Metamorphosen*, X. Buch) entbrennt er in widernatürlicher Liebe zu seiner Tochter Myrrha. Eine kupplerische Dienerin führt sie ihm zu, ohne daß er sie erkennt. Von ihm wird Myrrha Mutter des ↑ Adonis. Um der öffentlichen Schande zu entgehen, begeht K. Selbstmord.

Kirke (lat. Circe), Tochter des Helios und der Okeanide Perseïs, als Schwester des Königs ↑ Aiëtes von Kolchis auch mit Medeia verwandt. Sie lebte auf der Insel Aiaia und besaß große Zauberkräfte. Alle Fremden, die auf ihrer Insel landeten, verwandelte sie in Tiere. Auch ↑ Odysseus gelangte auf seinen Irrfahrten nach Aiaia. Seine Gefährten, die als Kundschafter vorausgegangen

waren, wurden von K. freundlich aufgenommen und bewirtet. Doch kaum hatten die Männer von der Speise gegessen, die K. selbst bereitet hatte, verwandelten sie sich in Schweine und wurden von K. in den Stall getrieben. Eurylochos, der von weitem beobachtet hatte, wie die Gefährten in dem Palast der K. verschwunden waren und nicht wieder auftauchten, benachrichtigte Odysseus. Dieser eilte gleichfalls zum Palast, wurde aber aufgehalten von Hermes, der ihm vom Schicksal der anderen erzählte, ihm das Kraut Moly gab und ihn belehrte, wie er K. bezwingen könne. Durch das Kraut war Odysseus gegen den Zauber gefeit und bedrohte die Göttin mit dem Schwert, so daß sie den Männern ihre wahre Gestalt zurückgeben mußte. In Liebe zu Odysseus entbrannt, hielt ihn K. ein Jahr auf ihrer Insel. Doch dann begehrte er so energisch die Heimkehr, daß sie ihn ziehen lassen mußte. Allerdings gebot sie ihm, zuerst zum Totenreich zu fahren, um den Seher ↑ Teiresias über die Weiterfahrt zu befragen, und warnte ihn vor den Gefahren, die ihm unterwegs drohten. Soweit erzählt die *Odyssee* über die Zauberin. Nach Hesiod (*Theogonie*) gebar K. dem Odysseus drei Söhne: ↑ Telegonos, Agrios und Latinos (↑ Latinus).
Die K.-Episode gehört zu den Passagen der *Odyssee*, die in Kunst und Literatur am häufigsten nachgebildet wurden. Ovid erzählt in seinen *Metamorphosen* noch andere Zaubereien von ihr: So soll sie aus Rache ↑ Skylla, die ursprünglich ein schönes Mädchen war und von ↑ Glaukos geliebt wurde, in ein Ungeheuer verwandelt haben, weil der Meeresgott K.s Liebe verschmähte. Auch ↑ Picus erhielt seine Spechtsgestalt von ihr, weil er ihre Liebe zurückwies. Boccaccio nahm die Zauberin in sein *Buch von den berühmten Frauen* (1374) auf. Später wurde die Geschichte für die Bühne bearbeitet, wobei K. immer eine schillernde Figur ist. Sie hält den heimwärts Strebenden durch angenehmes Leben fest, ihre Liebe ist echt und erträgt das

Verlassensein nicht, so in Calderóns Drama *Über allen Zauber Liebe* (1635), das zur Vorlage von W. Egks Oper *Circe* (1948) wurde. Ähnliche, aber grausamere Züge trägt K. in F. Fühmanns Ballettlibretto *Kirke und Odysseus* (1984). K.-Dramen schrieben auch Lope de Vega und Th. Corneille, musikalische Bearbeitungen u. a. Purcell, Cimarosa und Cherubini. Der betörende Zauber, der von K. ausging, hat sich in der Sprache in dem Verb „bezirzen" erhalten. – In der bildenden Kunst erscheint die Verwandlungsszene oft auf Vasen, im Mittelalter gehörte sie zu den Illustrationen des *Ovide moralisé.* Im 17. Jh. malten u. a. Carracci, Rubens und Jordaens Odysseus bei K. und die Verwandlung. Die Szene taucht gleichfalls in allen *Odyssee*-Zyklen auf.

Kisseus ↑ Archelaos

Kleopatra, 1. Tochter der ↑ Marpessa, verheiratet mit ↑ Meleagros. – 2. Tochter des ↑ Boreas, verheiratet mit ↑ Phineus (1).

Klio, eine der ↑ Musen. Seit hellenistischer Zeit gilt sie als Schutzherrin der Geschichtsschreibung. Ihre Attribute sind Schreibgeräte.

Klymene, Tochter des Okeanos. Nach Hesiods *Theogonie* war sie die Gemahlin des Titanen Iapetos und gebar ihm die Söhne Prometheus, Epimetheus, Atlas und Menoitios.

Klytaimestra, auch Klytaimnestra, Tochter des Spartaner-Königs Tyndareos und der Leda, Schwester der Helena, Gemahlin des ↑ Agamemnon. Aus dieser Ehe gingen die Töchter ↑ Iphigenie, ↑ Elektra (3), ↑ Chrysothemis und der Sohn ↑ Orestes hervor (in der *Ilias* werden als die Töchter Agamemnons Iphianassa, Chrysothemis und Laodike genannt). Als die griechische Flotte in Aulis nicht auslaufen konnte, weil Artemis eine lähmende Windstille geschickt hatte, befahl Agamemnon K. mit Iphigenie ins Heerlager, um die Tochter nach dem Orakelspruch zu opfern. Während dann Agamemnon vor Troja das griechische Heer befehligte, ließ sich K. von ↑ Aigisthos verführen. Nach der Heim-

kehr ermordete dieser (allein oder mit K.) den rechtmäßigen König und übernahm die Macht in Mykene. Die gedemütigte Elektra hatte den Bruder in Sicherheit gebracht und lebte nur der Rache an der Mutter. Als Orestes herangewachsen war, planten die Geschwister gemeinsam den Muttermord, den Orestes in die Tat umsetzte. Die Gestalt der K. erscheint in den antiken literarischen Werken immer als verworfen, die Rache des Orestes als gerechtfertigt. Ihr Haß auf Agamemnon wird erklärt mit dem Opfer der Iphigenie, er verstärkt sich noch, als sie ↑ Kassandra, die Nebenbuhlerin, erblickt. Die älteste Schilderung der grausigen Tat in der Atriden-Familie gibt Homer im XI. Gesang der *Odyssee,* wo der tote Agamemnon Odysseus von seinem Ende berichtet. Hier ist es noch Aigisthos, der den Heimgekehrten tötet, während K. Kassandra erschlägt. In Aischylos' *Orestie* tötet K. ihren Mann selbst und bekennt sich zu der Tat. Der Muttermord ist für Orestes göttliches Gebot und wird von Athene gesühnt.
In den zahlreichen Bearbeitungen des Stoffes verschieben sich die Akzente. So ist K. bei Euripides schwächer, die Schuld liegt mehr bei Aigisthos. Die Tragödien der Neuzeit entlasten K. noch stärker, so bei Alfieri (*Agamemnon,* 1776), im 20. Jh. bei O'Neill (*Trauer muß Elektra tragen,* 1931) und Giraudoux (*Elektra,* 1937), die aus ganz verschiedenem Blickwinkel heraus K. zur tragischen Figur machen. Dabei werden die heroischen Züge des Agamemnon immer mehr abgebaut, so auch in der Interpretation der K. in Christa Wolfs Erzählung *Kassandra* (1983), wo die Frau, die herrschen gelernt hat, die Macht um keinen Preis wieder an den Schwächling Agamemnon abtreten will.
Klytië, Geliebte des Helios. Der Sonnengott verließ sie, als er sich ↑ Leukothoë zuwandte. Aus Eifersucht verriet K. Leukothoë an deren Vater, der die Tochter umbrachte. Aber Helios' Liebe zu ihr war erloschen. So verzweifelte K. und blieb aufrecht stehen, immer mit den Augen der Sonne folgend. Sie wurde starr und in

die Blume Heliotrop verwandelt (eine der *Metamorphosen* des Ovid).

Koios, einer der ↑ Titanen, Sohn von Uranos und Gaia. Seine Schwester Phoibe gebar ihm die sanfte Leto (die Mutter von Apollon und Artemis) und Asteria, die von Perses Mutter der Hekate wurde. K. erhob sich zusammen mit den anderen Titanen gegen Zeus und wurde wie sie in den Tartaros geworfen.

Kokytos, einer der Flüsse der Unterwelt (↑ Hades), der „Strom des Wehklagens". Sein Wasser war kalt wie Eis.

Kolchis ↑ Aiëtes, ↑ Argonauten

Koloß von Rhodos ↑ Helios

Komaitho, 1. Tochter des Pterelaos, des Königs der Teleboer. Sie verriet ihren Vater an ↑ Amphitryon. – 2. Priesterin der Artemis, Geliebte des ↑ Melanippos (2).

Kore ↑ Persephone

Koronis, 1. Tochter des ↑ Phlegyas, eines Lapithen, Schwester des ↑ Ixion. Sie war die Geliebte des Apollon und erwartete ein Kind von ihm, betrog ihn aber mit Ischys, einem Sterblichen. Diesen tötete Zeus mit einem Blitz; K. wurde von Apollons Pfeil getroffen. Das Kind, es war ↑ Asklepios, rettete er und ließ es von Cheiron aufziehen. – 2. Tochter des Koroneus, des Königs in Phokis. Poseidon begehrte sie; um sie vor ihm zu schützen, verwandelte Athene sie in eine Krähe (eine der *Metamorphosen* des Ovid).

Korybanten, dämonische Wesen, die zum Gefolge der ↑ Rheia(-Kybele) gehörten und die Göttin in orgiastischen Tänzen verehrten, die von Trommeln, Pauken und Waffengeklirr begleitet wurden. Wie die ↑ Kureten und der Kult der Kybele sind die K. kleinasiatischen Ursprungs.

Kottos, einer der ↑ Hundertarmigen.

Kranaos, mythischer König Attikas, Nachfolger des ↑ Kekrops. Nach der mythischen Chronologie regierte er zu der Zeit, als Zeus die Sintflut über die Erde geschickt hatte (↑ Deukalion, 1). Eine seiner Töchter heiratete Amphiktyon, den Sohn des Deukalion, der K. aus Attika vertrieb, um selbst dort zu herrschen.

Kreios, einer der ↑ Titanen.

Kreon, 1. Bruder der ↑ Iokaste. Er übernahm nach dem Tod der Oidipus-Söhne ↑ Eteokles und ↑ Polyneikes die Herrschaft in Theben. In dieser Funktion befahl er, nur Eteokles, den Verteidiger der Vaterstadt, zu bestatten, den Angreifer Polyneikes jedoch auf dem Schlachtfeld liegenzulassen. ↑ Antigone widersetzte sich dem Befehl und bedeckte den Körper des Bruders mit einer Schicht Erde. K. sprach die angedrohte Todesstrafe aus und ließ Antigone lebendig einmauern. Erst der Seher Teiresias konnte ihn umstimmen, doch er kam zu spät – Antigone hatte sich erhängt, und ihr Verlobter, K.s Sohn Haimon, erstach sich vor den Augen des Vaters. Auch K.s Frau Eurydike gab sich den Tod, als sie die Nachricht erfuhr. Den unmenschlichen Starrsinn des K. gestaltete Sophokles in seiner Tragödie *Antigone* (442 v. u. Z.) als verwerfliches Beispiel menschlicher Willkür. Im Gegensatz dazu wird K. in der *Antigone* von J. Anouilh (1946) als Vertreter einer vernünftigen Ordnung interpretiert. – 2. König von Korinth. ↑ Iason und ↑ Medeia suchten nach ihrer Vertreibung aus Iolkos bei ihm Zuflucht. Iason verliebte sich in K.s Tochter Krëusa und verstieß Medeia. Diese schickte der Braut zur Hochzeit ein herrliches Gewand, das sich durch die Zauberkünste Medeias selbst entzündete, als Krëusa es anzog. K. verbrannte mit ihr, weil er seine Tochter retten wollte.

Kresphontes, 1. König von Messene, verheiratet mit ↑ Merope. Er wurde von seinem Verwandten Polyphontes ermordet, der die Herrschaft von Messene an sich riß. – 2. jüngster Sohn des K. und der Merope, trug den gleichen Namen wie sein Vater (auch Aipytos genannt). Seiner Mutter war es gelungen, ihn in Sicherheit zu bringen, nachdem Polyphontes ihren Mann und ihre beiden älteren Söhne getötet hatte. K. wuchs bei Freunden in Aitolien auf, während Merope den Polyphontes heiraten mußte. Dieser wußte, daß K. noch am Leben war, doch versuchte er vergeblich, dessen

Aufenthaltsort zu erfahren. Der erwachsene K. kehrte unerkannt in die Heimat zurück und gab sich am Königshof als sein eigener Mörder aus, um bei Polyphontes vorgelassen zu werden. Auch Merope erkannte ihn nicht, sondern wollte ihn töten, um den Sohn zu rächen. Im letzten Augenblick konnte ein alter Diener, der den Heimgekehrten erkannte, die Bluttat verhindern. K. tötete Polyphontes und übernahm die Herrschaft in Messene. Über das Schicksal des K. schrieb Euripides die Tragödie *Kresphontes*, die nur in einigen Fragmenten überliefert ist. – 3. einer der Nachkommen des Herakles (↑ Herakliden).

Kretheus ↑ **Tyro**

Krëusa, 1. Tochter des ↑ Erechtheus. Sie gebar von Apollon den Sohn ↑ Ion, den sie aussetzen mußte. Mit ↑ Xuthos verheiratet, blieb sie kinderlos. Als die Ehegatten deshalb das Orakel von Delphi befragten, wurde ihnen Ion als Thronerbe gewiesen. Der Tragödie *Ion* von Euripides (420 v. u. Z.) liegen die Mißverständnisse und Erkennungsszenen zwischen Mutter und Sohn zugrunde. – 2. Tochter des Priamos und der Hekabe, erste Frau des Aeneas, Mutter des ↑ Ascanius. Bei der Flucht aus dem brennenden Troja verschwand sie. Vergil läßt in der *Aeneis* ihren Geist dem Aeneas die Zukunft vorhersagen. – 3. Tochter des Kreon, des Königs von Korinth, auch Glauke genannt. ↑ Iason verliebte sich in sie und wandte sich von seiner Frau ↑ Medeia ab, um K. zu heiraten. Die Verlassene nahm furchtbare Rache am Tag der Hochzeit, indem sie der Braut ein Gewand sandte, daß in Flammen aufging, als diese es anzog. K. kam zusammen mit Kreon, der seine Tochter retten wollte, elend um.

Krieg ↑ **Ares,** ↑ **Bellona,** ↑ **Enyo** (2), ↑ **Mars**

Kronide ↑ **Zeus**

Kronos, der jüngste der ↑ Titanen, Sohn des Uranos und der Gaia. Als Uranos alle von ihm gezeugten Ungeheuer (die Kyklopen, die Hundertarmigen) im Schoß der Gaia barg, hielt diese es nicht mehr aus und bat ihre Kinder um Hilfe. Einzig K. hatte den Mut, mit der von Gaia gefertigten Sichel den Vater zu entmannen und damit seiner Herrschaft ein Ende zu setzen. Er nahm seine Schwester ↑ Rheia zur Frau und war nun der erste unter den Göttern. Da Gaia ihm prophezeit hatte, daß eines seiner Kinder ihn stürzen würde, verschlang er alle Nachkommen sofort nach der Geburt. Um ihren jüngsten Sohn zu retten, begab sich Rheia auf Rat ihrer Eltern nach Kreta. Dort gebar sie Zeus und brachte ihn in eine Höhle, damit er im verborgenen aufwachsen konnte (↑ Amaltheia); dem Vater K. aber gab Rheia einen Stein, der in ein Tuch gewickelt war und den dieser sogleich verschlang. Der herangewachsene Zeus zwang K., seine Geschwister wieder auszuspeien, und besiegte K. und die anderen Titanen in der Titanomachie. In späterer Überlieferung wurde K. als Herrscher in den Gefilden der Seligen eingesetzt. Auch Hesiod nannte schon seine Herrschaft das „Goldene Zeitalter“. In Rom entsprach K. der ↑ Saturn. Unter diesem Namen gehörte er zu den mittelalterlichen Planetengöttern; der Astrologie galt er als Unglücksplanet. Sein wichtigstes Attribut war die Sichel (oder die Sense). – Seit der Renaissance wurde der Name K. aufgrund der gleichen Lautung mit dem griechischen Wort Chronos (‚Zeit‘) gleichgesetzt. Der Gott personifizierte in der bildenden Kunst deshalb Zeit und Vergänglichkeit. Auch Goethe identifizierte in seinem Gedicht *An Schwager Kronos* (e. 1774) K. mit der Zeit. Den Titanen des Hesiod, der seine Kinder verschlingt, malte noch einmal Goya.

Ktesippos, Sohn des Herakles und der Deïaneira, ↑ Herakliden.

Kunst, Künste, Künstler ↑ Athene, ↑ Hephaistos, ↑ Minerva, ↑ Musen

Kureten, dämonische Götterdiener, verwandt (oder gleichgesetzt) mit ↑ Kabiren, ↑ Daktylen und ↑ Telchinen. Mit den ↑ Korybanten gehörten sie zum Kreis der ↑ Rheia(-Kybele). Der Mythos erzählt, daß sie bei der

Geburt des Zeus auf Kreta dabei waren und das Weinen des göttlichen Kindes mit ihren Waffentänzen übertönten, damit der Vater ↑ Kronos nicht merkte, daß es noch am Leben sei.

Kybele, Göttin phrygischer Herkunft. Sie wurde in Griechenland mit ↑ Rheia, der Mutter des Zeus, gleichgesetzt und in Rom als Magna Mater (‚Große Mutter') verehrt. Sie forderte von ihren Anhängern bedingungslose Unterwerfung. Ihren Geliebten, den jungen schönen ↑ Attis, trieb sie aus Eifersucht in den Wahnsinn. Ihre Begleiter waren ↑ Kureten und ↑ Korybanten, die ihre Herrin in wilden Tänzen feierten. K. fuhr auf einem Wagen durch die Lüfte, der von Löwen und Panthern gezogen wurde. Als Fruchtbarkeitsgöttin wurde sie in orgiastischem Kult verehrt, der in Rom im Jahre 204 v. u. Z. zum Staatskult erhoben wurde, wobei sich ihre Priester in Ekstase selbst entmannten. Zu den Feierlichkeiten gehörte aufpeitschende Musik; das Tympanon (die Handpauke) war eines der Attribute der K. Da sie in Rom auch als Schutzherrin der Städte galt, wurde sie mit Mauerkrone dargestellt („die cybelische Mutter, turmbekränzt auf dem Wagen", Vergil, *Aeneis,* VI. Buch). In der neueren europäischen Kunst erscheint K. gelegentlich, so auf Rubens' Gemälde *Die Verbindung des Wassers mit der Erde,* wo K. die Erde, Neptun das Wasser symbolisiert.

Kydippe ↑ **Akontios**

Kyklopen (‚Rundaugen'), Söhne des Uranos und der Gaia, die sich von den anderen Göttern dadurch unterschieden, daß sie nur ein Auge mitten auf der Stirn hatten. Hesiod nennt in der *Theogonie* die Namen Brontes, Steropes und Arges. Wie seine anderen Kinder verbannte Uranos auch die K. ins Innere der Erde. Zeus befreite sie, damit sie ihm im Kampf gegen die ↑ Titanen halfen. Von ihnen erhielt er Donner und Blitz. Auch als Gehilfen des ↑ Hephaistos in den Tiefen des Ätna werden sie genannt. Die mächtigen Mauern der Burgen von Mykene und Tiryns sah man als ihr Werk an; Hesiod sagt von ihnen: „In ihren Werken aber lag Stärke, Gewalt und Erfindung." Apollon tötete sie und mußte dafür ein Jahr lang bei dem Sterblichen ↑ Admetos dienen. Bei Homer sind die K. Söhne des Poseidon, ein wildes Volk, das sich nur von seinen Herden ernährte und sich auf keinerlei Kunstfertigkeiten verstand. Odysseus gelangte auf seinen Irrfahrten auch in ihr Land und konnte dem K. ↑ Polyphemos nur mit List entkommen.

Kyknos (‚Schwan'), 1. Sohn des Ares und der Pelopeia (oder Pyrene). An der Straße nach Thermopylai wartete er auf Vorübergehende, überfiel und tötete sie. Auch Herakles forderte er heraus. Als Ares seinem Sohn half, schleuderte Zeus einen Blitz zwischen die Kämpfenden. Ares verwandelte K. in einen Schwan. Nach einer anderen Version tötete Herakles den K. Den Kampf des Herakles mit K. und Ares schildert das als Fragment überlieferte Epos *Der Schild des Herakles*, das wahrscheinlich ein Dichter aus dem Kreis um Hesiod verfaßt hat. – 2. Sohn des Apollon und der Hyria, lebte in Kalydon. Im Streit mit seinem Freund Phyllius stürzte er sich, um diesen zu kränken, von einem Felsen und wurde von Apollon in einen Schwan verwandelt. Seine Mutter, die in Tränen zerfloß, wurde zu einem See (so erzählt im VII. Buch der *Metamorphosen* des Ovid). – 3. Freund des ↑ Phaëthon. Als dieser mit dem Himmelswagen abgestürzt war, beweinte K. ihn so sehr, daß Apollon Mitleid mit ihm hatte und ihn in einen Schwan verwandelte (gleichfalls eine der *Metamorphosen*, II. Buch).

Kyparissos, Sohn des ↑ Telephos. Apollon hatte ihn sich wegen seiner Schönheit zum Geliebten erwählt. K. war mit einem Hirsch in Freundschaft verbunden, den er jedoch durch ein unglückliches Versehen tötete. Außer sich vor Schmerz, bat er die Götter um ewige Trauer und wurde von ihnen in eine Zypresse (griechisch kyparissos), das Sinnbild der Trauer, verwandelt (Ovid, *Metamorphosen*, X. Buch).

L

Labdakos, König von Theben, Enkel des Kadmos, des Gründers der Stadt. L.' Sohn war ↑ Laios, der Vater des Oidipus. Die Nachkommen des L. werden Labdakiden genannt.

Labyrinth ↑ **Daidalos,** ↑ **Minotauros**

Ladon, 1. Drache, der den Garten der ↑ Hesperiden bewachte, Sohn des Phorkys und der Keto. Herakles tötete ihn, als er die Äpfel im Auftrag des Eurystheus holte (elfte Arbeit; nach der geläufigeren Version holte Atlas die Äpfel, während Herakles das Himmelsgewölbe trug). – 2. Gott des gleichnamigen Flusses in Arkadien.

Laërtes, Herrscher von Ithaka; nach Homer (*Odyssee*) Vater des Odysseus. Tief betrübt vom langen Ausbleiben seines Sohnes, verzichtete L. auf alle Annehmlichkeiten des Lebens und zog sich auf ein bescheidenes Landgut zurück. Als Odysseus zurückgekehrt war und die Freier Penelopes schon besiegt hatte, ging er endlich auch zu seinem Vater und gab sich ihm mit einer Narbe am Bein zu erkennen. Athene schenkte L. noch einmal die Kraft der Jugend; so konnte er mit einem Lanzenwurf Eupeithes töten, den Vater des ↑ Antinoos, der die Verwandten der getöteten Freier zum Kampf gegen Odysseus anführte.

Laios, König von Theben, Sohn des Labdakos und Vater des Oidipus. Er war lange kinderlos geblieben. Als seine Frau ↑ Iokaste endlich einen Sohn gebar, prophezeite ihm das Delphische Orakel, daß dieser ihn töten und Iokaste heiraten werde. Deshalb ließ L. den Sohn mit durchbohrten Füßen aussetzen. Er wurde von Hirten aufgezogen und später von Polybos, dem König von Korinth, der selbst keine Erben hatte, an Kindes Statt angenommen. Nach Jahren wollte L. abermals das Orakel befragen, um vom Schicksal des ausgesetzten Kindes zu erfahren. Unterwegs geriet er in Streit mit einem Fremden, der ihn im Zorn erschlug. Es war sein Sohn Oidipus, der Korinth verlassen hatte, um fern von seinen vermeintlichen Eltern zu sein. Euripides erklärte in seiner (nur in Fragmenten erhaltenen) Tragödie *Chrysippos* das Schicksal des L. mit einem Fluch des Pelops, weil L. dessen Sohn ↑ Chrysippos verführt hatte.

Laistrygonen, sagenhaftes Riesenvolk, von dem Homer in der *Odyssee* (X. Gesang) erzählt: Odysseus kam, nachdem er von der Insel des Aiolos weggeschickt worden war, nach Telepylos in einen von hohen Felswänden umgebenen geschützten Hafen. Da er nicht wußte, wer das Land bewohnt, schickte er Gesandte in die nahe Burg. Dort herrschte Antiphates, der König der L., wie alle seines Volkes ein menschenfressender Riese. Einen der Gesandten verschlang er sofort, die anderen flohen zum Schiff. Doch die vom König herbeigerufenen L. verfolgten sie und fingen viele, die sie wie Fische auf Speere spießten. Odysseus war auf dem Schiff geblieben und konnte mit einigen Gefährten entkommen.

Lamia, eine furchterregende Gestalt, die aus dem Volksglauben in die mythischen Erzählungen der Griechen übernommen wurde. Sie soll ein schönes Mädchen gewesen sein, das Zeus zu seiner Geliebten erwählte. Die eifersüchtige Hera schlug sie mit Wahnsinn, so daß L. ihre eigenen Kinder tötete. Nach dieser schrecklichen Tat wurde sie ein blutrünstiges Ungeheuer, das Kinder stahl und niemals Schlaf finden konnte. Zeus erlaubte ihr, sich die Augen herauszunehmen, so daß sie zur Ruhe kam.

Lampetia ↑ Helios

Laodamas ↑ Epigonen

Laodameia, 1. Tochter des ↑ Bellerophontes; nach der *Ilias* von Zeus Mutter des ↑ Sarpedon (nach anderen Quellen war Sarpedon ein Sohn der Europa und des Zeus). – 2. Tochter des Königs Akastos von Iolkos, Gattin des ↑ Protesilaos.

Laodike, 1. Tochter des Priamos und der Hekabe; nach Homer „die schönste von allen". Sie war die Frau des Helikaon, des Sohnes von ↑ Antenor. Nach der Eroberung Trojas soll sie von der Erde verschlungen worden sein. Eine andere Überlieferung verbindet sie mit ↑ Akamas, dem Sohn des Theseus, in den sie sich verliebte, als er mit Diomedes in die Stadt kam, um die Herausgabe der Helena zu fordern. Beider Sohn war

Munitos. – 2. in der *Ilias* neben Iphianassa und Chrysothemis die dritte Tochter des Agamemnon.

Laokoon, troischer Priester des Apollon (oder des Poseidon). L. wurde mit seinen beiden Söhnen unter schrecklichen Qualen von Schlangen getötet, die ein erzürnter Gott geschickt hatte. Über die Ursache dieses Götterzorns gibt es zwei Überlieferungen. Eine (verlorene) Tragödie von Sophokles sah in L. den Priester des Apollon, der trotz seiner Priesterwürde geheiratet und Söhne gezeugt hatte. Die Schlangen schickte der beleidigte Apollon. Die bekanntere Version berichtet Vergil in der *Aeneis*: Als die Griechen ihre Abfahrt von Troja vortäuschten und das hölzerne Pferd am Ufer zurückließen, warnte L. (wie ↑ Kassandra) davor, es in die Stadt zu holen, und schleuderte sogar seine Lanze dagegen. Da erschienen Schlangen aus dem Meer, umwanden L. und seine Söhne, töteten sie und verschwanden im Tempel der Athene. Die Troer sahen darin ein göttliches Zeichen, daß das Pferd ein Geschenk der Athene sei, und zogen ihr Verderben selbst in die Stadt.

Der Mythos wurde vor allem in der Neuzeit berühmt durch die *Laokoon-Gruppe,* eine Marmorplastik aus dem 1. Jh. v. u. Z., die im Jahre 1506 in Rom gefunden wurde. Sie zeigt L. und seine beiden Söhne im Todeskampf mit den Schlangen. Bereits Plinius beschrieb diese Plastik, die von den Bildhauern Hagesandros, Athanadoros und Polydoros aus Rhodos geschaffen wurde und die das Bild der antiken Kunst bis ins 18. Jh. entscheidend beeinflußte. Michelangelo und Bernini sahen in diesem Werk den Höhepunkt der antiken Kunst. Besondere Bedeutung gewann die Plastik für die Ästhetik der deutschen Aufklärung und der Weimarer Klassik. Für Lessing war sie Anlaß zu seiner Schrift *Laokoon oder Über die Grenzen der Malerei und Poesie* (1766), die allgemeine Gesetzmäßigkeiten der Künste im Vergleich der Beschreibung der Szene bei Vergil mit dem Kunstwerk untersucht; Goethe sah in dem Werk die Verkörperung klassischer ästhetischer Ideale (*Über Laokoon,* 1798). Seit der Auffindung bedeutender Plastiken der klassischen griechischen Kunst wird die *Laokoon-Gruppe* gemäßigter beurteilt. Auch beziehen sich die genannten Schriften auf ein Kunstwerk, das in der Renaissance falsch ergänzt wurde und erst in der Gegenwart sein (wahrscheinlich) originales Aussehen wiedererhalten hat.

Laomedon, König von Troja, Enkel des ↑ Tros, Vater u. a. von ↑ Hesione (3), ↑ Priamos und ↑ Tithonos. Apollon und Poseidon bauten für ihn die Stadtmauern. Diese Strafe war ihnen auferlegt worden, weil sie sich gegen Zeus aufgelehnt hatten. L. weigerte sich, den versprochenen Lohn zu zahlen. Die Götter rächten sich furchtbar: Apollon schickte die Pest in die Stadt, Poseidon ließ ein menschenfressendes Ungeheuer wüten. Das Orakel verkündete, daß die Plagen nur aufhörten, wenn Hesione dem Ungeheuer geopfert würde. Nun versprach L. dem, der das Ungeheuer töten und Hesione befreien würde, die herrlichen Rosse, die ↑ Boreas einst mit den Stuten des Königs Erichthonios gezeugt hatte. Herakles nahm es auf sich, mit dem Ungeheuer zu kämpfen, und tötete es. Doch wieder verweigerte L. den Lohn. Da sammelte Herakles ein Heer, stürmte und verwüstete Troja und tötete den wortbrüchigen König.

Laothoë ↑ Polydoros (1)

Lapithen, wildes Volk aus Thessalien, bewohnte dort die Gebirge und Wälder, Nachkommen des Lapithes, dessen Eltern Apollon und Stilbe, die Tochter des Flußgottes Peneios, waren. Die L. waren kriegerisch und auf ihre Unabhängigkeit bedacht; nicht selten kamen Frevler gegen die Götter aus diesem Volk (↑ Ixion, ↑ Koronis, 1). Sie waren durch Ixion mit den ↑ Kentauren verwandt, die in der Nachbarschaft lebten. Als ↑ Peirithoos, der König der L. und Freund des Theseus, seine Hochzeit feierte, waren die Kentauren eingeladen. Sie fielen aber über die Frauen der L., sogar über die Braut, her und wollten sie rauben. Dieser Kampf (Kentauromachie) wurde oft in der bildenden Kunst dargestellt, so auf der Metope des Parthenon-Tempels.

Laren (lat. Lares), römische (ursprünglich italische) Schutzgötter des Hauses, der Familie und ihrer Ländereien (Lares familiares). In jedem Haus befand sich ein Ort, der den L. gewidmet war, zunächst war er am Herd, später ein Altar an einem besonderen Platz, dem Lararium, wo sie Opfer erhielten. Die L. wurden bei allen wichtigen Familienereignissen angerufen, sie wachten über die Normen des gesellschaftlichen Zusammenlebens. Wenn ein Herr einen Sklaven grausam behandelte, konnte dieser am Altar der L. Schutz suchen. An Kreuzwegen (lat. compita) wurden den Lares compitales Heiligtümer errichtet. Sie schützten die guten Beziehungen zwischen den Nachbarn und wurden mit Spielen und Opfern besonders von den Sklaven gefeiert. Kaiser Augustus bezog die volkstümliche Verehrung der L. in den Staatskult ein, der von den Collegia Compitalica versehen wurde. – Bildliche Darstellungen der L. gibt es erst aus ziemlich später Zeit, zunächst auf Münzen; aus der Kaiserzeit sind Bronzestatuetten erhalten, die den L. die Gestalt von Jünglingen geben. Auch auf zahlreichen Reliefs von größeren Denkmälern finden sich ihre Bilder.

Latinus, Sohn des ↑ Faunus und der Nymphe Marica, König von Latium (nach der griechischen Variante Sohn des Odysseus und der Kirke). Nach Vergil (*Aeneis*) fiel in seine Regierungszeit die Ankunft des Aeneas in Latium. L. nahm ihn auf und gab ihm seine Tochter ↑ Lavinia zur Frau, nachdem Aeneas die Rutuler besiegt hatte. L. soll auf geheimnisvolle Weise während des Kampfes verschwunden sein. Er wurde als Jupiter Latiaris, als Gott des Bundes der Latiner, verehrt. Sein Tempel stand auf den Albanerbergen.

Latona, römische Namensform von ↑ Leto, in der römischen Mythologie die Mutter von Phoebus Apollo und Diana.

Lavinia, Tochter des ↑ Latinus, des Königs von Latium, und der Amata. Die Mutter hatte sie dem Turnus, einem Fürsten aus dem benachbarten Stamm der Rutuler, zur Frau versprochen. Als ↑ Aeneas in Latium landete, nahm Latinus ihn gastfreundlich auf. Auch der Ankömmling warb um L., es kam deshalb zu einem erbitterten Kampf zwischen Rutulern und Latinern, auf deren Seite Aeneas kämpfte. Im Zweikampf besiegte der Trojaner den Turnus und erhielt L. zur Frau. Sie gebar ihm den Sohn ↑ Ascanius (der nach anderer Überlieferung, so bei Vergil, Sohn der Krëusa, der Gemahlin des Aeneas in Troja, war und seinen Vater auf der Flucht begleitet hatte).

Leandros ↑ Hero

Learchos ↑ Athamas

Leda, Tochter des Königs Thestios von Aitolien und der Eurythemis. Der aus Sparta vertriebene König ↑ Tyndareos fand bei L.s Vater Zuflucht und half ihm bei kriegerischen Auseinandersetzungen mit seinen Nachbarn. Zum Dank verheiratete Thestios ihn mit L. Als Tyndareos wieder nach Sparta zurückkehren konnte, ging sie mit ihm und wurde Mutter der Klytaimestra. L. war eine der zahlreichen Geliebten des Zeus. Um sich ihr nähern zu können, verwandelte er sich in einen Schwan und verführte sie in dieser Gestalt. L. brachte ein Ei zur Welt, das die schöne Helena barg. Auch die Zwillinge Kastor und Polydeukes, die ↑ Dioskuren, sollen so gezeugt worden sein, der unsterbliche Polydeukes als Sohn des Zeus, der sterbliche Kastor als Sohn des Tyndareos. Nach einer anderen Überlieferung gebar ↑ Nemesis das Ei; L. fand es und zog das Kind, das daraus entschlüpfte, als eigenes auf. – „Leda mit dem Schwan“ gehört zu den Motiven, die in Antike und Neuzeit gleichermaßen beliebt waren. Dementsprechend oft wurde es in der bildenden Kunst gestaltet, auf griechischen Vasen, Sarkophagen, Mosaiken und Wandgemälden. Eine Plastik des Timotheos aus dem 4. Jh. v. u. Z. ist nur in Kopien erhalten.

Die Liebesszene zwischen der schönen Frau und dem schönen Vogel malten u.a. Leonardo da Vinci und Michelangelo (beide Bilder sind nur in Kopien bekannt, die *Leda* von Michelangelo hat Rubens kopiert).

Lehrer ↑ **Minerva**

Lemuren, Totengeister der römischen Mythologie, Schatten der Toten, die keine Ruhe finden konnten (weil sie als Lebende Übles getan hatten oder weil sie nicht ordnungsgemäß bestattet worden waren). Sie streiften nachts umher und bedrohten die Menschen, auch Wahnsinn konnten sie bringen. Den L. waren die Lemuria (9., 11. und 13. Mai) gewidmet; an diesen Tagen waren die Tempel geschlossen, Eheschließungen waren nicht erlaubt. Mit schwarzen Bohnen und Lärm vertrieb man die L. aus den Häusern. – In Goethes *Faust II* sind sie Diener der Hölle, die den toten Faust im Dienst des Mephisto begraben wollen.

Lernäische Hydra ↑ **Hydra**

Lethe (‚Vergessen'), der Fluß der Unterwelt, aus dem die Toten tranken, um ihr diesseitiges Leben zu vergessen. Noch in Dantes *Göttlicher Komödie* (um 1320) fließt er von der Spitze des Läuterungsberges, um die Erinnerungen an die Sünden fortzuspülen.

Leto, Tochter der Titanen Koios und Phoibe, von Zeus Mutter des Apollon und der Artemis. Hesiod nennt sie „die sanfteste droben am Himmel" und „gütig den Menschen gesinnt". Wie alle Geliebten des Zeus wurde auch L. von der eifersüchtigen Hera verfolgt. Nirgends fand sie einen Ort, wo sie in Ruhe gebären konnte, da alle Inseln Hera fürchteten. Auf Delos durfte sie schließlich bleiben, aber auch hier ließ Hera nicht von ihr ab: Sie hielt die Geburtsgöttin Eileithyia davor zurück, L. beizustehen; neun Tage lang litt L. unter den schweren Wehen, ehe sie die göttlichen Zwillinge zur Welt brachte. Als Mutter von Apollon und Artemis war L. auf dem Olymp hoch geachtet. Wie ihre Kinder stand sie im Trojanischen Krieg auf seiten der Troer; sie half Artemis, Aeneas zu heilen, nachdem Diomedes ihn verwundet hatte, und tröstete ihre Tochter, als diese in der Götterschlacht von Hera besiegt worden war. Apollon und Artemis verteidigten ihre Mutter gegen jeden Angriff und jede Beleidigung; so bestraften sie ↑ Niobe und ihre Kinder grausam. L. ist das Urbild der von den Kindern geliebten Mutter. In Rom wurde sie unter dem Namen ↑ Latona verehrt.

Leukippos, 1. König von Messenien, Sohn des Perieres und der Perseustochter Gorgophone. Seine Brüder waren ↑ Tyndareos, ↑ Ikarios und Aphareos. Mit den Söhnen des letzteren (↑ Apharetiaden) waren die Töchter des L., Phoibe und Hilareia, verlobt, die von den ↑ Dioskuren geraubt wurden. – 2. Sohn des ↑ Oinomaos. Er liebte die Nymphe ↑ Daphne, die auch von Apollon begehrt wurde. Als L. einmal, als Mädchen verkleidet, die Nymphe verfolgte, ließ der Gott ihn von ihren Begleiterinnen töten.

Leukothea, die Meeresgöttin, in die sich ↑ Ino verwandelt hatte, als sie, verzweifelt über den Tod ihrer Söhne und auf der Flucht vor ihrem wahnsinnig gewordenen Gatten ↑ Athamas, sich mit ihrem Sohn Melikertes ins Meer stürzte. Sie half Odysseus, als Poseidon das Floß, mit dem er von der Insel der ↑ Kalypso nach Hause fahren wollte, kentern ließ. Sie gab ihm ihren Schleier, der ihn sicher durch die Wellen trug, und riet ihm, im Land der Phaiaken Hilfe zu suchen. In Rom wurde sie unter dem Namen ↑ Mater Matuta verehrt, Melikertes wurde zum Hafengott ↑ Portunus.

Leukothoë, Tochter des Orchamos, des Königs von Persien, und der Okeanide Eurynome. Helios entbrannte in heißer Liebe zu ihr und vernachlässigte darüber ↑ Klytië, die L. an den Vater verriet. Dieser bestrafte die Tochter grausam: er ließ sie lebendig begraben, Helios aber verwandelte die Geliebte in einen Weihrauchbaum (eine der *Metamorphosen* des Ovid).

Libentina ↑ **Libitina**

Liber, altitalischer Fruchtbarkeitsgott, der später mit ↑ Dionysos identifiziert wurde. Zusammen mit Ceres und Libera erhielt L. im Jahre 493 v. u. Z. einen Tempel auf dem römischen Aventin, der Mittelpunkt des öffentlichen Lebens der Plebejer wurde. Ihm zu Ehren wurden am 17. März die Liberalia gefeiert. Im gesamten Römischen Reich ging die Gestalt des L. in die der einheimischen Fruchtbarkeits- und Weingötter ein.

Libera, altitalische Göttin, Schwester des ↑ Liber, gehörte zur plebejischen Göttertriade Ceres, Liber, L. Sie wurde, als Tochter der Ceres, mit der griechischen Persephone gleichgesetzt.

Libitina, römische Göttin der Bestattungszeremonien. Ihr Tempel stand inmitten eines Hains, der ihr geweiht war. Dort wurden auch die für die Bestattung notwendigen Geräte aufbewahrt. Durch den Gleichklang der Wörter wurde L. später mit Libentina, der Göttin der Wollust (einer der Namen der Venus), gleichgesetzt.

Libye, Nymphe, Tochter des ↑ Epaphos. Von Poseidon gebar L. die Zwillinge ↑ Agenor und ↑ Belos.

Lichas, Gefährte des Herakles. Als sein Herold überbrachte er ihm von der eifersüchtigen, aber arglosen ↑ Deïaneira das todbringende Gewand. Als Herakles die furchtbare Wirkung des Giftes spürte, stürzte er den unschuldigen Boten ins Meer.

Licht ↑ Apollon, ↑ Jupiter

Liebe ↑ Amor, ↑ Aphrodite, ↑ Cupido, ↑ Eros, ↑ Venus

Likymnios, Sohn des ↑ Elektryon, des Königs von Mykene. Seine Mutter war eine phrygische Sklavin. Er kämpfte gegen die Teleboer in dem Krieg, an dem auch ↑ Amphitryon teilnahm. Nachdem dieser versehentlich Elektryon getötet hatte, floh L. gemeinsam mit Amphitryon und Alkmene, seiner Halbschwester. Die Flüchtlinge ließen sich in Theben nieder, wo ihnen Kreon Zuflucht gewährte. Seine Söhne (von Perimede, der Schwester des Amphitryon) kämpften mit Herakles. L. selbst zog mit den ↑ Herakliden gegen Eurystheus und wurde von Tlepolemos, dem Sohn des Herakles und der Astyocheia, versehentlich oder mit Absicht getötet.

Linos, Sohn der Muse Urania, ein berühmter Sänger

und Musiker, der am Berg Helikon lebte. Er wurde von Apollon getötet, der auf die Kunst des L. eifersüchtig war. Nach anderer Überlieferung war L. Sohn des Apollon und der Psamanthe, einer Tochter des Königs von Argos. Er lehrte den jungen Herakles die Musik, wurde aber von diesem, da er den Tadel des Lehrers nicht vertrug, mit der Kithara erschlagen. Bereits in der *Ilias* (XVIII. Gesang) findet sich der Hinweis auf die Lieder des L., ältestes Zeugnis für eine Dichtung vor Homer.

Lotophagen (‚Lotosesser'), sagenhaftes Volk, das sich von Lotospflanzen ernährte. Im IX. Gesang der *Odyssee* wird berichtet, wie Odysseus und seine Gefährten bei ihren Irrfahrten in das Land der L. verschlagen wurden. Die Kundschafter der Griechen wurden von den L. freundlich empfangen; diese gaben den Gästen nach der Sitte des Landes Lotos zu essen. Die Wirkung der Pflanze aber war seltsam: Die Griechen vergaßen alles, was vorher war, und hatten keinen anderen Wunsch, als bei den L. zu bleiben und Lotos zu essen. Odysseus mußte Gewalt anwenden, um sie wieder auf das Schiff zu bringen, und sie an den Ruderbänken festbinden.

Lucina ↑ **Eileithyia**

Lucius Tarquinius ↑ **Servius Tullius**

Lucretia, Gemahlin des vornehmen Römers Lucius Tarquinius Collatinus, der zur Zeit des Königs ↑ Tarquinius Superbus in Collatia lebte. Collatinus lobte während eines Feldzugs gegen die benachbarten Rutuler vor dem Sohn des Königs, Sextus Tarquinius, und anderen vornehmen Römern die Tugend und die Schönheit der L. Um ihnen die Wahrheit zu beweisen, brachte er die Gesellschaft unerwartet in sein Haus, wo L. noch tief in der Nacht mit ihren Mägden spann. Alle bewunderten die schöne, fleißige Frau, nur Sextus wurde von dem frevelhaften Verlangen ergriffen, sie zu besitzen. Er kehrte einige Tage später allein in das Haus des Collatinus zurück, wurde von L. ohne Argwohn eingelassen und tat ihr Gewalt an. Die unglückli-

che Frau ließ ihren Vater und ihren Gatten kommen, sagte ihnen die Wahrheit, forderte Rache und durchbohrte sich mit einem Dolch. Lucius Iunius ↑ Brutus, der die Verwandten der L. begleitet hatte, rief zum Aufstand gegen die verruchte Familie des Tarquinius auf, sammelte die Männer von Collatia, zog mit ihnen nach Rom und berichtete dort von der Schandtat des Sextus. Die empörten Bürger schlossen vor dem aus dem Feldlager zurückkehrenden König die Tore der Stadt. Er wurde verbannt, Sextus wurde von den Sabinern getötet. Die Römer aber wollten keine Königsherrschaft mehr, sondern wandelten den Staat in eine Republik um. Nach der – nicht historisch genau verbürgten – Chronologie der römischen Geschichte, die auf Livius zurückgeht, haben sich diese Ereignisse um das Jahr 510 v. u. Z. abgespielt.
Die Geschichte der tugendsamen Frau, die den Tod der Schande vorzieht und damit gleichzeitig die Befreiung der Heimat von einem Tyrannen auslöst, fand jahrhundertelang das Interesse der Schriftsteller. Außer von Livius ist sie von Dionysios Halikarnassos überliefert, Ovid nahm sie in die *Fasti* auf. Sie taucht – wenn auch in christlicher Interpretation – in der mittellateinischen Geschichtensammlung *Gesta Romanorum* auf. Besonders die Italiener sahen in L. nicht nur die tugendhafte Frau, sondern auch die Urheberin für die römische Freiheit, so Petrarca und Dante, in dessen *Göttlicher Komödie* (um 1320) L. der erste Höllenkreis, der Aufenthaltsort der tugendhaften Heiden, zugewiesen wird. Im deutschen Sprachraum wurde der Stoff dramatisch bearbeitet. H. Sachs' *Tragedia. Von der Lucretia* (e. 1527) konzentriert sich auf die private Seite – Tugend, Entehrung und Racheschwur; der Schweizer H. Bullinger läßt in seiner *Lucretia* (1533) Vergewaltigung und Selbstmord bereits im 1. Akt geschehen und malt die politischen Folgen breit aus. Bandello verwendete die L.-Geschichte für eine Novelle (1554), Shakespeare für ein Epos (*Die Schändung der Lucretia,* 1594).

Spätere Jahrhunderte wandelten den Stoff gleichfalls nach dem Zeitgeschmack um (Goldoni, Tragödie, 1737; J. E. Schlegel, Tragödie, 1740), auch Parodien tauchten auf. Für die Literatur des 20. Jh. hat er kaum Bedeutung, zu nennen ist lediglich J. Giraudoux' Drama *Für Lucretia* (1953): Hier ist die Fabel in die Gegenwart transponiert, wo unfehlbare Tugend fragwürdig geworden ist und L. an ihrer Manipulierbarkeit zugrunde geht. Parallel zur Literatur gestalteten die Maler die dramatischen Ereignisse: Tizian, Tintoretto, Giordano, Rubens malten L. mit ihrem Peiniger, Cranach d. Ä. (zwei Fassungen), Dürer, Baldung, Tizian, Veronese und Rembrandt malten den Tod der L.

Lucumo ↑ **Tarquinius Priscus**

Luna, römische Mondgöttin, sie wurde später mit ↑ Diana (bzw. mit der griechischen ↑ Selene) gleichgesetzt. Ihr Tempel in Rom stand auf dem Aventin. In den mittelalterlichen Planetenzyklen symbolisierte sie den Mond, sie wurde mit Fackel und Horn dargestellt. Nach den astrologischen Lehren standen alle Fahrenden und Seeleute unter ihrem Schutz.

Lykaon, 1. König von Arkadien, Sohn des Pelasgos. L. und seine Söhne standen im Ruf eines frevelhaften Lebenswandels, deshalb wollte Zeus sie prüfen. Er nahm die Gestalt eines Wanderers an und ließ sich von L. bewirten. L. aber hatte den Gott erkannt und wollte ihn seinerseits auf die Probe stellen: Er setzte ihm das Fleisch eines seiner Söhne (oder eines Enkels) vor. Zeus warf empört den Tisch um und tötete L. und dessen Söhne durch einen Blitz (oder verwandelte ihn in einen Wolf). Das ganze Menschengeschlecht aber mußte den Frevel L.s mit der Sintflut (↑ Deukalion, 1) büßen. – 2. Sohn des Priamos und der Laothoë, Bruder des ↑ Polydoros (1). Zweimal fiel L. dem Achilleus in die Hände. Beim ersten Mal verkaufte dieser ihn in die Sklaverei, beim zweiten Mal tötete er ihn.

Lykomedes, König auf der Insel Skyros. Als ↑ Theseus von Menestheus aus Athen vertrieben worden war, suchte er bei ihm Zuflucht. Doch L. stieß ihn hinterrücks von einer Klippe ins Meer. Später brachte Thetis ihren Sohn Achilleus zu ihm, damit er nicht mit nach Troja ziehen müsse. L.' Tochter ↑ Deidameia war die Mutter von Achilleus' Sohn Neoptolemos.

Lykos, 1. König von Theben. Er übernahm die Herrschaft nach dem Tod seines Bruders ↑ Nykteus. Diesem hatte er versprochen, dessen Tochter ↑ Antiope zu bestrafen, die die Geliebte des Zeus gewesen war. Er holte sie aus Sikyon, wo sie inzwischen als Gemahlin des Königs Epopeus lebte, zurück und übergab sie seiner Frau ↑ Dirke als Sklavin. Die grausame Behandlung, die Antiope dort erfahren mußte, rächten später ihre Söhne von Zeus, Amphion und Zethos, indem sie L. und Dirke töteten. – 2. Nachkomme des Nykteus, der während Herakles' Abwesenheit die Macht in Theben an sich gerissen und Herakles' erste Gemahlin ↑ Megara vertrieben hatte. Mit der Rückkehr des Helden setzt Euripides' Tragödie *Herakles* ein.

Lykurgos, 1. König der Edonen in Thrakien, Sohn des Dryas. L. verjagte den Dionysosknaben mit seinen Ammen aus dem Land und erschreckte den jungen Gott so, daß er ins Meer flüchtete. Zur Strafe blendete ihn Zeus und schickte ihm einen frühen Tod. Aischylos behandelte das Schicksal des L. und die Einführung des Dionysos-Kultes in Griechenland in einer Tetralogie, von der nur der erste Teil, *Lykurgos,* in einigen wenigen Fragmenten erhalten ist. Hier weigert sich L., den Dionysos-Kult einzuführen, und tötet, mit Wahnsinn gestraft, den eigenen Sohn. Am Schluß der tragischen Trilogie versöhnt er sich mit Dionysos und erhält seinen Thron zurück. – 2. König von Nemea. Er nahm ↑ Hypsipyle auf und machte sie zur Amme seines Sohnes Opheltes (vgl. auch Sieben gegen Theben). – 3. mythischer Gesetzgeber, der zwischen dem 9. und dem 7. Jh. v. u. Z. gewirkt haben soll. L. schuf auf Weisung des Orakels von Delphi die Verfassung von Sparta.

Lynkeus, 1. Sohn des ↑ Aigyptos. Bei der Hochzeit der

↑ Danaïden mit ihren Vettern wurde er mit ↑ Hypermestra vermählt, die als einzige dem Gebot des Vaters widerstand und in der Hochzeitsnacht nicht ihren Gatten ermordete. L. wurde nach dem Tod des Danaos König von Argos. Er ist Stammvater großer Helden, u. a. des Perseus. – 2. Sohn des Aphareos (er und sein Bruder Idas wurden die Apharetiaden genannt). Er nahm an der Kalydonischen Jagd und am Zug der Argonauten teil. Da die ↑ Dioskuren den Brüdern die Bräute (die Töchter des Leukippos) geraubt hatten, kam es zum Kampf, bei dem L. von Polydeukes getötet wurde. L. war berühmt wegen seiner ungewöhnlich scharfen Augen. Daran anknüpfend, nannte Goethe den Türmer in *Faust II* L. („Zum Sehen geboren, Zum Schauen bestellt ...“).

Lyssa, der personifizierte Wahnsinn. Hera schickt in Euripides' Tragödie *Herakles* L. zu dem Helden, um ihn um den Verstand zu bringen, so daß er Frau und Kinder erschlägt.

M

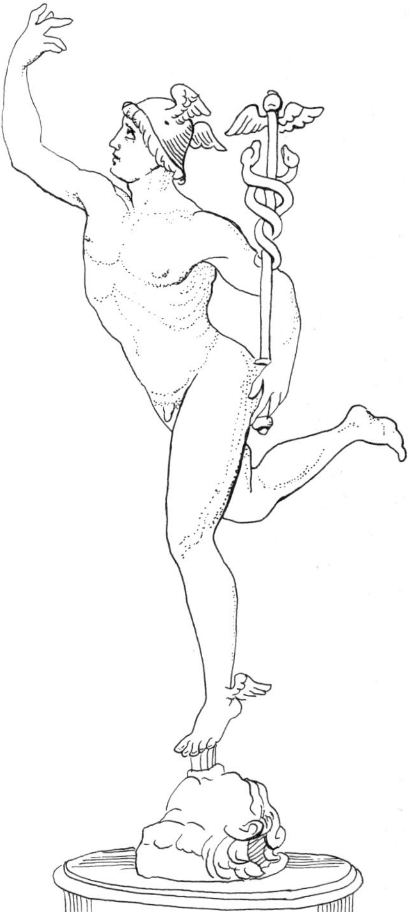

Machaon, Sohn des ↑ Asklepios. M. und sein Bruder Podaleirios hatten von ihrem Vater die Gabe der Heilkunst geerbt. Sie kämpften vor Troja auf der Seite der Griechen mit dreißig Schiffen und heilten die Verwundeten. M. heilte auch ↑ Philoktetes von dem Schlangenbiß. Er wurde von Paris verwundet und fiel später durch die Amazonenkönigin Penthesileia.

Magna Mater ↑ **Kybele**

Maia, eine der ↑ Pleïaden, von Zeus Mutter des Hermes. Der *Homerische Hymnos Auf Hermes* nennt sie eine Nymphe, die einsam in einer Höhle wohnte. Sie wurde die Geliebte des Zeus, ohne daß Hera es bemerkte. Später zog sie den Sohn des Hermes und der Kallisto, den Jäger ↑ Arkas, auf.

Mainaden ↑ **Bakchen**

Makareus ↑ **Kanake**

Makaria, Tochter des Herakles und der Deïaneira. Nach dem Tod ihres Vaters, als ihre Brüder (↑ Herakliden) gegen Eurystheus kämpfen mußten, opferte sich M. selbst der Persephone, um einen Orakelspruch zu erfüllen und damit den Sieg ihrer Brüder zu ermöglichen.

Mänaden ↑ **Bakchen**

Manen (lat. Manes), die römischen Totengeister, die als Götter der Unterwelt verehrt wurden. Meist waren sie den Lebenden wohlwollend gesonnen (im Unterschied zu den ↑ Lemuren). Ihnen zu Ehren wurden die Parentalia und die Novembiale gefeiert. Die M. bewachten die Grabstätten. Seit der Kaiserzeit schrieb man vor den Namen des Verstorbenen die Buchstaben DM (als Abkürzung für Dis manibus, ↑ Dis).

Manto, Tochter des Sehers ↑ Teiresias aus Theben. M. war ebenfalls seherisch begabt; sie begleitete ihren blinden Vater und beschrieb ihm die Zeichen. Nach der Einnahme Thebens durch die ↑ Epigonen und dem Tod ihres Vaters wurde M. von den Siegern als Beute nach Delphi geschickt. Dort verkündete ihr das Orakel, daß sie in Kleinasien die Stadt Klaros gründen sollte. M.s Sohn war der Seher ↑ Mopsos.

Marica, Nymphe des Flusses Liris (Liri); nach Vergil wurde sie von ↑ Faunus die Mutter des Königs ↑ Latinus.

Marpessa, Tochter des Euenos. Sie wurde von Apollon begehrt und von dem starken Idas, der sie auf einem geflügelten Wagen entführte. Der Vater konnte sie nicht einholen und stürzte sich voll Verzweiflung in einen Fluß, der seinen Namen erhielt. Apollon jedoch erreichte die Flüchtenden, und Idas hatte die Kühnheit, mit seinem Bogen dem Gott entgegenzutreten. Zeus selbst mußte die Kämpfenden trennen. Er gebot M., sich ihren Mann zu wählen. Sie entschied sich für den Sterblichen. Von Idas wurde sie Mutter der Kleopatra, der Frau des ↑ Meleagros.

Mars, auch Mavors, Marspiter, etruskisch Maris, einer der wichtigsten römischen Götter. Ursprünglich war er ein alter Vegetationsgott (Mars Silvanus), er konnte Menschen, Tieren und Feldern Fruchtbarkeit und Gesundheit schenken, war aber auch verantwortlich für Unheil und Verwüstung. Specht, Pferd, Stier und Wolf waren ihm heilig; der Monat März, in dem der Winter ausgetrieben wurde, war ihm gewidmet. Er schenkte auch das Kriegsglück und begleitete die Soldaten, wenn sie in den Kampf zogen. Als Kriegsgott wurde er mit dem griechischen ↑ Ares identifiziert, auch die griechischen Göttergeschichten wurden ihm angepaßt: So war er Geliebter der Venus, wie Ares Geliebter der Aphrodite war. Als Vater von ↑ Romulus und Remus war er Stammvater und Schutzherr Roms. Mit Jupiter und ↑ Quirinus bildete M. die alte (patrizische) Göttertriade der Stadt. Als Unterpfand für das Gedeihen des Reichs galt ein Schild (Ancile), den der Gott unter König ↑ Numa Pompilius hatte vom Himmel fallen lassen. Um zu verhindern, daß das kostbare Stück geraubt würde, bekam der Schmied Mamurius den Auftrag, elf Schilde anzufertigen, die diesem völlig glichen. Das Priesterkollegium der Salier hütete die Schilde, bei den Festen zu Ehren des M. wurden sie zu den feierlichen Kriegstänzen getragen. Auch vor dem Beginn eines Kriegszuges bewegte der Feldherr die Heiligtümer, zu denen auch die Lanze des M. gehörte. Wenn sich die Schilde von selbst bewegten, bedeutete dies schreckliches Übel für Rom. Der Platz, der außerhalb der Stadtmauern dem Aufmarsch des Heeres diente, war eben-

falls dem M. geweiht (Campus Martius – Marsfeld). Dort stand auch der Altar des Gottes. Augustus baute auf dem Forum Augustum einen Tempel für Mars Ultor, ‚den Rächer' (des Mordes an Caesar).
Im Mittelalter war M. vor allem der Planetengott, dargestellt in Kriegsausrüstung, in der Hand die Brandfackel. Seine Kraft wurde als zerstörerisch empfunden, er erregte Leidenschaften und verleitete zur Sünde. In späteren bildkünstlerischen Werken verschmilzt seine Gestalt mit der des Ares.

Marsyas, ein Satyr (oder Silen) aus Phrygien. Ursprünglich gehörte er zum Kultkreis der Kybele. Sein Name wird in Zusammenhang mit der Erfindung des Flötenspiels genannt: Athene hatte die Flöte weggeworfen, weil sie beim Blasen häßlich aussah, M. hob sie auf und spielte schließlich so gut, daß er meinte, sich mit Apollon messen zu können. Der Wettstreit endete mit dem Sieg des Gottes (die Musen und Athene waren die Richter), und Apollon ließ M. zur Strafe die Haut abziehen. Nymphen und Satyrn betrauerten ihn, sein Blut verwandelte sich in einen Fluß, der seinen Namen erhielt. – Zum Mythos um M. sind zahlreiche antike Kunstwerke erhalten: Myron schuf eine Plastik *Athene und Marsyas* (in römischen Kopien überliefert), der Wettstreit ist auf Vasen, Gemmen und pompejanischen Wandgemälden dargestellt. Die Bestrafung des M. nahmen die Maler der Renaissance und des Barock auf (Gemälde von Tizian, Reni, Liss, Poussin u. a.). In S. Brants *Narrenschiff* (1494) ist M. das Beispiel für menschliche Verblendung („Kein Narr sein wollen", dazu Holzschnitt, der die Bestrafung zeigt).

Mater Matuta, italische Frauengöttin, auch Göttin der Morgenröte. Sie wurde später mit der griechischen ↑ Ino (bzw. ↑ Leukothea) gleichgesetzt und galt als Schutzherrin der Schiffahrt. Ihr Sohn war der Hafengott ↑ Portunus. M. M. hatte einen Tempel auf dem Forum Boarium in Rom. Ihr zu Ehren wurde das Fest der Matralia am 11. Juni gefeiert.

Medeia (lat. Medea), zauberkundige Tochter des ↑ Aiëtes, des Königs von Kolchis, der das ↑ Goldene Vlies bewahrte. Als ↑ Iason mit den Argonauten nach Kolchis kam, um den Schatz zu erobern, entbrannte M. in leidenschaftlicher Liebe und half ihm auf sein Versprechen hin, sie zur Frau zu nehmen, bei der Erfüllung seiner Aufgabe: Sie riet ihm beim Bändigen der feurigen Stiere und schläferte den Drachen ein, der das Vlies bewachte. Auf der gemeinsamen Flucht vor dem Zorn des Königs tötete M. ihren Bruder Apsyrtos und warf seine Leiche zerstückelt ins Meer, um den Vater aufzuhalten. Auf der Insel der Phaiaken heirateten M. und Iason. In die Heimat des Iason, nach Iolkos, zurückgekehrt, half M. ihrem Mann, sich an ↑ Pelias zu rächen, der hier widerrechtlich die Macht ausübte: Sie überzeugte die Töchter des Pelias davon, daß sie ihn mit Zaubermitteln verjüngen könne, wenn sein Körper in Stücke gehackt würde. Die Töchter töteten so ihren Vater, aber M. und Iason mußten nach Korinth fliehen. Dort gebar M. die Söhne Mermeros und Pheres. Später warb Iason um ↑ Krëusa und drohte, M. zu verstoßen. Die vor Eifersucht rasende Frau sandte Krëusa zur Hochzeit ein prächtiges Gewand; als diese es anzog, verbrannte sie bei lebendigem Leibe. Um Iason noch härter zu treffen, tötete M. ihre eigenen Kinder und entfloh durch die Lüfte auf einem mit Drachen bespannten Wagen nach Athen. Dort wurde sie Frau des ↑ Aigeus, gebar ihm Medon, wurde aber vertrieben, als sie versuchte, ↑ Theseus aus dem Weg zu räumen. M. kehrte mit ihrem Sohn nach Kolchis zurück (oder siedelte sich in Areia an, das später Medien genannt wurde).

Die Künstler der Antike verwendeten Szenen von M. und Iason für Vasenbilder, für die Fresken von Pompeji und für Sarkophagreliefs. Die Hochzeit des Iason mit Krëusa und die Flucht der M. auf dem Drachenwagen wurden häufig dargestellt. Bis in die Neuzeit verlor das Thema nicht seine Anziehungskraft: Mittelalterliche Ovid-Illustrationen, Gemälde und Graphiken von Tibaldi, Aldegrever, Rembrandt, Veronese, Poussin, Delacroix, A. Feuerbach zeigen die Gestalt in der tragischen Verstrickung ihrer entsetzlichen Taten. Noch fruchtbarer war der Stoff für die Dramatik. Euripides gab ihm 431 v. u. Z. seine gültige Fassung, die bis in die Neuzeit fast unverändert blieb. Über die *Medea* des Seneca (1. Jh. u. Z.) gelangte der Stoff in die neuere europäische Literatur. Im Mittelpunkt der M.-Tragödien steht stets die Eifersucht der leidenden Frau, die zur maßlosen Raserei wird, wenn sie ihren Mann verliert. Dabei werden M.s Bindung an die Mächte der Finsternis und Iasons Liebe zu Krëusa oder seine Undankbarkeit und Treulosigkeit unterschiedlich akzentuiert. Erste bedeutende Bearbeitung der Seneca-Tragödie ist die *Medea* des P. Corneille (1635). In der deutschen Literatur schuf F. M. Klinger mit *Medea in Korinth* (1786) und *Medea auf dem Kaukasus* (1791) Interpretationen im Sinne des Sturm und Drang. Bei Grillparzer (Trilogie *Das goldene Vließ,* 1821, 3. Teil *Medea*) ist M. ganz von den düsteren Mächten ihrer Herkunft beherrscht. H. H. Jahnn (*Medea,* 1926, Neufassung 1959) läßt Iason, der durch die Zauberkünste seiner Frau jung geblieben ist, vor der gealterten M. zurückschrecken. Weitere Bearbeitungen des Stoffes stammen von J. Anouilh (1946), R. Jeffers (1946), C. Alvaro (1949) und von H. Müller (*Medeamaterial,* 1983).

Medon, 1. Halbbruder des Aias Oileus. Er hatte vor Troja den Befehl über die Krieger, die ↑ Philoktetes ursprünglich geführt hatte. Aeneas tötete ihn. – 2. Herold im Hause des Odysseus. Er verkündete Penelope den Anschlag, den die Freier gegen ihren Sohn Telemachos planten. – 3. Sohn der ↑ Medeia und des ↑ Aigeus.

Medos ↑ Alphesiboia (1)

Medusa, die sterbliche der drei ↑ Gorgonen. Um den jungen Helden ↑ Perseus unschädlich zu machen, schickte Polydektes ihn aus, das Haupt der M. zu holen. Mit Hilfe des Hermes und der Athene gelang ihm der gefährliche Auftrag. Als er der M. das Haupt abschlug (damit er durch deren Blick nicht versteinerte, hielt ihm Athene ihren Schild als Spiegel hin), entsprangen aus ihrem Körper ↑ Chrysaor und ↑ Pegasos, die Poseidon mit ihr gezeugt hatte. Nachdem Perseus mit dem M.haupt seine Feinde besiegt hatte, gab er es Athene, die es seitdem auf ihrer Aigis (Brustpanzer) trug. – Seit früher Zeit wurde der Gorgonenkopf mit fratzenhaft verzerrten Zügen, von Schlangen umgeben, auf Vasen und Reliefs, auch auf Münzen und Gebrauchsgegenständen dargestellt. So zeigt die Mittelgruppe des Giebelschmucks vom Artemis-Tempel (um 590 v. u. Z.) auf Korfu (dem antiken Kerkyra) die Gorgo mit Chrysaor und Pegasos. Die klassische griechische Kunst sah im Antlitz der Gorgo auch die Schönheit, die den Tod bringt oder die angesichts des Todes erstarrt, so die berühmte *Medusa Rondanini,* die römische Kopie eines griechischen Kunstwerks aus dem 5. Jh. v. u. Z., die Goethe begeisterte, als er sie in Rom 1786 sah.

Meer ↑ Neptun, ↑ Nereus, ↑ Okeanos, ↑ Pontos, ↑ Poseidon, ↑ Proteus, ↑ Triton

Megaira, eine der drei ↑ Erinyen. Das Wort Megäre, gebraucht für eine häßliche, zänkische Frau, ist davon abgeleitet.

Megara, erste Gemahlin des Herakles, Tochter des ↑ Kreon, des Königs von Theben. Nachdem Herakles Theben im Krieg gegen Erginos geholfen hatte, gab Kreon ihm M. zur Frau. Sie gebar ihm die Söhne Therimachos, Kreontiades und Deikoon. Als seine Feindin Hera ihm einen Wahnsinnsanfall schickte, tötete Herakles M. und seine Söhne. Die schreckliche Tat und das Erwachen des Herakles aus der Umnachtung bilden den Stoff von Euripides' Tragödie *Herakles* (421/415 v. u. Z.).

Melampus, Sohn des Amythaon, des Gründers von Iolkos, und der Idomene. Er war ein berühmter Seher, der sogar die Sprache der Tiere verstand. Diese Gabe war ihm von Schlangen verliehen worden, die er gerettet und aufgezogen hatte. Als M.' Bruder ↑ Bias die Tochter des Neleus, des Königs von Pylos, zur Frau begehrte, half er ihm, obwohl er voraussah, daß er dabei in Gefangenschaft geraten würde. Erst nachdem er Neleus seine Sehergabe bewiesen hatte, kam er wieder frei. Nach Herodot soll M. die Umzüge zu Ehren des Dionysos in Griechenland eingeführt haben.

Melanippe, 1. Tochter des Königs ↑ Aiolos (1) und der Hippo, einer Tochter des Cheiron. Sie wurde die Geliebte des Poseidon und brachte ihm Zwillinge zur Welt, Aiolos und Boiotos. M.s Vater befahl, die Kinder auszusetzen, seine Tochter aber ließ er zur Strafe blenden und einkerkern. Die Kinder wurden von Hirten gefunden und von der kinderlos gebliebenen Theano, der Gemahlin des Königs Metapontos, diesem gegenüber als die eigenen ausgegeben. Als Theano später eigene Söhne hatte, trachtete sie Aiolos und Boiotos nach dem Leben. Diese entgingen jedoch ihrem Mordanschlag und fanden wieder bei den Hirten Zuflucht, die ihnen nun ihre wahre Herkunft enthüllten. Daraufhin zogen die Zwillinge zu ihrem Großvater Aiolos, töteten ihn und befreiten ihre Mutter, die von Poseidon ihr Augenlicht wiederbekam. Nach ihrem verfehlten Anschlag hatte sich Theano selbst getötet, und M. wurde nun die Gemahlin des Metapontos. Diese Geschichte liegt wahrscheinlich der Tragödie *Die eingekerkerte Melanippe* des Euripides zugrunde, die nur in Fragmenten erhalten ist. Gleichfalls nur Fragmente sind von Euripides' Tragödie *Die kluge Melanippe* überliefert, in der Aiolos die Neugeborenen entdeckt, wie sie von einer Kuh gesäugt werden, und M. ihre Kinder durch ihre Beredsamkeit rettet. – 2. eine Amazone, Schwester der ↑ Hippolyte (zuweilen auch mit dieser gleichgesetzt). Herakles nahm sie gefangen und gab sie erst im Tausch gegen den Gürtel der Hippolyte frei.

Melanippos, 1. einer der thebanischen Heerführer im Krieg der ↑ Sieben gegen Theben. Er brachte dem ↑ Tydeus die tödliche Wunde bei, wurde dabei aber von

↑ Amphiaraos getötet. – 2. Geliebter der Artemis-Priesterin Komaitho. Da sich die beiden im Tempel der Artemis ihrer Liebe hingegeben hatten, zürnte die Göttin, tötete Komaitho und schickte Unheil aller Art. Um sie zu besänftigen, mußten ihr in jedem Jahr ein Jüngling und ein Mädchen geopfert werden. – 3. Sohn des Ares und der Triteia, einer Tochter des ↑ Triton.

Melanthios (oder -eus), Ziegenhirt auf Ithaka, ein treuloser Diener des Odysseus. Während der langen Abwesenheit des Herrn der Insel hatte M. sich auf die Seite der Freier der Penelope geschlagen. Er verhöhnte den treuen Schweinehirten ↑ Eumaios und dessen Begleiter, der aber der verkleidete Odysseus war. Als im Palast der Kampf ausgebrochen war, versuchte M., den Freiern Waffen zu bringen. Nach dem Sieg erschlug Odysseus den Verräter.

Meleagros, Sohn des ↑ Oineus, des Königs von Kalydon, und der ↑ Althaia, Bruder der ↑ Deïaneira. Die tragischen Ereignisse um M., die bei der ↑ Kalydonischen Jagd seinen Tod auslösten, und seine Liebe zur schönen Jägerin ↑ Atalante gestaltete Euripides in seiner Tragödie *Meleagros,* die nur in Fragmenten erhalten ist.

Melikertes, jüngster Sohn des ↑ Athamas und der ↑ Ino. Seine Mutter stürzte sich mit ihm auf der Flucht vor dem Wahnsinn des Vaters ins Meer und wurde in die Meeresgöttin ↑ Leukothea verwandelt, M. in den Gott Palaimon, der wie sie den Schiffbrüchigen half. In Rom wurde er unter dem Namen ↑ Portunus als Hafengott verehrt.

Melpomene, eine der neun ↑ Musen, Tochter des Zeus und der Mnemosyne. Seit hellenistischer Zeit wurde sie als Muse der Tragödie verehrt, dargestellt mit tragischer Theatermaske und Keule. Von dem Flußgott ↑ Acheloos war sie Mutter der ↑ Sirenen.

Memnon, König von Aithiopien, Sohn der Eos und des ↑ Tithonos. Nach dem Tod Hektors griff M. auf der Seite der Troer in den Trojanischen Krieg ein. Er tötete

Nestors Sohn ↑ Antilochos, als dieser seinen Vater verteidigte. Achilleus trat darauf zum Zweikampf gegen M. an. Die Mütter der beiden Helden, Thetis und Eos, baten Zeus um das Leben ihrer Söhne. Zeus befragte die Waage des Schicksals, und diese schlug gegen M. aus. Eos durfte den Körper ihres Sohnes in seiner Heimat bestatten. Das Schicksal des M. gestaltete Aischylos in einer Trilogie, von deren erstem (*Memnon*) und zweitem Teil (*Psychostasia* – Das Abwägen der Seelen) einige Fragmente erhalten sind. In den Kolossalstatuen des Pharao Amenophis III. im ägyptischen Theben, den sogenannten Memnonkolossen, sah man im Altertum das Abbild des M. Als eine der Statuen durch ein Erdbeben im Jahre 27 v. u. Z. beschädigt wurde, tönte sie bei jedem Sonnenaufgang, was den Zeitgenossen als Gruß des Sohnes an die Mutter galt. Nach einer Restaurierung im Jahre 199 verstummte die Statue.

Menelaos, Sohn des ↑ Atreus und der ↑ Aërope, jüngerer Bruder des Agamemnon. Mit ihm mußte er aus Mykene fliehen, als ↑ Aigisthos Atreus ermordet hatte. Die Brüder fanden bei König ↑ Tyndareos von Sparta Zuflucht, der seine Töchter mit ihnen verheiratete: Agamemnon erhielt ↑ Klytaimestra, M. die schöne ↑ Helena zur Frau. Später überließ Tyndareos M. den Thron von Sparta. Als ↑ Paris Helena entführt hatte (M. weilte gerade zu den Trauerfeierlichkeiten für seinen Großvater ↑ Katreus in Kreta), konnte M. die durch einen Eid gebundenen ehemaligen Freier der Helena zum Feldzug gegen Troja zusammenrufen. Er selbst fuhr mit sechzig Schiffen nach Troja. Vor der Belagerung ging er mit Odysseus in die Stadt, um die Herausgabe der Helena mit den Schätzen zu erreichen. Da die Troer ablehnten, begann der Kampf. Der Zweikampf mit Paris, der über Helena entscheiden sollte, endete unentschieden, da Aphrodite Paris rettete. Als ↑ Patroklos gefallen war, schützte M. dessen Leiche vor den Troern. Er gehörte zu den Griechen, die im hölzernen Pferd versteckt waren. Bei der Eroberung der Stadt tötete er den Priamossohn Deïphobos, der nach Paris' Tod Helena zur Frau erhalten hatte. Er verzieh Helena und nahm sie mit auf sein Schiff, das jedoch in einen furchtbaren Sturm geriet und dadurch vom Kurs abkam. Acht Jahre zog er durch viele Länder, er kam nach Kreta, Zypern, Phönikien und Ägypten (↑ Proteus). Er sammelte ungeheure Schätze und kehrte nach Sparta zurück, als Orestes in Mykene Aigisthos und Klytaimestra getötet hatte. Seine und Helenas Tochter ↑ Hermione gab er dem Achilleussohn ↑ Neoptolemos zur Frau. Eine andere Version des Mythos läßt Helena die Zeit des Trojanischen Krieges in Ägypten verbringen, während Paris nur ihr Schattenbild entführt hat. M. holte sie auf der Heimfahrt wieder ab. M. und Helena verbrachten als Herrscher von Sparta noch viele Jahre zusammen. Nach seinem Tod wurde M. auf die Inseln der Glückseligen versetzt. – Homer schildert M. in der *Ilias* als großen Helden. In der *Odyssee* (IV. Gesang) erzählt er ↑ Telemachos von den Abenteuern seiner Rückkehr. Bei den Tragikern spielt er nur eine untergeordnete Rolle, so in den *Troerinnen* des Euripides, wo seine Schwäche Helena gegenüber deutlich wird. In Euripides' Tragödie *Andromache* (425 v.u.Z.) tritt er als Schwiegervater des Neoptolemos auf, der sich in die Intrigen seiner Tochter einbeziehen läßt. Diese Charakterisierung verstärkt sich in den späteren Bearbeitungen des Troja-Stoffes; M. ist der betrogene Ehemann, ein lächerlicher Schwächling, der seiner Frau unterlegen ist, z. B. in Shakespeares *Troilus und Cressida* (1609) und in Giraudoux' *Der Trojanische Krieg findet nicht statt* (1935). Die bildende Kunst der Antike zeigte M.' Heldentaten vor Troja oft auf Vasenbildern.

Menestheus ↑ **Theseus**

Menesthios ↑ **Spercheios**

Menoikeus, 1. König von Theben, Vater des ↑ Kreon und der ↑ Iokaste. – 2. Sohn des Kreon und der Eurydike. Der Seher Teiresias hatte verkündet, daß die

Stadt Theben dem Ansturm der sieben Heerführer (↑ Sieben gegen Theben) nur standhalten könne, wenn M. dem Ares geopfert würde. Als M. davon erfuhr, ging er freiwillig in den Tod.

Menoitios, 1. Sohn des Titanen Iapetos und der Klymene (oder der Asia), einer der Brüder des ↑ Prometheus. Er kämpfte in der Titanomachie mit seinen gewaltigen Kräften gegen Zeus, der ihn jedoch mit dem Donnerkeil besiegte und im Tartaros gefangensetzte. – 2. Held aus Phthia. Er nahm am Zug der Argonauten teil. Sein Sohn von Sthelene war ↑ Patroklos.

Mentor, Freund des Odysseus, wie dieser in Ithaka zu Hause. Als Odysseus sich dem Zug nach Troja anschloß, vertraute er M. sein Hauswesen und die Erziehung seines Sohnes ↑ Telemachos an. Athene, die Beschützerin des Odysseus, nahm meist die Gestalt des M. an, wenn sie ihn oder Telemachos beraten wollte, ohne daß Fremde sie erkannten. Der Name M. wurde zum Synonym für Erzieher oder Berater (eines Jüngeren).

Mercurius ↑ Merkur

Meriones, Neffe und Kampfgefährte des ↑ Idomeneus, der im Trojanischen Krieg auf seiten der Griechen kämpfte. Er half Menelaos, den Körper des toten Patroklos aus der Schlacht zu holen. Bei den Leichenspielen zu Ehren des Toten zeichnete er sich im Bogenschießen aus. Nach dem Trojanischen Krieg soll er sich auf Sizilien angesiedelt haben.

Merkur (lat. Mercurius), römischer Gott des Handels und des Gewerbes, auch des Reichtums und des Gewinns. Schon im Jahre 495 v. u. Z. wurde ihm neben dem Circus Maximus ein Tempel erbaut. Dort wurde er mit seiner Mutter ↑ Maia verehrt. Durch die Gleichsetzung mit dem griechischen ↑ Hermes erhielt M. auch dessen Funktionen und Attribute: Führer der Seelen ins Totenreich, Götterbote und Diener des Jupiter (so in Plautus' Komödie *Amphitryon*); er trug Heroldsstab und Flügelhut. – In der bildenden Kunst sind Hermes und M. identisch. Als Planetengottheit ließ M. seine Kinder Wissen weitergeben und Künste erlernen. Diese Bedeutung spiegelt sich auch in den Namen *Mercure de France, Der Teutsche Merkur,* Zeitschriften, die im 17./18. Jh. sowohl Neuigkeiten als auch Bildung verbreiteten.

Mermeros, Sohn des Iason und der ↑ Medeia. Die Mutter tötete ihn und seinen Bruder Pheres, als Iason sie wegen Krëusa verstieß.

Merope, 1. Gattin des Kresphontes, des Königs von Messene. Als Polyphontes den König und zwei seiner Söhne getötet hatte, zwang er M., seine Frau zu werden. Ihr war es zuvor gelungen, den jüngsten Sohn, der wie sein Vater Kresphontes hieß, bei einem Freund in Aitolien zu verbergen. Polyphontes wußte davon und schickte Mörder nach ihm aus, die aber unverrichteterdinge zurückkehrten. Als Kresphontes erwachsen war, kam er nach Messene, um den Vater und die Brüder zu rächen. Er gewann das Vertrauen des Polyphontes, indem er vorgab, Kresphontes getötet zu haben. M., die annahm, den Mörder ihres Sohnes vor sich zu haben, wollte ihn umbringen. Im letzten Augenblick verhinderte ein alter Diener, der ihn erkannt hatte, daß sie ihn wirklich tötete. Kresphontes konnte nun seine Rachetat ausführen und wurde selbst König von Messene. Euripides verarbeitete die Geschichte der M. in seiner Tragödie *Kresphontes,* die nur in Fragmenten erhalten ist. Voltaire schrieb im Anklang daran eine Tragödie *Mérope* (1743). – 2. die einzige der ↑ Pleïaden, die mit einem Sterblichen verheiratet war, mit ↑ Sisyphos, dem König von Korinth. Sie schämte sich dessen; deshalb leuchtet ihr Stern nicht so hell wie die Sterne ihrer Schwestern. – 3. die kinderlose Königin aus Korinth; sie erzog den ausgesetzten ↑ Oidipus.

Metabos, Sohn des Sisyphos. Er nahm im Gefolge von Nestor am Trojanischen Krieg teil.

Metabus, König der italischen Stadt Privernum, Vater der ↑ Camilla (1).

Metaneira ↑ **Demophon** (1)
Metapontos ↑ **Melanippe** (1)
Metis, Tochter des Okeanos und der Tethys, erste rechtmäßige Gemahlin des Zeus. Sie war die eigentliche Mutter der Athene, jedoch hatten Gaia und Uranos dem Zeus prophezeit, daß M. nach dieser Tochter einen Sohn gebären würde, der mächtiger wäre als sein Vater. Deshalb verschlang Zeus die schwangere M. und gebar selbst Athene aus seinem Haupt.
Mettius, Herrscher von Alba Longa zu der Zeit, als ↑ Tullus Hostilius König von Rom war. Er schlug vor, die kriegerischen Auseinandersetzungen zwischen den Städten durch Zweikämpfe (↑ Horatier) zu beenden. Als sich Alba Longa Rom unterwerfen mußte, versuchte er, durch Verrat die Macht Roms zu schwächen. Zur Strafe ließ ihn Tullus Hostilius von Pferden zerreißen.
Mezzentius, auch Mezentius, König von Agylla (Caere) in Etrurien. Vergil schildert ihn in der *Aeneis* (VII. und X. Buch) als grausamen Tyrannen. Er wurde von den Etruskern vertrieben und kämpfte an der Seite von ↑ Turnus gegen Aeneas, der ihn verwundete. Als M.' Sohn Lausus den Vater schützen wollte, fiel er selbst. M. stürzte sich erneut auf Aeneas und wurde von ihm getötet.
Midas, König von Phrygien in Kleinasien, Sohn des ↑ Gordias. Die Sage schildert ihn als ungeheuer reich und dumm. Es war ihm gelungen, einen Begleiter des Dionysos, einen Satyr oder Silen, zu fangen, indem er ihn betrunken machte. Als er ihn Dionysos zurückbrachte, erbat er sich zum Lohn, daß alles zu Gold werden möge, was er berühre. Der Gott erfüllte den Wunsch, und M. drohte bald der Hungertod, da sich auch seine Speisen und Getränke in Gold verwandelten. Erst als ihm Dionysos riet, im Fluß Pektalos zu baden, wurde er erlöst (der Fluß ist seitdem goldhaltig). Seine Torheit wird auch unterstrichen durch die Rolle, die er im musikalischen Wettstreit zwischen Apollon und ↑ Pan einnahm. Da M. als Richter dem Pan die

größere Kunstfertigkeit zusprach, ließ der beleidigte Apollon ihm Eselsohren wachsen. M. versteckte die Ohren unter einer hohen Mütze („phrygische Mütze“). Sein Barbier aber konnte das Geheimnis nicht für sich behalten, flüsterte es in eine Erdgrube und schüttete diese zu. Als Schilf an der Stelle wuchs, raunte es dem Wind zu „König Midas hat Eselsohren“. – Vasenbilder von der Gefangennahme des Silen sind schon aus sehr früher Zeit bekannt, auch die Eselsohren als Kennzeichen des M. sind auf Vasen dargestellt. Zahlreich sind auch die Vasenbilder über den Wettstreit. Tizian schuf ebenfalls ein Gemälde zu diesem Thema und stellte sich darauf selbst als M. dar. Das „Midasurteil“ als besonders törichtes Urteil ist in den Sprachgebrauch eingegangen.

Minerva, alte italische Göttin, wahrscheinlich etruskischen Ursprungs (dort hatte sie den Namen Menrva oder Menerva). Gemeinsam mit Jupiter und Juno bildete sie in römischer Zeit die Capitolinische Göttertriade. M. war Schutzherrin der Handwerker, Künstler und Lehrer, als Minerva Medica auch der Ärzte (Tempel auf dem Esquilin). Ihr Hauptfest Quinquatrus wurde im März gefeiert. Als Stadtgöttin Roms hatte sie einen Tempel auf dem Aventin. Ihre Funktionen entsprachen denen der griechischen ↑ Athene bzw. wurden ihr angepaßt. So galt sie als Tochter des Jupiter wie Athene als Tochter des Zeus. Die Eule war ihr heilig. Bis in die Gegenwart ist die „Eule der Minerva“ Symbol der Weisheit.

Minos, mythischer König von Kreta, Sohn des Zeus und der ↑ Europa, auf der Insel geboren und von ihrem König Asterios, der Europa zur Frau nahm, aufgezogen. Seine Gemahlin war Pasiphaë, eine Tochter des Helios, seine Kinder u. a. ↑ Androgeos, ↑ Ariadne und ↑ Phaidra. M., der den Kretern ihre Gesetze gab, galt als Urbild des weisen, gerechten Herrschers. Dem Künstler ↑ Daidalos gewährte er Schutz und ließ ihn prächtige Bauten errichten, so einen Tanzplatz für seine Tochter Ariadne. Poseidon schickte einen herrlichen Stier auf die Insel, damit dieser ihm geopfert würde. Doch M. tauschte ihn gegen ein geringeres Tier aus und beleidigte damit den Gott. Dieser flößte Pasiphaë die unnatürliche Liebe zu dem Stier ein, aus der das Ungeheuer ↑ Minotauros hervorging, das in dem von Daidalos ersonnenen Labyrinth gefangengehalten wurde. Der Stier aber wütete auf der Insel, bis Herakles von Eurystheus als siebente Arbeit den Auftrag erhielt, ihn einzufangen. Nachdem M.' Sohn Androgeos durch die Schuld der Athener umgekommen war, zog der König mit seiner Flotte gegen das griechische Festland (↑ Skylla). Das Orakel von Delphi bestimmte schließlich, daß der Tod des Androgeos gesühnt werden müsse, und die Athener gingen auf M.' Forderung ein, alle neun Jahre (oder jährlich) sieben Jünglinge und sieben Jungfrauen als Opfer für den Minotauros nach Kreta zu senden. Erst ↑ Theseus konnte sie, mit Hilfe der Ariadne und des Daidalos, davon befreien. Nach der gelungenen Flucht des Theseus mußte auch Daidalos heimlich das Land verlassen. Er fand bei König Kokalos auf Sizilien Zuflucht, dessen Töchter den Verfolger M. mit heißem Wasser töteten. Im Hades ist M. mit ↑ Rhadamanthys und ↑ Aiakos Richter über die Toten. Homer berichtet im XI. Gesang der *Odyssee* über die Begegnung des Odysseus mit M. Auch in Dantes *Göttlicher Komödie* (um 1320) ist M. der Totenrichter: Am Eingang des zweiten Kreises der Hölle steht er in furchtbarer Gestalt, prüft die Sünder und bestimmt ihren Platz für die Ewigkeit. – Die Gestalt des M. enthält wohl historische Züge, deren Wahrscheinlichkeit durch archäologische Funde gestützt wird. Nach ihm wird die frühe Kunst Kretas die „minoische Kunst" genannt.

Minotauros, ein Ungeheuer, halb Stier, halb Mensch, Sohn von ↑ Pasiphaë, der Gemahlin des kretischen Königs Minos, und eines Stiers, den Poseidon auf die Insel schickte. Minos hielt ihn in dem von Daidalos errichteten Labyrinth gefangen. Der unterirdische Bau mit seinem komplizierten Gangsystem war so verwirrend, daß Daidalos selbst den Weg kaum wieder zurückfand. Als Sühne für den Tod seines Sohnes ↑ Androgeos erhielt Minos von den Athenern alle neun Jahre (oder jährlich) sieben Jünglinge und sieben Jungfrauen, die dem M. geopfert wurden. ↑ Theseus befreite Athen von dem Tribut, indem er – mit Hilfe der ↑ Ariadne – in das Labyrinth eindrang und den M. tötete. – Der Kampf des Theseus, des athenischen Nationalheros, wurde oft auf Vasen abgebildet, auch am Schatzhaus der Athener in Delphi und am Theseion in Athen wird er gezeigt. Die Gestalt des M. findet sich häufig auf kretischen Münzen. Im Mittelalter wurde die Geschichte in der Fassung von Ovid (VIII. Buch der *Metamorphosen*) rezipiert und auch illustriert. In Dantes *Göttlicher Komödie* (um 1320) ist M. der schreckliche Wächter des siebenten Höllenkreises. In neuester Zeit schuf Picasso zahlreiche M.-Graphiken. In dem – von ihm selbst illustrierten – Prosatext *Minotaurus* (1985) schildert F. Dürrenmatt die Einsamkeit des in einem Spiegel-Labyrinth gefangenen M. als Gleichnis für die unauflösbare Rätselhaftigkeit der Existenz des Menschen in einer undurchschaubaren Welt.

Minyaden, die Töchter des Königs Minyas von Orchomenos in Böotien mit Namen Leukonoë, Arsippe und Alkithoë. Sie weigerten sich, an den Umzügen zu Ehren des Dionysos teilzunehmen, und blieben bei ihren häuslichen Arbeiten. Dafür strafte der Gott sie, indem er sie in Fledermäuse verwandelte (eine der *Metamorphosen* des Ovid).

Misenos, nach Vergil der Trompeter des Hektor, nach dessen Tod der des ↑ Aeneas, mit dem er aus Troja floh. Als die Schiffe der Troer vor Kampanien lagen, prahlte er mit seinen Künsten und forderte damit ↑ Triton heraus, der so stark in sein Muschelhorn blies, daß M. ins Meer stürzte und ertrank. Das Vorgebirge, wo er begraben wurde, erhielt seinen Namen.

Mnemosyne, als Tochter des Uranos und der Gaia eine der Titaninnen. Sie war durch Zeus Mutter der neun ↑ Musen.

Moiren, die drei Schicksalsgöttinnen Klotho, Lachesis und Atropos. Hesiod führt in der *Theogonie* unterschiedliche Genealogien an: Zum einen sind sie Töchter der Nyx, weiter unten nennt der Dichter sie Töchter des Zeus und seiner zweiten rechtmäßigen Gemahlin Themis. Die M. sind die Herrinnen des menschlichen Schicksals, das sie von Geburt an bestimmen: Klotho spinnt den Lebensfaden, Lachesis teilt das Los zu, und Atropos schneidet den Faden ab. Hesiod weist ihnen auch Vergeltungsfunktionen sogar für die Götter zu: „Ja, die Vergehungen rächen sie bei den Menschen und Göttern; nie erlahmen die Hehren in ihrem entsetzlichen Ingrimm, eh sie nicht den gezüchtigt, der schweren Frevel verübte." Platon nennt als Mutter der M. ↑ Ananke. In der römischen Mythologie werden den M. die ↑ Parzen gleichgesetzt. Unter diesem Namen treten sie (als Verkörperung der griechischen Mythologie) im Maskenzug des 1. Aktes von Goethes *Faust II* auf.

Molossos, Sohn des Neoptolemos und der ↑ Andromache.

Momos, Verkörperung des Tadels. In Hesiods *Theogonie* ist M. der Sohn der Nyx; Schlaf, Tod, Träume und die Schicksalsgöttinnen gehören zu seinen Geschwistern. Wegen seiner ständigen Nörgelei, die auch vor den Göttern nicht haltmachte, vertrieb ihn Zeus vom Olymp.

Mond ↑ Artemis, ↑ Diana, ↑ Luna, ↑ Selene

Mopsos, 1. Lapith aus Thessalien. Er erhielt von Apollon die Sehergabe, war Teilnehmer der ↑ Kalydonischen Jagd und des Zuges der ↑ Argonauten. Er starb in Libyen an einem Schlangenbiß. – 2. Sohn der ↑ Manto. Er besiegte in einem Wettstreit den Seher ↑ Kalchas, der darüber vor Kummer starb. Mit ↑ Amphilochos gründete er ein Orakel in Mallos in Kilikien. Die beiden Seher gerieten in Streit um die Vorherrschaft in der Stadt und töteten sich gegenseitig.

Morgenröte ↑ Aurora, ↑ Eos

Morpheus, Gott der Träume, Sohn des ↑ Hypnos (Schlaf). Bei Hesiod wird die „Sippe der Träume" von Nyx, der Nacht, hervorgebracht. M. erscheint den Menschen im Schlaf in vielerlei Gestalt (griech. morphe, ‚Gestalt'). Erst Ovid führte ihn in seinen *Metamorphosen* in die Literatur ein. In der bildenden Kunst wird er als geflügelter Jüngling dargestellt.

Morta, eine der ↑ Parzen.

Musagetes ↑ Apollon

Musen, die Göttinnen der Künste und Wissenschaften, Töchter von Zeus und Mnemosyne. Wahrscheinlich lösten sie ältere Gottheiten ab, die drei Töchter des Uranos und der Gaia, deren Kult von den ↑ Aloaden begründet wurde. Homer spricht in der *Odyssee* bereits von neun Musen, Hesiod nennt als erster ihre Namen und ordnet sie in die olympische Götterfamilie ein. Es sind ↑ Kalliope, ↑ Klio, ↑ Melpomene, ↑ Euterpe, ↑ Erato, ↑ Terpsichore, ↑ Thaleia, ↑ Polyhymnia und ↑ Urania. Sie wachten über die harmonische Ordnung auf dem Olymp, waren den Menschen wohlgesonnen und beschützten alle geistigen und künstlerischen („musischen") Tätigkeiten. Beim Wettstreit im Gesang besiegten sie die ↑ Sirenen und nahmen ihnen die Federn, die sie fortan als Schmuck trugen. Als ihre Heimat galt die Landschaft Pierien in der Nähe des Olymp; auch am Helikon, wo die Quelle ↑ Hippokrene entspringt, wurden sie besonders verehrt. Ihr Führer war Apollon (als Apollon Musagetes). Die Dichter begannen ihre großen Werke mit der Anrufung der M., so Hesiod die *Theogonie*: „Musen am Helikon, ihr, von euch beginn ich zu singen, ..."; *Werke und Tage*: „O pierische Musen, die Ruhm durch Lieder verleihen, ..." Der erste Vers der *Odyssee* lautet: „Nenne mir, Muse, den Mann, den vielgewandten, der vielfach irrte umher, ..."
Ihre Funktionen als Schutzherrinnen bestimmter Kün-

ste erhielten die M. erst in hellenistischer Zeit, wie auch ihre Attribute, die ihnen in der bildenden Kunst zugeordnet werden. So galten z. B. Klio als M. der Geschichtsschreibung, Erato als M. der Liebesdichtung, Thalia als M. des Lustspiels, Terpsichore als M. des Tanzes. Das *Geschichtswerk* des Herodot (5. Jh. v. u. Z.) wurde von hellenistischen Philologen in neun Bücher eingeteilt, die im 2. Jh. u. Z. den neun M. zugeordnet wurden. Gleichermaßen gliederte Goethe die ursprünglich sechs Gesänge seiner epischen Dichtung *Hermann und Dorothea* (1797) neu, um die nunmehr neun Teile den M. widmen zu können. Zu Beginn des letzten Gesangs (wie auch in der gleichnamigen Elegie von 1796) rief er nach antikem Vorbild die M. direkt um Beistand an. Er folgte damit einem Zug der Zeit, denn seit der Mitte des 18. Jh. hatte man die M. zum Inbegriff des Künstlerischen erhoben: In Gärten und Parks entstanden zierliche Musentempel, jährlich erscheinende Lyrikanthologien wurden Musenalmanach genannt, künstlerische Inspiration nannte man Musenkuß und die Künstler selbst Musensöhne (vgl. Goethes, von F. Schubert vertontes Gedicht *Der Musensohn*).

Aus antiker Zeit sind zahlreiche Vasenbilder und Reliefs erhalten, die M.-Szenen zeigen. Unterhalb des Ost-Gipfels des Helikon (in der Nähe von Theben) sind Reste des berühmten M.-Heiligtums erhalten. Im Mittelalter traten M.-Darstellungen zugunsten der Sieben Freien Künste zurück. Seit der Renaissance symbolisierten die griechischen Göttinnen wieder die Künste und wurden in dieser Eigenschaft mit Apollon als *Parnaß* gemalt (Mantegna, Poussin). Auch einzelne Musen, der Künstler mit seiner Muse sind als Motiv beliebt (Böcklin, *Euterpe*; Delacroix, *Hesiod und die Musen*). In der Ballettmusik *Apollon Musagète* von I. Strawinski (1927) sind auch Variationen einzelner M. enthalten. – Auf die im alten Griechenland den M. geweihten Tempelbezirke (griech. Musaion) geht die moderne Bedeutung des Wortes Museum zurück.

Musik ↑ Apollon
Mutterschaft ↑ Hera, ↑ Juno
Myrina, eine Amazone, siegreiche Heerführerin in vielen Feldzügen. So soll sie sogar gegen die Gorgonen gekämpft, Libyen und Arabien mit Krieg überzogen haben. Der thrakische König Mopsos konnte sie schließlich besiegen (oder der Skythe Sipylos). Homer erwähnt (im II. Gesang der *Ilias*) einen Hügel, der als ihr Grab angesehen wurde. – Christa Wolf nahm in ihre Erzählung *Kassandra* (1983) den Namen M. wieder auf. Ihre Amazone M. fällt durch die Griechen, die dem hölzernen Pferd entsteigen.
Myrmidonen, Volksstamm aus Thessalien, lebte in der Landschaft Phthia. Im Trojanischen Krieg wurden die M. von Achilleus geführt. Als er sich in seinem Groll aus der Schlacht zurückzog, hörten auch die M. auf zu kämpfen. Erst mit Patroklos beteiligten sie sich wieder am Kampf um die Stadt. Nach Ovid (*Metamorphosen*, VII. Buch) waren die M. Bewohner der Insel Aigina. Die Nymphe der Insel war von Zeus verführt worden, und Hera hatte aus Eifersucht alle Menschen dort an der Pest sterben lassen. ↑ Aiakos, der Sohn der Aigina und des Zeus, bat seinen Vater um Milderung der furchtbaren Strafe, und der Gott verwandelte die Ameisen (griech. myrmekes) der Insel in Menschen.
Myrrha ↑ Adonis
Myrtilos, Sohn des Hermes, Wagenlenker des Königs ↑ Oinomaos von Pisa (in Elis). Oinomaos hatte seine Tochter Hippodameia demjenigen versprochen, der ihn im Wagenrennen besiegen würde. ↑ Pelops, der sich auch um Hippodameia bewarb, bestach M., so daß dieser Stifte aus Wachs in die Achsen von Oinomaos' Wagen einsetzte. Der König stürzte sich beim Rennen zu Tode; Pelops heiratete Hippodameia und warf M. als Mitwisser seines Verbrechens ins Meer. Während er fiel, verfluchte M. Pelops und seine Nachkommen (↑ Atreus, ↑ Thyestes). M. wurde als Sternbild des Fuhrmanns an den Himmel versetzt.

N

Nabel der Welt ↑ **Python**
Nacht ↑ **Nyx**
Najaden, die ↑ Nymphen der Quellen, Flüsse und Seen. Viele waren Töchter des Zeus. Die N. wohnten in Grotten und Höhlen, an Quellen oder Ufern. Ihre göttlichen Gaben verwendeten sie meist zum Wohle der

Menschen. Sie wachten über die Heilkräfte der Quellen und konnten auch dem Regen gebieten.

Narkissos (dt. Narziß), Sohn des böotischen Flußgottes Kephisos und der Nymphe Leiriope, Jüngling von außerordentlicher Anmut und Schönheit. Der Seher Teiresias hatte den Eltern verkündet, daß N. nur ein hohes Alter erreichen könne, wenn er sein Gesicht nicht erblicke. N. wies alle Mädchen ab, die um seine Liebe warben. Auch die Nymphe ↑ Echo, die sich in Liebe zu ihm verzehrte, verschmähte er, so daß sie vor Kummer dahinschwand und nur ihre Stimme blieb. N. aber erblickte sein Gesicht in einer Quelle und starb aus Liebe zu sich selbst. An der Stelle seines Todes wuchs eine Blume, die Narzisse genannt wurde. – Der Mythos des in sich selbst Verliebten wurde von Ovid in den *Metamorphosen* (III. Buch) in die geläufige Form gebracht und in die Neuzeit überliefert. Für Drama und Oper bearbeiteten u. a. Calderón, Scarlatti und Gluck den Stoff. Als Symbol der Ich-Bezogenheit wurde die Figur in die Literatur der Moderne übernommen, so bei Valéry, Gide und Rilke. In der bildenden Kunst wurde der schöne Jüngling seit dem Hellenismus gern gestaltet. In der Neuzeit schuf B. Cellini eine Marmorstatue, N. und Echo bzw. N. an der Quelle wurden u. a. von Tintoretto, Poussin und Lorrain gemalt. Krankhaftes Verliebtsein in das eigene Ich ist als Narzißmus in den Sprachgebrauch eingegangen.

Narziß ↑ **Narkissos**

Nauplios, Sohn des Poseidon und der ↑ Amymone, König von Euböa. Die Hafenstadt Nauplia in Argos soll nach ihm benannt sein. Er ist wahrscheinlich mit jenem N. identisch, der Vater des ↑ Palamedes war. Odysseus hatte Palamedes im Trojanischen Krieg verleumdet und seinen Tod verschuldet. N. zog nach Troja und verlangte Genugtuung, die ihm verweigert wurde. Deshalb rächte er sich, indem er die Frauen der Königsfamilien aufsuchte und zum Betrug ihrer Männer überredete. Auch führte er die Schiffe der Heimkehrenden in die Irre, indem er auf Euböa falsche Leuchtfeuer anzündete, so daß die Schiffe an den Klippen zerschellten.

Nausikaa, Tochter des Königs der Phaiaken ↑ Alkinoos und seiner Frau Arete. Sie ist eine der schönsten Gestalten der *Odyssee*. Athene hatte sie durch einen Traum an den Strand geschickt, wo sie mit ihren Freundinnen Wäsche wusch und Ball spielte, genau zu der Zeit, als der schiffbrüchige Odysseus dort an Land gespült wurde und erschöpft am Ufer einschlief. Der Lärm der Mädchen weckte ihn auf, er trat hervor und versetzte sie durch sein wildes Aussehen in Schrekken. Einzig N. erkannte die Hilfsbedürftigkeit des Fremden, sie ließ ihn waschen und bekleiden und wies ihm den Weg zum Palast ihres Vaters. Dort erzählte Odysseus von seinen Irrfahrten. Spätere Autoren haben aus dem Text Homers eine unerwiderte Liebe der N. zu Odysseus herausgelesen. Gleichfalls aus späterer Zeit stammt die Version, daß Odysseus' Sohn ↑ Telemachos N. heiratete und sie ihm den Sohn Perseptolis gebar. – Eine N.-Tragödie des Sophokles ist verloren. In neuerer Zeit versuchten Schriftsteller immer wieder, die liebenswerte Gestalt zur literarischen Heldin zu machen (u. a. Bodmer, Faesi, Graves). Goethe plante ein Drama um N., das aber Fragment blieb. Auf griechischen Vasen wurden N. und Odysseus oft dargestellt. Auch in der Kunst der neueren Zeit wurde die Begegnung der beiden oft gemalt, so von Rubens, Jordaens, Tischbein u. a.

Nausinoos ↑ Kalypso

Nausithoos, 1. Sohn des Poseidon und der Periboia, erster König der Phaiaken, die damals noch weit nördlich wohnten, nahe dem Land der Kyklopen, die die Phaiaken sehr bedrängten. N. führte sie deshalb zur Insel Scheria, wo sie ihr glückliches Reich errichteten. N.' Sohn war ↑ Alkinoos, der Odysseus freundlich aufnahm. – 2. nach Hesiod (*Theogonie*) der Sohn der ↑ Kalypso und des Odysseus.

Neilos, Nilos, einer der „wirbelnden Ströme", die (nach Hesiods *Theogonie*) Tethys dem Okeanos gebar. Bei Homer wird der Nil Aigyptos genannt.

Neleus, Sohn des Poseidon und der ↑ Tyro, Zwillingsbruder des ↑ Pelias. Tyro hatte ihre Verbindung mit Poseidon geheimgehalten, auch die Kinder brachte sie heimlich zur Welt und setzte sie aus. Hirten fanden die Zwillinge und zogen sie auf. Ihre wahre Herkunft erfuhren sie, als sie erwachsen waren. Sie töteten Sidero, Tyros Stiefmutter, die sie beleidigt hatte. Später zerstritten sich die Brüder. Pelias vertrieb N., der in Messenien die Stadt Pylos gründete. Mit Chloris hatte N. zwölf Söhne. Als Herakles Pylos eroberte und zerstörte, fielen elf davon, einzig ↑ Nestor blieb am Leben, da er an der Küste weilte. Auch N. soll bei der Eroberung der Stadt umgekommen sein.

Nemeischer Löwe ↑ Herakles

Nemeische Spiele ↑ Sieben gegen Theben

Nemesis, in Hesiods *Theogonie* die Tochter der Nacht (↑ Nyx), „die Drangsal der sterblichen Menschen". Sie teilte den Menschen das gerechte Maß der Vergeltung für begangenes Unrecht zu und strafte Überheblichkeit. Eine andere Überlieferung (erstmals in den *Kyprien* berichtet) nennt N. als Mutter der schönen Helena. Sie floh in Gestalt einer Gans vor den Nachstellungen des Zeus, der sich in einen Schwan verwandelt hatte und sie schließlich überwältigte. Sie gebar ein Ei, das ↑ Leda fand, die dann die aus dem Ei geborene Helena aufzog. So war die schönste Frau, die unendliches Leid über viele brachte, die Tochter einer Rachegöttin. N. ist in ihrer Funktion eng mit ↑ Dike verwandt und wird auch mit Adrasteia gleichgesetzt. Der Kult der N. ging von Kleinasien (Smyrna) aus, Zentrum in Griechenland war Rhamnus in Attika. Dort stand auch ihr Kultbild. Bis in die spätrömische Zeit wurde die Göttin verehrt, besonders von Sklaven und Soldaten. – Bildkünstlerische Darstellungen aus antiker Zeit sind häufig (Vasen, Reliefs, Gemmen), die Attribute der N. sind

Elle, Steuerruder und Greif. A. Dürer schuf u. d. T. *Das große Glück* einen Holzschnitt, der N. geflügelt und auf einer Kugel stehend zeigt.

Neoptolemos, auch Pyrrhos, Sohn des Achilleus und der ↑ Deidameia. N. wuchs bei seiner Mutter auf der Insel Skyros auf, während sein Vater vor Troja kämpfte. Nach dem Tod des Achilleus mußte der Sohn des Priamos, der Seher ↑ Helenos, den Griechen verraten, unter welchen Bedingungen die Stadt zu erobern wäre. Eine davon war, daß N. am Kampf teilnähme. Odysseus holte ihn von Skyros, und in der Rüstung seines Vaters zog N. in die Schlacht. Von seinen Heldentaten dort erzählt Odysseus dem Schatten des Achilleus am Eingang zur Unterwelt im XI. Gesang der *Odyssee.* N. gehörte zu den Insassen des hölzernen Pferdes und wütete grausam unter den besiegten Troern. Selbst mit ↑ Priamos, der zum Altar des Zeus geflüchtet war, hatte er kein Mitleid. Er opferte auch die Priamostochter ↑ Polyxena, wie es der Geist seines toten Vaters gefordert hatte. N. war von Menelaos mit dessen Tochter ↑ Hermione verlobt worden, führte aber ↑ Andromache als Sklavin mit sich in die Heimat. Auch Helenos mußte ihn begleiten; auf seinen Rat wählte N. den Landweg und entging dadurch dem Sturm, der die griechische Flotte heimsuchte. N. wurde König von Epeiros (nach N.' und Andromaches Sohn Molossos erhielt das Volk später den Namen Molosser) und heiratete Hermione. Er wurde in Delphi getötet, entweder von den Priestern dort, weil er deren Zorn erregt hatte, oder von ↑ Orestes, der ihn haßte, weil er ihm Hermione weggenommen hatte. Der Konflikt zwischen den beiden Frauen des N. ist Gegenstand der *Andromache*-Dramen von Euripides (425 v. u. Z.) und Racine (1667). Während N. (der in dem Stück selbst nicht auftritt) bei Euripides gewalttätige Züge hat, ist er in Sophokles' *Philoktet* (409 v. u. Z.) ein edler Jüngling, der die Täuschungsmanöver des Odysseus ablehnt.

Nephele, 1. Wolkengöttin, die erste Gemahlin des Königs ↑ Athamas von Theben und Mutter von ↑ Phrixos und ↑ Helle. N. verließ ihren Mann, der nun ↑ Ino zur Frau nahm. Die Stiefmutter verfolgte die beiden Kinder der N. grausam. Um sie zu retten, schickte ihnen N. einen goldenen Widder, der sie durch die Lüfte davontrug (↑ Goldenes Vlies). – 2. das Truggebilde aus Wolken, das Zeus schuf, um ↑ Ixion zu täuschen. Der Lapithenkönig glaubte, in der Wolke Hera zu umarmen. Aus der Verbindung gingen die ↑ Kentauren hervor (vgl. die Erzählung *Nephele* von F. Fühmann, e. 1984).

Neptun(us), römischer Gott des fließenden Wassers. Mit seinem Fest am 23. Juli (Neptunalia) sollte wohl die hochsommerliche Trockenheit bekämpft werden. Seit dem 3. Jh. v. u. Z. wurde er mit dem griechischen ↑ Poseidon gleichgesetzt. So wurde er wie dieser ein Meeresgott, Schutzherr der Seefahrer, Herr von Sturm und Windstille. Auch die griechische ↑ Amphitrite wurde ihm als Gattin beigesellt. Da dem Poseidon die Pferde heilig waren, wurde N. in Rom als Beschützer der Rennbahnen verehrt. – In der bildenden Kunst unterscheidet sich N. nicht von Poseidon. Das berühmte Relief *Hochzeit des Neptun und der Amphitrite* (115 u. Z.) gehörte zum N.-Tempel von Rom. In Angleichung an die anderen römischen Planetennamen wurde der 1846 entdeckte sonnenferne Planet N. genannt.

Nereïden, die Töchter des ↑ Nereus, wie ihr Vater Meeresgottheiten. Ihre Mutter war die Okeanide Doris. Hesiod nennt in der *Theogonie* alle fünfzig Namen, deren Bedeutungen die Eigenschaften des Meeres spiegeln, auch Beziehungen zur Schiffahrt und zur Küstenlandschaft haben. Auch ↑ Thetis, die Mutter des Achilleus, gehörte zu den N. Weitere bekannte Namen sind ↑ Amphitrite und ↑ Galateia. Die N., die zu den ↑ Nymphen gezählt werden, tauchen in vielen Sagen auf, ohne daß bestimmte Namen genannt werden. So beklagten sie den Tod des Achilleus, gehörten zum Gefolge des Poseidon und ließen zur Strafe für die Prahlerei der Kassiopeia das Meeresungeheuer schicken, dem Andromeda geopfert werden sollte. Auf zahlreichen antiken Kunstwerken sind N. als Schmuck abgebildet.

Nereus, ältester Sohn der Gaia und des ↑ Pontos. Hesiod beschreibt in der *Theogonie* seine Eigenschaften, die in vielen Geschichten eine Rolle spielen: „Ältestes aller Kinder, und darum hieß er der Alte, weil er unfehlbar ist und gütig und des Gesetzes nie vergißt und hegt nur rechtliche, milde Gesinnung." Er besaß die Gabe der Weissagung und konnte, wie alle Meeresgottheiten, sich in vielerlei Gestalten verwandeln. So mußte Herakles mit ihm kämpfen, bis er ihm – in seiner wahren Gestalt – den Weg nach dem Garten der Hesperiden kündete. – N. war es, der Paris, als er Helena entführte, das Unglück von Troja prophezeite. Mit der Okeanide Doris zeugte N. fünfzig Töchter, die ↑ Nereïden.

Der Meergreis tritt im letzten Teil der „Klassischen Walpurgisnacht" in *Goethes Faust II* auf: Thales führt den Homunkulus zu ihm, um Rat zu holen, wie dieser ein wirklicher Mensch werden könne. N., verdrießlich zwar, weil seine Ratschläge nie beachtet wurden, schickt sie doch weiter zu ↑ Proteus. – Zahlreiche Vasenbilder zeigen den Gott als alten bärtigen Mann, oft mit Fischschwanz. Der Kampf mit Herakles war häufiges Motiv für Vasenmalereien. Auf dem Fries des Pergamonaltars gehört er zu den Göttern, die gegen die Giganten kämpfen.

Nessos, einer der ↑ Kentauren. Nach dem Streit der Kentauren mit Herakles, bei dem Cheiron verwundet und Pholos getötet worden war, ließ er sich am Fluß Euenos nieder und brachte dort Reisende über das Wasser. Auch Herakles nahm für seine Frau Deïaneira die Dienste des N. in Anspruch. Der Kentaur wurde dabei zudringlich, und Herakles tötete ihn mit seinem Pfeil. Der Sterbende rächte sich an dem Helden, indem er Deïaneira riet, sein Blut zu sammeln und daraus eine Salbe zu bereiten, die ihr die Liebe des Herakles bewahren würde. Das Blut aber war durch den vergifteten Pfeil (↑ Hydra) zum Gift geworden. Deïaneira tat nach dem Geheiß des N. Als Herakles später die junge ↑ Iole mitbrachte, bestrich Deïaneira aus Eifersucht ein Festkleid mit der Salbe und schickte es ihrem Mann zum Dankopfer für den Sieg. Das „Nessosgewand" brachte Herakles einen qualvollen Tod. – Herakles im Kampf mit Nessos ist häufiges Motiv auf griechischen Vasen, auch später wurde die Szene oft dargestellt (u.a. von Veronese, Reni, Rubens, Spranger). In Dantes *Göttlicher Komödie* (um 1320) gehört N. zu den Kentauren, die im ersten Ring des siebenten Höllenkreises die Gewalttätigen, die in einem kochenden Blutstrom büßen, bewachen.

Nestor, König von Pylos, einziger überlebender Sohn des ↑ Neleus. Da er an der messenischen Küste, in Gerenia, erzogen wurde, kam er nicht bei Herakles' Eroberung von Pylos um. Er war bei allen großen Unternehmungen der griechischen Helden dabei: Er jagte den Kalydonischen Eber, half den Lapithen im Kampf gegen die Kentauren und fuhr mit den Argonauten nach Kolchis. Vor Troja war N. der älteste der Könige. Neunzig Schiffe führte er an. Auch seine Söhne ↑ Antilochos und ↑ Thrasymedes brachte er mit. Den Griechen war er vor allem durch seinen weisen Rat nützlich. Mit seinen Reden munterte er sie auf, auch schlichtete er den Streit zwischen Achilleus und Agamemnon. Im XI. Gesang der *Ilias* berichtet er von den Heldentaten seiner Jugend, so vom Kampf gegen die Epeier. In der Schlacht wurde er von Memnon hart bedrängt, nur Antilochos konnte ihn vor dem Tod bewahren, kam aber dabei selbst um. Nach der Eroberung Trojas gelangte N. ungefährdet in seine Heimat zurück. Telemachos besuchte ihn zehn Jahre später, um Nachrichten über seinen Vater Odysseus zu erhalten. – Berühmt schon in antiker Zeit war der Becher des N., der im XI. Gesang der *Ilias* genau beschrieben wird. Schliemann glaubte, in dem Goldgefäß, das er in einem mykenischen Schachtgrab gefunden hatte, den Becher des N. wiederzuerkennen. Der Name des N. ist im modernen Sprachgebrauch Synonym für den ältesten Vertreter einer Gruppe.

Nike, Göttin des Sieges; nach Hesiod (*Theogonie*) Tochter der Okeanide ↑ Styx und des ↑ Pallas (1). N. personifizierte den Sieg im Krieg oder im friedlichen Wettkampf. Sie begleitete die Gottheiten – besonders Zeus und Athene –, die den Sieg brachten. Auf der Akropolis von Athen war der Athene-Nike ein eigener Tempel gewidmet (5. Jh. v. u. Z.). Die Göttin wurde hier als Schutzherrin der panathenäischen Wettkämpfe verehrt. Zum Schmuck des Tempels gehörte die sogenannte Nikebalustrade, ein Relief, das Niken zeigt, die der Athene huldigen und Opfertiere führen. Auch das berühmte Relief der *Sandalenlösenden Nike* gehört dazu. Ältestes erhaltenes Bild der N. ist die *Nike des Archermos* aus dem zweiten Viertel des 6. Jh. v. u. Z., die auf der Insel Delos gefunden wurde. Einen von den großen Göttern unabhängigen Kult erhielt die N. in hellenistischer Zeit. Aus dem 2. Jh. v. u. Z., wahrscheinlich aus Rhodos, stammt auch die *Nike von Samothrake,* eine überlebensgroße Marmorstatue (nicht vollständig erhalten), die die geflügelte Göttin zeigt, wie sie auf einem Schiffsvorderteil landet.

Nilos ↑ Neilos

Niobe, Tochter des ↑ Tantalos und der Dione, verheiratet mit König ↑ Amphion von Theben. N. hatte sieben Söhne und sieben Töchter (im XXIV. Gesang der *Ilias* wird von sechs Söhnen und sechs Töchtern gesprochen), die Niobiden. Die glückliche Mutter prahlte mit ihren Kindern vor ↑ Leto, die nur zwei Kinder, Apollon und Artemis, geboren hatte. Als die beiden Götter erfuhren, daß N. Leto beleidigt hatte, rächten sie die Mutter grausam. Sie töteten alle Niobiden mit ihren Pfeilen, Apollon die Söhne, Artemis die Töchter. N. selbst wurde vor Schmerz zu Stein. Sie soll auf dem Berg Sipylos in Lydien stehen, ständig rinnen Tränen aus dem Felsen. Spätere Autoren milderten die furchtbare Strafe der N. etwas: Die beiden jüngsten Kinder sollen verschont worden sein. – Aischylos und Sophokles gestalteten das Schicksal der N. in Tragödien, die fast vollständig verloren sind. Werke der bildenden Kunst sind erhalten: Zahlreiche Vasenbilder zeigen die Tötung der Niobiden. Der Maler, der den berühmten Argonauten-Krater schuf, wird Niobiden-Maler genannt, da er auf der Rückseite des Gefäßes diese Szene abbildete. Auch auf den Reliefs des Zeus-Throns von Olympia ist die Szene dargestellt. Eine N.-Plastik (N. mit ihrer jüngsten Tochter) ist aus einer römischen Kopie bekannt. In neuerer Zeit malten Tintoretto, Bloemaert und J. L. David N.-Bilder.

Nisos, König von Megara, Gründer des Hafens von Megara, Nisaia. Sein Leben hing von einem goldenen (oder purpurroten) Haar ab, das auf seinem Kopf wuchs. Als der kretische König Minos die Stadt belagerte, verliebte sich N.' Tochter ↑ Skylla (2) in ihn und riß ihrem Vater das Haar aus. Minos konnte die Stadt erobern. N. aber wurde in einen Adler verwandelt (eine der *Metamorphosen* des Ovid).

Nona, eine der ↑ Parzen.

Nordwind ↑ Boreas

Notos, Gott des Südwindes; wie ↑ Boreas und ↑ Zephyros Sohn der Eos und des Astraios.

Numa Pompilius, legendärer König Roms. Als angesehener, weiser Mann lebte er zurückgezogen in der sabinischen Hauptstadt Cures. Nach dem Tod des ↑ Romulus trugen ihm Gesandte der römischen Volksversammlung die Königswürde an. Doch er übernahm das Amt erst, als der Vogelflug kündete, daß es auch der Wille Jupiters sei. N. P. war ein friedlicher Herrscher. Er errichtete den Torbogen des ↑ Janus, der anzeigte, ob Frieden oder Krieg sei. Während der gesamten Regierungszeit des N. P. blieb das Tor geschlossen, denn der König lebte mit den Nachbarvölkern in Frieden. Auch legte er genau die Zeremonie der Kriegserklärung fest, um so die friedliche Ordnung besser zu sichern. Er teilte das Land gerecht, bestimmte die Ackergrenzen genau (↑ Terminus) und garantierte ihre Unverletzlichkeit. Er legte großen Wert auf die Einhaltung der religiösen Bräuche, bestimmte die Zahl der Priester und die Einzelheiten des Kults. Die Nymphe ↑ Egeria nannte er seine göttliche Gemahlin. Sie gab ihm Ratschläge für seine Regierung, verriet ihm auch das Geheimnis des Schildes, der vom Himmel gefallen war, während die Pest in Rom wütete. Nachdem der Hain der ↑ Camenae für heilig erklärt worden war und ein Künstler von dem Schild elf genaue Kopien gefertigt hatte, damit der echte, der das Wohlergehen Roms garantierte, nicht mehr gefunden werden konnte, verschwand die Seuche. Zur Bewachung der Schilde bestimmte N. P. das Priestercollegium der Salier, das dem ↑ Mars diente. Er verbesserte den römischen Kalender (den Romulus eingeführt hatte), indem er die Zahl der Monate von zehn auf zwölf erhöhte und den Beginn des Jahres von März auf Januar verlegte. So friedlich wie er gelebt hatte, starb N. P. in hohem Alter. Sein Nachfolger in der Königswürde war ↑ Tullus Hostilius.

Numitor, mythischer König von Alba Longa, Sohn des Proca. Er war der Vater der ↑ Rhea Silvia. N.s jüngerer Bruder ↑ Amulius verjagte ihn und zwang N.s Tochter, Vestalin zu werden. Ihre Söhne ↑ Romulus und Remus vertrieben Amulius später und gaben N. den Thron zurück.

Nykteus, König von Theben, Sohn eines der ↑ Sparten. Er herrschte über Theben anstelle des minderjährigen ↑ Laios (N.' Tochter Nykteïs war die Mutter des Laios; Labdakos, sein Vater, war gestorben). N. war auch Vater der ↑ Antiope (1), die die Geliebte des Zeus wurde und damit den Zorn des Vaters heraufbeschwor. Vor seinem Tod mußte sein Bruder Lykos ihm versprechen, Antiope zu bestrafen.

Nyktimene ↑ **Epopeus** (2)

Nymphen, weibliche Naturgottheiten. Ihre Zahl ist unbestimmt, nur einige sind in den Mythenerzählungen namentlich genannt. Auch über ihre Herkunft gibt es unterschiedliche Angaben. Homer nennt sie „die Töchter des großen Kronion“, in der *Theogonie* Hesiods sind sie Töchter der Gaia, die „melischen Nymphen“ entstanden aus dem Blut des entmannten Uranos. Nach ihren Wohnorten unterscheidet man die ↑ Najaden, die zu den Quellen, Flüssen und Seen gehörten, die ↑ Oreaden, die auf den Bergen lebten, die ↑ Dryaden und ↑ Hamadryaden, denen die Bäume heilig waren. Auch ↑ Okeaniden und ↑ Nereïden werden zu den N. gezählt. Häufig zogen sie in ihren Grotten Götter auf: Das Zeuskind wurde von einer Nymphe gehütet (↑ Amaltheia), die N. von Nysa erzogen Dionysos. N. gehörten zum Gefolge der Artemis, des Apollon und des Dionysos; oft werden sie als Stammütter von Heldengeschlechtern genannt. Zu den wichtigen Figuren der großen Epen gehören die N. ↑ Kirke und ↑ Kalypso, bei denen Odysseus zu Gast ist; in unzähligen anderen Geschichten spielen sie eine wichtige Rolle. Meist waren sie den Menschen freundlich gesonnen, sie wachten über die wohltätigen Kräfte der Natur und wurden in dieser Eigenschaft in der gesamten griechischen und römischen Welt verehrt. Ihre Heiligtümer befanden sich vor allem an Quellen (daraus entstand in römischer Zeit das Nymphaeum, ein Prachtbau, der gleichermaßen zur Repräsentation und zur öffentlichen Wasserversorgung diente), in Höhlen und auf Bergen. – Bildliche Darstellungen von N. begegnen oft auf Vasen, Münzen, Sarkophag- und Weihreliefs. Auch in der späteren europäischen Kunst tauchen sie in zahlreichen Kunstwerken auf. So waren sie besonders als Brunnenplastik beliebt (Nymphenbad von Permoser im Dresdner Zwinger).

Nyx (‚Nacht‘), eine der ersten Mächte der Welt; nach Hesiods *Theogonie* mit Erebos (‚Finsternis‘) aus dem Chaos geboren. N. und Erebos brachten Aither (‚Himmel‘, ‚Luft‘) und Hemera (‚Tag‘) hervor. N. war auch die Mutter der ↑ Keren, der Zwillinge ↑ Thanatos (‚Tod') und Hypnos (‚Schlaf'), der ↑ Moiren, der ↑ Nemesis und der ↑ Eris. Sie wohnte am Rande des Tartaros, wo sich Tag und Nacht treffen. Eine der Göttinnen auf dem großen Fries des Pergamonaltars gilt als Darstellung der N.

O

Obolos ↑ **Charon**
Ödipus ↑ **Oidipus**
Odysseus (lat. Ulysses, Ulixes), Herrscher von Ithaka, Sohn des ↑ Laërtes und der ↑ Antikleia. Einige Quellen nennen auch ↑ Sisyphos als seinen Vater, der Antikleia vor ihrer Hochzeit mit Laërtes verführt haben soll. O.

war einer der wichtigsten Heerführer der Griechen im ↑ Trojanischen Krieg. Unter allen Helden der *Ilias* ist er der einzige, der seine Feinde auch mit Klugheit und List überwindet, der deutlich individuelle Charakterzüge trägt. O. gehörte zu den Freiern der ↑ Helena und war deshalb mit an deren Eid gebunden, zu dem er selbst geraten hatte. Doch da er durch einen Orakelspruch wußte, daß er zwanzig Jahre von der Heimat fern sein würde, wenn er mit gegen Troja zöge, stellte er sich wahnsinnig. Aber ↑ Palamedes durchschaute die Täuschung, O. mußte sich dem Zug anschließen und seine junge Frau ↑ Penelope mit dem kleinen Sohn ↑ Telemachos der Obhut ↑ Mentors überlassen. Obwohl er nur zwölf Schiffe führte, hatte er großen Anteil am Sieg der Griechen: Seiner List war es zu danken, daß Achilleus aufgespürt wurde, zusammen mit Diomedes fing er den troischen Spion ↑ Dolon, auch den Priamossohn und Seher ↑ Helenos nahm er gefangen und zwang ihn, die Voraussetzungen für die Einnahme der Stadt zu verraten. Dazu gehörte der Raub des Kultbildes der Athene (Palladion) von Troja. Auch dieses Unternehmen gelang dem O. gemeinsam mit Diomedes. Schließlich stammte auch der Plan des hölzernen Pferdes von ihm. Bei allen seinen Taten stand O. unter dem besonderen Schutz der Athene, die meist die Gestalt Mentors annahm, um ihn zu beraten. Außer Mut und List gehört zu seiner Person auch Skrupellosigkeit. So wurde auf seinen Rat der verwundete ↑ Philoktetes auf Lemnos zurückgelassen. Als aber Helenos verkündet hatte, daß der Bogen des Herakles, der jetzt Philoktetes gehörte, für die Eroberung gebraucht würde, fuhr O. nach Lemnos und brachte, wiederum durch List, den Verwundeten dazu, am Krieg teilzunehmen. An Palamedes rächte er sich grausam: Er verleumdete ihn, daß er in troischen Diensten stünde, und ließ ihn steinigen. Durch seine Beredsamkeit gewann er die Waffen des toten Achilleus, obwohl auch Aias der Telamonier ein Recht darauf hatte. Noch im Totenreich sprach dieser kein Wort mit O. Diese negativen Züge treten in der *Odyssee* zurück. Das große Abenteuer-Epos über die Irrfahrten des Helden nach dem Fall Trojas zeigt O. als den großen Dulder, der gegen alle Widrigkeiten des Schicksals unermüdlich seiner Heimat zustrebt. Sein Gegner unter den Göttern war Poseidon, dessen Sohn ↑ Polyphemos er geblendet hatte. Immer wieder schickte der Beherrscher der Meere Stürme, die O.' Schiffe zerstörten. Auch die Torheit seiner Gefährten, die die widrigen Winde, die ↑ Aiolos in einem Sack eingeschlossen hatte, wieder freiließen und trotz strengen Verbots auf der Insel Thrinakia die heiligen Rinder des Sonnengottes Helios schlachteten, brachte den Helden in Not. Schöne Nymphen hielten ihn auf ihren Inseln fest, ↑ Kirke und ↑ Kalypso. Noch viele andere Gefahren mußte er bestehen, an den ↑ Sirenen, an ↑ Skylla und Charybdis führte sein Weg vorbei. Zu seltsamen und gefährlichen Völkern kam er (↑ Laistrygonen, ↑ Lotophagen, ↑ Kikonen). Sogar zum Tor der Unterwelt wurde er geschickt, um den Schatten des ↑ Teiresias zu befragen. Erst als er zur Insel Scheria gelangte, wo die ↑ Phaiaken lebten, wendete sich sein Schicksal zum glücklichen. Er wurde von ↑ Nausikaa und dem König ↑ Alkinoos freundlich aufgenommen und für die Heimkehr ausgerüstet. Unerkannt kam er nach Ithaka, da Teiresias ihm das Treiben der Freier der Penelope in seinem Palast vorhergesagt hatte. Nur Telemachos gab er sich zu erkennen. Als Bettler verkleidet, trat er unter die Freier, erst als er seinen gewaltigen Bogen spannte, erkannten sie ihn. Sein Strafgericht tötete alle, auch die treulosen Diener. Selbst Penelope erkannte ihren Mann nicht eher, als bis er ihr Zeichen genannt hatte, die nur ihnen beiden bekannt waren. O. regierte dann noch viele Jahre friedlich in Ithaka; Teiresias hatte ihm auch einen ruhigen Tod verkündet. Eine spätere Version (die *Telegonie*) läßt O. von der Hand des Telegonos, seines Sohnes von Kirke, sterben. Dieser wurde von Kirke ausgeschickt,

den Vater zu suchen, und tötete ihn, ohne ihn zu erkennen.
Die vieldeutige, interessante Gestalt des O. trägt bereits in der *Ilias* unverwechselbare Züge. Als Held der *Odyssee* wurde er zum Prototyp des Heimkehrers. Die griechischen Tragiker griffen die Episoden aus seinem Schicksal heraus, die mit seinen Taten vor Troja in Zusammenhang stehen: Sophokles stellt in *Aias* (450/440 v. u. Z.) die ruhige Vernunft des O. der unmäßigen Raserei des Aias entgegen; in *Philoktet* (gleichfalls von Sophokles, 409 v. u. Z.) nimmt die Gestalt wieder zwielichtige Züge an, obwohl O. das Gebot der Götter erfüllt, indem er den Bogen des Herakles nach Troja bringt. Von grausamer Konsequenz ist O. in Euripides' *Hekabe* (424 v. u. Z.) und Senecas *Troerinnen* (53 u. Z.), die sich an Euripides anlehnen. Die mittelalterlichen Trojaromane sehen in den Irrfahrten des O. die Strafe für seine Schuld am Tod von Palamedes, von Aias und Polyxena. Auch Dante läßt O. im Inferno der *Göttlichen Komödie* (um 1320) für seine Hinterlist bestrafen, er büßt im achten Kreis der Hölle im achten Graben gemeinsam mit Diomedes in lodernden Flammen und erzählt dem Dichter von seiner letzten Fahrt: Aus dem Heimkehrer ist hier ein ewig ruheloser Wanderer geworden. Bei den Dramatikern des 16./17. Jh., die homerische Stoffe verarbeiten, trägt er gleichfalls negative Züge, so bei Garnier, Vondel und Racine. Auch der O. in Shakespeares *Troilus und Cressida* (1609) ist ein Intrigant. Alle diese literarischen Werke greifen auf die *Ilias* bzw. jüngere Werke über den Trojanischen Krieg zurück. Im 20. Jh. schließt Giraudoux in seinem Schauspiel *Der Trojanische Krieg findet nicht statt* (1935) aus der Sicht des 20. Jh. an diese Tradition an. Hier verkörpert O. die Vernunft, die angesichts nationaler Vorurteile und Eroberungsgelüste eine Niederlage erleidet. Von den Episoden der Irrfahrten war es besonders O.' Aufenthalt auf der Insel der Kirke, der die Schriftsteller reizte, so Calderón in der Komödie *Über allen Zauber*

Liebe (1635, von W. Egk als Oper *Circe* bearbeitet), Corneille in der Tragödie *Circe* (1675), in neuester Zeit F. Fühmann in dem Ballettlibretto *Kirke und Odysseus* (1984). Die Ruhelosigkeit, die Dante der Figur gab, taucht in der Lyrik wieder auf, so bei Tennyson (*Ulysses,* 1833) und bei Pascoli (*Die letzte Reise,* 1904), auch in Kazantzakis' *Odisia* (1938), einem monumentalen „Epos des modernen Menschen", dessen Ausgangspunkt ein neuer Aufbruch des Helden von Ithaka ist. J. Ritsos nahm die Gestalt in sein Poem *Griechentum* (1954) auf. Den Heimkehrer O. gestalteten G. Hauptmann in dem Drama *Der Bogen des Odysseus* (1914) und der Schwede E. Johnson in dem Roman *Die Heimkehr des Odysseus* (1948). Auch in der Lyrik E. Arendts nimmt die Gestalt des Heimkehrers einen wichtigen Platz ein: *Ulysses letzte Fahrt* (1950), *Odysseus' Heimkehr* (1962). Im 20. Jh. nutzten einige Schriftsteller den Stoff, um die unwahrscheinlichen Abenteuer mit ironischer Distanz neu zu erzählen, so Giraudoux in dem Roman *Elpénor* (1919), Giono in dem Roman *Die Geburt der Odyssee* (1930) und W. Jens in dem Roman *Das Testament des Odysseus* (1957). Am folgenreichsten für die Weltliteratur und für den modernen Roman wurde Joyces *Ulysses* (1922). In neuen Erzählstrukturen, dabei dennoch dem homerischen Aufbau folgend, formte er den Mythos um zur Parabel der Suche des Menschen nach sich selbst.

Die bildende Kunst wurde nicht so vielschichtig angeregt. Zahlreich sind die griechischen Vasenbilder (erhaltene Beispiele bereits aus dem 7. Jh. v. u. Z.) zu seinen Irrfahrten (O. und Kirke, O. blendet Polyphemos, O. und die Sirenen). Ein Freskenzyklus aus dem 1. Jh. v. u. Z. (Esquilin, Rom) zeigt seine Abenteuer bei den Laistrygonen, Kikonen, Lotophagen und Kyklopen. Zyklen zur *Odyssee* malten auch die Künstler der Renaissance (Primaticcio, Niccolo dell'Abate, Castello, Tibaldi). Die Szene der Begegnung von O. mit der Phaiakenprinzessin Nausikaa malte u. a. Rubens. Seltener sind Szenen aus der *Ilias*, so O., der ↑ Chryseïs zu ihrem Vater zurückbringt, von Carracci, Rubens und Lorrain. Chagall schuf einen Graphik-Zyklus zu den Abenteuern.

Oedipus ↑ Oidipus

Oiagros, Gott des gleichnamigen Flusses in Thrakien. Mit der Muse Kalliope zeugte er den Sänger Orpheus.

Oidipus (lat. Oedipus, dt. Ödipus), Sohn des ↑ Laios, des Königs von Theben, und der ↑ Iokaste. Das Orakel von Delphi hatte Laios verkündet, daß sein Sohn ihn töten und danach die eigene Mutter heiraten würde. Deshalb ließ der Vater das Neugeborene mit durchbohrten Füßen auf dem Berg Kithairon aussetzen. Hirten fanden das Kind und brachten es nach Korinth, dessen kinderloser König Polybos den Knaben O. (Schwellfuß) nannte und ihn wie den eigenen Sohn aufzog. Als O. herangewachsen war, erhielt er von Delphi über sein Schicksal die gleiche Auskunft wie vor Jahren Laios. Er kehrte nicht nach Korinth zurück, um seinen vermeintlichen Eltern fern zu sein. Unterwegs geriet er mit einem entgegenkommenden Fremden in einen heftigen Wortwechsel um die Freigabe des Weges. Der Streit artete zu solchen Tätlichkeiten aus, daß O. den Fremden erschlug. Es war aber sein leiblicher Vater. Nur ein Diener des Laios konnte dem Streit entkommen. O. zog weiter, ohne zu ahnen, daß sich der erste Teil des Orakels bereits erfüllt hatte. Er kam nach Theben. Dort in der Nähe lauerte die ↑ Sphinx und verschlang alle Wanderer, die ihr Rätsel nicht lösen konnten. Auch O. stellte sie die Frage, welches Wesen zwei, drei und vier Füße habe. Als O. die richtige Antwort – der Mensch – wußte, stürzte sich das Ungeheuer in den Abgrund. Zum Lohn für die Befreiung Thebens von der Sphinx erhielt O. die verwitwete Königin zur Frau und wurde selbst Herrscher der Stadt. Iokaste gebar ihm die Kinder Eteokles, Polyneikes, Antigone und Ismene. Nach langen glücklichen Jahren wurde Theben von der Pest heimgesucht. Um die Seuche zu beenden, mußte auf Befehl des Delphi-

schen Orakels der Mörder des Laios gefunden und bestraft werden. Durch die Zeugen der Aussetzung des Kindes und des Mordes an Laios wurden die schrecklichen Zusammenhänge offenbar. Voller Entsetzen erhängte sich Iokaste. O. aber blendete sich mit einer Nadel, die er aus ihrem Kleid zog. Kreon, als Bruder der Iokaste der nächste am Thron, verjagte ihn – mit Zustimmung seiner Söhne – aus der Stadt. O. verfluchte die Söhne beim Abschied, die Tochter Antigone begleitete den blinden Vater auf seinen Wanderungen. Am Ende seines Lebens wurde O. von Theseus aufgenommen und starb im heiligen Hain von Kolonos.
Frühestes literarisches Zeugnis des Schicksals von O. findet sich im XI. Gesang der *Odyssee*. Odysseus erwähnt in seiner Erzählung über die Unterwelt vor dem Phaiakenkönig Alkinoos auch Iokaste (hier Epikaste genannt) und ihr Schicksal. Entscheidend für die bedeutende Rezeption des Stoffes in der Weltliteratur ist jedoch die Tragödie des Sophokles *König Oidipus* (428 v. u. Z.). Sie zeigt, wie unerbittlich O., der die Wahrheit sucht – den Mörder des Laios –, die eigenen Verbrechen bewußt werden, seine Größe auch noch in tiefster tragischer Verstrickung. Das zweite O.-Stück des griechischen Tragikers, *Oidipus auf Kolonos* (406 v. u. Z.), zeigt den greisen König in der Verbannung, die Intrigen seiner Söhne um seine Person (nach dem Orakel im Machtkampf um Theben soll derjenige siegen, auf dessen Seite O. steht) und die Entrückung des O. in die Reihen der attischen Schutzgötter. Dieser Teil der O.-Geschichte blieb später ohne nennenswerte Resonanz. Euripides' Tragödie *Die Phoinikerinnen* (408 v. u. Z.) bringt das Schicksal des O. und der Iokaste mit dem späteren Zug der ↑ Sieben gegen Theben zusammen. Über die künstlerisch wenig wertvolle Bearbeitung der älteren Sophokles-Tragödie durch Seneca, die für das Theater der Renaissance häufig übersetzt wurde, gelangte der Stoff auf die europäische Bühne (so mit Tassos *Torrismondo*). Eine eigenständige Fas-

sung schuf P. Corneille (1659), indem er, dem Zeitgeschmack folgend, eine Liebesgeschichte des Theseus einfügte. Auch Voltaires *Ödipus,* seine erste Tragödie überhaupt (1718), fügte der antiken Überlieferung einen früheren Liebhaber der Iokaste hinzu, der des Mordes an Laios verdächtigt wird. Eigentliche Neuinterpretationen erfuhr die Gestalt des O. erst im 20. Jh.: H. von Hofmannsthal gestaltete in seiner Tragödie *Ödipus und die Sphinx* die Vorgeschichte und endet scheinbar glücklich mit der Heirat des O. und seiner Mutter; A. Gides *Ödipus* (1932) ist der gegen sich selbst rücksichtslose Wahrheitssucher. J. Cocteau nahm in seinem Drama *Die Höllenmaschine* (1934) die Geschichte als Beweis für die Willkür und Bosheit der Götter. F. Mendelssohn Bartholdy schrieb eine Musik zu *Ödipus in Kolonos;* I. Strawinski eine Ballettmusik zu *Ödipus Rex.* Die stärksten Wirkungen auf dem modernen Theater erzielt aber immer noch der *König Oidipus* des Sophokles, der zum ständigen Repertoire vieler großer Theater gehört (kongeniale deutsche Übertragung von Hölderlin: *Ödipus Tyrann,* 1804). Der Ägypter Taufik al-Hakim schuf eine Version für das junge ägyptische Theater (*König Ödipus,* 1948), auch der Engländer A. Burgess dichtete Sophokles nach (*König Ödipus,* 1972). In die Zeit des zweiten Weltkriegs, als deutsche Truppen Griechenland besetzt hielten, transponierte F. Fühmann den antiken Stoff in seiner kunstvolle Erzählung *König Ödipus* (1966), die die geistige und physische Barbarei des Faschismus im Spiegel der Tragödie des Sophokles erhellt. – Antike bildliche Darstellungen des O. bevorzugten die Begegnung mit der Sphinx (Vasenbilder, Gemmen, Reliefs). Aus der neueren Kunst ist lediglich das Gemälde von Ingres, das gleichfalls O. und die Sphinx zeigt, zu nennen.

Oïleus, König der Lokrer, regierte in der Stadt Opus. Er nahm am Zug der ↑ Argonauten teil. Sein Sohn ↑ Aias, nach seiner Herkunft Aias der Oilide oder auch der kleine Aias genannt, kämpfte vor Troja.

Oilide ↑ Aias

Oineus, König von Kalydon in Aitolien, Gatte der ↑ Althaia. Seine Kinder waren ↑ Meleagros, ↑ Tydeus und ↑ Deïaneira, die zweite Gemahlin des Herakles. Nach einer anderen Version war Dionysos der Vater der Deïaneira: Er besuchte O., verliebte sich in Althaia und wurde von O. mit ihr alleingelassen. Aus Dankbarkeit führte Dionysos den Weinbau in Aitolien ein. Als O. nach einer besonders reichen Ernte das Opfer für Artemis vergaß, schickte die Göttin einen gewaltigen Eber, der das Land verwüstete und der auf der ↑ Kalydonischen Jagd erlegt wurde.

Oinomaos, König von Pisa in Elis, Sohn des Ares und der Pleïade Sterope; Vater der ↑ Hippodameia, die von ↑ Pelops zur Frau begehrt wurde. O. hatte zur Bedingung gestellt, daß nur der sein Schwiegersohn werden könne, der ihn im Wagenrennen besiegt. Da ihm sein Vater wunderbar schnelle Pferde geschenkt hatte, gewann er aber jeden Wettkampf, obwohl er dem Gegner einen Vorsprung ließ, während er selbst noch ein Opfer brachte. Wen er aber beim Rennen einholte, dem stieß er die Lanze in den Rücken. Zwölf Freier seiner Tochter hatte er auf diese Weise schon getötet. Pelops bestach den Wagenlenker ↑ Myrtilos, der wächserne Stifte in die Achsen von O.' Wagen einsetzte, so daß O. sich zu Tode stürzte. Zur Erinnerung an den Sieg des Pelops wurden Spiele eingerichtet, die größten in Griechenland, die dem Zeus Olympos gewidmet waren, die Olympischen Spiele (Aufzeichnungen der Sieger seit 776 v. u. Z.). Der Ostgiebel des Zeus-Tempels von Olympia zeigt den Herrn der Götter als Schiedsrichter bei dem Wettkampf zwischen O. und Pelops. Auch auf griechischen Vasen ist die Wettkampfszene häufig abgebildet.

Oinone, Nymphe vom Berg Ida in Phrygien. ↑ Paris verliebte sich in sie, als er dort Hirt war. Ihr gemeinsamer Sohn war Korythos. Dann aber verließ Paris sie, um sich Helena zu holen, obwohl O. ihn vor den Folgen gewarnt hatte. Zuvor hatte sie Paris versprochen, ihm mit ihrer Heilkunst zu helfen, wenn er im künftigen Krieg verwundet würde. Als Paris dann, vom Pfeil des ↑ Philoktetes getroffen, mit dem Tode rang, schickte er nach ihr, doch sie lehnte aus Eifersucht ihre Hilfe ab. Paris starb, und O. gab sich vor Kummer darüber selbst den Tod.

Okeaniden, die dreitausend Töchter der ↑ Tethys und des Titanen Okeanos. Sie werden den ↑ Nymphen zugerechnet. Hesiod nennt in der *Theogonie* einige der Namen: So gehörten die mächtige Styx dazu, deren Wasser durch das Totenreich fließt, Elektra, die Mutter der Götterbotin Iris und der Harpyien, auch Klymene, die Mutter von Atlas, Prometheus, Epimetheus und Menoitios. In Aischylos' Tragödie *Der gefesselte Prometheus* bilden die O. den Chor, der das Schicksal des Gepeinigten beklagt.

Okeanos, der Weltstrom, Sohn der Gaia und des Uranos. Er umschließt mit seinen Wassern die Scheibe der Erde (im Gegensatz zum ↑ Pontos, dem öden offenen Meer, das nur von Gaia stammt). Seine Gattin war ↑ Tethys, sie gebar ihm dreitausend Töchter, die ↑ Okeaniden, und ebensoviel Söhne, nach Hesiod „lauthinbrausende Ströme". Am Kampf der Titanen gegen die neuen Götter, die von Zeus geführt wurden, beteiligte O. sich nicht oder nur am Anfang, jedenfalls behielt er seine Macht, als die anderen Titanen in den Tartaros geschleudert wurden. Aischylos läßt ihn in seiner Tragödie *Der gefesselte Prometheus* auftreten. Hier versucht er, zwischen Zeus und dem bestraften Titanensohn zu vermitteln, wird aber von Prometheus zurückgewiesen. In der bildenden Kunst der Antike taucht seine Gestalt erst in hellenistischer Zeit deutlich auf, er ist hier mit den Attributen der Meeresgottheiten – Bart, Muscheln, Flossen – dargestellt. Auf dem großen Fries des Pergamonaltars kämpft er mit gegen die Giganten.

Okypete, bei Hesiod eine der ↑ Harpyien.

Olymp, der höchste Berg Griechenlands (2918 m), Gipfel eines zwischen Makedonien und Thessalien liegenden Massivs. Der O. war der Sage nach der Sitz der Götter, deren Oberhaupt Zeus war (die „olympischen Götter"). Von dort aus bekämpften sie die ↑ Titanen, die sich den Berg Othrys zum Sitz gewählt hatten. In der Schlacht wüteten die neuen Götter und die Titanen so, daß der O. von unten her erbebte. Auch nach dem Sieg des Zeus blieb der O. seine Wohnung, von der aus er die Götter und Menschen regierte. So fand ihn Thetis „auf dem obersten Scheitel des zackengeschmückten Olympos" (*Ilias,* I. Gesang), als sie ihn bat, ihrem Sohn ↑ Achilleus, den Agamemnon gekränkt hatte, Genugtuung zu verschaffen. Das berühmte Zeus-Heiligtum von Olympia hat mit dem Berg O. nichts zu tun, es befand sich in Elis, auf dem Peloponnes.

Olympische Spiele ↑ Oinomaos

Omphale, Königin von Lydien. Nachdem Herakles den ↑ Iphitos getötet hatte, zog er nach Delphi, um sich dort beim Apollon-Orakel von der Tat zu reinigen. Dies wurde ihm verweigert, und voll Zorn vergriff er sich an dem heiligen Dreifuß. Zur Strafe dafür mußte er Sklave der O. werden. Drei Jahre lang lebte er an ihrem Hof. Um ihn zu erniedrigen, zog O. ihm Frauenkleider an und ließ ihn Frauenarbeit tun. Sie selbst nahm sich sein Löwenfell und seine Keule. Ihr gemeinsamer Sohn war Lamos. – Der starke Held in Frauenkleidern war ein beliebtes Motiv in der bildenden Kunst. Ein Wandgemälde von Pompeji zeigt die Szene. In der Neuzeit malten u. a. L. Cranach d. Ä., Tintoretto und Rubens Herakles und O. Auch das Theater des Barock griff den bühnenwirksamen Stoff auf (Oper von Telemann). P. Hacks zeigt in seiner Komödie *Omphale* (1970) einen Helden, der des Heldentums überdrüssig ist.

Oneites, Sohn des Herakles und der Deïaneira, ↑ Herakliden.

Opheltes ↑ Sieben gegen Theben

Ops, römische Göttin der Saat, der Ernte, des Überflusses. Als Göttin des Reichtums hütete sie den Staatsschatz Roms. Zum Fest der Opiconsivia am 25. August (ein Erntedankfest) wurden ihr in ihrem Heiligtum auf dem Capitol Opfer gebracht. Später wurde sie mit der griechischen ↑ Rheia (auch mit Kybele) identifiziert und galt als Gemahlin des ↑ Saturnus.

Orcus (dt. Orkus), römischer Gott der Unterwelt, auch der Name des Totenreiches (vgl. Goethe, *An Schwager Kronos*: „Daß der Orkus vernehme, wir kommen ..."). O. entspricht dem griechischen ↑ Hades.

Oreaden, die ↑ Nymphen, die auf Bergen und in Wäldern wohnten, oft gehörten sie zum Gefolge der Artemis.

Oreithyia, Tochter des Erechtheus, geraubt von ↑ Boreas, Mutter der ↑ Boreaden.

Orestes, Sohn des ↑ Agamemnon und der ↑ Klytaimestra. Bei der Heimkehr seines Vaters aus Troja war er noch ein Kind. Seine Schwester ↑ Elektra brachte ihn aus dem Mörderhaus in Sicherheit: O. wuchs in Phokis bei König Strophios auf, mit dessen Sohn ↑ Pylades ihn bald eine innige Freundschaft verband. Pylades war es auch, der für O. nach Delphi ging, um dort das Orakel über das künftige Schicksal des Freundes zu befragen. Das Orakel aber befahl O., Klytaimestra zu töten, um so den Vater zu rächen. Elektra schürte ebenfalls diesen Rachegedanken und trieb den Bruder zu seiner Bluttat an. So tötete O. zunächst ↑ Aigisthos und dann Klytaimestra. Der Muttermord weckte die Erinyen, die Rachegöttinnen, die ihn nicht zur Ruhe kommen ließen. Vor dem Aroepag (dem höchsten Gericht), den Athene selbst zusammenrief, wurde er entsühnt. Entscheidend war dabei die Stimme der Göttin, die ihn von Schuld freisprach. – Der Muttermord des O. ist der letzte Greuel, den die Sage vom fluchbeladenen Geschlecht der Tantaliden weiß. Die *Orestie* des Aischylos (458 v. u. Z.), ältestes vollständig erhaltenes literarisches Zeugnis davon, übermittelte den Stoff in dieser Gestalt. O. steht im Mittelpunkt des zweiten und dritten Stückes der Trilogie, der *Choephoren* und der *Eumeniden*. Er ist dort zwar der Mörder seiner Mutter, schreckt aber vor und nach der Tat vor dem Ungeheuerlichen zurück. Der Freispruch nach dem Willen der Götter – neben Athene setzt sich auch Apollon für ihn ein – bedeutet die Abkehr von den alten Gesetzen der Blutrache, aber auch von der dominierenden Stellung der Mutter in der Familie. Von Euripides stammt die andere Version der Entsühnung des O. (*Iphigenie unter den Taurern*, 412 v. u. Z.): Apollon gebietet ihm, nach Tauris zu fahren und von dort das Kultbild der Artemis nach Delphi zu bringen. Dort trifft er ↑ Iphigenie, die Schwester, die von Artemis entrückt worden war. Auch hier steht Athene den Geschwistern bei und hilft ihnen bei der Flucht nach Attika. Die etwas jüngere Tragödie des Euripides, *Orestes* (408 v. u. Z.), zeigt O. wieder in enger Beziehung zu Elektra. Nur von Pylades unterstützt, versuchen die Geschwister, ihr Recht gegen Menelaos mit Gewalt durchzusetzen; einzig das Eingreifen des Apollon, der O. zum Herrscher über Argos ernennt, verhindert neue schreckliche Taten. Eine weitere Version wird in Euripides' Tragödie *Andromache* verarbeitet: O. war verlobt mit ↑ Hermione, der Tochter des Menelaos und der Helena; der Konflikt entsteht, weil Menelaos die Tochter dem Sohn des Achilleus, ↑ Neoptolemos, vor Troja versprochen hat. Die späteren bedeutenden Dramen um die Gestalt des O. konzentrieren sich auf die Verbindung zwischen O. und Elektra. Eine selbständige Interpretation leistete vor allem J.-P. Sartre in den *Fliegen* (1943), wo O. als einziger in freiem Entschluß sich zu seiner Rache bekennt; J. Ritsos nutzte in seinem Poem *Orestes* (1966) den Stoff, um soziale und philosophische Probleme der Gegenwart zu gestalten.

Orion, ein berühmter Jäger von riesiger Gestalt, Sohn des Poseidon. Seine Taten waren frevelhaft: Er verfolgte die ↑ Pleïaden so lange, bis sie Zeus als Sternbild an den Himmel versetzte. Als er für den König von Chios, Oinopion, in dessen Land die wilden Tiere jagte, vergewaltigte er Oinopions Tochter Merope und wurde dafür von dem Vater geblendet. Durch die Strahlen der aufgehenden Sonne erhielt er das Augenlicht wieder. Eos verliebte sich in O. und raubte ihn, doch wurde er von Artemis mit Pfeilen getötet. (Im V. Gesang der *Odyssee* führt die Nymphe ↑ Kalypso sein Schicksal als Beispiel an, daß es Göttinnen nicht vergönnt sei, Sterbliche zu lieben, da sie selbst von Hermes gerade den Befehl erhalten hatte, Odysseus ziehen zu lassen.) Der Jäger O. ist eines der eindrucksvollsten Sternbilder am nördlichen Himmel.

Orkus ↑ Orcus

Orpheus, mythischer Sänger und Musiker, Sohn der Muse Kalliope und des thrakischen Flußgottes Oiagros (oder des Apollon). Die Rhodopen gelten als sein Geburtsland. Seine Kunst hatte übernatürliche Kräfte: Auf der Fahrt der ↑ Argonauten besänftigte sie die Wellen; der Gesang des O. übertönte den der Sirenen und half so den Schiffern, an ihrer Insel ungefährdet vorbeizukommen. Als seine Frau ↑ Eurydike von einer Schlange gebissen wurde und starb, stieg er in das Reich der Toten hinab, sie zu suchen. Sogar die Mächte der Unterwelt, Kerberos, Hades und Persephone, waren gerührt von seiner Musik. Deshalb wurde ihm erlaubt, Eurydike wieder mit auf die Erde zu nehmen, unter der Bedingung allerdings, daß er sich nicht nach ihr umschaue, ehe er das Tageslicht wieder erblickt. Da er dieses Verbot übertrat, mußte Eurydike für immer im Totenreich bleiben. Vom Tod des O. wird erzählt, daß rasende ↑ Bakchen ihn steinigten, weil er zum Frauenfeind geworden war (oder weil Dionysos ihn bestrafen wollte, da er Helios und Apollon höher ehrte als ihn). Alle Bäume und Tiere trauerten um O.; sein Haupt und seine Lyra schwammen vom Fluß Hebros aus bis zur Insel Lesbos, wo die Musen sie begruben. Sein Schatten wurde mit dem der Eurydike vereinigt.

Der Mythos von O. ist vollständig in den *Metamorphosen* (X. und XI. Buch) des Ovid überliefert, doch ist die Gestalt auch in den älteren Werken erwähnt.
O. ist der mythische Urheber der nach ihm benannten Geheimlehre, der Orphik, die eng mit dem Dionysos-Kult in Verbindung stand und sich im 6. Jh. v. u. Z. von Thrakien aus in Griechenland verbreitete. Auch die *Orphischen Hymnen,* pantheistische Gesänge über die Entstehung der Welt aus der Sicht der Orphiker, wurden dem O. zugeschrieben, sind aber erst in hellenistischer Zeit entstanden. Die ältesten erhaltenen antiken Kunstwerke zu dem Mythos zeigen O. als Teilnehmer der Argonautenfahrt (Metope des Schatzhauses der Sikyonier in Delphi, 6. Jh. v. u. Z.) und O. mit Eurydike, die von Hermes geführt werden (Relief, 5. Jh. v. u. Z., römische Kopie erhalten); Vasenbilder und Mosaiken zeigen den Sänger unter wilden Tieren und seinen Tod. Er wurde in thrakischer Tracht mit Stiefeln und phrygischer Mütze dargestellt. In dieser Gestalt beeinflußte er das Bild des „guten Hirten" in der frühchristlichen Kunst. Für das Mittelalter ist O. wieder der Sänger, der Erfinder der Musik überhaupt. In dieser Eigenschaft taucht er in Ovid-Illustrationen auf. O., der die wilden Tiere mit Musik bezaubert, malten Bellini, Bassano, Savery u. a. Auch der Gang in die Unterwelt wurde seit der Renaissance wieder gestaltet (Relief von P. Vischer, Gemälde von Tintoretto, Bruegel d. J., Rubens, Feuerbach). – Weitaus fruchtbarer wurde der O.-Mythos für die europäische Musik und Literatur. Poliziano schrieb ein Drama *Die Orpheussage* (1480), das Monteverdi anregte. So wurde der mythische Sänger, der sogar den Herrscher der Unterwelt rührt, Hauptgestalt der ersten Oper, *Orfeo* (1607). Der Stoff bot sich immer wieder für das Musiktheater an. Seine Wandlungsfähigkeit zeigt sich an so verschiedenen Werken wie Glucks Oper *Orpheus und Eurydike* (1762) und Offenbachs Mythentravestie *Orpheus in der Unterwelt* (1858). Auch J. Ch. Bach und Milhaud schufen musikdramati-

sche Werke um die Gestalt des O. Die Eurydike-Handlung und den Tod des O. gestaltete I. Strawinski in der Ballettmusik *Orpheus* (1947). In der Literatur waren es zuerst die Lyriker, die O. als Symbol des liebenden Gatten besangen (Spenser, Milton, Pope, Quevedo). Das Ideengut der Orphik wurde Ende des 18., Anfang des 19. Jh. in Deutschland aufgegriffen und gleichfalls in der Lyrik reflektiert (Goethe, *Urworte. Orphisch*, e. 1817). Rilke gestaltete in dem Gedicht *Orpheus. Eurydike. Hermes* (in: *Neue Gedichte*, 1907) nochmals den unwiderruflichen Verlust der geliebten Frau; in den *Sonetten an Orpheus* (1923) nutzte er den heidnischen Mythos vom Sänger O. als poetisches Symbol für sein hymnisches Rühmen des lebendigen Daseins in seiner Vergänglichkeit und ständigen Erneuerung. Im 20. Jh. interpretierten die Dramatiker den O.-Stoff neu, wobei in den besten Werken eine Synthese von Gegenwart und Mythos gelingt (Cocteau, *Orpheus*, 1926). T. Williams übernahm für sein Drama *Orpheus steigt herab* (1957) nur die Gestalt des Sängers, der in einen trostlosen Alltag für eine kurze Zeit Licht bringt, aber zugrunde geht. Weitere O.-Dramen schrieben O. Kokoschka (1919) und J. Anouilh (1941). Auch der Film nahm sich des Stoffes an: Cocteau schrieb sein Drama nochmals als Filmdrehbuch (1949); *Orfeu negro* (unter der Regie von M. Camus, 1958) übertrug den Mythos kongenial in die faszinierende Atmosphäre des brasilianischen Karnevals.

Orseïs, Nymphe, Gemahlin des ↑ Hellen, Mutter von Aiolos, Doros und Xuthos, den Ahnherren der griechischen Stämme.

Orthos, auch Orthros, eines der schrecklichen Geschöpfe, die ↑ Echidna dem Typhon gebar, Bruder des Höllenhundes Kerberos. Auch O. hatte die Gestalt eines Hundes mit zwei Köpfen. Er bewachte die Rinderherde des ↑ Geryoneus und wurde von Herakles getötet, als dieser im Auftrag des Eurystheus (zehnte Arbeit) die Rinder rauben mußte. Nach Hesiod ist O. der

Vater der Sphinx (in der *Theogonie* Phix genannt). Der Tod des O. durch Herakles war ein beliebtes Motiv der griechischen Vasenmalerei.

Ossa, die Personifikation des Gerüchts, von Zeus geschickt. Sie erscheint im XXIV. Gesang der *Odyssee* und verbreitet in Ithaka die Nachricht vom Tod der Freier. Eine ähnliche Funktion wie O. hat ↑ Fama.

Otos, einer der ↑ Aloaden.

P/Q

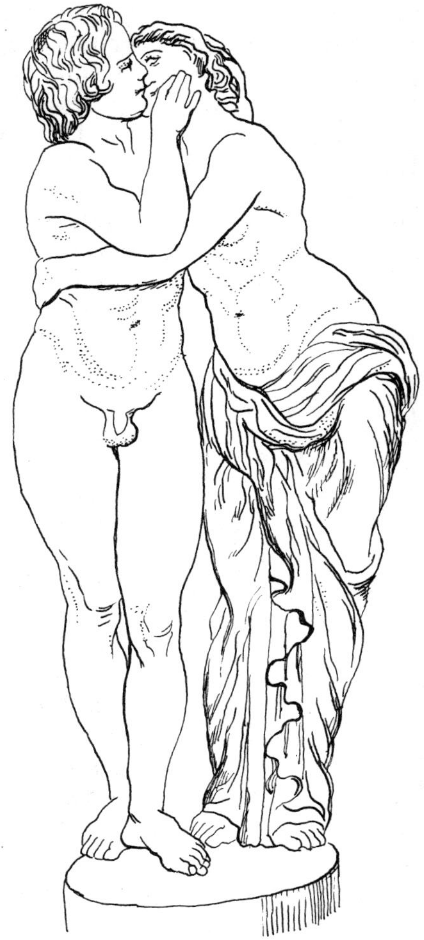

Paian, 1. Heilgott des Olymp. Er half Hades und Ares, als sie vor Troja verwundet waren. – 2. Beiname des Apollon; auch Lieder an den Heilgott Apollon wurden P. genannt.

Palaimon ↑ **Melikertes**

Palamedes, Sohn des ↑ Nauplios, des Königs von Euböa, und der Klymene. Er zog mit dem griechischen Heer gegen Troja. Dabei machte er sich Odysseus zum Feind, der sich wahnsinnig gestellt hatte, um auf Ithaka bleiben zu können. P. aber durchschaute ihn, und Odysseus mußte sich dem Heer anschließen. Odysseus rächte sich, indem er in P.' Zelt Geld versteckte und einen Brief fälschte, um so einen Verrat des P. vorzutäuschen. Niemand glaubte an die Unschuld des P., und er wurde zum Tod durch Steinigen verurteilt. Nauplios rächte später den Sohn. P. werden viele Erfindungen der menschlichen Zivilisation zugeschrieben, so die Buchstaben, die Zeitrechnung, die Maße und Gewichte, auch das Brett- und das Würfelspiel. – Die Tragödien von Aischylos und Sophokles, die den Stoff behandelten, sind verloren, von der des Euripides sind einige Fragmente erhalten. Der Rhetoriker Gorgias (5./4. Jh. v. u. Z.) schrieb für Lehrzwecke eine Rede *Palamedes,* die als Muster sophistischer Argumentation gilt.

Palinurus, Steuermann des ↑ Aeneas bei dessen Flucht aus Troja. In der *Aeneis* erzählt Vergil, daß er am Steuer einschlief und über Bord gespült wurde. An Land getrieben, wurde er von den Lucanern getötet. Sie begruben ihn nicht, deshalb weigerte sich Charon, ihn ins Totenreich überzusetzen. Bei seinem Abstieg in die Unterwelt sah Aeneas den ruhelosen P. Er bestattete ihn am Ort seines Todes und nannte die Stelle Kap Palinuro.

Palladion ↑ **Diomedes** (2)

Pallantiden, die fünfzig Söhne des ↑ Pallas (2), die den Herrschaftsanspruch des ↑ Theseus nicht anerkennen wollten und deshalb mit ihrem Vater von ihm im Kampf getötet wurden.

Pallas, 1. Sohn des Titanen Kreios und der Eurybie (einer Tochter des Pontos), Bruder von ↑ Astraios und Perses. Seine Gemahlin war ↑ Styx, sie gebar ihm u. a. ↑ Nike. – 2. jüngster Sohn des ↑ Pandion (2), Bruder des ↑ Aigeus. Er wurde von Theseus getötet, weil er dessen Machtanspruch nicht anerkannte. – 3. König von Arkadien, Vater des ↑ Euandros. – 4. Beiname der ↑ Athene.

Pan, Gott der Herden, der Hirten und des Waldes, Sohn des Hermes und der Nymphe ↑ Dryope. Er stammte aus der Landschaft Arkadien und war Gefährte des ↑ Dionysos. Bereits bei der Geburt war P. bärtig; er hatte Bockshörner und -füße. Der *Homerische Hymnos Auf Pan* besingt „den Beschützer der Herden im vollen, struppigen Haarpelz", dort wird auch von seiner Geburt erzählt, wie die Mutter erschrocken war über das Aussehen des Kindes. Hermes aber trug es zum Olymp, wo die Götter, besonders Dionysos, sich an ihm ergötzten. Wie Satyrn und Silenen jagte P. lüstern den schönen Nymphen nach. In der Ruhe des Mittags („Stunde des Pan") erschreckte er Menschen und Tiere und gab ihnen grundlose, nicht benennbare Angst ein (noch heute in der Sprache als „Panik", „panische Angst" erhalten). So soll er den Griechen in der Schlacht bei Marathon beigestanden haben, indem er den Persern Angst einjagte; deshalb wurde ihm dort ein Heiligtum errichtet. Auch die Syrinx (‚Hirtenflöte', auch Panflöte) ist mit seinem Namen verbunden. Ovid erzählt, daß sich die Nymphe ↑ Syrinx aus Furcht vor den Nachstellungen des P. in ein Schilfrohr verwandelte, aus dem er die Flöte anfertigte und seitdem darauf blies. Als P. jedoch Apollon zum Wettstreit aufforderte, wurde er von dem großen Gott besiegt. König ↑ Midas erhielt zur Strafe von Apollon Eselsohren, weil ihm das Flötenspiel des P. besser gefallen hatte als die Musik des Apollon. Künstlerische Darstellungen des P. gibt es seit dem 5.Jh.v.u.Z.; halb Mensch, halb Ziegenbock, ähnelt er den Satyrn (Vasenbilder, pompejanische Fresken, Gemmen).

In hellenistischer Zeit wurde aus der skurrilen Gestalt der „Große Pan", der Herrscher über die Natur. In dieser Bedeutung erscheint er noch in der Kunst von Renaissance und Barock. Daneben regten die Erzählungen des Ovid die Künstler an: „Pan und Syrinx" malten Poussin, Jordaens, Rubens, das Midasurteil Jordaens; die allegorische Szene „Eros besiegt Pan" Correggio und Carracci. Aus späterer Zeit gibt es mehrere P.-Bilder von Böcklin.

Panakeia, heilkundige Göttin, Tochter des ↑ Asklepios, Schwester der berühmten Ärzte ↑ Machaon und ↑ Podaleirios, die den Griechen vor Troja beistanden, und der ↑ Hygieia.

Pandaros, Held aus Lykien, Sohn des Lykaon. Im ↑ Trojanischen Krieg führte er die Krieger aus Zeleia, die auf troischer Seite kämpften. Er war ein berühmter Bogenschütze. Während des Waffenstillstands, der dem Zweikampf zwischen Paris und Menelaos vorausging, stachelte Athene in Gestalt eines Sohnes des Antenor den P. an, auf Menelaos zu schießen, um so die Troer eidbrüchig werden zu lassen (*Ilias,* IV. Gesang). Später kämpfte er gegen Diomedes, der ihn mit einem Speerstoß tötete.

Pandion, 1. mythischer König von Attika, Sohn des ↑ Erichthonios (1), Vater von ↑ Erechtheus, ↑ Butes, ↑ Prokne und ↑ Philomele. – 2. mythischer König von Attika, Sohn des ↑ Kekrops. Er wurde von Verwandten aus der Heimat vertrieben und ließ sich in Megara nieder, wo er die Königstochter Pylia heiratete. Sie wurde die Mutter von ↑ Aigeus und ↑ Pallas (2).

Pandora, die erste Frau. Sie wurde von den Göttern zu den Menschen geschickt, um den Raub des Feuers durch ↑ Prometheus zu rächen. Hephaistos schuf P. auf Befehl des Zeus als schöne Jungfrau, Athene schmückte sie, auch die anderen Götter beschenkten sie mit Reizen. Vor allem aber trug sie ein Gefäß, in das alle Übel der Welt eingeschlossen waren. Zeus sandte P. mit Hermes auf die Erde zu ↑ Epimetheus, der die Warnung seines Bruders Prometheus vor den Geschenken des Zeus vergessen hatte und sie zu seiner Frau machte. P. aber öffnete das Gefäß, und die Übel – Krankheiten, Schmerzen, Alter – flogen heraus zu den

Menschen; nur die Hoffnung ließ P., nach dem Willen des Zeus, nicht heraus. P. gebar dem Epimetheus die Tochter Pyrrha, die Prometheus' Sohn ↑ Deukalion heiratete.
Der Mythos der schönen Frau, die das Übel in die Welt bringt, wird von Hesiod in der *Theogonie* und in *Werke und Tage* erzählt. Das Motiv erscheint seit der Renaissance in der europäischen Literatur als Variation des christlichen Sündenfalls durch Eva. P. wird auch als Verkörperung jener Kräfte gedeutet, die ein Fortschreiten der Menschheit ermöglichen, so in Wielands Lustspiel *Pandora* (1779) und in Goethes Festspiel *Pandora* (1808, bearbeitet von P. Hacks, 1981). Die „Büchse der Pandora" wurde sprichwörtlich für Unheil, das unerkannt angenommen wird. In diesem Sinne gab auch F. Wedekind 1902 seinem zweiten Lulu-Drama diesen Titel.

Pandrosos ↑ Agraulos

Parcae ↑ Parzen

Paris, auch Alexandros, Sohn des troischen Königs Priamos und der Hekabe. Das Kind wurde gleich nach der Geburt auf dem Berg Ida ausgesetzt, denn Hekabe hatte geträumt, sie würde eine Fackel zur Welt bringen, die Troja verbrennt. Hirten fanden das Kind und zogen es auf. Zum Jüngling herangewachsen, nahm P. die Nymphe ↑ Oinone zur Frau. Der Ruf seiner Schönheit drang bis zum Olymp, deshalb wurde er zum Richter im Streit der Göttinnen erwählt: Er mußte, von Hermes geleitet, den Apfel der ↑ Eris (den sprichwörtlichen „Zankapfel"), Hera, Athene oder Aphrodite („der Schönsten") überreichen. Jede der Göttinnen versuchte mit Versprechungen, P. auf ihre Seite zu ziehen: Hera versprach ihm Macht, Athene Siege im Kampf, Aphrodite die schönste Frau. P. gab Aphrodite den Apfel („Urteil des Paris") und wurde von ihr mit der Liebe der ↑ Helena belohnt. Vorher allerdings wurde seine königliche Herkunft offenbar, als er bei Wettspielen in Troja alle anderen übertraf und von seiner Schwester

↑ Kassandra erkannt wurde (Gegenstand der nur in Fragmenten erhaltenen Tragödie des Euripides *Alexandros*). P. reiste nach Sparta, war dort Gast des Menelaos und sah Helena. Aphrodite ließ sie in heftiger Liebe zu P. entbrennen, so daß sie einwilligte, eine Reise des Menelaos auszunutzen und sich von P. mit vielen Schätzen entführen zu lassen. Die Folge war der Trojanische Krieg, in dem auch P. kämpfen mußte. In der *Ilias* erscheint seine Gestalt ziemlich blaß. Zwar wird seine Schönheit „göttlich" genannt, auch schreitet er dem Heer der Troer stolz voran, erschrickt aber vor Menelaos, und erst nach harten Worten des Bruders Hektor stellt er sich dem rechtmäßigen Gatten der Helena zum Zweikampf, der darüber entscheiden soll, wem die schönste Frau mit ihren Schätzen gehört. Aus diesem Kampf rettet ihn nur Aphrodite, die ihn hinwegführt und ins Gemach der Helena bringt. Auch danach hält er sich zurück; Hektor muß ihn mahnen, in dem Krieg, der seinetwegen geführt wird, auch mitzukämpfen. Indirekt, in der Rede des sterbenden Hektor zu Achilleus, berichtet die *Ilias* vom Tod des größten griechischen Helden durch einen Pfeil des P., der aber von Apollon gelenkt wird. Der Tod des P. wird in späteren Quellen berichtet: Ein Pfeil des ↑ Philoktetes verwundete ihn. Da Oinone, die er verlassen hatte, ihm nicht helfen wollte, starb er an dem Gift. In den literarischen Werken über den trojanischen Sagenkreis spielt P. keine herausragende Rolle. Die großen Taten überläßt er lieber anderen, der Urheber des Krieges ist eher Zuschauer. Diese passive Haltung hat er auch in R. Hagelstanges Roman *Spielball der Götter* (1959), der als fiktives Tagebuch des P. angelegt ist.

„Das Urteil des Paris" ist seit der Antike eine der beliebtesten mythologischen Szenen in der bildenden Kunst. Eine sehr frühe Darstellung (7. Jh. v. u. Z.) findet sich auf der berühmten *Chigi-Vase*, auch aus späterer Zeit sind viele Vasenbilder, Wandmalereien und Reliefs erhalten. Die Szene taucht auch häufig in den Illustrationen der mittelalterlichen Trojaromane auf; L. Cranach d. Ä. malte sie mehrmals, ungezählte Versionen brachte die Malerei des Barock hervor (Carracci, Rubens, Jordaens, Giordano u. a.); bis in die Gegenwart gehört sie zu den mythologischen Motiven, die immer wieder neu gestaltet werden (A. Feuerbach, M. Klinger, A. Renoir, Gauguin).

Parnassos (dt. Parnaß), Bergmassiv in Phokis in Mittelgriechenland. An seinem Fuße liegt Delphi, die berühmteste Orakelstätte des Apollon. Der Berg war den ↑ Musen heilig, dort entsprang die Quelle Kastalia, die, ähnlich der Quelle ↑ Hippokrene, den Dichtern Inspiration verlieh. Die Höhlen am Hang des P. galten als Wohnorte der Nymphen. ↑ Deukalions Kasten, der von der Sintflut emporgetragen wurde, landete auf dem P. – Seit der Renaissance wurden Darstellungen der Musen mit Apollon „Parnaß" genannt. Die französische Dichtergruppe, die sich in den 60er Jahren des 19. Jh. um Leconte de Lisle sammelte, gab sich den Namen „Parnasse". Auch heute noch gilt der Name des griechischen Berges als Symbol für die Poesie.

Parthenopaios, Sohn der arkadischen Jägerin ↑ Atalante, gehörte zum Zug der ↑ Sieben gegen Theben. P. schloß sich den Heerführern an, da er seine Jugendjahre in Argos verbracht hatte und sich seinen Gastgebern dankbar erweisen wollte. In Aischylos' Tragödie *Sieben gegen Theben* (467 v. u. Z.) wird er als junger, stürmischer Mann beschrieben, der die ↑ Sphinx als Wappen führte, um Theben zu demütigen. Er fiel dennoch beim Sturm auf die Stadt.

Parthenope, eine der ↑ Sirenen. Als sich die Schwestern aus Verzweiflung darüber, daß die ↑ Argonauten wohlbehalten ihre Insel passiert hatten, ins Meer stürzten, wurde der Körper der P. in Italien an Land gespült. Strabon berichtet, daß an dieser Stelle eine Stadt gebaut wurde, die man Parthenopeia nannte (das heutige Neapel).

Parthenos (‚Jungfrau'), 1. Beiname der Athene; daher

Parthenon, der Haupttempel der Göttin auf der Akropolis von Athen. – 2. Tochter des Staphylos, eines Sohnes des Dionysos, und der ↑ Chrysothemis. P. und ihre Schwester Molpadia sollten im Auftrag ihres Vaters seinen Weinkeller hüten. Doch schliefen sie ein, und Schweine zerstörten die Gefäße mit kostbarem Wein. Die Mädchen stürzten sich aus Furcht vor dem Vater ins Meer, wurden aber von Apollon gerettet.

Parzen (lat. Parcae), die römischen Schicksalsgöttinnen. Ursprünglich verstand man unter den P. wohl zwei Göttinnen, Nona und Decima, die die Geburten beschützten. In Angleichung an die griechischen ↑ Moiren kam später die dritte Parze, Morta, hinzu. Wie die Moiren galten die P. als Herrinnen des menschlichen Schicksals, sie spannen den Faden des Lebens und schnitten ihn schließlich auch ab. Die P. wurden oft auf Sarkophagen dargestellt; in der mittelalterlichen Kunst gehörten sie zu den Unterwelts- und Todessymbolen. Als schicksalsbestimmende Göttinnen treten sie seit der Renaissance in der Kunst auf, so auf einem der Rubens-Gemälde zur Geschichte der Maria von Medici.

Pasiphaë, Tochter des Helios und der Perseïs, Gemahlin des Königs ↑ Minos von Kreta. Sie war die Mutter des ↑ Androgeos, der ↑ Ariadne und der ↑ Phaidra. Als Poseidon dem Minos einen herrlichen Opferstier schickte, behielt ihn der König selbst und opferte dafür nur einen einzigen Stier aus seiner Herde. Der erzürnte Gott rächte sich, indem er P. eine unnatürliche Leidenschaft für das göttliche Tier einflößte. ↑ Daidalos schuf für sie die Hülle einer Kuh, damit sie ihrer Leidenschaft nachgeben konnte. Sie gebar den ↑ Minotauros, der viel Leid über Kreta brachte.

Patroklos, Sohn des Menoitios aus Phthia, der am Zug der Argonauten teilgenommen hatte, und der Sthelene. P. war Freund, Waffengefährte und Wagenlenker des ↑ Achilleus. Als dieser in seinem Groll dem Kampf fernblieb, durfte auch P. nicht mehr an den Schlachten teilnehmen. Erst als die Troer bis zu den Schiffen der Griechen vorgedrungen waren, als Odysseus und Diomedes verwundet in ihren Zelten lagen, gab Achilleus dem Flehen des P. nach. Er erlaubte ihm, in seiner Rüstung wieder in die Kämpfe einzugreifen – die Troer sollten glauben, Achilleus kämpfe selbst –, warnte ihn aber, sich zu nah an die Mauern von Troja heranzuwagen. Achilleus feuerte seine ↑ Myrmidonen an, unter der Führung des P. das Kriegsglück wieder den Griechen zuzuwenden. Der XVI. Gesang der *Ilias* ist den Heldentaten des P. gewidmet: Er stürzte sich an der Spitze der Myrmidonen in die Schlacht, trieb die Troer in die Flucht und schnitt ihnen den Rückzug ab. Im Zweikampf tötete er ↑ Sarpedon, den Sohn des Zeus. Entgegen den Warnungen des Achilleus drang P. bis an die Mauern Trojas vor, und nur das Eingreifen Apollons hinderte ihn daran, die Mauer zu stürmen. Doch der Gott gab auch Hektor, der wie die anderen Troer vor P.' Wüten geflohen war, wieder Mut ein. Mit Hilfe des Apollon und nach dem Willen des Zeus konnte er P. töten und ihm die Rüstung rauben. Um die Leiche entbrannte ein heftiger Kampf. Menelaos war es vor allem, dem es gelang, sie zu bergen. Antilochos, der Sohn des Nestor, brachte Achilleus die Nachricht vom Tod des Freundes. Dieser brach in schreckliche Klagen aus, Thetis und die Nereïden stimmten mit ein. Doch brachte der Tod des P. ihn dazu, seinen Groll zu überwinden und in der neuen Rüstung, die Hephaistos selbst auf Bitten der Thetis geschmiedet hatte, wieder am Kampf teilzunehmen. Er rächte den Freund, indem er Hektor im Zweikampf tötete und für P. große Leichenspiele ausrichtete. Zwölf edle Troer opferte er am Scheiterhaufen des Freundes und schändete die Leiche des Hektor so lange, bis ↑ Priamos sie mit seinem Bittgang auslöste. – Szenen aus dem Leben des P. und sein Tod wurden häufig auf griechischen Vasen dargestellt.

Pax, römische Göttin des Friedens, eher die Personifikation eines Begriffs als eine mythische Gestalt (vgl.

die griechische Eirene). Der Kult der P. wurde von Augustus in Rom eingeführt, er stiftete ihr die *Ara pacis Augustae* (geweiht 9 v. u. Z.) auf dem Marsfeld. Die kunstvollen Reliefs dieses Altars illustrieren u. a. die Gründungssagen Roms und die Prozession zur Grundsteinlegung des Bauwerks. Oft ist die Gestalt der P., eine junge Frau mit Ölzweig, Füllhorn u. ä., auf den Münzen des Kaiserreichs abgebildet.

Pegasos, Sohn des Poseidon und der ↑ Medusa; wunderbares geflügeltes Pferd, das (gemeinsam mit ↑ Chrysaor) der Gorgo entsprang, als ihr Perseus das Haupt abgeschlagen hatte. Die Götter gaben den P. dem Helden ↑ Bellerophontes, damit er das Ungeheuer ↑ Chimaira besiegen konnte. Danach wollte Bellerophontes auf P. bis zu den Göttern zum Gipfel des Olymp reiten, doch Zeus strafte solche Vermessenheit und schickte eine Bremse, die P. so stach, daß er den Reiter abwarf. P. trug für Zeus Blitz und Donner und wurde von ihm schließlich als Sternbild an den Himmel versetzt. Auf dem Berg Helikon brachte P.' Hufschlag die Quelle ↑ Hippokrene hervor, die die Dichter inspirieren sollte. Das geflügelte Pferd ist deshalb bis in die Gegenwart Symbolfigur der Poesie.

Peirene, eine der Töchter des ↑ Acheloos. Sie gebar Poseidon die Söhne Lechaion und Kenchreai. Als Artemis durch Zufall einen der Söhne des Kenchreai getötet hatte, vergoß P. so viele Tränen, daß daraus eine Quelle entstand, die auf dem Marktplatz von Korinth sprudelte. Nach einer anderen Version soll die Quelle P. durch einen Hufschlag des ↑ Pegasos entstanden sein.

Peirithoos, König der ↑ Lapithen, Sohn des Ixion und der Dia (oder des Zeus und der Dia). Sein vertrauter Freund war ↑ Theseus, der ihm im Kampf gegen die ↑ Kentauren beistand: Die wilden Kentauren wollten bei der Hochzeit des P. mit der Hippodameia die Frauen der Lapithen rauben (Kentauromachie, am Westgiebel des Zeus-Tempels von Olympia dargestellt). Beide begehrten sie eine Tochter des Zeus zur Frau: Für Theseus raubten sie die schöne ↑ Helena, die später von ihren Brüdern, den ↑ Dioskuren, befreit wurde. Für P. aber wollten sie die Zeustochter Persephone aus der Unterwelt entführen. Diese Vermessenheit wurde ihnen nicht mehr erlaubt. Sie wurden von Hades gefangengenommen. Herakles durfte, als er den Höllenhund ↑ Kerberos holte, Theseus befreien; P. aber mußte für immer am Eingang der Unterwelt, an einen Stein festgewachsen, bleiben.

Pelasgos, mythischer Ahnherr des Stammes der Pelasger, die als autochthone Bevölkerung Griechenlands galten. Seine Herkunft wird verschieden überliefert: Er ist entweder Sohn des Zeus und der Niobe oder des Triopas und der Sosis. Sein Sohn war ↑ Lykaon (1).

Peleus, Sohn des ↑ Aiakos und der Endeïs. Gemeinsam mit seinem Bruder ↑ Telamon tötete er aus Eifersucht seinen Halbbruder Phokos, mußte deshalb seine Heimat Aigina verlassen und kam nach Phthia, wo ihn König Eurytos entsühnte und ihm seine Tochter Antigone zur Frau gab. Mit Eurytos nahm er an der ↑ Kalydonischen Jagd teil, wobei er den Schwiegervater durch einen unglücklichen Zufall tötete. Wieder wurde er vertrieben, diesmal fand er bei König ↑ Akastos in Iolkos Zuflucht, der ihn von dem Mord reinigte. Akastos' Gattin Astydameia verliebte sich in P.; als er sie zurückwies, war sie beleidigt und rächte sich durch Verleumdung: Der Antigone gab sie ein, P. wolle die Tochter des Akastos heiraten, und bei Akastos beklagte sie sich, daß P. ihr nachgestellt habe. Antigone erhängte sich vor Kummer; Akastos wollte den Gast nicht töten, lud ihn aber zu einer Jagd auf dem Berg Pelion ein, wo er ihn schlafend ohne Waffen zurückließ. Das bedeutete aber den sicheren Tod, da auf diesem Berg die wilden Kentauren lebten. ↑ Cheiron rettete P., und dieser rächte sich an Akastos, indem er Iolkos zerstörte und Astydameia tötete. Seine zweite Gemahlin wurde ↑ Thetis, die Tochter des Nereus. Zu ihrer Verbindung gibt es zwei Überlieferungen: P. rang mit ihr am Ufer des Meeres und bezwang sie schließlich, obwohl sie sich während des Kampfes in verschiedene Tiere, in Feuer und Wasser verwandelte; oder Zeus gab sie P. zur Frau, obwohl er selbst sie begehrte, denn eine Weissagung hatte ihm verkündet, daß sein Sohn von Thetis stärker werden würde als er selbst (diese Version deutet Prometheus in Aischylos' Tragödie *Der gefesselte Prometheus* an). Die Hochzeit des P. mit Thetis wurde mit großer Pracht gefeiert. Die olympischen Götter waren zu Gast, nur ↑ Eris war nicht geladen. Sie erschien dennoch und warf einen Apfel mit der Aufschrift „Der Schönsten" unter die Göttinnen. Der Streit, der darum zwischen Hera, Athene und Aphrodite entbrannte, gab den Anlaß zum Urteil des ↑ Paris und damit zum ↑ Trojanischen Krieg. Der Sohn von P. und Thetis war ↑ Achilleus. Die Mutter wollte den neugeborenen Knaben unsterblich machen und härtete ihn über dem Feuer (oder tauchte ihn in den Unterweltsfluß Styx). Der ahnungslose P. überraschte sie dabei und hinderte ihr Vorhaben, so daß Achilleus an der Ferse verwundbar blieb. Thetis verließ P. und kehrte ins Meer zurück; P. übergab Achilleus dem Cheiron zur Erziehung. Er herrschte über Phthia, nahm am Zug der Argonauten teil und erwarb sich Ruhm beim Kampf gegen die Kentauren auf der Hochzeit des Peirithoos. Auch an der Zerstörung Trojas durch Herakles war er beteiligt. Später rächte sich Akastos (oder dessen Söhne) an ihm und vertrieb ihn aus Phthia. In Euripides' Tragödie *Andromache* (425 v. u. Z.) lebt der greise P. am Hofe seines Enkels ↑ Neoptolemos und rettet das Kind der Andromache vor den Nachstellungen der ↑ Hermione. – Die Hochzeit des P. mit Thetis war ein beliebtes Motiv in der bildenden Kunst der Antike, so ist sie auf der *François-Vase* (6. Jh. v. u. Z.) abgebildet und auf einem Sargrelief der Villa Albani in Rom. Catull widmete diesem Thema ein Epyllion (Gedicht 64).

Pelias, Sohn des Poseidon und der ↑ Tyro. Um die Geburt von P. und seines Zwillingsbruders ↑ Neleus vor ihrem Gatten, dem König Kretheus von Iolkos, zu verbergen, setzte Tyro die Kinder aus. Sie wurden von Hirten aufgezogen, halfen aber später ihrer Mutter gegen deren Stiefmutter Sidero. Nach dem Tod des Kretheus riß P. die Macht in Iolkos an sich, indem er seinen Stiefbruder Aison vertrieb. Ein Orakel warnte P. vor demjenigen, der mit nur einer Sandale nach Iolkos kommen würde. Der so Angekündigte war aber ↑ Iason, der Sohn des Aison, der von Cheiron erzogen worden war. Um ihn zu beseitigen, schickte P. ihn aus, das ↑ Goldene Vlies in Kolchis zu holen. Dafür versprach er ihm die Königswürde von Iolkos. Während Iason mit den anderen ↑ Argonauten die gefahrenreiche und abenteuerliche Fahrt unternahm, ließ P. Aison und seine Familie töten. Als Iason mit dem kostbaren Schatz zurückkehrte, verweigerte P. ihm den Thron. Dafür nahm Iasons Frau ↑ Medeia grausame Rache: Sie bewies den Töchtern des P. ihre Zauberkräfte und überredete sie damit, ihren Vater zu zerstückeln und zu kochen, um ihn so zu verjüngen (Tragödienfragment des Euripides *Die Töchter des Pelias*). Nach dieser Tat mußten Iason und Medeia aus Iolkos fliehen und zogen nach Korinth. ↑ Akastos, der Sohn des P., wurde König von Iolkos. Eine der Töchter des P. war ↑ Alkestis, die Frau des ↑ Admetos wurde.

Pelops, Sohn des ↑ Tantalos und der Dione. Dieser Liebling der Götter hatte in seiner Überhebung das Maß für das den Sterblichen Erlaubte verloren: Um die Allwissenheit der Götter zu prüfen, tötete er den eigenen Sohn P. und setzte sein Fleisch den Göttern vor, die er zu Tisch geladen hatte. Die Götter merkten das Verbrechen sofort und bestraften Tantalos mit ewigen Qualen im Tartaros. Nur Demeter war so in ihren Schmerz über die verlorene Tochter Persephone versunken, daß sie von dem Fleisch gegessen hatte. Als die Götter Hermes befahlen, P. wieder zum Leben zu erwecken, fehlte ein Stück der Schulter. So erhielt der wiedererstandene P., nun ein Jüngling von außergewöhnlicher Schönheit, eine Schulter aus Elfenbein. Aus dem heimatlichen Sipylos wanderte er aus nach Griechenland. Dort freite er um ↑ Hippodameia (1), die Tochter des Königs ↑ Oinomaos von Pisa in Elis. Nur durch Betrug und Mord konnte er sie gewinnen, und lud so von neuem den Fluch der Götter auf sein Geschlecht (↑ Myrtilos). Mit der Nymphe Axioche zeugte er den Sohn ↑ Chrysippos, dem gleichfalls kein glückliches Schicksal beschieden war. P. wurde König von Elis und errang die Macht über das ganze südliche Griechenland, das nach ihm Peloponnes genannt wurde. Im Schicksal seiner Söhne ↑ Atreus und ↑ Thyestes setzte sich der Fluch der Götter fort.

Penaten, römische namenlose Schutzgottheiten, die ähnlich den ↑ Laren Übel vom häuslichen Herd und von den Vorräten fernhielten. Neben diesen, in der Familie verehrten P., gab es auch die Penates populi romani, die Aeneas aus dem brennenden Troja gerettet haben soll. Sie hatten im Vesta-Tempel einen Altar. Bilder der P., würdige Männer, deren Kopf mit einem Tuch bedeckt ist, erscheinen auf Münzen. Auch auf den Reliefs der *Ara pacis Augustae* (↑ Pax) ist ein Opfer für die P. dargestellt.

Peneios ↑ Daphne

Penelope, Tochter des Ikarios aus Sparta und der Nymphe Periboia, verwandt mit Helena; Gemahlin des ↑ Odysseus, von ihm Mutter des ↑ Telemachos. P. gilt als Inbegriff der Gattentreue. Zwanzig Jahre war Odysseus von Ithaka fern, als er vor Troja kämpfte und danach zehn Jahre von Insel zu Insel irrte. Dennoch wartete P. unbeirrt auf ihn. Zahlreiche Bewerber um ihre Hand stellten sich ein. Sie wollten P. davon überzeugen, daß keine Hoffnung mehr auf die Rückkehr des rechtmäßigen Herrschers von Ithaka bestehe und daß sie wieder heiraten müsse, damit die Insel einen neuen König bekäme. P. aber hielt die Freier hin; so versprach sie, einen Mann zu wählen, wenn sie das Totenhemd für ↑ Laërtes fertig gewebt hätte, doch trennte sie die Arbeit des Tages in jeder Nacht wieder auf. Als Odysseus verkleidet zurückkehrte, erkannte auch P. ihn nicht, obwohl sie sich zu dem Fremden hingezogen fühlte. Athene gab ihr den Gedanken zu dem Bogenwettkampf unter den Freiern ein, der Odysseus die Gelegenheit bot, sich an ihnen zu rächen. Da Telemachos sie in ihre Gemächer geschickt hatte, wußte P. von dem Freiermord nichts. Nachdem Odysseus wieder Herr in seinem Hause war, gab er sich P. zu erkennen. Die nachhomerischen Überlieferungen zweifelten an P.s Treue und ließen sie durch Hermes (oder durch mehrere Freier) zur Mutter des Pan werden. Odysseus schickte sie dann nach Sparta zurück. Oder aber ↑ Telegonos, der Sohn des Odysseus und der Kirke, kam auf der Suche nach seinem Vater nach Ithaka, tötete ihn ohne Absicht und nahm P. zur Frau. Kirke versetzte beide nach ihrem Tod auf die Insel der Seligen. – Die wartende P. am Webstuhl ist häufiger Gegenstand der bildenden Kunst. Eine zeitkritisch-satirische Gegendarstellung zum Bild der treuen P. schuf der neugriechische Schriftsteller K. Varnalis mit dem Roman *Das Tagebuch der Penelope* (1947).

Penthesileia (lat. Penthesilea), Königin der Amazonen, Tochter des Ares. Sie führte die Amazonen an, die im Trojanischen Krieg der belagerten Stadt zu Hilfe kamen. Im Zweikampf wurde sie von Achilleus besiegt, der sich in die Sterbende verliebte. Er erlaubte den Troern, sie ehrenvoll zu bestatten. – Der Kampf des Achilleus und der P. wurde oft auf Vasen dargestellt. H. von Kleists Trauerspiel *Penthesilea* (1808) gestaltet die seelischen Konflikte der Amazone und des griechischen Helden, die durch Mißverständnisse tragisch enden.

Pentheus, König von Theben, Sohn des Echion (einer der ↑ Sparten) und der ↑ Agaue, einer der Töchter des Kadmos. Dionysos kam auf seinem Siegeszug von

Thrakien aus auch nach Theben, um hier seinen Kult einzurichten. P. aber weigerte sich, den Gott anzuerkennen, obwohl Dionysos' Mutter Semele auch eine Tochter des Kadmos war. Die Königsfamilie aber war dem Dionysos bereits verfallen, besonders die Frauen hatten sich als ↑ Bakchen seinem Zug angeschlossen. P. ließ sich überreden, die orgiastische Feier im Wald zu belauschen: Dabei wurde er von den Frauen aufgespürt, die ihn in ihrer Raserei für ein Tier hielten, und von der eigenen Mutter zerfleischt. Der Mythos wurde von Euripides in der Tragödie *Die Bakchen* (405 v.u.Z.) gestaltet, eine Tragödie von Aischylos zu diesem Stoff ist verloren.

Pephredo, eine der ↑ Graien.

Pergamos, jüngster Sohn des ↑ Neoptolemos und der ↑ Andromache. Nach dem Tod seines Vaters ging er nach Kleinasien, wo er die Stadt Pergamon gründete.

Periboia, 1. Tochter des Eurymedon. Sie gebar Poseidon den ↑ Nausithoos, den ersten König der ↑ Phaiaken. – 2. eine Nymphe, Gattin des Ikarios, von ihm Mutter der ↑ Penelope. – 3. Gattin des Königs Polybos von Korinth. Sie war kinderlos geblieben und nahm deshalb ↑ Oidipus an Kindes Statt an (bei Sophokles heißt die Königin Merope).

Periklymenos, Sohn des ↑ Neleus und der Chloris, Enkel des Poseidon. Von diesem hatte er die Gabe geerbt, vielerlei Gestalt annehmen zu können. Als Herakles Pylos, die Stadt des Neleus, einnahm, verwandelte P. sich in einen Löwen, eine Schlange und eine Biene; nach Ovid (*Metamorphosen*) in einen Adler; er wurde aber dennoch wie seine Brüder (außer ↑ Nestor) von Herakles getötet.

Periphetes, ein grausamer Riese, der Wanderern in der Gegend von Epidauros auflauerte und sie mit einer Keule erschlug. Als Theseus auf seiner Reise nach Athen gleichfalls von P. angegriffen wurde, war das Ende des Unholds gekommen. Theseus tötete ihn und nahm sich die Keule des Riesen zum Andenken mit.

Pero ↑ **Bias**

Persephone, Tochter des Zeus und der ↑ Demeter. Von ↑ Hades geraubt, wurde sie Herrin des Totenreiches. Der Gott der Unterwelt entführte sie mit Wissen des Zeus, als sie mit ihren Gespielinnen Blumen pflückte. P.s Mutter war untröstlich über den Verlust und ging, die Tochter zu suchen. Sie kümmerte sich nicht mehr um das Gedeihen des Lebens auf der Erde, so daß sich Dürre und Hunger ausbreiteten. Da mußte Zeus nachgeben. Er schickte Hermes, um P. zurückzuholen. Hades aber überlistete sie: Er gab ihr vor der Heimfahrt etwas zu essen. Obwohl es nur ein süßer Granatapfelkern war, blieb P. dadurch an die Unterwelt gebunden. Zeus entschied, daß P. zwei Drittel des Jahres auf der Erde bei ihrer Mutter und ein Drittel des Jahres im Hades verbringen sollte. Die Geschichte vom Raub der P. wird im *Homerischen Hymnos Auf Demeter* erzählt. Als Fürstin der Unterwelt half P. den Sterblichen, die in ihrer Tollkühnheit in das Totenreich eingedrungen waren. Sie erlaubte ↑ Eurydike die Rückkehr, weil Orpheus' Musik sie gerührt hatte, ↑ Herakles und ↑ Theseus fanden in ihr eine Fürsprecherin, nur ↑ Peirithoos überschritt das Maß, das den Sterblichen gesetzt war, als er sie selbst entführen wollte. Wie Aphrodite fand sie Gefallen an dem schönen ↑ Adonis und stritt mit der Liebesgöttin um den Jüngling, bis Zeus eingriff. P. wurde auch unter dem Namen Kore (‚Mädchen') verehrt, in Rom als Proserpina. Der Kult der P. hing eng mit den Eleusinischen Mysterien für Demeter zusammen. Ihre Wiederkehr aus der Unterwelt wurde in jedem Jahr von neuem gefeiert.

Bekannteste bildkünstlerische Darstellung der P. aus antiker Zeit ist das *Große Eleusinische Weihrelief* mit Demeter und ↑ Triptolemos aus dem 5. Jh. v. u. Z. Auch auf Münzen ist P. oft abgebildet. In der neueren europäischen Kunst malten u. a. P. Bruegel, Rubens und Rembrandt den Raub der P.; eine Plastik zum gleichen Thema stammt von Bernini. – In der europäischen Literatur wurde der Mythos durch die *Metamorphosen* des Ovid und durch das Epos *Der Raub der Proserpina* des letzten bedeutenden lateinischen Dichters der Antike, Claudianus (4. Jh.), rezipiert. Das Barocktheater nutzte den dramatischen Raub für effektvolle Szenen (u. a. Opern von Monteverdi und Lully). In Goethes Monodrama *Proserpina* (e. 1776) beklagt die Göttin ihr Los; Schillers Gedicht *Klage der Ceres* (1796) nimmt ebenfalls die tragische Seite des Mythos auf, während Heine (*Unterwelt*, in: Neue Gedichte, 1844) dann die Göttergeschichten parodiert. Im 20. Jh. schrieb A. Gide noch einmal ein Melodrama *Persephone* (1934), zu dem I. Strawinski die Musik komponierte.

Perses ↑ Aiëtes

Perseus, Sohn des Zeus und der ↑ Danaë. Da ihrem Vater Akrisios, dem König von Argos, der Tod durch einen Enkel prophezeit worden war, hielt er die Tochter von jedem Mann fern. Doch Zeus drang als goldener Regen zu ihr in den Turm, in dem sie eingesperrt war. Als Akrisios das Kind P. entdeckte, ließ er es mit Danaë in einem Kasten ins Meer werfen. Bei der Insel Seriphos fand der Fischer Diktys die beiden und gewährte ihnen Obdach. Sein Bruder Polydektes, der König von Seriphos, begehrte Danaë zur Frau und befahl deshalb dem herangewachsenen P., das Haupt der Gorgo ↑ Medusa zu holen, deren Blick alles Lebende versteinerte. Dieser Auftrag bedeutete den sicheren Tod. Doch Athene und Hermes standen P. bei. Sie schickten ihn zunächst an den äußersten westlichen Rand der Erde, wo die drei ↑ Graien wohnten, die zusammen nur ein Auge und einen Zahn besaßen. P. nahm sie ihnen weg und gab sie erst zurück, als sie ihm den Weg zu den Nymphen verraten hatten. Diese liehen ihm Flügelschuhe, Tarnkappe und einen Ranzen. Mit diesen Wunderdingen und dem Sichelschwert des Hermes versehen, begab P. sich zum Rand des Okeanos, wo die Gorgonen hausten. Da er die Medusa nicht anschauen durfte, hielt ihm Athene ihren Schild als

Spiegel vor. So schlug er dem schlafenden Ungeheuer das Haupt ab und steckte es in den Ranzen. Aus dem Rumpf der erschlagenen Medusa entsprangen ↑ Pegasos und ↑ Chrysaor. Auf dem Rückweg befreite P. in Aithiopien ↑ Andromeda und nahm sie zur Frau (nachdem er Phineus, der sie ihm streitig machte, mit dem Medusenhaupt versteinert hatte). Wieder nach Seriphos zurückgekehrt, rächte er sich an Polydektes, indem er ihm und seinen Anhängern das Medusenhaupt zeigte, so daß sie zu Stein wurden. Die Wunderdinge gab er den Nymphen zurück, das Medusenhaupt erhielt Athene, die es seitdem auf ihrer Aigis trug. P. machte Diktys zum Herrscher über die Insel und ging mit Andromeda nach Argos. In Larissa tötete er ungewollt bei einem Wettkampf Akrisios, so daß der Orakelspruch erfüllt war. Die Herrschaft in Argos war ihm daraufhin verleidet, deshalb überließ er den Thron seinem Verwandten Megaphenthes und übernahm dessen Stadt Tiryns. Er soll Mykene gegründet haben und wurde nach seinem Tod als Sternbild an den Himmel versetzt.

Die sehr beliebte Gestalt des Helden (in der *Ilias* als „größter Held der Menschen“ bezeichnet) erscheint häufig in der bildenden Kunst der Antike (auf Vasen, Reliefs, pompejanischen Fresken), im Mittelalter in Illustrationen astronomischer Texte (Sternkarten). Die Malerei seit der Renaissance stellt meist die Errettung der Andromeda dar (u. a. Tizian, Rubens, Tiepolo); Cellini schuf eine Plastik, die P. als Sieger über die Medusa zeigt. Im 20. Jh. schuf M. Beckmann ein Triptychon zum P.-Thema.

Phaëthon, 1. nach Hesiod (*Theogonie*) Sohn der Eos und des Hephaistos, Aphrodite entführte ihn. – 2. Sohn des Helios und der Nymphe Klymene. Er wollte Epaphos, dem Sohn des Zeus und der Io, seine göttliche Abkunft beweisen und ließ seinen Vater bei Styx schwören, ihm eine Bitte zu erfüllen. Diesen Schwur mußte der Gott halten und deshalb dem Sohn erlauben, einmal den

Sonnenwagen zu lenken. Doch konnte Ph. die feurigen Rosse nicht in ihrer gewohnten Bahn halten, er kam der Erde zu nahe und drohte, sie in Brand zu setzen und alles Wasser versiegen zu lassen. Deshalb mußte Zeus seinen Blitz nach ihm schleudern, und Ph. stürzte in den Fluß Eridanos (Po). Seine Schwestern, die ↑ Heliaden, beweinten ihn so lange, bis sie in Pappeln verwandelt wurden. Euripides schrieb eine Tragödie *Phaëthon*, die ihren Ausgangspunkt darin hat, daß Klymene dem Sohn die göttliche Abkunft enthüllt und er Beweise fordert (nur in Fragmenten erhalten). Ovid erzählt die Sage in den *Metamorphosen*. – In der bildenden Kunst wurde der Sturz des Ph. häufig dargestellt (auf Vasen und Sarkophagreliefs, aus späterer Zeit Gemälde von Leonardo, Michelangelo, Rubens).

Phaëtusa ↑ Helios

Phaiaken, sagenhaftes Volk, dessen erster König ↑ Nausithoos war, ein Sohn des Poseidon. Er brachte die Ph. zur Insel Scheria. Dorthin gelangte nach seinem letzten Schiffbruch, bei dem er alle Gefährten verloren hatte, Odysseus. Im Palast des Königs ↑ Alkinoos erzählte er von seinen Irrfahrten (ein wesentlicher Teil der *Odyssee*). Die Ph. rüsteten für Odysseus ein Schiff, damit er nach Ithaka zurückkehren könne, denn sie waren auch geschickte Seefahrer und geleiteten oft fremde Schiffe. Für die Hilfe, die sie Odysseus boten, wurden sie allerdings hart gestraft: Odysseus' alter Feind Poseidon, der den Helden nicht länger verfolgen durfte, ließ das Schiff bei seiner Rückkehr, schon in Sichtweite von Scheria, zu Stein werden. Deshalb befahl Alkinoos, das Geleit künftig zu unterlassen, damit Poseidon nicht länger zürne; auch ließ er dem Gott der Meere zwölf Stiere opfern.

Phaidra, Tochter des Minos und der Pasiphaë. Sie wurde, nach der Amazonenkönigin ↑ Hippolyte (oder Antiope), die Frau des Theseus und entbrannte zu ihrem Stiefsohn ↑ Hippolytos in strafbarer Liebe. Der Jüngling lehnte ihre Anträge ab, aber die beleidigte Ph.

verleumdete ihn bei Theseus, daß er sie habe verführen wollen. Voll Zorn bat dieser seinen göttlichen Vater Poseidon, Hippolytos zu bestrafen. Poseidon schickte ein Meeresungeheuer, das die Pferde von Hippolytos' Wagen, mit dem er am Ufer entlang fuhr, scheuen ließ. Der Unglückliche wurde zu Tode geschleift. Ph. nahm sich bei der Nachricht das Leben, und Theseus fiel in tiefe Verzweiflung, als er die Wahrheit erfuhr.

Die Gestalt der Ph. interessierte seit antiker Zeit die Dramatiker. Erhalten ist eine Tragödie des Euripides *Hippolytos* (428 v. u. Z.), mit der er den ersten Preis errang. Hier tötet sich Ph., als der Stiefsohn ihre Anträge, die eine Amme überbringen muß, zurückweist, hinterläßt jedoch einen Brief mit ihrer Anklage für Theseus. Da Hippolytos Ph. Schweigen geschworen hat, darf er die furchtbare Beschuldigung nicht zurückweisen. Ein früheres Ph.-Drama des Euripides, *Hippolytos Kalyptomenos,* das vom Publikum verworfen wurde, ist nur in Fragmenten erhalten. Die Ph. dieser Tragödie ist selbstbewußter, braucht auch keine Dienerin, um ihre Liebe zu gestehen, und tötet sich erst nach Hippolytos' Sturz. – Zahlreiche dramatische Bearbeitungen des Stoffes seit dem Ende des 15. Jh., vor allem in Italien und Frankreich, bezeugen seine Beliebtheit auch in der Neuzeit. Dabei wird Ph. durch verschiedene neue Züge in der Handlung entlastet und Hippolytos' Weigerung mit seiner Liebe zu einer anderen Frau erklärt. Ihre bleibende Gestalt erhielt die Tragödie durch Racine (1677, dt. von Schiller, *Phädra,* 1805). Racine begründete Ph.s Neigung durch die fortlaufende Untreue des Theseus, das Geständnis wird ihr erleichtert durch die falsche Nachricht vom Tod des Gatten. Zwar gesteht sie sterbend ihre Schuld, doch ist es für die Rettung des Hippolytos schon zu spät. Das Meisterwerk der französischen Klassik gehört auch heute noch zu den meistgespielten Dramen des 17. Jh. in Frankreich. Alle späteren dramatischen

Bearbeitungen (u. a. Jeffers, D'Annunzio, Cocteau) stehen im Schatten dieses Vorbilds. Eine originelle Version versuchte A. Gide mit *Theseus* (1946), einer fingierten Autobiographie des athenischen Heros, in die der Ph.-Stoff eingeflossen ist.

Phegeus ↑ **Dares**

Pheres, 1. Sohn des Iason und der ↑ Medeia. Die Mutter tötete ihn und seinen Bruder Mermeros, um Iason zu strafen, der sie wegen Krëusa verlassen hatte. – 2. Sohn der ↑ Tyro und des Kretheus, des Königs von Pherai in Thessalien. Als Vater des ↑ Admetos spielt er eine Rolle in den literarischen Bearbeitungen des Alkestis-Stoffes. In Euripides' Tragödie *Alkestis* (438 v. u. Z.) ist er ein Greis, der am Leben hängt und nicht für den Sohn den Tod auf sich nehmen will. Dennoch macht er Admetos bewußt, daß dieser der Mörder seiner Frau wird, wenn er ihr Opfer annimmt.

Philammon ↑ **Thamyris**

Philemon und Baukis (oder Baucis), ein glückliches und gottesfürchtiges Ehepaar, das in Phrygien wohnte, trotz seiner Armut stets gastfreundlich gegen Fremde. Auch Zeus, der mit Hermes zu den Sterblichen kam, wurde von ihnen bewirtet, nachdem alle anderen Einwohner des Dorfes den (unerkannten) Göttern den Einlaß verweigert hatten. Zeus schickte eine Flut, in der alle diese Gottlosen ertranken, Ph. und B. aber gewährte er ein langes Leben und einen gleichzeitigen Tod. Sie wurden in Bäume verwandelt, deren Wurzeln zusammengewachsen waren. – Die Sage von Ph. und B. kam über Ovids *Metamorphosen* (VIII. Buch) in die europäische Kunst und Literatur als Symbol des erfüllten gemeinsamen Lebens. In diesem Sinne tritt das Paar auch im zweiten Teil von Goethes *Faust* (5. Akt) auf; J. H. Voß widmete ihnen eine seiner *Idyllen*. Elsheimer, Rembrandt, Rubens u. a. schufen Gemälde zu diesem Thema.

Philoktet(es), Sohn des Poias, wie dieser ein Gefährte des Herakles. Da er dem Helden in seiner schweren

Todesstunde beistand (er zündete den Scheiterhaufen an), schenkte Herakles ihm (oder Poias) seinen Bogen. Ph. gehörte zu den Freiern der Helena und beteiligte sich mit sieben Schiffen, die von je fünfzig Ruderern getrieben wurden, am Zug gegen Troja. Diese Schiffe werden zwar im Schiffskatalog der *Ilias* (II. Gesang) erwähnt, doch berichtet Homer gleichzeitig, daß sie ohne ihren eigentlichen Befehlshaber nach Troja gekommen sind: Ph. war unterwegs von einer giftigen Schlange gebissen worden, die Wunde heilte nicht und verströmte einen üblen Geruch, deshalb wurde er auf der Insel Lemnos zurückgelassen, die Schiffe lenkte ↑ Medon (1). Nur der Satz „Doch sollte gar bald bei den Schiffen des Philoktetes, des Königs, das Volk der Argeier gedenken" verweist bei Homer auf die wichtige Rolle, die Ph. bei der Einnahme Trojas vorbehalten war. Die folgenden Ereignisse sind in der sogenannten *Kleinen Ilias*, die nur in Nacherzählungen erhalten ist, überliefert. ↑ Helenos, der Seher und Sohn des Priamos, hatte unter Zwang den Griechen die Bedingungen genannt, unter denen Troja erobert werden könnte. Dazu gehörte auch, daß der Bogen des Herakles den Belagerern beistehen müßte. Odysseus, obwohl er damals geraten hatte, Ph. zurückzulassen, und Diomedes (oder Neoptolemos) fuhren nach Lemnos und überredeten Ph. dazu, sie nach Troja zu begleiten. Dort wurde er durch Machaon, den Sohn des Asklepios, geheilt und tötete danach mit seinem giftigen Pfeil Paris.

Für das Weiterleben des Stoffes in der Literatur war die Episode auf der Insel entscheidend: Ph., neun Jahre in Einsamkeit, Verbitterung und Schmerzen lebend, soll nun denen helfen, die ihn einst hilflos zurückgelassen haben, weil er ihnen lästig war. Von Aischylos' *Philoktetes* sind nur wenige Verse erhalten, die von seinen Leiden handeln, der Verlauf der Handlung läßt sich nicht mehr rekonstruieren. Auch Euripides' Tragödie ist nur in Fragmenten überliefert, doch wird der dramatische Konflikt hier deutlicher: Odysseus verkleidet sich und gibt sich auf Lemnos Ph. gegenüber als Freund des ↑ Palamedes und Feind der Griechen aus. Als jedoch eine Gesandtschaft aus Troja kommt, die Ph. für sich gewinnen will, läßt Odysseus die Maske fallen und appelliert an die nationale Ehre des Griechen. Ph. besiegt schließlich seinen Haß auf Odysseus und folgt ihm und Diomedes, um zum Sieg über Troja beizutragen. Vollständig erhalten ist die Tragödie *Philoktetes* des Sophokles (409 v. u. Z.). Hier ist es der Achilleus-Sohn ↑ Neoptolemos, der Odysseus begleitet. Er wird von Odysseus zur Falschheit gegenüber Ph. angestiftet: Er soll Feindschaft mit den griechischen Heerführern und die Rückfahrt in die Heimat vortäuschen, um so Ph. auf sein Schiff zu bringen. Ph. ist bereit, Neoptolemos zu folgen, und gibt ihm sogar während eines Schmerzanfalls seinen Bogen in Verwahrung. Neoptolemos (nur hier bei Sophokles trägt er positive Züge) kann angesichts der Leiden des Ph. die Täuschung nicht mehr aufrechterhalten, er sagt ihm die Wahrheit und gibt ihm den Bogen zurück. Ph.s Widerstand, den Griechen zu folgen, wird erst gebrochen, als der vergöttlichte Herakles erscheint und ihm den Weg nach Troja befiehlt. Der neugriechische Lyriker J. Ritsos nutzte den Stoff in seinem Poem *Philoktet* (1965), um sich mit aktuellen philosophischen Problemen auseinanderzusetzen. H. Müller bearbeitete die Tragödie des Sophokles für die Gegenwart (U. 1968, gedr. 1965), ohne den versöhnlichen Ausgang beizubehalten.

Philomele, Tochter des Pandion, des Königs von Athen. Der Mann ihrer Schwester ↑ Prokne, Tereus, tat ihr Gewalt an, schnitt ihr die Zunge heraus und sperrte sie ein, um das Verbrechen zu verheimlichen. Durch ein kunstvolles Gewebe konnte Ph. Prokne dennoch darüber berichten. Die Schwestern töteten Tereus' und Proknes Sohn Itys und setzten sein Fleisch dem Vater zum Mahl vor, um sich zu rächen. Zeus rettete die beiden Frauen vor den Verfolgungen des Tereus, indem er sie in Vögel verwandelte: Ph. wurde zu einer Schwalbe, Prokne zu einer Nachtigall. Nach römischer Überlieferung (Ovid) war es Ph., die in die Nachtigall verwandelt wurde. Die europäische Dichtung nahm seit der Renaissance dieses Bild auf und nannte die Nachtigall Philomele (so auch noch bei Goethe).

Philonoë ↑ Bellerophon(tes)

Phineus, 1. Sohn des Agenor (oder des Poseidon), König von Salmydessos an der thrakischen Schwarzmeerküste. Von Kleopatra, einer Tochter des ↑ Boreas, hatte er die Söhne Plexippos und Pandion. Seine zweite Frau war Idaia, die Tochter des ↑ Dardanos. Sie haßte die Kinder der Kleopatra und stiftete Ph. an, sie zu mißhandeln; nach anderer Überlieferung blendete er sie sogar. Als Kleopatras Brüder, die ↑ Boreaden Zetes und Kalais, mit den Argonauten auch nach Salmydessos kamen, bestraften sie Ph., indem sie ihm gleichfalls das Augenlicht nahmen. Eine zweite Version erzählt, daß die Götter Ph. für seine Grausamkeit blind werden ließen (damit erhielt er aber auch die Gabe der Weissagung); darüber hinaus hetzten sie die ↑ Harpyien auf ihn, die ihm die Nahrung raubten oder beschmutzten. Da er den Argonauten den Weg nach Kolchis zeigen konnte, befreiten Zetes und Kalais ihn von den Ungeheuern. – 2. Bruder des Kepheus, des Königs von Aithiopien. Er machte Perseus ↑ Andromeda streitig und wurde von diesem mit dem Medusenhaupt versteinert.

Phix ↑ Sphinx

Phlegyas, Lapithenkönig, Vater des ↑ Ixion und der ↑ Koronis. Als Apollon sich Koronis zur Geliebten nahm, geriet Ph. in fürchterlichen Zorn, zog nach Delphi und zerstörte den Tempel des Gottes. Er büßte im Tartaros dafür: Ein riesiger Felsblock hing über ihn, der ihn zu zermalmen drohte. Dante machte aus der Gestalt in seiner *Göttlichen Komödie* (um 1320) den Hüter des fünften Kreises der Hölle (der Sumpf ↑ Styx), wo die Zornigen und die Trägen büßen.

Phobos ↑ Aphrodite

Phoibe, 1. Titanin, Schwester und Gattin des Koios, von ihm Mutter der Leto und der Asteria (↑ Titanen). – 2. eine der Töchter des ↑ Leukippos. Sie war Braut des Idas und wurde mit ihrer Schwester Hilareia von den ↑ Dioskuren geraubt. – 3. Tochter des Tyndareos und der Leda, Schwester von Helena und Klytaimestra.

Phoibos ↑ Apollon

Phoinix, 1. einer der Söhne des ↑ Agenor, des Königs von Phoinikien. Wie seine Brüder war er auf die Suche nach seiner Schwester Europa geschickt worden. Da er sie nicht fand, aber auch nicht ohne sie zum Vater zurückkehren durfte, blieb er in der Fremde und gründete die Stadt Sidon. – 2. Sohn des böotischen Königs Amyntor. Er schlief mit der Nebenfrau seines Vaters, weil ihn seine Mutter, die sich von Amyntor beleidigt fühlte, darum gebeten hatte. Der Vater verfluchte den Sohn: Niemals solle er eigene Kinder haben. Vor dem Zorn des Vaters floh Ph. zu ↑ Peleus, der ihn liebgewann und in seine Obhut den Knaben Achilleus gab. Mit diesem zog er als sein Wagenlenker in den Trojanischen Krieg. Als Achilleus grollte, versuchte Ph. ihn zu besänftigen, indem er sein eigenes Schicksal erzählte. Neben dieser Version, die im IX. Gesang der *Ilias* wiedergegeben wird, gibt es noch eine zweite, die Euripides in einer Tragödie verwendete, die in einigen Fragmenten erhalten ist: Die Nebenfrau Phthia war in Ph. verliebt, wurde aber von ihm abgewiesen und verleumdete ihn bei Amyntor. Dieser glaubte ihr und bestrafte den Sohn grausam, indem er ihm das Augenlicht raubte. Der blinde Ph. verließ die Heimat und kam zu Peleus, der ihn von Cheiron heilen ließ. – 3. griechischer Name (dt. Phönix) eines wunderbaren Vogels, der in Ägypten in Heliopolis verehrt wurde. Sein Erscheinen erwartete man alle 500 Jahre. Der Vogel hatte prächtiges, feuerfarbenes Gefieder. Wenn er sein Ende nahen fühlte, verbrannte er sich selbst und erstand verjüngt wieder aus den Flammen. Über den *Physiologos* gelangte dieses Bild in die europäische Kunst (daher auch das geflügelte Wort „wie ein Phönix aus der Asche"). Der Ph. gehörte zum Kult des ägyptischen Sonnengottes; über sein Sterben und seine Auferstehung gibt es verschiedene Varianten. Diese erzählt Th. Mann sehr kunstvoll im 4. Band der *Joseph*-Tetralogie, als der junge Pharao über das Geheimnis des Vogels, der hier Bennu heißt, grübelt.

Phokos ↑ Telamon

Pholos, einer der ↑ Kentauren. Er bewirtete Herakles, als dieser unterwegs war, um im Auftrag des Eurystheus den Erymanthischen Eber zu jagen (vierte Arbeit). Die anderen Kentauren wurden vom Duft des Weines angelockt und begannen einen Streit, der zu einem Kampf des Herakles gegen die Kentauren führte. Der weise ↑ Cheiron wollte schlichten, wurde dabei aber zufällig von einem der giftigen Pfeile des Helden getroffen. Der unsterbliche Kentaur konnte die Qualen nicht ertragen und verzichtete zugunsten des ↑ Prometheus auf seine Unsterblichkeit. Der sterbliche Ph. berührte aus Neugier einen der Pfeile und wurde tödlich vergiftet.

Phönix ↑ Phoinix

Phorkyaden ↑ Graien

Phorkys, Meeresgottheit, Sohn des Pontos und der Gaia (Hesiod, *Theogonie*). Seine Schwester und Gattin war Keto, mit der er viele Ungeheuer zeugte: die ↑ Graien (auch Phorkyaden genannt), die ↑ Gorgonen und ↑ Echidna, die wiederum schreckliche Geschöpfe gebar. Auch Thoosa, die Mutter des ↑ Polyphemos, war eine Tochter des Ph. Als Odysseus mit dem Schiff der Phaiaken nach Ithaka zurückkehrte, wurde er schlafend in einem geschützten Hafen, der Ph. heilig war, an Land gesetzt.

Phoroneus, Sohn des Flußgottes Inachos und der Nymphe Melia, König von Argos. Er soll die Bewohner des Peloponnes gelehrt haben, in Gemeinschaft zu leben. Auch das Feuer soll er ihnen gebracht haben.

Phrixos, Sohn des Athamas, des Königs von Theben,

und der ↑ Nephele. Die zweite Frau des Athamas, ↑ Ino, haßte Ph. und seine Schwester ↑ Helle. Um ihren eigenen Söhnen Learchos und Melikertes das Erbe zu sichern, trachtete sie Ph. nach dem Leben: Sie überredete die Frauen von Theben, das Saatgetreide zu rösten, und schrieb die daraus folgende Mißernte durch ein gefälschtes Orakel Ph. zu, so daß dieser geopfert werden sollte. Nephele aber schickte ihren Kindern einen goldenen Widder, der sie durch die Luft davontrug. Helle stürzte unterwegs ins Meer, Ph. aber gelangte nach Kolchis, wo er von König ↑ Aiëtes gastfreundlich aufgenommen wurde und dessen Tochter Chalkiope heiratete. Den Widder opferte er und hängte das Fell im heiligen Hain des Ares auf (↑ Goldenes Vlies). – Der erste Teil von Grillparzers Dramen-Trilogie *Das goldene Vließ* gestaltet Ankunft und Aufnahme des Ph. in Kolchis; hier aber wird er von Aiëtes um des Widders willen ermordet (*Der Gastfreund*, 1821).

phrygische Mütze ↑ Midas

Phyllis, Tochter des thrakischen Königs Sithon, Gemahlin des ↑ Demophon (oder des Akamas; beide waren Söhne des Theseus). Als ihr Mann zu lange in der Ferne blieb, gab sie sich selbst den Tod.

Picumus ↑ Pilumnus

Picus (‚Specht'), italische Waldgottheit, wurde als einer der alten Könige von Laurentium und Sohn des Saturnus angesehen. Sein Sohn war ↑ Faunus. Ovid erzählt in den *Metamorphosen* (XIV. Buch), daß er von Circe (↑ Kirke) in einen Specht verwandelt wurde, weil er ihre Werbungen zurückgewiesen hatte. P.' Gemahlin, die Nymphe Canens, löste sich aus Kummer über sein Verschwinden in Luft auf.

Pieriden, Beiname der ↑ Musen, nach der Landschaft Pierien an der thessalischen Küste, wo Mnemosyne dem Zeus die neun Töchter gebar. Hesiod beginnt sein Epos *Werke und Tage* mit der Anrufung: „O pierische Musen, die Ruhm durch Lieder verleihen ..."

Pilumnus, alte römische Gottheit, die Gebärende und die Geburt schützte. Ihr Attribut war die Mörserkeule (lat. pilum), die zum Zerkleinern des Getreides diente und Symbol des Ackerbaus war (deshalb wurde P. auch besonders von Bäckern verehrt). P. verhinderte, daß der wilde ↑ Silvanus den Neugeborenen etwas antat. Sein Bruder Picumus soll die Düngung der Felder erfunden haben.

Pittheus, einer der Söhne des Pelops und der Hippodameia. Er war König von Troizen und berühmt für seine Weisheit. Als ↑ Aigeus auf der Rückreise vom Apollon-Orakel in Delphi bei ihm zu Gast war, erriet P. den Sinn des Spruches, der den Nachfahren des Aigeus große Macht in Athen verhieß. Er legte ihm seine Tochter ↑ Aithra ins Bett, die Mutter des Theseus wurde. Der künftige große Held und König von Athen wuchs bei P. auf.

Pleïaden, die sieben Töchter des ↑ Atlas und der Okeanide Pleione: Alkyone, Merope, Kelaino, Elektra, Sterope, Taygete und Maia. ↑ Orion jagte ihnen nach, deshalb wurden sie von Zeus als Sternbild (Siebengestirn) an den Himmel versetzt. Da Merope als einzige der Schwestern die Frau eines Sterblichen (Sisyphos) wurde, verhüllte sie sich aus Scham, so daß sie weniger hell leuchtet (mit bloßem Auge sind meist nur sechs Sterne erkennbar). – Den Namen der P. wählten Literaten, um ihre Zusammengehörigkeit zu demonstrieren; berühmtester Kreis war die „Pléiade“, die auf sieben Mitglieder begrenzte Gruppe der französischen Renaissancedichter (u. a. Ronsard und Du Bellay).

Pleisthenes, Gestalt aus dem Geschlecht des ↑ Pelops, entweder dessen Sohn, meist aber Sohn des Atreus genannt. ↑ Thyestes nahm ihn in seine Verbannung mit und zog ihn auf, ohne daß P. wußte, daß Atreus sein Vater war. Erwachsen geworden, wurde er von Thyestes ausgeschickt, Atreus aus Rache zu ermorden. Dieser bemerkte den Anschlag, tötete P. und erkannte erst dann den eigenen Sohn. Diese Variante der Atriden-

Geschichte wurde von Euripides in einer Tragödie *Pleisthenes* bearbeitet, die nur in Fragmenten erhalten ist.

Plexippos ↑ **Althaia,** ↑ **Kalydonische Jagd**

Pluto, Pluton ↑ **Hades**

Plutos, Gott des Reichtums, Sohn der Demeter und des ↑ Iasion. Auf einem fruchtbaren Feld von Kreta gezeugt und geboren, galt P. zunächst nur als Gott, der über den Reichtum der Felder und Herden herrscht. Seine Gestalt wurde oft identifiziert mit Pluton, der den Reichtum der Erdentiefe symbolisierte und der später mit ↑ Hades gleichgesetzt wurde. Aristophanes brachte in seiner späten Komödie *Plutos* (388 v. u. Z.) den Gott als blinden Greis auf die Bühne. Durch eine Wunderkur sehend geworden, verteilt er nun seine Gaben an die, die es verdienen. Die Götter gehen dabei leer aus: Niemand will ihnen mehr opfern. Die Armut (Peria), die verjagt worden war, hatte aber das Ende prophezeit: Reichtum für alle Gerechten macht sie träge und hindert die Entwicklung aller produktiven Fähigkeiten. In Dantes *Göttlicher Komödie* (um 1320) ist aus dem Gott ein furchtbarer Dämon geworden, der den vierten Kreis der Hölle bewacht, wo die Geizigen und die Verschwender büßen. Goethe läßt *Faust* (im II. Teil) im festlichen Maskenzug am Kaiserhof als P. erscheinen, wo er sein magisches Gold zeigt. – In der bildenden Kunst der Antike wurde P. als Kind dargestellt, so in der Gruppe *Eirene mit dem Plutosknaben* des griechischen Bildhauers Kephisodotos (erste Hälfte des 4. Jh. v. u. Z.), die durch die Beschreibungen des Pausanias und römische Kopien bekannt ist.

Podaleirios, Sohn des Asklepios, wie sein Bruder ↑ Machaon ein berühmter Arzt. Die beiden Söhne des Heilgottes kämpften mit dreißig Schiffen gegen Troja und waren zugleich die Ärzte des griechischen Heeres.

Podarge, einer der ↑ Harpyien, von ↑ Zephyros Mutter der beiden Pferde, die Achilleus' Streitwagen im Trojanischen Krieg zogen.

Podarkes ↑ **Priamos**
Poesie ↑ **Parnassos,** ↑ **Pegasos**
Poias, Gefährte des Herakles, Vater des ↑ Philoktetes. Er nahm am Zug der Argonauten teil.
Pollux ↑ **Dioskuren**
Polybos, 1. König des ägyptischen Theben. Er nahm Menelaos und Helena gastlich auf, als sie auf der Rückkehr von Troja nach Ägypten verschlagen wurden. Menelaos berichtet, so erzählt Homer in der *Odyssee* (IV. Gesang), dem Telemachos bei dessen Besuch in Sparta von dem Aufenthalt in Ägypten und von den Schätzen, die er von P. erhielt. – 2. König von Korinth. Er zog das Kind ↑ Oidipus, das Hirten ihm gebracht hatten, wie seinen eigenen Sohn auf.
Polydektes, König der Insel Seriphos. Vor dieser Insel holte P.' Bruder ↑ Diktys den Kasten aus dem Meer, in dem ↑ Danaë und ihr Sohn ↑ Perseus eingeschlossen waren. P. begehrte Danaë zur Frau und wollte deshalb den herangewachsenen Perseus in den Tod schicken, damit er ihn nicht störe. Er befahl ihm, das Haupt der Gorgo ↑ Medusa zu holen, und erwartete nicht, ihn wiederzusehen. Als Perseus aber siegreich zurückkehrte, rettete der junge Held seine Mutter vor den Nachstellungen des P. und zeigte ihm das Medusenhaupt, das ihn in Stein verwandelte.
Polydeukes, Sohn der Leda und des Zeus, Zwillingsbruder des Kastor (↑ Dioskuren).
Polydoros, 1. jüngster Sohn des Königs Priamos von Troja. In der *Ilias* wird als seine Mutter Laothoë genannt. Hier stirbt er, leichtsinnig in der Schlacht seine Schnelligkeit im Laufen beweisend, durch den Speer des Achilleus. In Euripides' *Hekabe* (425/420 v. u. Z.) ist P. der jüngste Sohn der Königin von Troja. Um ihn vor dem Krieg zu bewahren, schickten seine Eltern ihn zu König ↑ Polymestor von Thrakien, der mit P.' Schwester Ilione verheiratet war. Dieser aber ermordete P. um seiner Schätze willen, die er mitgebracht hatte. Seine Leiche wird an die Küste gespült, gerade als He-

kabe mit den anderen Frauen aus der besiegten Stadt auf ihr weiteres Schicksal wartet. Bei Vergil (*Aeneis*) hat Polymestor den P. an der thrakischen Küste begraben. Als Aeneas ahnungslos über diesem Grab Sträucher herausreißt, tropft Blut aus ihnen hervor, und die Stimme des P. erzählt die Geschichte seines Todes. – 2. Sohn des ↑ Kadmos und der ↑ Harmonia.

Polyhymnia, eine der neun ↑ Musen, Tochter des Zeus und der Mnemosyne. In späterer (römischer) Zeit wurde sie als Muse der Beredsamkeit angesehen, ihr Attribut ist die Buchrolle.

Polykaste ↑ **Telemachos**

Polymestor, König von Thrakien, verheiratet mit Ilione, einer Tochter des Priamos. Zu ihm schickten Hekabe und Priamos ihren jüngsten Sohn Polydoros. P. ermordete ihn, um die Schätze behalten zu können, die der Troerprinz mitgebracht hatte. Hekabe fand die Leiche ihres Sohnes an der troischen Küste, als sie dort als Gefangene des Agamemnon ihre letzten Angehörigen (↑ Astyanax, ↑ Polyxena) verlor. Mit Erlaubnis Agamemnons rächte sie sich grausam an P.: Sie lockte ihn ins Lager, blendete ihn und tötete seine Kinder (von Euripides in der Tragödie *Hekabe*, 425/420 v. u. Z., gestaltet).

Polyneikes, Sohn des ↑ Oidipus und der ↑ Iokaste. Als die Verbrechen, die Oidipus ohne Absicht begangen hatte, offenbar wurden, vertrieben die Brüder Eteokles und P. ihren Vater (entweder mußte er sofort die Stadt verlassen, oder er wurde von seinen Söhnen gefangengehalten). Oidipus verfluchte die beiden und prophezeite ihnen, daß sie beim Kampf um die Macht in Theben sich gegenseitig umbringen würden. Obwohl die Brüder deshalb vereinbarten, abwechselnd zu herrschen, vertrieb Eteokles bald P. Dieser kam zu ↑ Adrastos, dem König von Argos, der ihm seine Tochter Argeia zur Frau gab. Auch half er P., den Zug der ↑ Sieben gegen Theben zu organisieren. Bei diesem Versuch, die Herrschaft in Theben zurückzuerobern, wurde P. von seinem Bruder Eteokles im Zweikampf getötet und dieser von ihm ebenfalls tödlich verwundet – der Fluch des Vaters hatte sich erfüllt. Der nun in Theben regierende ↑ Kreon (1) verbot bei Todesstrafe, den Verräter zu bestatten. Nur P.' Schwester ↑ Antigone widersetzte sich der unmenschlichen Anordnung.

Die Geschichte der beiden feindlichen Brüder – im verlorenen thebanischen Epenzyklus erzählt – wurde von den großen Tragikern mehrmals bearbeitet: Aischylos zeigt in den *Sieben gegen Theben* (467 v. u. Z.) Eteokles auf den Mauern der Burg: Er mustert das heranziehende Heer und ist entschlossen, das unsühnbare Verbrechen des Brudermordes auf sich zu nehmen, um die Heimatstadt zu retten. In Euripides' *Phoinikerinnen* (um 410 v. u. Z.) tritt P. selbst auf; sein Ziel erscheint hier gerechter als bei Aischylos. Auch Oidipus und Iokaste sind hier noch mit in die Handlung einbezogen: Iokaste tötet sich, nach gescheiterten Vermittlungsversuchen, erst über den Leichen ihrer Söhne; Oidipus wird vertrieben. Sophokles' *Antigone* (442 v. u. Z.) setzt erst nach dem Tod der Brüder ein. Zur literarischen Rezeption des Stoffes siehe Sieben gegen Theben.

Polyphem(os), 1. ein riesiger ↑ Kyklop, Sohn des Poseidon und der Thoosa, einer Tochter des ↑ Phorkys. Die Begegnung des Helden Odysseus mit P. gehört zu den bekanntesten Passagen in der *Odyssee* (IX. Gesang): Odysseus gelangte auf der Heimfahrt von Troja auch zu der blühenden Insel, die von den Kyklopen bewohnt wurde. Er drang mit seinen Gefährten in die Höhle des P. ein, als dieser draußen bei seinen Herden war. P. verweigerte Odysseus die Gastfreundschaft, hielt ihn in der Höhle gefangen und fraß zu jeder Mahlzeit zwei seiner Gefährten. Odysseus fand auch hier eine List: Er machte P. betrunken und stieß ihm einen glühenden Pfahl ins Auge. Da er als seinen Namen „Niemand" genannt hatte, gelang es P. nicht, die anderen Kyklopen zur Hilfe zu bewegen. Am Bauch der Widder festgeklammert, konnten die Gefangenen die Höhle verlassen, ohne daß der blinde P. sie bemerkte. Als sie wieder glücklich auf dem Schiff waren, rief Odysseus P. seinen richtigen Namen zu und reizte damit den Riesen zu entsetzlicher Wut. Er schleuderte Felsbrocken nach dem Schiff und rief seinen Vater Poseidon um Rache an. Der rasende Gott brachte auf der weiteren Reise immer wieder Unglück über Odysseus. Euripides brachte das P.-Abenteuer des Odysseus in dem einzigen vollständig erhaltenen Satyrspiel der Antike, *Der Kyklop*, in burlesker Abwandlung auf die Bühne. In der *Aeneis* (III. Buch) erzählt Vergil von seinem Helden, daß er den geblendeten P. in der Nähe des Ätna traf. Bei Theokrit ist P. ein friedlicher, wenn auch riesiger und häßlicher Hirte, der in unerwiderter Liebe zu ↑ Galateia schmachtet. Aus Rache tötete er ihren Geliebten Akis. In dieser Gestalt taucht der Riese in der späteren europäischen Literatur auf, so in Góngoras höchst kunstvoll gebauter Dichtung *Polyphem und Galatea* (1627), wo die Ideale der Barockdichtung vollendeten Ausdruck finden. Die Szene der Blendung des Kyklopen wurde häufig auf griechischen Vasen dargestellt. – 2. Lapithe, Teilnehmer der Argonautenfahrt. Er suchte zusammen mit Herakles dessen Freund ↑ Hylas auf der Insel Keos und blieb deshalb zurück.

Polyphontes ↑ Kresphontes

Polyxena, Tochter des Priamos und der Hekabe. Sie überlebte die Eroberung Trojas, wurde aber dazu verurteilt, für den gefallenen Achilleus geopfert zu werden. Achilleus' Sohn Neoptolemos tötete sie am Grabe seines Vaters. In spätantiker Zeit erhielt diese wohl sehr alte Überlieferung eine sentimentale Variante: Achilleus hat sich in P. verliebt und will sie heiraten. Waffenlos erscheint er zu den Hochzeitsunterhandlungen und wird dabei hinterrücks von Paris getötet. Sein Geist fordert die Opferung der P. – In den erhaltenen Troja-Tragödien des Euripides (*Hekabe*, 425/420 v.u.Z.,

Die Troerinnen, 415 v. u. Z.) gehört der Tod des jungen Mädchens in die lange Reihe der schrecklichen Schicksale, die die Besiegten erdulden mußten. Die mittelalterlichen Trojaromane malten die Liebesgeschichte zwischen P. und Achilleus besonders aus. In neuester Zeit erhielt die Gestalt der P. in Christa Wolfs *Kassandra* (1983) als Gegenfigur zu der Heldin eine neue Interpretation.

Pomona, römische Göttin der Früchte und Gärten, Gemahlin des ↑ Vertumnus. Ihr heiliger Hain befand sich an der Straße von Rom nach Ostia, in Rom hatte sie einen eigenen Priester (Flamen). – In der bildenden Kunst wird P. als junge Frau mit Blumen und Früchten dargestellt, so auf einem Gemälde von Rubens und in einer Plastik von Maillol. Auch in der Gartenkunst des 17./18. Jh. begegnen Statuen der P. häufig.

Pontos (‚Meer'), uralte Gottheit, von Gaia selbst am Anfang der Welt hervorgebracht; bei Hesiod (*Theogonie*) „das verödete Meer, die brausende Brandung", im Gegensatz zum ↑ Okeanos, dem Sohn von Gaia und Uranos, der die Erde umschloß. P. zeugte mit Gaia den Meeresgott ↑ Nereus, auch ↑ Thaumas, ↑ Phorkys, ↑ Keto und Eurybie.

Porphyrion, einer der ↑ Giganten. In der Gigantomachie mußte er gegen Zeus kämpfen.

Portunus, römischer Gott der Häfen, Sohn der ↑ Mater Matuta, mit ↑ Janus verwandt. Er bewachte die Häfen und die Zugänge zu ihnen. Wie seine Mutter der griechischen ↑ Leukothea gleichgesetzt wurde, entsprach er ihrem Sohn ↑ Melikertes. In Rom hatte er einen eigenen Priester. Sein Fest, die Portunalia, wurde am 17. August auf dem Tiber gefeiert.

Poseidon, Beherrscher des Meeres, Sohn von Kronos und Rheia, Bruder des Zeus, mit dem er die Herrschaft über die Oberwelt teilte. P. war als ungestümer, unberechenbarer und zorniger Gott gefürchtet, der auch die Erdbeben hervorrief. Sein Attribut war der Dreizack, mit dem er Felsen spalten und Quellen entspringen lassen konnte. Er wohnte in einem prächtigen Palast auf dem Grunde des Meeres. Immer wieder versuchte P., Zeus gegenüber seine Selbständigkeit zu betonen, oft zog er sich vor den olympischen Göttern grollend ins Meer zurück. Seine Gemahlin war die Nereïde ↑ Amphitrite, die Mutter des ↑ Triton. Die Kinder, die andere Göttinnen und Nymphen ihm gebaren, waren teils Ungeheuer (der Kyklop ↑ Polyphem, der Riese ↑ Antaios), teils wunderbare, mit Zauberkräften ausgestattete Wesen (↑ Pegasos, ↑ Areion). Auch ↑ Theseus galt als Sohn des P., denn der Gott hatte ↑ Aithra in der gleichen Nacht besucht, in der auch Aigeus bei ihr gelegen hatte. Im Trojanischen Krieg stand P. auf der Seite der Griechen; er haßte die Troer, weil ↑ Laomedon ihn einst um seinen Lohn betrogen hatte. Dennoch war er auch der erbitterte Feind des ↑ Odysseus, der seinen Sohn Polyphem geblendet hatte, und schickte ihm immer neue Stürme, um seine Heimkehr zu verhindern. Auch ↑ Aias den Oiliden ließ er umkommen, weil dieser mit seiner Überlegenheit geprahlt hatte. Andererseits half er ↑ Aeneas in der Schlacht beim Zweikampf mit Achilleus, indem er ihn hinwegtrug, denn dem Aeneas war vorbestimmt, das Geschlecht der Dardaner fortzuführen. Im Streit um den Besitz Attikas wurde er von Athene besiegt, die den Ölbaum pflanzte, während P. Pferde schenkte oder eine Quelle entspringen ließ (↑ Kekrops). In Rom wurde P. unter dem Namen ↑ Neptun verehrt. Pferde, Delphine und Stiere waren ihm heilig.

In der bildenden Kunst der Antike wurde P. als bärtiger Mann, häufig nackt, dargestellt. Er gehört zu den Giebelfiguren des Parthenon-Tempels von Athen (im Streit mit Athene), auf dem Fries des Pergamonaltars kämpft er gegen die Giganten. Auf Vasen wurde er seit archaischer Zeit abgebildet, oft auf einem Pferd oder auf einem Fabelwesen des Meeres reitend. Auch mehrere Großplastiken sind erhalten. In der europäischen Kunst tauchte die Figur des P. erst seit dem 17. Jh. wieder häufiger auf. Er wurde gemalt, wie er das Meer besänftigt, oder im Triumphzug mit Amphitrite, Nymphen und Tritonen. In dieser Gestalt erscheint er auch häufig als Brunnenplastik.

Praxithea, Gemahlin des ↑ Erechtheus. Ihre Töchter opferten sich für die Heimatstadt Athen, damit der Krieg gegen Eleusis gewonnen werden konnte.

Priamos, Sohn des ↑ Laomedon, letzter König von Troja. Laomedon hatte Herakles um den versprochenen Lohn für die Rettung seiner Tochter ↑ Hesione betrogen. Der Held rächte sich später, indem er Troja zerstörte und Laomedon und seine Söhne tötete. Hesione gab er seinem Mitstreiter ↑ Telamon zur Frau. Herakles erlaubte ihr allerdings, einen ihrer Brüder auszuwählen, der dem Tode entgehen und der künftige König von Troja sein sollte. Hesione wählte den jüngsten Bruder, Podarkes, der sich dann P. nannte. Unter diesem Namen ist er eine der Hauptgestalten der *Ilias*, Gatte der ↑ Hekabe und Vater vieler Kinder: Homer nennt fünfzig Gemächer für die Söhne und zwölf für die Töchter. Sein Sohn Paris brachte unendliches Leid über die Stadt und ihren König. P. selbst war zu alt, die Verteidigung zu leiten, doch verlor er dabei alle Söhne. Am härtesten traf ihn der Tod des ältesten und besten Sohnes, ↑ Hektor, der im Zweikampf durch Achilleus fiel. Da Achilleus in seinem maßlosen Rachedurst (Hektor hatte seinen Freund Patroklos getötet) die Leiche Hektors um das Grab Patroklos' schleifte und der Familie nicht erlauben wollte, sie ehrenvoll zu bestatten, begab sich P. allein zu Achilleus, um den Toten freizukaufen. Zeus hatte ihm diesen Rat durch Iris gesandt, und Hermes geleitete den Greis in einem mit großen Geschenken beladenen Wagen ins Lager der Griechen. Achilleus, der den Willen der Götter erkannte, erhörte das Flehen des alten Mannes und erlaubte ihm, den Sohn mitzunehmen. Der Bittgang des Vaters zum Mörder seines Sohnes gehört zu den ergreifendsten Szenen der *Ilias* (XXIV. Gesang). In späteren

Quellen wird berichtet, daß Achilleus' Sohn ↑ Neoptolemos P. bei der Einnahme Trojas tötete, obwohl dieser am Altar des Zeus Schutz gesucht hatte. – Die dritte Tragödie der Achilleïs-Tetralogie des Aischylos, von der nur Fragmente erhalten sind (*Die Phryger*), gestaltete den Bittgang des P. Szenen aus dem Leben des troischen Königs wurden häufig auf griechischen Vasen dargestellt.

Priapos, Gott der Fruchtbarkeit der Natur, besonders des Bodens. Der Kult hat seinen Ursprung wohl in Kleinasien, denn die Stadt Lampsakos in der Troas sah in P. ihren Gründer. Er wurde wahrscheinlich durch die Feldzüge Alexanders des Großen in der griechischen Welt verbreitet. In der olympischen Götterwelt galt P. als Sohn des Dionysos und der Aphrodite; auch zwei Väter – neben Dionysos noch Adonis – werden angegeben. So war sein Kult eng mit dem des Dionysos verbunden; er galt als Beschützer des Weinbaus, der Herden und der Quellen. Das Bild der beliebten freundlichen Gottheit, oft nur eine Herme mit Kopf und Phallos, stand im gesamten römischen Imperium auf öffentlichen Plätzen, in Häfen und Gärten. Als Personifizierung sexueller Freuden gehörte sein Bild in die Bordelle. Kleine, erotisch-derbe bis obszöne Gedichte wurden Priapeen genannt (in der römischen Literatur von Catull, Vergil u. a.). In Petronius' *Satiricon* treibt P. zu Neros Zeiten, wie einst Poseidon den Odysseus, den Abenteurer Encolpius durch die zweifelhaften Gesellschaften von neureichen Freigelassenen und Schmarotzern. Im römischen Volkstheater war P. eine beliebte Gestalt.

Proca ↑ Amulius

Proitos, König von Tiryns, Nachkomme des ↑ Lynkeus (1) und der Hypermestra. Er soll sich mit seinem Zwillingsbruder ↑ Akrisios schon im Mutterleib gestritten haben. Nach dem Tod des Vaters vertrieb Akrisios den P. Dieser fand bei König Iobates in Lykien Zuflucht, der ihm seine Tochter ↑ Stheneboia zur Frau gab und ihm half, einen Krieg gegen den Bruder zu führen. Schließlich errang P. die Herrschaft über Tiryns, während Akrisios König von Argos wurde. P. soll die Kyklopenmauern der Burg von Tiryns errichtet haben. Er nahm den Helden ↑ Bellerophontes bei sich auf und versuchte, ihn zu töten, weil Stheneboia ihn verleumdet hatte.

Proklos, einer der ↑ Herakliden.

Prokne, Tochter des ↑ Pandion (1), König von Athen, ihre Schwester war ↑ Philomele. Pandion verheiratete P. mit Tereus, dem König von Thrakien, dem sie den Sohn Itys gebar. Tereus vergewaltigte aber Philomele, schnitt ihr dann die Zunge heraus und setzte sie gefangen, damit niemand seine Schandtat erfahren sollte. Philomele webte ihr Schicksal in ein Tuch und sandte es der Schwester. Die Rache der beiden Frauen war furchtbar: Sie töteten Itys und setzten sein Fleisch Tereus vor. Um sie vor seinen Verfolgungen zu schützen, verwandelte Zeus P. in eine Nachtigall, Philomele in eine Schwalbe (oder umgekehrt), Tereus in einen Wiedehopf.

Prokris, Tochter des ↑ Erechtheus und der Praxithea, Gemahlin des ↑ Kephalos. Dieser stellte nach dem Rat der Göttin Eos, die ihn für sich haben wollte, ihre Treue auf die Probe und verführte sie durch sein Drängen, ohne daß sie wußte, wer er war. Nach der Entdeckung begab sich P. unter den Schutz der Artemis. Kephalos, der P. sehr liebte, bekannte seine Schuld, und die Gatten versöhnten sich wieder. P. übergab Kephalos die Geschenke der Artemis: einen Jagdspieß, der nie sein Ziel verfehlte, und einen Hund, dem kein Tier an Schnelligkeit gleichkam. Doch P. wurde von Eifersucht geplagt. Sie schlich Kephalos nach, als er zur Jagd ging, da sie meinte, er träfe sich mit einer Nymphe. Im Gebüsch versteckt, wurde sie von dem Spieß des Jägers getroffen, der sie für ein Tier hielt (so von Ovid im III. Buch der *Metamorphosen* überliefert).

Prokrustes, ein Unhold, der bei Eleusis Wanderern ein

Bett anbot, in dem er sie dann auf die grausamste Weise umbrachte: Waren sie zu groß, hieb er die überstehenden Gliedmaßen ab, waren sie zu klein, streckte er sie mit Gewalt. Theseus kam auf seiner Wanderung nach Athen auch bei P. vorbei und tötete ihn. – Das „Prokrustesbett" hat sich im Sprachgebrauch erhalten. Es wird als Bild verwendet für eine Sache, die mit Gewalt in eine unangemessene Form gepreßt werden soll. Der Kampf des Theseus mit P. wurde in der antiken Kunst häufig dargestellt, so auf zahlreichen Vasenbildern, auf den Metopen des Athener-Schatzhauses in Delphi und denen des Theseions in Athen.

Prometheus, Sohn des Titanen Iapetos und der Okeanide Klymene (oder der Asia). Seine Brüder waren ↑ Atlas, ↑ Menoitos und ↑ Epimetheus. P. ist eine jener Gestalten des griechischen Mythos, die in der Weltliteratur lebendig geblieben sind, deren Taten durch die Jahrtausende zu Interpretationen und Parteinahme herausfordern. Bei Homer wird P. nicht erwähnt, älteste erhaltene literarische Überlieferungen stammen von Hesiod, der in der *Theogonie* und in *Werke und Tage* die Geschichte der Auflehnung des Titanensohns gegen den neuen Gott Zeus erzählt: P., „der so klug an Rat", maß sich an Klugheit mit ihm. Er stand den Menschen bei und bereitete ein Opfer so, daß Zeus überlistet werden sollte: Denn P. hatte die Knochen kunstvoll mit Fett bedeckt, das Fleisch aber mit minder guten Teilen des Opfertieres. Zeus durchschaute zwar den Betrug, wählte aber dennoch die Knochen. So hatte er einen Grund, die Menschen zu bestrafen: „darum fortan der Täuschung immer gedenkend, gab er den Kläglichen nicht die Kraft unermüdlichen Feuers". P. aber hinterging Zeus wieder. Er stahl das Feuer der Himmlischen und brachte es den Menschen. Nun ersann Zeus eine härtere Strafe, und andere Götter halfen ihm bei der Ausführung. Hephaistos bildete aus Erde ein schönes Mädchen, Athene schmückte es „zu der Menschen Verderben". Soweit ist der P.-Mythos durch die *Theogonie* überliefert. Das Übel, das den Menschen geschickt wird, ist die Frau: „Ihr entstammte das schlimme Geschlecht und die Stämme der Frauen, unheilbringend wohnen sie unter den sterblichen Männern, ohne die schlimme Not zu teilen, aber das Wohlsein." In *Werke und Tage* schildert Hesiod gleichfalls den Opferbetrug des P. und den Raub des Feuers, hier erhält das Übel einen Namen, ↑ Pandora. Hephaistos, Athene, Aphrodite, Hermes, die Chariten verleihen ihr schöne, gefährliche Gaben, und Hermes bringt sie schließlich zu Epimetheus, der die Warnung des Bruders, keine Geschenke von Zeus anzunehmen, vergessen hat. Aber damit ist die Rache des Herrn der neuen Götter noch nicht beendet. Auch P. selbst mußte bestraft werden. Diese schreckliche Strafe und ihr Ende sind in der *Theogonie* überliefert: Dem festgeschmiedeten Titanen fraß ein Adler, den Zeus geschickt hatte, jeden Tag an der Leber, die nachts wieder nachwuchs. Befreit wurde P. von Herakles, der den Adler tötete und die Fesseln löste. Auch dies geschah nach dem Willen des Zeus, damit sich der Ruhm seines Sohnes Herakles mehre. In der Sage der ↑ Argonauten taucht der Name P. auf: Die Schiffer hörten sein Stöhnen, als sie am Kaukasus vorübersegelten. In (nicht erhaltenen) Komödien von Menander und Philemon (beide 4./3. Jh. v. u. Z.) soll P. selbst Menschen aus Ton geschaffen haben, ein Motiv, das u. a. von Ovid in den *Metamorphosen* aufgegriffen wurde (und sich später bei Goethe spiegelt). Wohl deshalb galt er (vor allem in Athen) als Schutzherr der Töpfer. Sein Sohn war ↑ Deukalion.

Die älteste große literarische Ausformung erfuhr die Gestalt des P. durch Aischylos (wahrscheinlich Ende der 70er Jahre des 5. Jh. v. u. Z.). Von seiner tragischen Trilogie ist nur der erste Teil vollständig erhalten. *Der gefesselte Prometheus* zeigt die Bestrafung des Aufrührers wider Zeus. Kratos und Bias, die Kraft und die Gewalt, bringen P. an den nördlichen Rand der Welt (zum Kaukasus), wo ihn Hephaistos am Gebirge anschmieden soll. Die Sympathie des Dichters gehört, anders als in dem kurzen Bericht Hesiods, dem zu Unrecht Bestraften. P. begehrt stolz und trotzig immer wieder gegen den neuen Herrscher auf, dem er sogar im Kampf gegen seine Verwandten, die Titanen, geholfen hat. Nichts kann ihn dazu bringen, sich den Bedingungen des Zeus, die Hermes übermittelt, zu beugen: Er soll sein Wissen darüber preisgeben, wie Zeus die gerade errungene Macht wieder verlieren wird. So verkündet Hermes die Verschärfung der Strafe, den Adler, der ihm täglich die Leber abfrißt. Ausführlich läßt Aischylos P. von seinen Wohltaten berichten, die er dem Menschengeschlecht erwies: Außer dem Gebrauch des Feuers lehrte er die Menschen die Zeitrechnung, die Schrift, den Gebrauch der Segel, die Heilkunst, das Nutzen der Schätze im Innern der Erde. So erscheint die Strafe als grausames Unrecht, das auch andere Götter rührt. Hephaistos zögert mit der Ausführung des Befehls, Okeanos will vermitteln. Obwohl die Tragödie mit der Versenkung des P. im Tartaros endet, wußte der Leidende um seine Erlösung: Ein Nachkomme der von Hera gejagten ↑ Io, die Aischylos auftreten läßt, wird seiner Qual ein Ende setzen. Auch ↑ Cheirons Opfer, der nach seiner Verwundung durch den giftigen Pfeil des Herakles seine Unsterblichkeit für P. aufgab, wird angedeutet. Von einem anderen Teil der Trilogie des Aischylos, dem *Befreiten Prometheus,* sind nur einige Fragmente überliefert, vom *Feuertragenden Prometheus* ein Vers (dieses Stück gehört wahrscheinlich an den Anfang der Trilogie). Mit Aischylos hatte die Gestalt des P. bereits ihre bis in die Gegenwart gültige Prägung erhalten. Als Empörer gegen Willkür der Mächtigen, als Beschützer der Schwachen und als zu Unrecht Leidender begleitet er die europäische Kultur. Das frühe Christentum (Tertullian) brachte P. mit Christus in Verbindung, den antiken Stoff überlieferte Boccaccio in der *Genealogia Deorum* (1373). Die erste wichtige literarische Gestaltung der Neuzeit stammt von Calderón; in *Die Statue des Prometheus* (1679) ist P. vor allem der Wohltäter der Menschheit, und so wurde sein Bild auch in der französischen Aufklärung rezipiert. In Deutschland trat im Anschluß an die Genie-Interpretation des englischen Philosophen Shaftesbury mehr das Bild des genialen Schöpfers in den Vordergrund. P. wurde schließlich zur Symbolgestalt des großen Empörers und des selbständigen schöpferischen Geistes. Er ist einer der „Selbsthelfer" des Sturm und Drang, und Goethes Interpretation in seiner berühmten *Prometheus*-Ode (e. 1773) bestimmt noch heute das Bild des unbeugsamen Titanen. In P., der die Menschen nach seinem Bilde schuf, spiegelt sich die Existenzweise des Menschen selbst; sein Schicksal wurde zum Symbol des Schicksals des Menschengeschlechts. In diesem Sinne aber wurde angesichts der nachrevolutionären Entwicklung in Europa der himmelstürmende Titan schon wenige Jahre später wesentlich nüchterner und kritischer gesehen. Bereits 1799 stellte F. Schlegel in seiner *Idylle über den Müßiggang* (in dem Roman *Lucinde*) dem „in größter Hast und Anstrengung" schaffenden P. den froh sein Dasein im Olymp genießenden vergöttlichten Herakles gegenüber. Auch Goethe schilderte in dem Festspiel *Pandora* (1808) nicht den Empörer P., sondern einen zwar rastlos menschlichen Fortschritt schaffenden Produzenten materieller Güter, dem aber die moralische Reflexion seines Tuns fehlt, das darum zum Guten wie zum Bösen führt. Goethe konnte die Auflösung des Zwiespalts zwischen gedankenloser Tätigkeit (P.) und tatenlosem Denken (Epimetheus) nur in eine fern geahnte Utopie (Pandoras Wiederkehr) verweisen, wie auch Shelley in seinem lyrischen Drama *Der entfesselte Prometheus* (1819) eine weit über das bürgerliche Säkulum hinausdeutende poetische Vision schuf. Am Ende des Jahrhunderts schließlich konnte in dem skeptisch-ironischen Weltbild A. Gides das Schicksal des Titanen nur

noch satirisch rezipiert werden: In der Erzählung *Der schlecht gefesselte Prometheus* (1899) erlöst sich P., indem er den Adler, der seine Leber fraß, selbst verspeist. Im 20. Jh. verlor der P.-Mythos weitgehend seine menschheitliche Symbolkraft. G. Maurer deckte in einem *Prometheus*-Gedicht (1964) den Widerspruch zwischen dem Mythos und der Praxis der Klassengesellschaft auf; ebenso verwendet H. Müller die Gestalt in seinem Stück *Zement* (1973). Erst F. Fühmann unternahm in dem (unvollendeten) *Prometheus*-Roman (1. Band *Die Titanenschlacht,* 1974) den Versuch, den Mythos in seiner menschheitlichen Symbolik neu zu erschließen.
Auch für die bildende Kunst gab der Mythos vielfältige Anregungen. Die Gestalt des Gefesselten begegnet u. a. in der Vasenmalerei und auf Gemmen. In antiker Zeit berühmte Gemälde (so aus dem Zeus-Tempel von Olympia) sind nur noch aus Beschreibungen bekannt. Eines der Wandgemälde von Pompeji zeigt die Befreiung des Titanen durch Herakles. Auf spätrömischen Sarkophagen wurde P. häufig als Schöpfer des Menschen dargestellt. In dieser Eigenschaft wurde er im Mittelalter in Illustrationen zu Ovid dem biblischen Schöpfungsmythos gegenübergestellt. Seit dem 16. Jh. bevorzugten die Maler wieder das Motiv des Gefesselten: Tizian (nicht erhalten), Rubens, Jordaens, S. Rosa malten den Leidenden. Seit dem 19. Jh. – wohl auch beeinflußt durch Goethes Interpretation – sahen die Künstler in P. vor allem den Empörer, so Moreau, Böcklin, im 20. Jh. Barlach, Kokoschka, Masareel und Cremer. Eine Folge von Radierungen zum P.-Mythos stellte M. Klinger in den Rahmen seines Zyklus *Brahmsphantasie.*

Proserpina, römischer Name der Göttin der Unterwelt, ↑ Persephone.

Protesilaos, Sohn des Königs Iphiklos aus Phylake in Thessalien. Als einer der Freier der Helena schloß er sich dem Zug nach Troja mit vierzig Schiffen an. Obwohl ein Orakel verkündet hatte, daß der erste, der seinen Fuß auf den Boden Trojas setze, auch als erster fallen würde, sprang er als erster Grieche an Land und wurde sofort getötet. P.' Bruder Podarkes übernahm die Führung der Krieger aus Phylake. Dort aber war P.' Gemahlin Laodameia, die er erst kurz vor der Abfahrt geheiratet hatte, so untröstlich vor Kummer, daß die Götter P. für eine Nacht zu ihr zurückkehren ließen. Danach tötete sie sich selbst.

Proteus, Meeresgottheit, wohnte auf der Insel Pharos vor der ägyptischen Küste; dort hütete er große Robbenherden, die Poseidon gehörten. Er besaß die Gabe der Weissagung, in der *Odyssee* wird er „ein ganz untrüglicher Meergreis" genannt. Als ↑ Menelaos auf der Rückfahrt von Troja auf die Insel Pharos verschlagen wurde, riet ihm Eidothea, die Tochter des P., den Gott zu zwingen, ihm die Zukunft zu offenbaren. Menelaos versteckte sich in der Robbenherde, packte P., der sich in allerlei Gestalten verwandelte, so lange, bis er sein wahres Aussehen annehmen mußte und nun bereit war, ihm Rede und Antwort zu stehen. So kündete er ihm die eigene Zukunft und erzählte auch vom Schicksal der anderen Helden, die vor Troja gekämpft hatten, von den Irrfahrten des Odysseus, vom Tod des Agamemnon und des großen Aias. In jener Version des Helena-Stoffes, die Paris nur das Schattenbild rauben läßt, ist P. Herrscher von Ägypten, bei dem sich Helena während des Trojanischen Krieges aufhält (so in Euripides' Tragödie *Helena*). Auch in Goethes *Faust II* („Klassische Walpurgisnacht"), spielt die Verwandlungsfähigkeit des P. eine Rolle: In der Gestalt eines Delphins bringt er den Homunkulus zu Galatee. Die Liebe des Retortenmenschen zu der Meereskönigin sprengt sein Gefäß, und er löst sich im Meer auf: „Von Proteus verführt" läßt Goethe Thales darüber urteilen.

Psyche (,Seele'), allegorische Verkörperung der Seele; in der Mythologie die Geliebte des ↑ Eros. Der lateinische Schriftsteller Apuleius schuf in seinem Märchen

Amor und Psyche (eingeschoben in den Roman *Der goldene Esel*) im 2. Jh. u. Z. jene Version, die die spätere Kunst und Literatur anregte: Bei Apuleius ist P. eine Königstochter und so schön, daß Aphrodite (Venus) neidisch wird und ihren Sohn Eros (Amor) aussendet, um sie zu demütigen. Doch dieser verliebt sich in P., läßt Zephir sie entführen und macht sie zu seiner Frau. Aber er gibt sich ihr nicht zu erkennen und kommt nur nachts zu ihr; auch seine Mutter weiß nichts von seiner Liebe. P.s Schwestern, zu Besuch in Amors Palast, entfachen ihre Neugier: Sie hält eine brennende Lampe über den Geliebten und erkennt entzückt den Liebesgott. Doch ein Tropfen des heißen Öls weckt ihn auf; er muß sie verlassen, da sie sein Gebot übertreten hat. Die verzweifelte P. irrt auf der Suche nach Amor durch die Welt, kommt schließlich zu Venus, die sie immer noch haßt und ihr gefährliche Arbeiten aufträgt. P.s Liebe aber wird belohnt; die Götter sind gerührt über den Opfermut. Sie wird wieder mit Amor vereint und in den Kreis der Unsterblichen aufgenommen. Das Märchen wurde seit dem späten Mittelalter auch in der europäischen Literatur adaptiert. Boccaccio nahm es in seine *Genealogia Deorum* (1373) auf; Boiardo übersetzte Apuleius ins Italienische. Zahlreiche dramatische Bearbeitungen der Folgezeit in Italien (u. a. von Mercadente, Poggio, Gabrielli) räumen den Intrigen von P. s Schwestern erheblichen Raum ein. In England schuf u. a. Th. Heywood ein P.-Drama, in Spanien deutete Calderón in zwei geistlichen Spielen (Autos) den Stoff christlich um. Die französische Klassik nahm das Märchen gleichfalls auf: La Fontaine schrieb eine Verserzählung *Die Liebe der Psyche und des Cupido* (1669). Eine repräsentative Comédie-ballet *Psyche* (1671) von Molière und P. Corneille mit der Musik von Lully brachte die Geschichte ohne alles allegorische Beiwerk auf die Bühne.

In der bildenden Kunst der Antike waren Darstellungen von Eros und P. seit der römischen Kaiserzeit beliebt (Fresken von Pompeji; berühmt die Gruppe *Amor und Psyche* aus hellenistischer Zeit). P. erscheint meist geflügelt, auch als Schmetterling. In der Renaissance wurde die Geschichte oft zu Zyklen verarbeitet (so in der Villa Farnesina und in der Engelsburg); eine Plastik zur Entführung der P. schuf A. de Vries. Besonders beliebt waren Amor und P. aber bei den bildenden Künstlern des 19. Jh. Thorvaldsen und Canova lehnten sich in ihren Plastiken an das hellenistische Vorbild an, einen Zyklus von P.-Fresken malte M. von Schwind im Gartenpavillon des Schlosses Rüdigsdorf, Max Klinger illustrierte Apuleius mit Radierungen; auch auf seinem Gemälde *Christus im Olymp* erscheint P., hier nimmt Klinger wieder die allegorische Deutung auf.

Pygmäen, sagenhaftes Zwergenvolk, nur faustgroß (griech. pygme, ‚Faust'), südlich des Nil oder in Indien lebend (auch andere Länder wurden als Heimat der P. genannt). Schon in der *Ilias* wird ihr Krieg mit den Kranichen erwähnt. Jedes Jahr zogen sie auf Rebhühnern, Ziegenböcken und Widdern aus, um die Eier der Kraniche zu rauben oder zu zerstören, und wurden von den Vögeln aus der Luft bekämpft. Sogar Herakles griffen die P. an, als er vom Kampf gegen ↑ Antaios ausruhte und schlief. Als der Held erwachte, sammelte er die P. in seine Löwenhaut und brachte sie zu Eurystheus. Der Krieg der P. mit den Kranichen ist auf der *François-Vase* (6. Jh. v. u. Z.) dargestellt. L. Cranach d. J. malte die Begegnung der P. mit Herakles auf zwei Bildern: *Der schlafende Herkules und die Pygmäen* und *Der erwachende Herkules vertreibt die Pygmäen.*

Pygmalion, 1. König von Kypros (Zypern). Er war ein Künstler, liebte die Einsamkeit und hielt sich von allen Frauen fern. Eine Frauenstatue aus Elfenbein, die er bildete, war ihm so vollendet schön gelungen, daß er sich in sie verliebte und Aphrodite bat, sie zum Leben zu erwecken. Die Göttin erfüllte die Bitte, die Statue wurde lebendig und die Frau des P. – In der bildenden Kunst der Neuzeit gibt es nur vereinzelt Darstellungen des P.-Mythos. Folgenreich aber wurde die Geschichte des Künstlers, der sein Werk mehr liebt als alles andere, in der Literatur, überliefert ist sie im X. Buch der *Metamorphosen* des Ovid. Spätere Schriftsteller verwendeten sie in didaktischer (Bodmer, *Pygmalion und Elise,* Erzählung, 1747), melodramatischer (J.-J. Rousseau, *Pygmalion. Lyrische Szene,* 1770) oder auch komischer Manier (Fontenelle, *Der Fürst von Tyros,* Komödie, 1690). In neuerer Zeit wurde die Idee vielfach variiert, so daß nur noch der Titel an den griechischen Mythos erinnert, am geistreichsten bei G. B. Shaw in *Pygmalion* (1913; als Musical *My fair Lady* eines der beliebtesten musikalischen Bühnenwerke überhaupt). – 2. Bruder der ↑ Dido.

Pylades, Sohn des Königs Strophios aus Phokis. Dieser war verheiratet mit Agamemnons Schwester Anaxibia. Um ihren Bruder aus dem Mordhaus der Atriden zu retten, brachte ↑ Elektra den ↑ Orestes nach dem Tod ihres Vaters nach Phokis. Dort wuchs er gemeinsam mit P. auf. Der Freund nahm teil an Orestes' Rache und half ihm, die Entsühnung zu erlangen. In allen Bearbeitungen des Stoffes tritt P. als Begleiter des Orestes auf; er wurde zum Symbol des selbstlosen Freundes. Nach späten Überlieferungen heiratete er Elektra.

Pyramus und Thisbe, Liebespaar aus Babylon, dessen tragische Geschichte im IV. Buch von Ovids *Metamorphosen* erzählt wird: Als Kinder verfeindeter Nachbarn durften sich die beiden nicht treffen, nur heimlich konnten sie sich durch ein Loch in der Wand verständigen. Deshalb verabredeten sie ein Stelldichein an einem einsamen Ort, am Grab des Ninus. Als Thisbe dort auf Pyramus wartete, wurde sie von einem Löwen gestört. Sie konnte fliehen, verlor aber dabei ihren Mantel. Wenig später kam Pyramus, fand nur den blutigen Mantel des Mädchens und erstach sich vor Leid. Thisbe kehrte zurück, erblickte die Leiche und tötete sich mit dem gleichen Schwert. Die rührende Erzählung kam dem Geschmack des mittelalterlichen Publikums entgegen. Der Stoff wurde vielfältig verarbeitet und abgewandelt, auch in allegorischer Form, wie in den *Gesta Romanorum.* Der französische Dichter Théophile de Viau schrieb mit der Tragödie *Die tragische Liebesgeschichte von Pyramus und Thisbe* (U. 1621) eines der ersten barocken Theaterstücke; kunstvolle Barockdichtung ist auch Góngoras *Geschichte von Pyramus und Thisbe* (1618). In die Weltliteratur gingen P. und Th. jedoch ein durch die Travestie Shakespeares: Im *Sommernachtstraum* (1595) läßt er Handwerker die traurige Geschichte als Spiel im Spiel proben und aufführen. Die komischen Wirkungen, die hiervon ausgehen, haben die Verwendung des Stoffes in seiner ursprünglichen Form unmöglich gemacht.

Pyrrha, Tochter des Epimetheus und der Pandora, Gemahlin des ↑ Deukalion.

Pyrrhos ↑ Neoptolemos

Python, ein uraltes Ungeheuer, schlangenartiger Drache, Sohn der Gaia. Er bewachte das Orakel in Delphi, das seiner Mutter und später Themis gehörte. Apollon tötete ihn und wurde Herr des Orakels (daher der Name Pythischer Apollon). Die Überreste des Drachen wurden unter dem heiligen Stein, dem Omphalos (dem „Nabel der Welt") begraben. Die Pythischen Spiele in Delphi erinnerten an den Sieg des Gottes.

Quirinus, römischer Gott, eng verwandt mit ↑ Mars, möglicherweise dessen sabinischer Name. Jupiter, Mars und Qu. bildeten die ältere Göttertriade der Römer, die später durch Jupiter, Juno und Minerva abgelöst wurde. Der Name des römischen Hügels Quirinal hängt mit Qu. zusammen. Dort wohnten ursprünglich die Sabiner. Als ↑ Romulus und ↑ Titus Tatius Frieden geschlossen hatten, nannten sich die beiden Stämme gemeinsam „Quiriten". Qu. galt als friedliche Verkörperung des Mars, sein Tempel stand auf dem Quirinal, innerhalb der Stadtmauern (während sich der Tempel des Kriegsgottes außerhalb befand). Der vergöttlichte Romulus wurde als Romulus-Quirinus verehrt.

R

Raub der Sabinerinnen ↑ **Titus Tatius**
Recht ↑ **Dike,** ↑ **Justitia**
Regenbogen ↑ **Iris**
Reichtum ↑ **Hades,** ↑ **Ops,** ↑ **Plutos**
Remus, Zwillingsbruder des ↑ Romulus, wie dieser ausgesetzt, von der Wölfin gesäugt und später von Hirten aufgezogen. Bei den Auspizien wurde jedoch nicht ihm, sondern Romulus die Vorherrschaft in der Stadt,

die die Zwillinge gründen wollten, zugesprochen. Der enttäuschte R. verspottete den Bruder wegen der anfangs noch niedrigen Stadtmauer. Deshalb tötete Romulus ihn im Zorn, bereute aber bald darauf seine Tat.

Rhadamanthys, Sohn des Zeus und der ↑ Europa, Bruder des Minos und des Sarpedon. Er soll der gerechteste der Menschen gewesen sein und wurde deshalb nach seinem Tod, zusammen mit Minos und Aiakos, Richter in der Unterwelt. Homer nennt in der *Odyssee* Rh. den Herrscher über das Elysion.

Rhea Silvia, auch Ilia, mythische Ahnherrin der Römer, Tochter des ↑ Numitor. Als dieser von seinem Bruder Amulius der Herrschaft beraubt worden war, mußte Rh. S. auf Geheiß des Onkels Vestalin werden, damit sie keine Nachkommen gebären würde. Doch machte Mars sie zu seiner Geliebten, von ihm wurde sie Mutter der Zwillinge Romulus und Remus. Als Amulius die Kinder bemerkte, warf er Rh. S. in einen Kerker, ihre Söhne ließ er aussetzen. Sie befreiten ihre Mutter später und bestraften Amulius. Nach einer anderen Version wurde Rh. S. zum Tod durch Ertrinken im Tiber verurteilt. Der Flußgott ↑ Tiberinus rettete sie, und sie wurde seine Frau. In älteren Überlieferungen ist Rh. S. Tochter oder Enkelin des Aeneas, doch läßt sich danach nicht die Gründung Roms auf das Jahr 753 v. u. Z. festlegen. Goethe hat in der dritten seiner *Römischen Elegien* (1788/90) die Gestalt der Rh. S. aufgegriffen.

Rheia (lat. Rhea), Tochter des Uranos und der Gaia, eine der Titaninnen, Gemahlin des ↑ Kronos, Mutter von Hestia, Demeter, Hera, Hades, Poseidon und Zeus. Da Kronos alle seine Kinder verschlang, weil ihm prophezeit worden war, daß einer seiner Söhne ihn stürzen werde, flehte sie Gaia und Uranos um Rat an, um den jüngsten Sohn, ↑ Zeus, zu retten. Sie brachte Zeus heimlich auf Kreta zur Welt und verbarg ihn in einer Höhle auf dem Gebirge Ida. Dem Kronos jedoch gab sie einen in ein Tuch gewickelten Stein, den er gleichfalls verschluckte. Später wurde Rh. mit der phrygischen Göttin ↑ Kybele gleichgesetzt, die in orgiastischem Kult gefeiert wurde (Rheia-Kybele).

Rhesos, thrakischer König, Sohn des Eïoneus. Er kam im zehnten Jahr der Belagerung den Troern zu Hilfe. Im X. Gesang der *Ilias* wird von seinem Ende erzählt: Der troische Spion ↑ Dolon wurde auf einem Erkundungsgang von Odysseus und Diomedes gefaßt, die ihrerseits heimlich im feindlichen Lager spionieren wollten. Dolon verriet ihnen die Ankunft des Rh. und seiner herrlichen weißen Rosse. Sie schlichen sich zu den schlafenden Thrakern, töteten Rh. und zwölf seiner Gefährten. Die Rosse nahmen sie mit ins griechische Lager. Unter dem Namen des Euripides ist eine Tragödie *Rhesos* überliefert, die aber mit großer Wahrscheinlichkeit von einem späteren Dramatiker stammt.

Roma, Personifikation der Stadt Rom und des Römischen Reiches. Vergil nennt sie „die erhabene Roma". Die Vergöttlichung der Stadt nahm in den östlichen Provinzen des Reiches ihren Ausgang, in zahlreichen Städten des Orients wurden Tempel und Standbilder der R. errichtet. Besonders häufig erscheint ihr Bild auf Münzen. Sie ist bewaffnet mit einer Lanze, trägt Helm und Schild, auch amazonenähnliche Darstellungen begegnen, oft wird sie von der Capitolinischen Wölfin (↑ Romulus) begleitet. Der Kult der R. wurde von Augustus erneuert und ging in den Kaiserkult ein.

Romulus, der mythische erste König der Stadt Rom, mit seinem Zwillingsbruder ↑ Remus ihr Gründer. Nach der von Dionysios Halikarnassos aufgezeichneten Version waren R. und Remus Söhne des Aeneas. Die geläufigere Form des römischen Mythos, die auf Livius zurückgeht (der die Chronologie Roms festlegte), sieht in den Zwillingen die Söhne der ↑ Rhea Silvia und des Mars. Diese Tochter des ↑ Numitor hatte ihr Onkel Amulius, der die Macht in Alba Longa an sich gerissen hatte, gezwungen, Vestalin zu werden, und sie damit zur Kinderlosigkeit verurteilt. Doch

Mars machte sie zu seiner Geliebten, durch ihn wurde sie Mutter von R. und Remus. Als Amulius die Kinder entdeckte, gab er den Befehl, sie im Tiber zu ertränken. Der Gott des Flusses ↑ Tiberinus hatte Mitleid mit ihnen und setzte sie ans Ufer. Eine Wölfin fand sie und säugte sie, später nahmen der Hirt Faustulus und seine Frau Acca Larentia die Knaben zu sich. Sie erzogen sie zu Hirten, doch zeigte sich bald die Überlegenheit ihrer göttlichen Herkunft gegenüber den Altersgenossen. Ihrer üblen Streiche wegen wurden sie einst von Hirten des verbannten Numitor vor diesem angeklagt – diese hatten Remus gefangengenommen, und R. kam, dem Bruder zu helfen. Der Großvater erkannte die Kinder seiner Tochter und offenbarte ihnen ihre Herkunft, Faustulus und seine Frau bezeugten sie gleichfalls. Darauf zogen R. und Remus nach Alba Longa, töteten Amulius und gaben Numitor die Macht zurück. Bald danach beschlossen die Brüder, eine eigene Stadt zu gründen an dem Ort, wo sie aufgewachsen waren. Doch da brach unter ihnen ein Streit um die Vorherrschaft aus. Da keiner das Recht der Geburt geltend machen konnte, befragten sie den Flug der Vögel (Auspizien). Remus erschienen auf dem Hügel Aventin sechs Geier, R. aber auf dem Palatin zwölf. Damit wurde R. der Herrscher der neuen Stadt und begann sogleich mit den notwendigen Opfern und Befestigungen. Als Remus über die noch niedrige Mauer spottete und sie übersprang, tötete R. ihn im Zorn. Später bereute er seine Tat und ließ neben seinem Thron einen zweiten errichten als Symbol der Mitherrschaft des Bruders. Nach der Chronologie von Livius werden diese Ereignisse traditionell auf das Jahr 753 v. u. Z. festgelegt.

R. gab der neuen Stadt seinen Namen – Roma. Er erklärte den Ort am Capitol (einem der Hügel, auf denen die Stadt erbaut wurde) zur Asylstätte und erreichte so, daß sich Heimatlose dort ansiedelten. Er erließ Gesetze und richtete die Regierung der Stadt ein. Er selbst war der König, er bestimmte einen Rat von hundert angesehenen Männern (Patres), den Senat, die Vorfahren der späteren Patrizier. R. regierte die Stadt vierzig Jahre und mehrte ständig ihre Macht und ihr Ansehen, so durch das Bündnis mit den Sabinern (↑ Titus Tatius), durch die Unterwerfung der benachbarten Städte Fidenae und Veii. Er erbaute am Anfang seiner Regierungszeit, zum Dank für den Sieg über die Latiner, den ersten Tempel Roms für Jupiter, den höchsten Gott der Römer. Das Volk liebte und bewunderte R. Auf dem Höhepunkt seiner Macht wurde er von den Göttern entrückt und als Gott ↑ Quirinus Beschützer der Stadt, der er die Weltherrschaft verhieß. Als Grab des ersten römischen Königs galt in antiker Zeit ein Platz auf dem Forum Romanum, Lapis niger (Schwarzer Stein) genannt. Die berühmte *Capitolinische Wölfin* wurde nachträglich dem Gründungsmythos von Rom angepaßt: Eine etruskische Bronzeplastik aus dem 5. Jh. v. u. Z. wurde in der Renaissance durch zwei Kinder ergänzt, die von der Wölfin gesäugt werden.

S

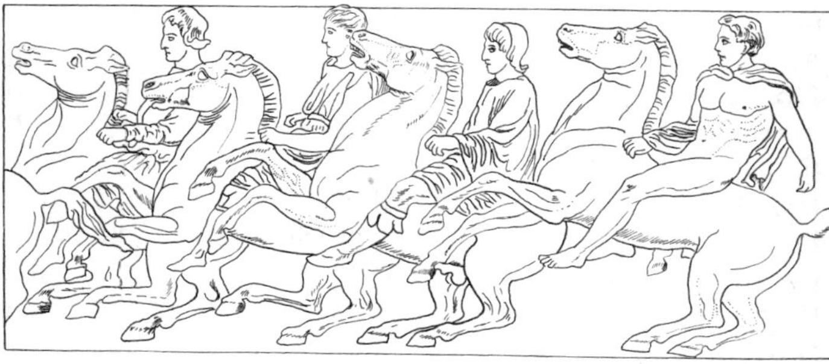

Saat ↑ **Ops**

Sabazios, Gottheit phrygischen Ursprungs, gleichgesetzt mit ↑ Zagreus, dem Sohn des Zeus und der Persephone. Der Kult des S. war besonders im Römischen Reich verbreitet, hier galt der Gott als Helfer beim Ackerbau, bei Krankheiten und anderen Notlagen. Die Schlange war ihm heilig.

Sabinerinnen, Raub der ↑ **Titus Tatius**

Salmakis ↑ **Hermaphrodit(os)**

Salmoneus, Sohn des Aiolos (1) und der Enarete, Bruder des Sisyphos, Vater der ↑ Tyro. Er gründete in Elis die Stadt Salmonia. Den Zorn der Götter zog er durch seine maßlose Überheblichkeit auf sich: Er wähnte sich Zeus gleich und versuchte, mit Fackeln, trockenen Rinderhäuten und Kesseln Blitz und Donner zu erzeugen. Zeus erschlug S. mit einem Blitz, zerstörte dessen Stadt und tötete alle Einwohner.

Sarpedon, 1. Sohn des Zeus und der ↑ Europa, Bruder von Minos und Rhadamanthys. Er verließ Kreta nach einem Streit mit Minos und ging nach Lykien. – 2. König von Lykien, Sohn des Zeus und der ↑ Laodameia (1), oft identifiziert mit dem Sohn des Zeus und der Europa. S. war im ↑ Trojanischen Krieg Verbündeter des Priamos; in der *Ilias* werden seine Heldentaten gerühmt. Als er zum Zweikampf mit Patroklos antrat, wußte Zeus, daß sein Sohn fallen würde, und erwog, ihn aus der Schlacht zu entführen. Doch Hera hielt ihm vor, daß er dann die Achtung der anderen Götter verlieren würde, deren Söhne gleichfalls im Kampf fielen. Deshalb begnügte sich Zeus damit, den toten S. Apollon zu übergeben, der ihn von den Zwillingen Hypnos und Thanatos (Schlaf und Tod) nach Lykien bringen ließ, damit er dort ehrenvoll begraben würde. In Aischylos' (nur in wenigen Fragmenten erhaltenen) Tragödie *Die Karer oder Europa* ist der S. des Trojanischen Krieges gleichfalls ein Sohn der Europa.

Saturn(us), altrömischer Gott, Gemahl der ↑ Ops, später mit dem griechischen ↑ Kronos gleichgesetzt. Wie dieser von seinem Sohn Zeus entmachtet wurde, so wurde auch S. von seinem Sohn Jupiter verdrängt. Er floh nach Latium und wurde dort von ↑ Janus gastlich aufgenommen, der die Herrschaft mit ihm teilte. S. lehrte die Bewohner von Latium Acker- und Weinbau. Die Zeit seiner Regierung ging als „Goldenes Zeitalter" in das Gedächtnis der Menschen ein (Saturnia regna). Der Capitolinische Hügel von Rom hieß ehemals Mons Saturnius; an seinem Fuß befand sich ein Altar, im Jahre 497 v. u. Z. wurde S. hier ein Tempel gebaut, in dessen Keller der römische Staatsschatz aufbewahrt wurde. An das glückliche Zeitalter der Herrschaft des S. erinnerte das Fest der Saturnalia, das alljährlich am 17. (später vom 17. bis 23.) Dezember gefeiert wurde. Bei diesem karnevalähnlichen Fest wechselten Herren und Sklaven ihre Rollen, Öllämpchen und Tonfiguren wurden als Geschenke ausgetauscht. Im Mittelalter gehörte S. zu den Planetengöttern; er galt als Unglücksplanet, die unter dem Zeichen Geborenen (Kinder des S.) waren die Ausgestoßenen der Gesellschaft. Als Herr des kältesten Planeten symbolisierte er in Darstellungen der Jahreszeiten, so z. B. in der Gartenplastik, den Winter.

Satyrn, Naturdämon, ein Mischwesen, halb Mensch, halb Pferd (später auch, wie Pan, bocksgestaltig dargestellt). Sie gehörten, wie die ↑ Bakchen und ↑ Silen, zum Festzug (Thiasos) des Dionysos. Sie liebten den Wein, suchten gern Streit, verfolgten und überfielen Nymphen und sterbliche Frauen. So rettete Poseidon die Danaïde ↑ Amymone aus der Gewalt eines S.; Zeus nahm diese Gestalt an, um ↑ Antiope zu verführen. Ein anderer, mit Namen bekannter S. war ↑ Marsyas, der Apollon in der Kunst der Musik besiegen wollte und für diese Überheblichkeit grausam bestraft wurde. In die griechische Literatur gingen die S. sehr früh ein: Jede tragische Tetralogie schloß (nach drei stofflich zusammengehörenden Tragödien) mit einem Satyrspiel ab, das die Handlung der Tragödien in burlesker Weise abwandelte. Dabei wurde der Chor von S. gebildet, die mit einem überdimensionalen Phallos und einem Pferdeschweif ausgestattet waren. Einziges vollständig erhaltenes Satyrspiel ist *Der Kyklop* des Euripides (zwischen 415 und 410 v. u. Z.), der das Polyphem-Abenteuer des Odysseus lächerlich macht. In der römischen Mythologie wurden die S. mit den Faunen (↑ Faunus) gleichgesetzt.

S. mit Dionysos und Nymphen waren beliebte Motive der griechischen Vasenmalerei. Während hier die S. deutlich an ihren halbtierischen Attributen zu erkennen sind, schuf der Bildhauer Praxiteles S. in der Gestalt schöner Jünglinge (*Einschenkender Satyr, Angelehnter Satyr*). In der hellenistischen Kunst haben die S. (bzw. Faune) Bocksfüße und Hörner (so in der Gruppe *Satyr und Nymphe,* die einen S. zeigt, der versucht, eine sich heftig wehrende Nymphe zu überwältigen, und der *Tanzende Faun* aus Pompeji). Die S.-Darstellungen der späteren europäischen Kunst (etwa seit dem 16. Jh.) lehnen sich meist an diese Vorbilder an:

Nymphen, die von S. überrascht werden, malten u. a. Tizian, Rubens, Jordaens und Poussin. – Das dämonische Naturwesen faszinierte auch die Schriftsteller der neueren Zeit, ohne daß noch ein direkter Bezug zum antiken Mythos zu erkennen ist: In N. Hawthornes Roman *Der Marmorfaun* (1860) ist der *Angelehnte Satyr* des Praxiteles das Titelsymbol; Mallarmé beschwört in seiner berühmten Ekloge *Der Nachmittag eines Fauns* (e. 1865, gedr. 1876 mit Illustrationen von Manet; sinfonische Dichtung von Debussy, 1894) einen Traum von absoluter Schönheit. F. Timmermanns läßt in seiner märchenhaften Erzählung *Der Weihnachtsfaun* (1924, in: *Das Licht in der Laterne*) das arglose Naturgeschöpf an der Angst der Menschen zugrunde gehen.

Schicksal ↑ Ananke, ↑ Fatum, ↑ Fortuna, ↑ Moiren, ↑ Parzen, ↑ Tyche

Schiffahrt ↑ Mater Matuta

Schlaf ↑ Hypnos

Schmiede ↑ Hephaistos

Schönheit ↑ Aphrodite

Seele ↑ Psyche

Selene, Mondgöttin; nach Hesiod (*Theogonie*) Tochter des Titanen Hyperion und seiner Schwester Theia, ihre Geschwister waren Helios und Eos. Auch als Gattin des Helios wird sie genannt. Sie verliebte sich in den schönen ↑ Endymion, den sie von Zeus in tiefen Schlaf versenken ließ, damit seine Schönheit erhalten bliebe. S. lenkte den Wagen des Mondes über den Nachthimmel, nach den Mondphasen beeinflußte sie das Wachstum der Pflanzen und das Wetter, auch geheimnisvolle Zauberkräfte wurden ihr zugeschrieben (später wurde sie mit Hekate und Artemis gleichgesetzt). – Dargestellt wurde S. als schöne junge Frau, mit Strahlenkrone, Schleier und Mondsichel. S. auf dem Mondwagen war ein beliebtes Motiv der griechischen Vasenmalerei, später wurden Endymion-Szenen bevorzugt. In der römischen Mythologie entspricht ihr die Göttin ↑ Luna.

Semele, Tochter des ↑ Kadmos und der ↑ Harmonia. Sie wurde die Geliebte des Zeus und rief damit Heras Eifersucht wach. Diese gab ihr den Wunsch ein, Zeus einmal in seiner wahren Gestalt zu erblicken. Zeus gewährte die Bitte, aber S. konnte die Blitze, die die Gestalt des Götterkönigs begleiteten, nicht ertragen und verbrannte mit ihrem Haus. Das Kind, das sie trug, rettete Zeus und nähte es in seinen Schenkel ein. Nach der angemessenen Zeit gebar er das Kind, den Gott ↑ Dionysos. Um ihn vor Heras Zorn zu schützen, zog ihn ↑ Ino, S.s Schwester, heimlich auf. Als der Gott erwachsen war, holte er seine Mutter aus der Unterwelt und brachte sie zum Olymp.

Servius Tullius, einer der legendären Könige Roms, er soll (nach Livius) im 6. Jh. v. u. Z. geherrscht haben und war Nachfolger des ↑ Tarquinius Priscus. Über seine Herkunft gibt es zwei verschiedene Überlieferungen. Nach der einen war er der Sohn des Königs der Stadt Corniculum, die Tarquinius Priscus besiegt hatte. Der König war bei der Verteidigung umgekommen, seine schwangere Frau gebar in der Gefangenschaft unter dem Schutz der Gemahlin des Tarquinius, ↑ Tanaquil, einen Sohn, der am römischen Königshof aufwuchs und sich so auszeichnete, daß Tarquinius ihn zu seinem Nachfolger bestimmte. Nach der anderen Überlieferung war S. T. der Sohn einer Magd, die am Königshof diente. Die Außergewöhnlichkeit des Kindes wurde sichtbar, als es eines Tages während des Schlafes von einer Flammenaura umgeben war. Die Königin nahm den Knaben unter ihren Schutz, und Tarquinius ließ ihn so ausbilden, daß er künftig die Königswürde tragen konnte, auch gab er ihm seine Tochter zur Frau. Seine mythische Gemahlin soll die Göttin Fortuna gewesen sein. Inzwischen waren die beiden Söhne des ↑ Ancus Marcius erwachsen geworden und strebten nach der Macht. Sie dingten Mörder, die sich unter einem Vorwand zu Tarquinius Priscus führen ließen und ihn töteten. Doch die Königin sicherte durch ihre Umsicht dem S. T. die Nachfolge auf dem Thron. Der neue König führte eine Verfassung für Rom ein, ordnete den Staat, teilte das Land in Bezirke (Tribus) ein und bestimmte gerechte Steuern. Durch Einteilung in Centurien (nach dem Vermögen) wurde der Kriegsdienst genau geregelt und auch den Plebejern die Möglichkeit gegeben, am politischen Leben teilzunehmen. S. T. vergrößerte das Siedlungsland Roms und vollendete die Stadtmauer. Nach der langen Regierungszeit von 44 Jahren wurde er vom Sohn des Tarquinius Priscus, Lucius Tarquinius, und von der eigenen Tochter Tullia, die miteinander verheiratet waren, gestürzt und ermordet. Lucius Tarquinius bestieg unter dem Namen ↑ Tarquinius Superbus den römischen Thron.

Sextus Tarquinius ↑ Lucretia

Sibyllen, Seherinnen, die in göttlicher Inspiration zukünftige Ereignisse kündeten. Der Mythos ist wahrscheinlich orientalischen Ursprungs. Ihre Zahl wird in den Quellen unterschiedlich angegeben: Pausanias nennt nur die S. ↑ Herophile, später kannte man zehn, seit dem Mittelalter wurden zwölf S. unterschieden. Die S. Herophile lebte in einer Grotte in Erythrai. Sie wanderte im kleinasiatischen Raum und soll auf Samos und Delos gewesen sein; ihr Grab wurde in der Troas gezeigt. Ihre Weissagungen soll sie aufgezeichnet haben. Von den anderen S., die nach dem Ort, an dem sie wohnten, benannt wurden, ist die von Cumae (bei Neapel) am berühmtesten. Apollon liebte sie und verlieh ihr die Sehergabe. Auch erbat sie sich von ihm ein langes Leben, vergaß aber die Jugendlichkeit, so daß sie jahrhundertelang als Greisin leben mußte. In Vergils *Aeneis* führt sie (unter dem Namen Deiphobe) Aeneas in die Unterwelt und kündet ihm die Zukunft (VI. Buch). Sie soll auch die Sprüche der S. von Erythrai besessen haben. Diese Sprüche – neun Bücher – bot sie dem römischen König ↑ Tarquinius Superbus für einen sehr hohen Preis an. Er verlachte sie, da verbrannte sie vor seinen Augen drei Bücher und bot die verbleibenden für den gleichen Preis an. Auch dies lehnte Tarquinius ab. Da verbrannte sie weitere drei, und endlich lenkte der König ein. Diese Sibyllinischen Bücher wurden später durch Weissagungen anderer S. ergänzt und in Notlagen befragt. Man bewahrte sie im Jupiter-Tempel auf dem Capitol auf, sie durften nur von eigens dafür bestimmten Priestern gelesen werden. Noch in der Kaiserzeit benutzte man sie. Stilicho ließ sie im Jahre 405 u.Z. verbrennen. – Unter dem Namen *Oracula Sibyllina* wurde im 5. Jh. eine Spruchsammlung aufgezeichnet (etwa 4200 Hexameter), die christliches und jüdisches Gedankengut vereinte. So gingen in die mittelalterliche Kunst und Literatur die S. als Prophetinnen des Messias ein. Auch Michelangelo malte die S. an der Decke der Sixtinischen Kapelle des Vatikan in diesem Sinne. Der Schwede P. Lagerkvist verband in seinem Rom *Die Sibylle* (1956) die Gestalt der Seherin mit der Ahasvers, um über Grundfragen menschlicher Existenz zu grübeln.

Sieben gegen Theben, Feldzug von sieben Heerführern mit ihrem Gefolge gegen das „siebentorige" Theben. Die Zusammenhänge der mythischen Vorgeschichte Griechenlands lassen die Vermutung zu, daß der Feldzug etwa eine Generation vor dem ↑ Trojanischen Krieg stattgefunden hat. Ursache war die Feindschaft der beiden Söhne des Oidipus, ↑ Eteokles und ↑ Polyneikes, die von ihrem Vater wegen ihrer Hartherzigkeit verflucht worden waren. Eteokles hatte die alleinige Herrschaft in Theben beansprucht und seinen Bruder vertrieben. Dieser hatte in Argos bei König ↑ Adrastos Zuflucht gefunden. Adrastos gab ihm seine Tochter Argeia zur Frau und ließ sich von ihm überreden, einen Feldzug zur Eroberung Thebens vorzubereiten und anzuführen. Am Zug der Sieben nahmen – außer Polyneikes und Adrastos – teil: ↑ Tydeus, auch ein Schwiegersohn des Adrastos (sein Sohn Diomedes kämpfte vor Troja), der Seher ↑ Amphiaraos, ↑ Kapaneus, ↑ Parthenopaios und der Bruder des Adrastos ↑ Hippomedon (Aischylos nennt noch den Namen Eteoklos, der in keinem anderen Zusammenhang begegnet). Amphiaraos sah den unglücklichen Ausgang des Unternehmens voraus, war aber durch seine Frau Eriphyle gezwungen worden, daran teilzunehmen. Auch die Vorzeichen standen ungünstig; Zeus sandte Warnungen, doch die Sieben ließen sich in ihrem Hochmut nicht von ihrem Vorhaben abbringen. Unterwegs, in Nemea, kam ein weiteres unheilverkündendes Zeichen hinzu: Die Amme des Prinzen Opheltes (die ehemalige Königin von Lemnos, ↑ Hypsipyle, die von König Lykurgos aufgenommen worden war) zeigte dem Heer eine Quelle. Das Kind, ohne Aufsicht zurückgeblieben, wurde von einer Schlange gebissen und starb. Die Heerführer stifteten die Nemeischen Spiele, um Lykurgos zu versöhnen, ehe sie weiterzogen. Vor dem entscheidenden Sturm auf die Stadt opferten sie und losten, wer welches Tor erstürmen sollte; bei den Belagerten bestimmte Eteokles die Verteidiger der Tore. Der Seher ↑ Teiresias hatte verkündet, daß Theben nicht besiegt werden würde, wenn der Sohn des Kreon, ↑ Menoikeus, dem Ares geopfert würde. Menoikeus tötete sich, um die Vaterstadt zu retten. So konnten die Belagerer zurückgeschlagen werden. Von den Sieben wurden fünf getötet. Amphiaraos wurde von der Erde verschlungen, Adrastos entkam auf seinem göttlichen Pferd Areion. Von den Verteidigern fiel Eteokles im Zweikampf mit seinem Bruder, wie es der Vater in seinem Fluch vorhergesagt hatte. Kreon, der Bruder der Iokaste, übernahm die Macht und bestimmte, daß die Leichen der gefallenen Feinde unbestattet blieben. Ihre Frauen und Kinder wandten sich deshalb an Theseus, den Herrscher von Athen, damit er ihnen gegen das unmenschliche Gebot beistehe. Mit Waffengewalt erzwang Theseus die Freigabe der Leichen. Für die Bestattung des Polyneikes ließ seine Schwester ↑ Antigone ihr Leben. Die Söhne der Sieben, die ↑ Epigonen, rächten unter glücklicheren Vorzeichen ihre Väter und zerstörten die Stadt. Dieses Ereignis muß kurz vor dem Trojanischen Krieg stattgefunden haben, denn im „Schiffskatalog" der *Ilias* (II. Gesang) wird kein Schiff aus Theben genannt.

Die Sagen um Theben sind nicht in geschlossener Form überliefert. Die Epen, die über die Geschichte der Stadt von der Gründung durch Kadmos bis hin zu ihrer Zerstörung berichteten, sind verloren. Sie dienten aber den athenischen Tragikern als Vorlage. Einige dieser Tragödien sind erhalten, so von der thebanischen Tetralogie des Aischylos die letzte Tragödie, *Sieben gegen Theben* (467 v. u. Z.). Sie schildert die entscheidende Schlacht aus der Perspektive der Verteidiger. Eteokles erscheint hier als selbstloser Held, der sogar das furchtbare Verbrechen des Brudermords einplant, um seine Vaterstadt zu retten, und sich dem Fluch der Götter, die den Untergang seines Geschlechts beschlossen haben, unterwirft. Die Belagerer dagegen werden sämtlich als hochmütig und die Götter herausfordernd dargestellt. Die Tragödie endet mit dem Tod der Brüder und der Auflehnung der Antigone gegen das Verbot, Polyneikes zu bestatten. Auch die *Phönikerinnen* des Euripides (411/408 v. u. Z.) spielen in der belagerten Stadt vor und während des letzten Ansturms (der Titel bezieht sich auf den Chor der Tragödie – phönikische Sklavinnen, die nach Theben gebracht worden sind). Hier ist allerdings Iokaste noch am Leben, sie will vermitteln und gibt sich erst über den Leichen der Söhne den Tod; Oidipus geht danach in die Verbannung. *Die Schutzflehenden* des Euripides (424 v. u. Z.) dienen dem Preis des Theseus, der den Frauen aus Argos hilft, die Leichen ihrer Angehörigen zu bestatten. Von Sophokles' Tragödien aus dem thebanischen Sagenkreis berührt der *Oidipus auf Kolonos* (406 v. u. Z.) den Kampf um Theben. Der Dichter läßt Eteokles (den Kreon vertritt) und Polyneikes um die Person des blinden Vaters streiten, dessen Beistand der jeweiligen Partei den Sieg sichern soll. Die *Antigone*

(442 v. u. Z.) schließlich schildert die tragischen Ereignisse nach dem Sieg Thebens. In die mittelalterliche europäische Literatur gelangte der Stoff durch das Epos *Thebaïs* des Römers Statius aus dem 1. Jh. v. u. Z., das wahrscheinlich einem verlorengegangenen altgriechischen Epos nachgestaltet war. Der altfranzösische *Thebenroman* (12. Jh.) erzählt nach Statius das Leben des Oidipus und den Krieg der Sieben. Spätere Schriftsteller nahmen aus dem Theben-Stoff eher die Gestalten des Oidipus und der Antigone auf als die Belagerung der Stadt. Die erste Tragödie Racines gestaltet noch einmal den tödlichen Bruderzwist: *Thebaïde oder Die feindlichen Brüder* (1664, von Molières Truppe uraufgeführt).

Sieg ↑ **Nike,** ↑ **Victoria**

Silen, ein alter Naturdämon, ein Mischwesen, halb Mensch, half Pferd. Wie die ↑ Satyrn war er dem Wein und den Nymphen zugetan, dennoch galt er als weiser Gott, der die Zukunft künden konnte. So soll einst König ↑ Midas in Makedonien S. mit List (er machte ihn betrunken) gefangengenommen haben, so daß S. ihm über sein Schicksal Auskunft geben mußte, um freizukommen. Nach einer anderen (jüngeren) Überlieferung brachte er S. zu Dionysos, der ihm dafür die törichte Bitte erfüllte, daß alles zu Gold würde, was Midas berührte. In Euripides' *Kyklop*, dem einzigen vollständig erhaltenen Satyrspiel des antiken Theaters, tritt S. als Vater der Satyrn und Erzieher des Dionysos auf. – In der bildenden Kunst (Vasen, Münzen, seit dem 6. Jh. v. u. Z.) wurde S. als Greis dargestellt, oft auch als Vater oder Anführer der Satyrn. Seit hellenistischer Zeit tritt die Einzelgestalt des freundlichen Greises zurück, er gehört nun zum Gefolge des Dionysos und ist, jetzt in der Mehrzahl (Silenen) auftretend, von den Satyrn kaum zu unterscheiden (auf römischen Sarkophagen und Wandgemälden).

Silvanus (lat. silva, ‚Wald'), römischer Gott der Wälder und Gärten, dem griechischen ↑ Pan gleichgesetzt. Er war in der Kaiserzeit vor allem bei den unteren Schichten und bei den Sklaven beliebt. Einen staatlichen Kult des S. gab es nicht, aber die Bauern ehrten ihn im Frühling mit einem großen Vegetationsfest, denn er beschützte die Höfe, die Äcker und die Grenzen des Landbesitzes. Wie Pan trug er aber auch wilde, gefährliche Züge. So versuchte er, die Neugeborenen zu entführen, die deshalb von ↑ Pilumnus geschützt wurden.

Sinis ↑ **Theseus**

Sintflut ↑ **Deukalion** (1), ↑ **Lykaon** (1)

Sirenen, mythische Mischwesen, halb Vögel, halb Mädchen. Sie galten als Töchter des ↑ Acheloos und der Muse Melpomene (auch ↑ Phorkys und ↑ Keto werden genannt). Mit göttlicher Stimme, einem großen Wissen und Macht über das Wetter begabt, lockten sie von ihrer Insel aus mit ihrem Gesang die vorüberfahrenden Schiffe in die Klippen, wo sie scheiterten. Das Ufer der Insel war mit den Knochen ihrer Opfer übersät. Als die ↑ Argonauten dort vorbeisegelten, rettete sie Orpheus, weil er mit seinem Lyraspiel den Gesang der S. übertönen konnte. Odysseus war von ↑ Kirke gewarnt worden, die ihm auch ein Mittel verraten hatte, wie er gefahrlos dem Gesang zuhören könne. Er mußte seinen Gefährten die Ohren mit Wachs verkleben und sich selbst am Mastbaum festbinden lassen, als sie sich der Insel der S. näherten. – Die S. galten als Todesdämonen, sie wurden häufig auf Grabdenkmälern und Sarkophagen dargestellt. Platon läßt sie mit ihrem Gesang die Sphärenmusik schaffen, während ↑ Ananke die Weltspindel dreht (*Der Staat*). In Goethes *Faust II* begleiten sie mit ihren Gesängen die „Klassische Walpurgisnacht". In neuester Zeit nahm Irmtraud Morgner in ihrem Roman *Amanda* (1983) den S.-Mythos wieder auf.

Sisyphos, Sohn des Aiolos und der Enarete, listigster unter den Menschen, der weder Götter noch Menschen fürchtete. S. gilt als Gründer und erster König von Korinth. Den Zorn des Zeus zog er auf sich, als er dem Flußgott ↑ Asopos verriet, daß dieser seine Tochter Aigina geraubt hatte. Asopos mußte S. für diesen Dienst Wasser für seine Stadt geben. Zeus aber schickte zur Strafe Thanatos, den Tod, zu ihm. S. überlistete selbst den Tod und legte ihn in Ketten, so daß niemand mehr sterben konnte, bis Ares ihn befreite. Thanatos holte nun als ersten S. und brachte ihn in den Hades. Zuvor hatte S. seiner Frau, der Pleïade ↑ Merope, verboten, nach der Sitte die Opfer und Leichenzeremonien auszuführen. So hatte S. einen Anlaß, in der Unterwelt Persephone anzuflehen, ihn noch einmal ins Leben zu lassen, um Merope an ihre Pflichten zu erinnern. Auch diese List gelang, und S. blieb noch lange Jahre unter den Lebenden, bis Hermes ihn holen mußte. Auch mit dem „listenreichen Odysseus" wird er in Verbindung gebracht. So soll er ↑ Antikleia verführt haben (aus Rache gegen ihren Vater ↑ Autolykos), bevor sie mit Laërtes verheiratet wurde, und deshalb der eigentliche Vater des Herrschers von Ithaka sein. Für diese und andere Frevel wurde S. in der Unterwelt schließlich bestraft: Er muß bis in alle Ewigkeit einen Felsblock einen steilen Berg hinaufwälzen; wenn der Block oben ist, rollt er wieder den Berg hinunter, und S. muß erneut anfangen. – Die „Sisyphusarbeit" ist es vor allem, die Künstler von der Antike bis in die Gegenwart zur Auseinandersetzung mit dem Mythos angeregt. Bereits Vasenbilder aus dem 6. Jh. v. u. Z. zeigen den Steinwälzer, Tizian malte ihn, in neuester Zeit schuf W. Mattheuer immer neue Variationen des Themas, damit Möglichkeiten menschlicher Verhaltensweisen in oft provozierender Weise auslotend. Für A. Camus (*Der Mythos des Sisyphos,* Essay, 1950) ist S. Symbol bewußten Aushaltens im Sinne des Existentialismus.

Skamandros, auch Xanthos genannt, Gott des gleichnamigen Flusses in der Troas, Sohn des Okeanos und der Tethys. S. war dem Königsgeschlecht von Troja vielfältig verbunden. Seine Tochter Kallirrhoë war mit

↑ Tros verheiratet, die Tochter Strymo mit ↑ Laomedon, seine Enkelin Bateia war die Frau des ↑ Dardanos. So stand S. im ↑ Trojanischen Krieg auf der Seite der Troer. Um Achilleus, der unter ihnen wütete, zum Rückzug zu bewegen, bedrängte er ihn mit hohen Wellen. Erst ein Feuer, das Hephaistos entfachte, konnte S. bändigen.

Skiron, Sohn des Poseidon (oder des Polypemon). Er lauerte Reisenden auf dem Weg zwischen Megara und Athen auf und zwang sie, ihm die Füße zu waschen. Dabei stieß er sie über die Klippen ins Meer. Dort wurden sie von einer riesenhaften Schildkröte gefressen. Als Theseus auf dem Weg zu seinem Vater S. begegnete, befreite er das Land auch von diesem Unhold, indem er ihn gleichfalls ins Meer warf.

Skylla, 1. ein Ungeheuer, das gegenüber der ↑ Charybdis an einer Meerenge hauste und die vorüberfahrenden Schiffe tödlich bedrohte. Die ↑ Argonauten gelangten mit Hilfe der Hera glücklich an ihr vorbei. Die Göttin ↑ Kirke warnte Odysseus vor den Gefahren der S. und Charybdis, da er auf der Weiterfahrt von ihrer Insel die Meerenge passieren mußte: „... ein grauses Scheusal ... denn die Skylla besitzt zwölf mißgestaltete Füße und sechs Hälse dazu, ganz überlange, auf jedem sitzt ein grausiges Haupt, darin drei Reihen von Zähnen ..." (*Odyssee,* XII. Gesang). Mit diesen Köpfen holte S. die Seefahrer von ihren Schiffen, auch Odysseus mußte sechs seiner Gefährten opfern, als er an der Klippe der S. vorüberfuhr. Ovid erzählt in seinen *Metamorphosen* (XIII. und XIV. Buch), daß S. einst ein schönes Mädchen war, die Geliebte des Meeresgottes ↑ Glaukos (3). Kirke war eifersüchtig auf sie und verwandelte sie in das schreckliche Untier. – 2. Tochter des Königs ↑ Nisos. Minos belagerte seine Stadt Nisa (später Megara genannt) aus Rache für den Tod des Sohnes ↑ Androgeos. S. hatte sich in Minos verliebt, riß dem Vater das purpurne Haar aus, das ihn unbesiegbar machte, und brachte es dem Feind. Der kretische König konnte nun die Stadt erobern, doch wandte er sich empört von der Verräterin ab, die in einen Vogel (in Ovids *Metamorphosen* Ciris genannt) verwandelt wurde.

Sol, römischer Name für den Sonnengott ↑ Helios. In der Astrologie gehörte er zu den Planetengöttern. Die in seinem Zeichen Geborenen konnten über andere herrschen, waren voll Kraft und Gesundheit.

Somnus ↑ Hypnos

Sonne ↑ Apollon, ↑ Helios, ↑ Sol

Sparten, Stammväter des Adels von Theben. ↑ Kadmos sollte nach einem Orakelspruch eine Stadt gründen, doch wurde die durch den Spruch bestimmte Stelle von einem Drachen bewacht. Kadmos tötete ihn und säte, auf den Rat der Athene, die Zähne aus. Sofort wuchsen daraus bewaffnete Männer, die übereinander herfielen und sich bekämpften („Drachensaat", vgl. Iason). Fünf von ihnen blieben schließlich übrig. Dem S. Echion gab Kadmos seine Tochter ↑ Agaue zur Frau.

Spercheios, Gott des Flusses gleichen Namens in Thessalien. Er wird in der *Ilias* (XVI. Gesang) genannt als Vater des Menesthios, eines der Heerführer, die mit Achilleus nach Troja kamen. Peleus hatte S. vor der Ausfahrt des Sohnes Opfer gebracht, ihm auch das Haar des Achilleus als Opfer versprochen, wenn dieser gesund aus Troja zurückkäme.

Sphinx, ein geflügeltes Ungeheuer mit Frauenkopf und -brust und Löwenkörper, aus der ägyptischen Mythologie in die griechische übernommen. Hier war ihre Mutter ↑ Echidna, ihr Vater Orthos oder Typhon (in Hesiods *Theogonie* heißt sie Phix). Die S. ließ sich bei Theben nieder und gab jedem Vorübergehenden ihr Rätsel auf. Sie fragte nach einem Wesen, daß mit *einer* Stimme, aber zwei, drei und vier Füßen begabt ist, sich überall bewegen kann und am schwächsten ist, wenn es sich auf die meisten Füße stützt. Wer die richtige Antwort nicht wußte, wurde von ihr verschlungen. Auch dem ↑ Oidipus stellte sie diese Frage. Als er antwortete „der Mensch“, stürzte sie sich in einen Abgrund. Da er Theben von dem Ungeheuer befreit hatte, erhielt Oidipus die Herrschaft über die Stadt und ↑ Iokaste zur Frau. Aischylos beschloß seine thebanische Tetralogie (aufgeführt 467 v. u. Z.), von der nur *Sieben gegen Theben* erhalten ist, mit einem Satyrspiel *Sphinx*, in dem das Ungeheuer von einem Satyr genarrt wurde. – Goethe läßt in der „Klassischen Walpurgisnacht“ von *Faust II* auch Sphinxe auftreten. Sowohl ägyptische als auch griechische Züge tragend (sie geben Mephisto Rätsel auf), symbolisieren sie das Bleibende in der wechselvollen menschlichen Geschichte: „Sitzen vor den Pyramiden,/Zu der Völker Hochgericht,/Überschwemmung, Krieg und Frieden –/Und verziehen kein Gesicht.“

Spurius Tarpeius ↑ **Tarpeia**

Stentor, ein nur in der *Ilias* (V. Gesang) erwähnter griechischer Krieger, der vor Troja kämpfte und „der im Schreien so stark, wie fünfzig Männer zusammen“ war. „Stentorstimme“ wurde zum geflügelten Wort für eine besonders laute, dröhnende Stimme.

Steropes, einer der ↑ Kyklopen.

Stheneboia, Tochter des Iobates, des Königs in Lykien. Er gab sie ↑ Proitos zur Frau, der von seinem Bruder Akrisios aus Tiryns vertrieben worden war. Als Proitos wieder König von Tiryns war, kam ↑ Bellerophontes zu ihm. S. verliebte sich in ihn, wurde jedoch zurückgewiesen. Daraufhin verleumdete sie ihn bei Proitos, der aber dem Gast nichts antun wollte. Deshalb schickte er ihn zu Iobates mit einem Brief, in dem er diesen bat, den Überbringer zu töten. Aus diesem Grunde mußte Bellerophontes mit der ↑ Chimaira kämpfen. Als er später die Zusammenhänge erfuhr, tötete er S. In Euripides' Tragödie *Stheneboia* (in Fragmenten erhalten), läßt Bellerophontes sie auf den ↑ Pegasos steigen und stürzt sie dann ins Meer.

Sthenelos, Sohn des ↑ Kapaneus und der ↑ Euadne. Er war am Zug der ↑ Epigonen gegen Theben beteiligt und kämpfte vor Troja an der Seite des Diomedes. Bei der Einnahme Trojas raubte er aus dem Palast des Priamos das hölzerne Kultbild des Zeus und brachte es nach Argos.

Sthenno, einer der ↑ Gorgonen.

Streit ↑ Eris

Strophios, König von Phokis. Seine Frau war Anaxibia, die Schwester des Agamemnon. In dieses Haus brachte Elektra ihren kleinen Bruder Orestes nach dem Mord an Agamemnon. Hier wuchs er zusammen mit S.' Sohn ↑ Pylades auf.

Stymphalische Vögel, schreckliche Vögel, die ihre Federn wie Pfeile abschießen konnten. Sie lebten in einem Sumpf am See Stymphalos in Arkadien. Als sechste Arbeit erhielt Herakles von Eurystheus den Auftrag, die S. V. zu töten (oder zu vertreiben). Er scheuchte sie mit einer Klapper aus dem Sumpf und konnte sie dann mit seinen Pfeilen treffen. Nach einer späteren Version entkam ein Teil der Vögel. Sie bedrohten die Argonauten auf ihrer Fahrt nach Kolchis und wurden von ihnen durch Geschrei verjagt.

Styx, älteste Tochter des Okeanos und der Tethys, einer der Flüsse der Unterwelt. Als Zeus die Götter auf dem Olymp zum Kampf gegen die Titanen aufrief, war S. die erste, die dem Ruf folgte. Deshalb verlieh ihr Zeus nach dem Sieg hohe Ehren: Bei ihrem eiskalten Wasser mußten die Götter ihren heiligsten Eid schwören. Die Götterbotin Iris holte es dafür in einem goldenen Krug. Bei einem falschen Schwur lag der meineidige Gott ein Jahr lang in Erstarrung, danach mußte er noch neun Jahre dem Olymp fernbleiben. S. war die Gemahlin des Titanensohnes ↑ Pallas (1), dem sie Zelos, Kratos, Bias und Nike gebar, die in der Titanomachie gleichfalls auf seiten des Zeus standen. Dante übernahm in der *Göttlichen Komödie* (um 1320) den Namen S. für den Sumpf im fünften Kreis der Hölle, in dem die Zornigen und die Trägen büßen.

Südostwind ↑ Euros

Südwind ↑ Notos

Symplegaden, Felsklippen am Zugang zum Schwarzen Meer. Sie trieben auseinander, schlugen wieder zusammen und zermalmten so die durchfahrenden Schiffe. Die ↑ Argonauten mußten sie auf ihrer Fahrt nach Kolchis passieren. Wie der Seher Phineus ihnen geraten hatte, ließen sie eine Taube voranfliegen. Als sie heil auf die andere Seite gelangte (nur die Schwanzfedern wurden gestreift), folgte ihr die „Argo". Mit Hilfe Athenes (oder Heras) gelang auch dem Schiff die Durchfahrt, nur das Heck wurde von den Felsen berührt. Später warnte Kirke den Odysseus vor der Durchfahrt (XII. Gesang der *Odyssee*).

Syrinx, Nymphe aus dem Gefolge der Artemis. Sie hatte das Gelübde der Keuschheit abgelegt. Als ↑ Pan sie verfolgte, warf sie sich in den Fluß Ladon. Ihre Schwestern, die Najaden, verwandelten sie in Schilfrohr. Pan schnitt daraus eine Flöte, die seitdem zu seinen Attributen gehört und die den Namen der Nymphe trägt. Bei Ovid (*Metamorphosen*, I. Buch) erzählt Hermes dem ↑ Argos diese Geschichte, um ihn einzuschläfern. Böcklin schuf ein Gemälde, das S. auf der Flucht vor Pan zeigt.

T

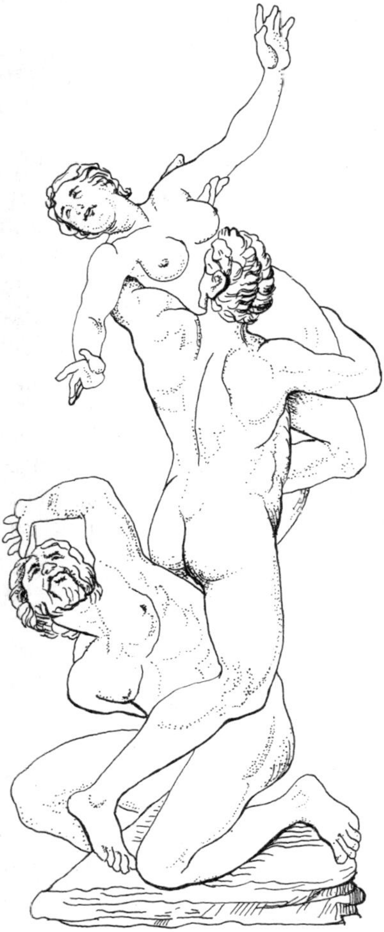

Tadel ↑ **Momos**

Talos, 1. eherner Riese, den Zeus der Europa oder dem Minos geschenkt hatte. Hephaistos hatte ihn geschmiedet. T. bewachte Kreta, verjagte Fremde mit Steinen oder tötete sie. Eine einzige Ader durchzog seinen Körper, die mit dem gleichen Blut gefüllt war, wie es die

Götter hatten. Ein Nagel verschloß diese Ader, dies war die einzige verletzbare Stelle des Riesen. Die ↑ Argonauten kamen auf der Rückfahrt von Kolchis auch nach Kreta. Durch die Zauberkünste Medeias ließ T. sich den Nagel herausziehen und verblutete. Nach einer anderen Version traf ihn Poias, der Vater des Philoktetes, an dieser Stelle mit seinem Pfeil. – 2. Verwandter des ↑ Daidalos. Er übertraf den berühmten Meister an Erfindungsgabe und Geschicklichkeit (so soll er die erste Töpferscheibe hergestellt haben). Daidalos wurde von Neid gequält und stürzte T. von der Akropolis. Deshalb mußte er aus Athen fliehen und bei König Minos auf Kreta Zuflucht suchen.

Talthybios, Herold des Agamemnon im Trojanischen Krieg. Er mußte zusammen mit Eurybates ↑ Briseïs aus dem Lager des Achilleus holen und zu Agamemnon bringen. Nach dem Sieg erhielt T. den Auftrag, Hektors kleinen Sohn ↑ Astyanax der Mutter zu entreißen, damit auch er getötet würde. Diese Szene in den *Troerinnen* des Euripides gehört zu den ergreifendsten der Tragödie.

Tanaquil(a), vornehme Etruskerin aus Tarquinii, mit Lucumo, einem reichen Mann korinthischer Abstammung, verheiratet. Sie war es, die ihn überredete, mit ihr nach Rom zu ziehen, damit sie dort ihre ehrgeizigen Pläne verwirklichen könne, da ihr Mann in Tarquinii als Fremder galt und keinen Zugang zu öffentlichen Ämtern hatte. Auf dem Weg dorthin erkannte sie im Flug eines Adlers ein glückbringendes Zeichen und prophezeite Lucumo, der später unter dem Namen ↑ Tarquinius Priscus König von Rom wurde, eine große Zukunft. T. war es auch, die den Nachfolger des Tarquinius Priscus, ↑ Servius Tullius, aufzog und ihm nach dem gewaltsamen Tod ihres Mannes zur Macht verhalf.

Tantalos, Sohn des Zeus und der Nymphe Pluto. Er herrschte um den Berg Sipylos in Lydien, war ungeheuer reich und ein Liebling der Götter, der sogar an der Tafel des Zeus speisen durfte. Dieses Vertrauen mißbrauchte er: Er stahl Nektar und Ambrosia und verriet die göttlichen Geheimnisse an die Menschen. Um die Allwissenheit der Himmlischen zu prüfen, lud er sie in sein Haus zum Mahl. Er hatte aber den eigenen Sohn ↑ Pelops geschlachtet und setzte das Fleisch den Göttern vor. Diese erkannten sofort die grausige Tat, nur Demeter, in Trauer um ihre Tochter versunken, hatte ein Stück gegessen. Hermes erweckte Pelops zu neuem Leben. T. wurde in der Unterwelt für seine Frevel bestraft: Immer an Hunger und Durst leidend, steht er bis zum Hals im Wasser unter Bäumen mit herrlichen Früchten. Sobald er etwas davon genießen will, weichen Wasser und Früchte zurück. Ein Felsblock über seinem Kopf droht ständig, ihn unter sich zu begraben. In diesen „Tantalosqualen“ sah ihn Odysseus, als er in das Totenreich hinabstieg. Auf den Nachkommen des T., den Tantaliden, ruhte der Fluch der Götter, die furchtbaren Taten setzten sich fort bei ↑ Atreus, ↑ Thyestes und bei ihren Kindern, den Atriden. Auch die unglückliche ↑ Niobe war eine Tochter des T.

Tapferkeit ↑ Virtus

Tarpeia, Tochter des Römers Spurius Tarpeius, der während des Krieges der Sabiner gegen Romulus die Festung auf dem Capitol kommandierte. T. ließ sich – aus Liebe zu ↑ Titus Tatius, dem Befehlshaber der Sabiner (oder aus Gier nach Gold) – zum Verrat bewegen: Sie öffnete die Tore der Burg, dafür wollten ihr die Sabiner das geben, was sie am linken Arm trugen. Nachdem die Sabiner wirklich in die Festung eingedrungen waren, überschütteten sie T. mit ihren Schilden, die sie, wie ihre goldenen Armreifen, gleichfalls am linken Arm hatten, und töteten sie damit. Nach einer anderen Version wurde T. auf Befehl des Romulus von einem Felsen gestürzt, der später nach ihr Tarpeischer Felsen genannt wurde. Bis zum 1. Jh. u. Z. stürzte man Schwerverbrecher von diesem Felsen.

Tarquinia ↑ **Brutus**

Tarquinius Priscus, legendärer König von Rom. Sein eigentlicher Name war Lucumo, er stammte aus der etruskischen Stadt Tarquinii, war sehr reich und hatte sich mit seiner Frau ↑ Tanaquil in Rom angesiedelt, weil ihm in Tarquinii wegen seiner fremden Herkunft (sein Vater Demaratos war aus Korinth) Ämter und Würden versagt blieben. In Rom gelangte er durch Großzügigkeit und Geschicklichkeit bald zu großem Ansehen. Auch König ↑ Ancus Marcius wurde auf ihn aufmerksam und ernannte ihn sogar zum Anwalt seiner Söhne. Nach dem Tod des alten Königs überzeugte T. P. die Volksversammlung davon, daß nur er als würdiger Nachfolger in Frage komme, und wurde auch wirklich gewählt. T. P. schlug einen gefährlichen Angriff der Sabiner erfolgreich zurück, er unterwarf die Etrusker und brachte jedesmal reiche Beute nach Rom. Auch die Stadtbefestigung baute er weiter aus und richtete die große Wagenrennbahn (Circus Maximus) ein, wo jedes Jahr große Spiele veranstaltet wurden. Er ließ die feuchten Niederungen Roms durch Kanalisation entwässern und gewann dadurch Platz für das Forum Romanum. Schließlich begann er mit dem Bau eines Tempels für Jupiter Optimus Maximus auf dem Capitol. Nach 38 Jahren Regierungszeit ließen die inzwischen erwachsenen Söhne des Ancus Marcius, die die Macht für sich beanspruchten, T. P. ermorden. Durch die kluge Voraussicht der Königin Tanaquil wurde aber ↑ Servius Tullius sein Nachfolger.

Tarquinius Superbus, legendärer König von Rom, Sohn des ↑ Tarquinius Priscus. Zusammen mit seiner Frau Tullia, der Tochter des ↑ Servius Tullius, stürzte er diesen und ließ ihn ermorden. Er errichtete eine grausame Gewaltherrschaft und sicherte Rom erneut die Oberhoheit in Latium, indem er den Latinern keine eigenen Truppenteile mehr erlaubte. T. S. ließ Rom weiter verschönern, vollendete den Jupiter-Tempel auf dem Capitol und verbesserte die Kanalisation (Cloaca maxima). Der Legende nach soll er von der Sibylle von Cumae die letzten Sibyllinischen Bücher gekauft haben, die in allen wichtigen Staatsangelegenheiten befragt wurden (↑ Sibyllen). Sein Sohn Sextus unterstützte besonders die kriegerischen Unternehmungen des Vaters. Er erreichte, daß die Stadt Gabii durch seinen Verrat (er hatte sich das Vertrauen ihrer Bewohner erschlichen) fiel. Als er jedoch die tugendhafte ↑ Lucretia in Collatia schändete, brach die Empörung der Römer über die Schreckensherrschaft hervor. Unter der Führung von ↑ Brutus stürzten sie den König und verbannten ihn aus der Stadt. Die verhaßte Tullia konnte entfliehen. So endete die Königszeit in Rom. Brutus und der Gatte der Lucretia, Lucius Tarquinius Collatinus, wurden die ersten Konsuln der Römischen Republik. Nach der Überlieferung durch Livius wird dieses Ereignis für das Jahr 510 v. u. Z. angenommen.

Tartaros, tiefster Abgrund im Inneren der Erde; nach Hesiods *Theogonie* nach dem Chaos mit Gaia und Eros am Anfang aller Dinge entstanden. Von der Erde ist er soweit entfernt wie der Himmel. Eine eherne Mauer umgibt ihn, die Nacht bedeckt ihn dreifach. Gaia wurde von ihm Mutter des ↑ Typhon. Als die ↑ Titanen von den olympischen Göttern besiegt waren, wurden sie in den T. geworfen und dort von den ↑ Hundertarmigen bewacht. Auch die Frevler wider die Götter mußten im T. büßen: ↑ Sisyphos, ↑ Tantalos, ↑ Tityos.

Teiresias (lat. Tiresias), blinder Seher aus Theben. Über den Ursprung seiner Gabe werden zwei Versionen erzählt: T. sah Athene beim Bade zu und wurde von der zornigen Göttin geblendet, doch verlieh sie ihm auf Bitten seiner Mutter Chariklo die Fähigkeit, die Zukunft zu künden. Die zweite Version (die Ovid in seinen *Metamorphosen*, III. Buch, berichtet) machte T. zum Richter zwischen Zeus und Hera bei einem Streit, wer größeren Genuß an der Liebe habe, Mann oder Frau. T. konnte Antwort geben, da er selbst sieben Jahre lang eine Frau war: Er hatte sich paarende

Schlangen geschlagen und wurde zur Strafe zur Frau, bis er wieder ein Schlangenpaar traf und schlug. Da T. Zeus recht gab, der behauptete, die Frau finde größeren Genuß an der Liebe, blendete die zornige Hera ihn. Zeus aber schenkte ihm ein Leben, das viel länger war als das der gewöhnlichen Menschen, und verlieh ihm die Sehergabe. T. starb auf der Flucht aus Theben, das von den ↑ Epigonen besiegt worden war. Noch in der Unterwelt kündete er dem Odysseus von den Bedingungen für eine glückliche Heimkehr. Die Figur des T. spielt eine wichtige Rolle in den Bearbeitungen der Theben-Sagen durch die griechischen Tragiker: T. erkannte in Oidipus die Ursache der Seuche in Theben (Sophokles, *König Oidipus,* 430 v. u. Z.), er warnte Kreon davor, seine unmenschliche Strafe an Antigone zu vollziehen (Sophokles, *Antigone,* 442 v. u. Z.), bei der Belagerung durch die sieben Heerführer (↑ Sieben gegen Theben) verlangte er die Opferung von Kreons Sohn Menoikeus, um die Stadt zu retten (Euripides, *Phoinikerinnen,* 410/405 v. u. Z.).

Tekmessa, Tochter des phrygischen Königs Teleutas. ↑ Aias der Telamonier nahm sie als seine Sklavin, als er ihren Vater besiegt hatte; sie gebar ihm den Sohn Eurisakes. Sophokles bezog die Gestalt der T. in seine Tragödie *Aias* (450/440 v. u. Z.) ein.

Telamon, König von Salamis, Sohn des ↑ Aiakos und einer Tochter des ↑ Skiron, Bruder von ↑ Peleus. Er wurde mit Peleus vom Vater aus Aigina vertrieben, da die beiden ihren Halbbruder Phokos getötet hatten. Er fand in Salamis Zuflucht, dessen König ihm seine Tochter zur Frau gab. T. nahm an der ↑ Kalydonischen Jagd, am Zug der ↑ Argonauten und an der ersten Zerstörung Trojas (durch Herakles) teil. Von Periboia, der Tochter des Alkathoos, seiner zweiten Gemahlin, wurde er Vater des ↑ Aias (der große Aias, der Telamonier). Da T. bei der Eroberung Trojas als erster in die Stadt eindrang, gab Herakles ihm auch ↑ Hesione, die Tochter des besiegten Königs Laomedon, zur Frau. Sie wurde Mutter des ↑ Teukros. Beide Söhne des T. kämpften im ↑ Trojanischen Krieg. Da Teukros Aias nicht vor dem Selbstmord bewahrt hatte, verjagte T. den zweiten Sohn.

Telamonier ↑ **Aias**

Telchinen, Dämonen, die von Rhodos stammten. Sie waren heimtückisch und benutzten ihre Zauberkünste, um den Menschen zu schaden. Sie galten als geschickte Schmiede, so soll der Dreizack des Poseidon ihr Werk gewesen sein; auch wurden sie beschuldigt, die Sichel, mit der Uranos entmannt wurde, angefertigt zu haben. Ovid erwähnt in den *Metamorphosen,* daß Zeus (bzw. Jupiter) sie zur Strafe für ihre Untaten im Meer versenkt habe. Später wurden sie mit den ↑ Kureten, den Begleitern der Rheia-Kybele, gleichgesetzt.

Telegonos, Sohn des Odysseus und der ↑ Kirke. Als er erwachsen war, schickte die Mutter ihn aus, nach dem Vater zu suchen. Er gelangte auch nach Ithaka und tötete dort Odysseus, ohne zu wissen, wen er vor sich hatte. Als er den Toten erkannte, nahm er ihn mit auf die Insel der Kirke. Auch Penelope und Telemachos begleiteten ihn. Penelope wurde die Frau des T.; Kirke verlieh beiden Unsterblichkeit und brachte sie auf die Insel der Glückseligen.

Telemachos, Sohn des Odysseus und der Penelope. In Odysseus' langer Abwesenheit von Penelope und ↑ Mentor erzogen, stand er wie sein Vater unter dem besonderen Schutz der Athene. Sie ermahnte ihn, als er erwachsen geworden war, dem Treiben der Freier ein Ende zu setzen, und schickte ihn nach Pylos zu Nestor und nach Lakedaimon zu Menelaos, um Nachrichten über den Verbleib seines Vaters zu erhalten. Meist nahm sie die Gestalt Mentors an, um ihn zu beraten. So ließ sie ihn auf einem Weg nach Ithaka zurückkehren, den keiner erwartete, denn die Freier hatten ihm einen Hinterhalt gelegt. Beim Schweinehirten ↑ Eumaios traf er schließlich seinen als Bettler verkleideten Vater wieder. Dieser gab sich ihm, wiederum nach dem Rat der Athene, zu erkennen, und beide besiegten mit Hilfe treuer Diener die Freier. Soweit ist das Schicksal des T. in der *Odyssee* überliefert. Spätere Autoren berichten über sein weiteres Leben. So soll er nach Odysseus' Tod mit ↑ Telegonos zur Insel der Kirke gelangt sein. Andere Autoren nennen als seine Gemahlin Nestors Tochter Polykaste oder ↑ Nausikaa. – In die europäische Literatur ging T. ein durch den Roman *Die Abenteuer des Telemach* (1699) von Fénelon. Dieses für die Erziehung des französischen Kronprinzen geschriebene Buch zeichnet im wesentlichen den Handlungsgang der Odyssee nach. Minerva führt den Helden und lehrt ihn gleichermaßen moralisches und staatsmännisches Handeln. Das Werk wurde in mehrere europäische Sprachen übersetzt und wirkte stark auf die gesamte Aufklärung. Aragon ließ sich in seiner surrealistischen Schaffensperiode davon gleichfalls zu einem Roman *Die Abenteuer des Telemach* (1922) anregen.

Telephos, Sohn des Herakles und der ↑ Auge, König von Mysien. Die Griechen hatten sich auf der Fahrt nach Troja verirrt und waren an der Küste im Nordwesten Kleinasiens gelandet, wo T. herrschte. Er vertrieb die Griechen, wurde dabei aber vom Speer des Achilleus getroffen. Als die Wunde nicht heilte, verkündete ihm das Orakel, daß nur der Speer sie heilen könne, der sie geschlagen habe. Deshalb machte T. sich auf den Weg nach Argos, wohin das griechische Heer zurückgekehrt war. Er erreichte, daß Achilleus mit Spänen von seinem Speer die Wunde heilte, und wies dafür dem Heer den Weg nach Troja, ohne sich an der Belagerung zu beteiligen. Das Schicksal des T. wurde von den Athener Tragikern behandelt, Fragmente der *Telephos*-Tragödie des Euripides sind erhalten. Hier zwingt T. den Achilleus, ihm zu helfen, indem er sich in dem Palast des Agamemnon des Knaben Orestes bemächtigt. Die Könige von Pergamon führten ihr Geschlecht auf T., über Herakles also auf Zeus zurück.

Deshalb ist der sogenannte Kleine Fries des Zeus-Altars von Pergamon (*Telephos-Fries*), der nur stark beschädigt erhalten ist, mit fortlaufenden Szenen aus dem Leben des T. geschmückt.

Tellus, auch Terra mater (‚Mutter Erde'), römische Göttin der nährenden Erde, bei Vergil (*Aeneis,* VII. Buch) „erste der Götter" genannt, der griechischen ↑ Gaia verwandt. Bei seinem Gang in die Unterwelt opfert Aeneas ihr und Proserpina, der Herrin des Totenreichs. Ihr Kult war eng mit dem der ↑ Ceres verbunden. Man opferte ihr vor Aussaat und Ernte trächtige Tiere. Die berühmteste Darstellung findet sich auf der *Ara Pacis Augustae,* dem Altar des Augustusfriedens.

Temenos, Nachkomme des Herakles, Sohn des Aristomachos. Seiner Generation (der ↑ Herakliden) war die Rückkehr in das ehemalige Reich ihres Ahnherrn gestattet. T. besiegte die Nachfahren des Agamemnon und wurde Herrscher in Argos. Seine Kinder stritten dann wieder um die Macht. Von Euripides' Tragödien *Temenos* und *Die Kinder des Temenos* sind nur wenige Fragmente erhalten.

Tereus ↑ Prokne

Terminus, römischer Gott der Grenzen und Grenzsteine. Sein Kult wurde von ↑ Numa Pompilius eingeführt, damit es keinen Streit mehr um die Ackergrenzen gäbe. Die Legende berichtet, daß sein Symbol auf dem Capitol stand und auch dort blieb, als König ↑ Tarquinius Priscus dort den Jupiter-Tempel errichten und alle anderen Götter entfernen ließ. T. wurde besonders von den Bauern verehrt. Sein Fest, die Terminalia, wurde am 23. Februar gefeiert. Dabei schmückte man die Grenzsteine und opferte Milch und Honig. Das Versetzen eines Grenzsteins galt als schweres Verbrechen.

Terpsichore, eine der neun ↑ Musen, Tochter des Zeus und der Mnemosyne. Seit hellenistischer Zeit wurde sie als Beschützerin von Tanz und Lyraspiel verehrt. Ihr Attribut war die Lyra.

Terra mater ↑ **Tellus**

Tethys, Tochter des Uranos und der Gaia, eine der Titaninnen. Sie verkörperte die Fruchtbarkeit des Meeres: Mit ihrem Bruder Okeanos zeugte sie alle Flüsse und die dreitausend ↑ Okeaniden. T. und Okeanos lebten am äußersten westlichen Rand der Welt.

Teukros, 1. Sohn des ↑ Skamandros, Ahnherr des phrygischen Stammes der Teukrer. Er gab seine Tochter Bateia dem ↑ Dardanos zur Frau, dem Ahnherrn des troischen Königshauses. – 2. Sohn des ↑ Telamon und der ↑ Hesione (3), wuchs mit seinem Halbbruder Aias auf Salamis auf und nahm mit ihm am Trojanischen Krieg teil. Besonders zeichnete er sich als Bogenschütze aus. Da er beim Selbstmord des Aias nicht im Lager war, konnte er ihn nicht verhindern, deshalb verstieß ihn Telamon. T. verließ die Insel Salamis und gründete auf Zypern eine Stadt gleichen Namens. T. spielt eine wesentliche Rolle in Sophokles' Tragödie *Aias* (450/440 v. u. Z.). Hier ist er Gegenspieler von Agamemnon und Menelaos, die dem Helden ein ehrenvolles Begräbnis verweigern wollen. Odysseus, obwohl Feind des Aias, entscheidet den Streit, und T. kann die Bestattung richten.

Thaleia (lat. Thalia), 1. eine der neun ↑ Musen, Tochter des Zeus und der Mnemosyne, sie galt (seit dem Hellenismus) als die Beschützerin der Komödie und wurde mit komischer Maske in der Hand dargestellt. Schiller nannte seine berühmte Theaterzeitschrift nach der Muse „Thalia". – 2. eine der ↑ Chariten, Tochter des Zeus und der Okeanide Eurynome.

Thamyris, berühmter Sänger aus Oichalia in Thrakien, Sohn des Philammon, der gleichfalls Musiker war, und der Nymphe Argiope. Th. hielt seine Kunst für größer als die der Musen und prahlte damit vor ihnen. Die Musen wurden zornig, raubten ihm die Stimme und machten ihn zum Krüppel. Die Sage wird bereits im Schiffskatalog (II. Gesang) der *Ilias* erzählt, um die Herkunft der Männer um Nestor zu kennzeichnen, die in jenen Gegenden zu Hause waren, wo die Begegnung Th.' mit den Musen stattgefunden hatte.

Thanatos, der Tod; nach Hesiod (*Theogonie*) Sohn der Nacht (Nyx) und Bruder des Schlafs (Hypnos). Schon bei Homer erscheint Th. personifiziert: Zeus befiehlt ihm durch Apollon, daß er zusammen mit seinem Bruder den toten Zeussohn ↑ Sarpedon, der durch Patroklos gefallen war, vom Schlachtfeld trage. In Euripides' *Alkestis* muß Herakles mit ihm kämpfen. Sisyphos gelang es als einzigem, Th. zu überlisten und gefangenzuhalten. Auf griechischen Vasen ist Th. häufig als geflügelter Jüngling mit gesenkter Fackel dargestellt.

Thaumas, in Hesiods *Theogonie* Sohn des Pontos und der Gaia. Er verkörperte die Wunder des Meeres. Von der Okeanide Elektra war er Vater der ↑ Harpyien und der Götterbotin ↑ Iris.

Theano, 1. Tochter des thrakischen Königs Kisseus, Gemahlin des ↑ Antenor. In Troja war sie Priesterin der Athene. Sie versuchte, die Göttin günstig zu stimmen, als Hekabe für sie ihr prächtiges Kleid opferte. Da Antenor zum Frieden mit den Griechen geraten hatte, sollen er und Th. bei der Einnahme Trojas verschont worden sein. – 2. Gattin des Metapontos, des Königs von Ikarien. Da sie kinderlos blieb, nahm sie Zwillinge, die von Hirten gefunden worden waren, und gab sie bei Metapontos als ihre eigenen Söhne aus. Die Kinder aber waren Boiotos und Aiolos, die ↑ Melanippe dem Poseidon geboren hatte. Als Th. später eigene Söhne gebar, beschloß sie, die Findelkinder zu töten. Der Anschlag mißlang, und die Söhne der Th. kamen dabei ums Leben. Daraufhin gab sich Th. selbst den Tod. Der Stoff wird in Euripides' Tragödie *Melanippe* (in Fragmenten erhalten) bearbeitet.

Theia, Tochter der Gaia und des Uranos, ↑ Titanen.

Themis, Tochter des Uranos und der Gaia, Göttin der Titanengeneration. Th. war die zweite rechtmäßige Gemahlin des Zeus und gebar ihm die ↑ Horen und die ↑ Moiren. Bei Aischylos (*Der gefesselte Prometheus*) ist

Th. die Mutter des Prometheus, der sie und Gaia als eine einzige Göttin bezeichnet. Th. soll – vor Apollon – durch das Orakel von Delphi geweissagt haben. Sie riet ↑ Deukalion und Pyrrha nach der großen Flut, mit der Zeus die Menschen vernichtete, Steine hinter sich zu werfen, aus denen ein neues Menschengeschlecht entstand.

Themisto ↑ Athamas, ↑ Ino

Theoklymenos, 1. Seher aus dem Geschlecht des ↑ Melampus; er mußte aus Argos fliehen, da er einen Menschen getötet hatte. In Pylos traf er auf ↑ Telemachos, der Nachrichten über seinen Vater suchte. Dieser nahm ihn mit auf sein Schiff und gewährte ihm auf Ithaka Zuflucht. Th. prophezeite ihm und Penelope die baldige Rückkehr des Odysseus, den Freiern verkündete er den Tod, wurde aber verlacht. – 2. Sohn des ↑ Proteus. Er spielt eine Rolle in der Version der Helena-Geschichte, die Euripides in seiner Tragödie *Helena* (412 v. u. Z.) verarbeitete und die zuerst von Stesichoros (um 600 v. u. Z.) überliefert wurde: Paris hat nur ein Schattenbild entführt, die wirkliche Helena lebt unter dem Schutz des Proteus in Ägypten. Dessen Sohn Th. begehrt sie zur Frau, und Menelaos kann sie ihm nur mit List entreißen. Th.' Schwester ↑ Theonoë hilft ihm dabei.

Theonoë, Schwester des ↑ Theoklymenos, Seherin. Sie half gegen den Willen ihres Bruders Helena bei der Flucht mit Menelaos (so von Euripides in seiner Tragödie *Helena,* 412 v. u. Z., einer Bearbeitung der ↑ Helena-Version des Stesichoros, dargestellt).

Thersandros ↑ Epigonen

Thersites, ein einfacher Krieger aus dem griechischen Heer, der mit vor Troja kämpfte. Er war der häßlichste der Griechen – die *Ilias* beschreibt ihn als krummbeinig, hinkend und bucklig –, aber auch der mit der bösesten Zunge. Die Ratlosigkeit, die im Lager wegen des Grolls des Achilleus herrschte, nutzte er, um Agamemnon wegen seiner Beutegier zu beschimpfen und alle zur Heimkehr aufzufordern. Odysseus wies ihn hart zurecht und schlug ihn. Th. wurde von Achilleus getötet, weil er dessen Liebe zu ↑ Penthesileia verhöhnt hatte. Da die Gestalt des Th. ganz anders ist als die der strahlenden Helden, wurde er von den Schriftstellern, die den Troja-Stoff später aufnahmen, als Kontrastfigur verwendet: Er verkörpert mit seinen aufrührerischen Reden das Volk, das der Streit der Großen nichts angeht, er ist diesen Großen sogar an Witz und Hellsichtigkeit überlegen, so in Shakespeares *Troilus und Cressida* (1602).

Theseus, Heros aus Attika, Sohn des Königs ↑ Aigeus und der ↑ Aithra. Als Aigeus kinderlos blieb, befragte er das Orakel, wußte aber mit der Antwort nichts anzufangen. Der König von Troizen, Pittheus, bei dem Aigeus zu Gast war, deutete den Spruch so, daß Aigeus' Nachkommen große Macht erhalten würden. Deshalb gab er ihm seine Tochter Aithra zur Frau, die gleichzeitig die Geliebte des Poseidon gewesen sein soll. So hatte Aithras Sohn Th. zwei Väter, einen irdischen und einen göttlichen. Aigeus zog wieder nach Athen, trug aber Aithra auf, den herangewachsenen Sohn zu ihm zu schicken. Um ihn zu erkennen, legte er sein Schwert und seine Sandalen unter einen Felsblock. Die sollte Th., wenn er stark genug wäre, den Block zu bewegen, nach Athen bringen. Th. wuchs bei Pittheus und seiner Mutter auf, ohne zu wissen, wer sein Vater war. Erst als er Kraft genug hatte, sich Schwert und Sandalen zu holen, erfuhr er den Namen und den Auftrag. Der junge Held zog auf dem gefährlichen Landweg nach Athen und bestand dabei viele Abenteuer: Er traf auf den Riesen Sinis, der Fremde an zwei niedergebogene Fichten band, die er wieder hochschnellen ließ. Th. ließ ihn auf die gleiche Weise zerreißen (daher sein Beiname Pityokamptes ‚Fichtenbeuger'); er tötete ↑ Periphetes, den gewalttätigen ↑ Kerkyon, den Riesen ↑ Prokrustes, die wilde Sau von Kromyon und viele andere. Als Th. schließlich nach Athen kam, war ↑ Medeia die Frau des Aigeus geworden und hatte diesem den Sohn Medon geboren. Aigeus erkannte Th. zunächst nicht, Medeia aber, mit ihren Zauberkräften, wußte, wer der Ankömmling war. Da sein Ruhm sich schon verbreitete, redete Medeia Aigeus ein, der starke Jüngling wolle ihm die Macht rauben, und schlug vor, ihn zu vergiften. Im letzten Augenblick erst sah der Vater Sandalen und Schwert, erkannte den Sohn und verjagte Medeia.

Zu dieser Zeit war Athen Kreta tributpflichtig. König Minos hatte die griechischen Städte mit Krieg überzogen, weil sein Sohn Androgeos unter Bruch des Gastrechts bei friedlichen Wettkämpfen in Athen getötet worden war. Mit Hilfe der Götter, die die Pest in das griechische Heer sandten, konnte Minos seine Bedingungen durchsetzen: Jedes neunte Jahr (oder auch jedes Jahr) mußten die Athener sieben Jünglinge und sieben Jungfrauen als Opfer für den schrecklichen ↑ Minotauros, der im Labyrinth von Knossos hauste, nach Kreta schicken. Th. fuhr mit den Opfern zu der Insel, um Athen endlich von dem Tribut zu befreien. Unterwegs mußte er Minos seine göttliche Abstammung beweisen. Minos warf einen Ring ins Meer. Th. sprang hinterher und wurde von Triton zum Palast des Poseidon gebracht, wo er den Ring und reiche Geschenke erhielt. Auf Kreta sah ihn die Königstochter ↑ Ariadne und entbrannte sofort in Liebe zu ihm. Sie half ihm (mit dem „Faden der Ariadne"), den Rückweg aus dem Labyrinth zu finden, nachdem er das Ungeheuer getötet hatte. Th. floh mit allen Athenern von der Insel und nahm Ariadne mit, der er die Ehe versprochen hatte. Unterwegs rasteten sie auf der Insel Naxos. Dort reute Th. sein Versprechen, da Ariadne die Tochter des Feindes war, deshalb ließ er das schlafende Mädchen zurück. Dionysos fand die Verzweifelte und machte sie zu seiner Frau. Eine andere (wohl spätere) Version verschweigt die Treulosigkeit des Th.: Hier raubt Dionysos Ariadne, die schon vor ihrer Begegnung mit Th. dem

Gott verlobt war. Eine dritte Version (auf die im XI. Gesang der *Odyssee* angespielt wird) läßt Th. zwar Ariadne entführen, doch Artemis tötet sie auf Geheiß des Dionysos.

Auf der Weiterfahrt von Naxos in die Heimat vergaß Th., aus Verwirrung oder Trauer um den Verlust Ariadnes, die Segel zu wechseln. Er fuhr mit dem dunklen Segel auf die Küste zu, und Aigeus, der nach ihm Ausschau hielt, sah dies als Zeichen für den Tod des Sohnes an. Er stürzte sich verzweifelt ins Meer. Th. trat nun Aigeus' Nachfolge als Herrscher von Athen an, mußte aber vorher noch die Söhne von Aigeus' Bruder Pallas (↑ Pallantiden) besiegen, die ihn nicht als rechtmäßigen König anerkennen wollten. Th. nahm später an der ↑ Kalydonischen Jagd teil und kämpfte gemeinsam mit Herakles gegen die Amazonen, raubte ihre Königin Antiope (oder Hippolyte) und machte sie zu seiner Frau. Sie gebar ihm ↑ Hippolytos. Nachdem die Amazonenkönigin im Kampf gegen ihr eigenes Volk, das einen Rachefeldzug gegen Athen geführt hatte, gefallen war, heiratete Th. ↑ Phaidra, die Schwester der Ariadne (vorher hatte er Kreta endgültig besiegt). Phaidra brachte Leid über ihn, da sie sich in ihren Stiefsohn verliebte und durch Verleumdung erreichte, daß Th. von Poseidon den Tod des Sohnes forderte.

Viele edle Taten werden Th. zugeschrieben: Er nahm den blinden Oidipus und dessen Tochter Antigone auf, er reinigte Herakles vom Blut, das dieser im Wahnsinn vergossen hatte, und erreichte, daß die im Zug der ↑ Sieben gegen Theben Gefallenen ehrenvoll begraben wurden. Gemeinsam mit dem Lapithenkönig ↑ Peirithoos besiegte er die Kentauren. Beide wollten sie eine Zeustochter zur Frau haben. Für Th. raubten sie die erst zwölfjährige Helena und brachten sie zu Aithra. Da Peirithoos für sich Persephone begehrte, begleitete Th. ihn in die Unterwelt. Doch dieses frevelhafte Unternehmen endete unglücklich: Die beiden wurden am Eingang des Totenreiches festgehalten und sollten dort

für ewig mit den Felsen verwachsen bleiben. Als Herakles in den Hades stieg, um im Auftrag des Eurystheus den Kerberos zu holen (zwölfte Arbeit), fand er die Unglücklichen. Er konnte nur Th. befreien, während Peirithoos für immer dort bleiben mußte. Während Th. fern von Athen war, hatten die Dioskuren ihre Schwester Helena befreit und Aithra gefangengenommen. Die Macht hatten sie an Menestheus gegeben, einen Nachkommen des Erechtheus. Menestheus vertrieb Th. aus Athen, der auf der Insel Skyros eine Zuflucht zu finden hoffte, dort aber von dem König ↑ Lykomedes heimtückisch von einem Felsen gestürzt wurde.
Eine geschlossene antike Überlieferung der Th.-Sagen ist nicht erhalten. In den großen Epen wird der Name erwähnt (aus der *Theogonie* soll Peisistratos im Jahre 540 v. u. Z. die Verse über die Treulosigkeit des Th. haben streichen lassen); die Tragiker gestalteten Episoden aus seinem Leben. Erhalten sind einige Fragmente des Euripides: *Aigeus* über die Intrigen der Medeia und das Erkennen von Vater und Sohn, *Theseus* über die Tötung des Minotauros durch den Helden. Vollständig überliefert ist der *Hippolytos* (mit dem Euripides im Jahre 428 v. u. Z. den ersten Preis gewann) über Th. und die verbotene Liebe der Phaidra zu ihrem Stiefsohn. In den *Schutzflehenden* erscheint Th. als edler Helfer der Angehörigen der vor Theben Gefallenen. Der Chorlyriker Bakchylides (5. Jh. v. u. Z.) besang ihn in seinen Dithyramben. Plutarch widmete dem Helden eine seiner *Parallelbiographien*. In späteren literarischen Bearbeitungen bleibt die Figur blaß. Sie steht im Schatten der großen Frauengestalten Ariadne und Phaidra. – Bildkünstlerische Darstellungen des Th. sind bereits aus dem 7. Jh. v. u. Z. überliefert (Kampf mit dem Minotauros). Zahlreiche Vasenbilder sind auch zu seinen anderen Abenteuern erhalten, so zeigt die *François-Vase* (6. Jh. v. u. Z.) die geretteten Jünglinge und Mädchen bei der Rückfahrt mit Th. Ein Tempel der Athene und des Hephaistos (5. Jh. v. u. Z.) in Athen erhielt nach dem

Schmuck auf seinen Metopen den Namen Theseion. Auch auf den Metopen anderer erhaltener Bauwerke sind Taten des Th. abgebildet, so auf dem Schatzhaus der Athener in Delphi, auf dem Parthenon-Tempel von Athen und am jüngeren Hera-Tempel von Argos.

Thesprotos ↑ Aigisthos

Thestios, König von Aitolien, Vater der ↑ Leda. Er gab seine Tochter ↑ Tyndareos zur Frau, weil dieser ihm im Krieg geholfen hatte.

Thetis, Tochter des Meeresgottes Nereus und der Okeanide Doris. Sie lebte im Meer und genoß bei den olympischen Göttern große Achtung: Einst hatte sie Zeus gerettet, als seine Macht durch Hera, Athene und Poseidon gefährdet war, indem sie die ↑ Hundertarmigen aus dem Tartaros holte. Den jungen Dionysos hatte sie getröstet, als er von ↑ Lykurgos (1) so erschreckt worden war, daß er ins Meer flüchtete. Auch Hephaistos rettete sie, als Hera (oder Zeus) ihn aus Zorn über seine Mißgestalt vom Olymp in die Tiefe geschleudert hatte. Die Göttin Themis hatte Zeus prophezeit, daß sein Sohn von Th. mächtiger würde als er (vgl. die Bemerkungen des Prometheus darüber bei Aischylos im *Gefesselten Prometheus*). Deshalb mußte die schöne Nereïde einen Sterblichen heiraten, ↑ Peleus, den König von Phthia in Thessalien. In anderer Überlieferung wird berichtet, daß Peleus um Th. mit Gewalt warb und sie bezwang, obwohl sie sich in viele Gestalten verwandelte. Die Hochzeit des Peleus mit Th., zu der alle Götter eingeladen waren, nur ↑ Eris nicht, führte schließlich zum ↑ Trojanischen Krieg. Th.' Sohn von Peleus war ↑ Achilleus. Die Mutter machte ihn unverwundbar, bis auf die Ferse, die einzige Stelle, wo er tödlich getroffen werden konnte. Bald darauf zog sich Th. wieder ins Meer zurück, sorgte aber immer für ihren Sohn: Sie versteckte ihn auf Skyros bei ↑ Lykomedes, um ihn zu hindern, an der Belagerung Trojas teilzunehmen, da sie wußte, daß ihn dort ein früher Tod erwartete. Als er dennoch mitzog, bat sie oft bei

Zeus für ihn. So wird im I. Gesang der *Ilias* berichtet, daß sie es war, die von dem Göttervater Siege für die Troer erflehte zur Strafe für Agamemnon, der ihren Sohn gekränkt hatte. Sie tröstete ihn dann über den Tod des Patroklos und erbat sich von Hephaistos eine neue Rüstung für ihn, damit er wieder mit Freude in den Kampf ziehe und vielleicht sogar vor dem Tod bewahrt werde. Nach dem Tod des Sohnes beweinte sie ihn zusammen mit den anderen Nereïden. Th. bei Hephaistos war ein beliebtes Motiv der griechischen Vasenmalerei und römischer Reliefs.

Thisbe ↑ Pyramus und Thisbe

Thoas ↑ Hypsipyle

Thoosa ↑ Phorkys

Thrasymedes, Sohn ↑ Nestors. Er kämpfte gemeinsam mit seinem Vater und seinem Bruder ↑ Antilochos vor Troja. In der *Ilias* wird von seinen Heldentaten berichtet. Er kehrte wohlbehalten in seine Heimat Pylos zurück, wo ↑ Telemachos ihn auf der Suche nach seinem Vater Odysseus antraf.

Thyestes, Sohn des ↑ Pelops und der Hippodameia, Bruder des ↑ Atreus. Er war von seinem Bruder verjagt worden, weil er dessen Frau ↑ Aërope verführt hatte und nach der Königswürde von Mykene strebte. Dabei gelang es ihm, Atreus' kleinen Sohn ↑ Pleisthenes mitzunehmen, den er später als Mörder gegen den Vater schickte. Atreus entging zwar dem Anschlag, tötete aber den eigenen Sohn, den er zu spät erkannte. Um sich zu rächen, stellte sich Atreus versöhnt und lud Th. zu einem Mahl ein, das jedoch als grauenhaftes Verbrechen geplant war: Atreus schlachtete die Kinder des Th. und setzte dem Vater das Fleisch vor. Th. verfluchte Atreus und sein Geschlecht. Er befragte das Delphische Orakel nach seiner Zukunft und erhielt die Antwort, daß er mit seiner eigenen Tochter Pelopeia ein Kind zeugen solle, das ihn rächen würde. Spätere Versionen lassen Th. Pelopeia, die bei König Thesprotos als dessen Tochter aufgewachsen ist, vergewaltigen.

Kurz darauf wurde sie mit Atreus verheiratet und gebar ↑ Aigisthos, Sohn des Th., von dem aber Atreus glaubte, daß er sein Sohn sei. Als Aigisthos erwachsen war, gelang es Atreus, Th. gefangenzunehmen. Er gab Aigisthos ein Schwert, damit er ihn töte. Die Waffe aber war dieselbe, die Pelopeia dem Th. bei ihrer Vergewaltigung abgenommen hatte. Th. erkannte seinen Sohn, ließ Atreus von ihm töten und übernahm den Thron von Mykene. Atreus' Sohn ↑ Agamemnon floh nach Sparta zu König Tyndareos, der ihm später den Thron von Mykene zurückgab. Der Fluch, der auf dem Geschlecht des Tantalos lag, wirkte aber weiter. Zur literarischen Verarbeitung der Sage siehe Agamemnon und Atreus.

Tiberinus, römische Gottheit des Flusses Tiber. Er wurde in einem Tempel auf der Tiberinsel in Rom verehrt. Ursprünglich soll T. ein König von Alba Longa gewesen sein, der im Fluß Albula ertrank. Der Fluß wurde nach ihm genannt.

Tiresias ↑ **Teiresias**

Tisiphone, eine der ↑ Erinyen. Aeneas sah sie bei seiner Fahrt in die Unterwelt den Eingang zum Tartaros bewachen: Schlaflos, in blutigem Mantel, wartet sie auf Schuldige, die ihre Frevel in der Oberwelt nicht gebüßt haben, und züchtigt sie.

Titanen, Söhne und Töchter der ↑ Gaia und des ↑ Uranos, die zweite Generation der griechischen Götter. Ihre Namen nennt Hesiod: Okeanos, Koios, Kreios, Iapetos, Hyperion und Kronos; Theia, Rheia, Themis, Mnemosyne, Phoibe und Tethys. Sie waren Väter und Mütter der Götter, die auf dem ↑ Olymp herrschten. Die Machtkämpfe begannen damit, daß ↑ Kronos Uranos auf Gaias Bitten entmannte, selbst die Herrschaft übernahm und seine Kinder verschlang, damit sie ihm nicht die Macht rauben konnten. Einer seiner Söhne von Rheia war ↑ Zeus, der die Götter zum Kampf gegen die Titanen anführte. In dieser später Titanomachie genannten Schlacht, die zehn Jahre dauerte, schleuderten die Titanen vom Berg Othrys aus Felsblöcke, daß Erde, Meere und Tartaros erbebten. Zeus setzte mit seinen Blitzen die Erde in Brand und ließ die Meere kochen. Die Schlacht wurde entschieden durch die ↑ Hundertarmigen, die Zeus nach dem Rat der Gaia aus dem Tartaros befreit hatte und die nun die T. fesselten, in den Tartaros warfen und dort bewachten. Nur Okeanos hatte nicht gegen Zeus gekämpft und behielt seine alte Macht. Auch die Nachkommen des Hyperion und des Iapetos (u. a. Prometheus) werden T. genannt. Von den unsterblichen T. sind die sterblichen ↑ Giganten, die gleichfalls zu den ältesten mythischen Gestalten gehören, zu unterscheiden.

Tithonos, Sohn des troischen Königs ↑ Laomedon, Bruder des Priamos. Eos, die Göttin der Morgenröte, verliebte sich in den schönen Jüngling und entführte ihn, um ihn für sich allein zu haben. Sie bat sogar Zeus, ihm die Unsterblichkeit der Götter zu verleihen, doch vergaß sie, auch um ewige Jugend für den Geliebten zu bitten. Zeus gewährte ihr den Wunsch, Eos nährte ihn mit Nektar und Ambrosia, doch T. alterte nach der dem Menschen gesetzten Zeit. Zeus konnte ihm die Unsterblichkeit nicht mehr nehmen, so verwandelte er ihn schließlich in eine Zikade. T. war der Vater des aithiopischen Königs ↑ Memnon. – Die tragisch gewordene Liebe des unsterblichen, alternden T. zu der schönen, ewig jungen Göttin, die ihn nun abstoßend findet, gestaltete F. Fühmann in seiner Erzählung *Der Geliebte der Morgenröte* (1980).

Titus Tatius, König der Sabiner. Er herrschte in der Zeit, als unter ↑ Romulus die Blüte der Stadt Rom begann. Da es in der jungen Stadt an Frauen fehlte, richtete Romulus prächtige Kampfspiele aus, zu denen er alle Nachbarn einlud. Auch die Sabiner erschienen in großer Zahl mit ihren Frauen. Auf ein Zeichen des Romulus stürzten sich die römischen Männer auf die Frauen und Mädchen und trugen sie in ihre Häuser. Die Sabiner schworen Rache, T. T. bereitete einen großen Feldzug gegen die Römer vor. Es gelang ihm sogar, durch den Verrat der ↑ Tarpeia, die Burg auf dem Capitol zu erobern. Von hier aus leitete er die entscheidende Schlacht. Als der Kampf am heftigsten tobte, stürzten die Sabinerinnen, jetzt Gattinnen der Römer geworden, zwischen die Männer und beschworen sie, sich zu versöhnen, da sie nicht wollten, daß ihre Blutsverwandten und ihre Gatten sich gegenseitig töteten. Das brachte die Männer zur Besinnung. Romulus und T. T. schlossen Frieden, Römer und Sabiner nahmen gemeinsam den Namen Quiriten (↑ Quirinus) an, die beiden Könige teilten sich in die Herrschaft. T. T. wurde später von den Bewohnern Laviniums getötet, weil er sie beleidigt hatte. Danach herrschte Romulus wieder allein über Rom. – Die Geschichte vom Raub der Sabinerinnen, die bei Livius und Plutarch überliefert ist, war seit der Renaissance ein beliebtes Motiv der europäischen Malerei (u. a. Tiepolo, Lebrun, Rubens, Poussin). Über die dramatische Wirkung der Szene hinaus gab J.-L. David in seinem Gemälde (1799) der altrömischen Sage einen aktuellen politischen Akzent.

Tityos, Sohn des Zeus und der böotischen Königstochter Elare, ein Riese, den Zeus vor Hera im Innern der Erde verbarg (deshalb auch als Sohn der Gaia angesehen). T. vergriff sich an Leto und wurde von ihren Kindern Apollon und Artemis getötet. Für seinen Frevel mußte er noch in der Unterwelt büßen: Zwei Geier fraßen ihm ständig die Leber ab. Odysseus erblickte ihn, als er zum Hades hinabstieg. – Der Tod des T. durch Apollon ist auf einer Schale aus dem 5. Jh. v. u. Z. dargestellt, die unter dem Namen *Tityosschale* in die Kunstgeschichte einging und zu den bedeutendsten Zeugnissen der frühklassischen rotfigurigen Vasenmalerei aus Attika zählt. Die Bestrafung des T. in der Unterwelt zeichnete Michelangelo.

Tlepolemos, Sohn des Herakles und der Astyoche. Er lebte nach dem Tod seines Vaters in Argos, mußte jedoch fliehen, weil er durch unglücklichen Zufall seinen Verwandten Likymnios getötet hatte, und ging nach Rhodos. Als ein ehemaliger Freier der Helena nahm er am Trojanischen Krieg teil. Im „Schiffskatalog" der *Ilias* wird er als Führer der neun Schiffe aus Rhodos genannt. Im Zweikampf mit ↑ Sarpedon verwundete er diesen schwer, fiel aber gleichzeitig durch dessen Lanze.

Tod ↑ Thanatos

Totengeister ↑ Lemuren, ↑ Manen

Totenreich, Unterwelt ↑ Acheron, ↑ Charon, ↑ Dis, ↑ Hades, ↑ Kerberos, ↑ Kokytos, ↑ Lethe, ↑ Orcus, ↑ Persephone, ↑ Styx

Träume ↑ Morpheus

Triptolemos, Heros aus dem Umkreis der ↑ Demeter. T. galt in Attika als Sohn des eleusischen Königs Keleos und der Metaneira, bei den Orphikern als Sohn des Okeanos und der Gaia (oder auch der ↑ Baubo). Demeter schenkte ihm Weizenkörner, weil er bei der Suche nach ihrer Tochter half. T. gab diesen Weizen an die Menschen weiter und lehrte sie den Ackerbau. Etwa seit dem 5. Jh. v. u. Z. sah man in ihm einen Sohn der Demeter. In dieser Zeit änderten sich auch die bildlichen Darstellungen des T.: Aus dem reifen Mann wird ein Jüngling, wie auf dem berühmten *Großen Eleusinischen Weihrelief* (5. Jh. v. u. Z.), das Demeter und Persephone zeigt, die T. aussenden. Sein Bild findet sich auch oft auf Münzen und Gemmen; hier sitzt er meist auf einem zweirädrigen Wagen, der von Drachen gezogen oder von Flügeln getragen wird.

Triton, eine Meeresgottheit; nach Hesiod Sohn des Poseidon und der ↑ Amphitrite. T. erschien den ↑ Argonauten und wies ihnen den Weg. Herakles mußte mit ihm (oder mit dem Meeresgott Nereus) kämpfen, als er den Weg zu den ↑ Hesperiden erfahren wollte. – T. wurde als Mischwesen, halb Mensch, halb Fisch, dargestellt, in Begleitung von Nereïden, auf einem Muschelhorn blasend. Auf dem großen Fries des Pergamonaltars kämpft er an der Seite seiner Mutter gegen die Giganten. Etwa seit dem 4. Jh. v. u. Z. erscheint seine Gestalt meist in der Mehrzahl: Tritonen gehörten zur Begleitung des Poseidon, der Galateia, auch der Aphrodite, sie sind die Gefährten der Nereïden. Auch in der europäischen Kunst seit der Renaissance bevölkern sie Wasserszenen. Besonders beliebt waren sie als Brunnenplastik.

Troilos, Sohn des Priamos und der Hekabe. Über seinen Tod, der in der *Ilias* nur erwähnt wird, gibt es zwei Versionen: Nach der einen soll ihn, gleich zu Beginn der Belagerung, Achilleus beim Tränken der Pferde überrascht und getötet haben, nach der anderen fiel er im letzten Kriegsjahr. Der Name ging erst in die Weltliteratur ein durch die Liebesgeschichte, die Benoît de Sainte-Maure in seinen *Trojaroman* (12. Jh.) einfügte: Er ließ ↑ Briseïs, die Sklavin des Agamemnon, zur Tochter des Sehers Kalchas und zur Geliebten des T. werden. Boccaccio nahm in seinem epischen Gedicht *Filostrato* (um 1340) diese Episode auf, hier heißt die Geliebte Griseida. Von Boccaccio gelangte der Stoff zu Chaucer, der ein Epos *Troilus und Criseyde* (e. 1382/84) schrieb. Hier wie schon bei Boccaccio hat die Heldin leichtfertige Züge. Auch in Shakespeares Drama *Troilus und Cressida* (1602) läßt sie sich von Diomedes trösten, als sie von T. getrennt wird. – Achilleus am Brunnen auf der Lauer war ein beliebtes Motiv der griechischen Vasenmalerei. Auch auf mehreren Reliefs (u. a. in Olympia) ist die Szene dargestellt.

Trojanischer Krieg, mythisches Ereignis aus der griechischen Geschichte; Belagerung der Stadt Troja (Ilion) an der kleinasiatischen Küste durch die Griechen, die mit der vollständigen Zerstörung der Stadt endete. Wichtigste und älteste Quellen darüber sind die Homerischen Epen. Die *Ilias* berichtet über entscheidende Ereignisse im zehnten Kriegsjahr, die *Odyssee* in vielen rückblickenden Passagen über Vorgeschichte und Ende des Krieges. Die Vorgeschichte und das Ende waren auch Gegenstand anderer Epen (Teile des sogenannten *Epischen Kyklos: Kypria, Aithiopis, Iliupersis, Kleine Ilias, Nostoi*), die sämtlich nur in wenigen Bruchstücken und durch Inhaltsangaben weitaus späterer Autoren (z. B. Apollodoros, Proklos) bekannt sind. Aus allen diesen Quellen ergibt sich folgender Ablauf der Ereignisse:

Zur Hochzeit des ↑ Peleus mit der Nereïde Thetis waren alle Götter geladen, nur ↑ Eris nicht, die Göttin der Zwietracht. Sie erschien dennoch und warf einen goldenen Apfel unter die Gäste. Er trug die Aufschrift „Der Schönsten". Hera, Athene und Aphrodite beanspruchten ihn. Zum Schiedsrichter des Streites wurde der troische Königssohn ↑ Paris berufen, der als Hirt am Berg Ida unweit seiner Vaterstadt lebte. Jede der drei Göttinnen machte ihm Versprechungen: Hera wollte ihm Macht geben, Athene Siege, Aphrodite aber die schönste Frau. Der junge Hirt gab Aphrodite den Apfel und schuf sich damit in Hera und Athene tödliche Feindinnen. Aphrodite aber half ihm, die schönste Frau zu entführen: ↑ Helena, die Gattin des Menelaos von Sparta. Deren zahlreiche Freier hatten einst dem irdischen Vater der Helena, Tyndareos, schwören müssen, die Ehre ihres Gatten zu verteidigen. An diesen Eid gebunden, sammelten sich nun griechische Fürsten, um nach Troja zu ziehen und Helena zurückzuerobern. Zum Befehlshaber wurde der Bruder des Menelaos, der mächtige ↑ Agamemnon, gewählt. Die Flotte – insgesamt über tausend Schiffe – sammelte sich im böotischen Hafen Aulis, doch Artemis, durch Agamemnon beleidigt, hinderte die Schiffe am Auslaufen. Erst als Agamemnon seine Tochter ↑ Iphigenie auf dem Altar der Göttin opferte, blies der Wind günstig. Im II. Gesang der *Ilias*, im „Schiffskatalog", werden die Namen der griechischen Heerführer und die Zahl ihrer Schiffe genannt. Die berühmtesten Helden, die an der Belagerung Trojas teilnahmen, waren neben Agamemnon und Menelaos ↑ Achilleus, ↑ Odysseus, der den jungen Sohn der Thetis mit List von Skyros weggelockt hatte, ↑ Diomedes, die beiden ↑ Aias, ↑ Idomeneus, ↑ Patroklos und ↑ Nestor. Eine weniger bekannte Überlieferung läßt die griechischen Schiffe zunächst den Weg nach Troja nicht finden und in Mysien landen, wo sie von ↑ Telephos vertrieben werden. Dieser wird aber von Achilleus' Speer verwundet und muß nach einem Orakelspruch den Griechen den Weg nach Troja weisen, damit er geheilt wird.

Neun Jahre belagerten die Griechen ohne Erfolg die stark befestigte Stadt. Hier herrschte König ↑ Priamos, der Vater des Paris. Sein ältester Sohn ↑ Hektor leitete die Verteidigung Trojas. Im zehnten Jahr – hier setzt die Handlung der *Ilias* ein – brach ein Streit zwischen Agamemnon und Achilleus aus. Der König von Mykene hatte Apollon beleidigt, als er ↑ Chryseïs raubte, deren Vater ein Priester des Apollon war. Gegen die Bitten des Vaters, sie für ein hohes Lösegeld freizugeben, blieb er taub. Der Gott schickte deshalb die Pest ins Lager der Griechen. Erst als Chryseïs wieder bei ihrem Vater war, hörte die Seuche auf. Agamemnon allerdings war nicht willens, auf Beute zu verzichten und nahm sich Achilleus' Sklavin Briseïs als Ersatz. Die Folge war der große Groll des Achilleus, der sich vom Kampf zurückzog und durch seine Mutter ↑ Thetis Zeus bitten ließ, den Troern Siege zu schenken. Zeus gewährte die Bitte, obwohl er dadurch Hera erzürnte, und begünstigte die Troer, die nun bis zu den griechischen Schiffen vordrangen. Inzwischen hatten auch die anderen Götter ihre Lieblinge begünstigt oder verteidigt: Athene schützte Menelaos, gemeinsam mit Hera feuerte sie die Griechen an und half Diomedes, Ares zu verwunden, der auf seiten der Troer kämpfte. Auch Aphrodite war auf dem Schlachtfeld erschienen und hatte ihren Sohn Aeneas vor dem Angriff des Diomedes geschützt, bis sie selbst von ihm an der Hand verwundet wurde und sich jammernd zum Olymp flüchtete. Schließlich verbot Zeus das direkte Eingreifen der Götter, erlaubte aber, daß sie den Sterblichen ihren Rat liehen. Hera indessen gab nicht auf, den Griechen durch Taten beizustehen. Sie verführte Zeus mit Hilfe des Gürtels der Aphrodite auf dem Berg Ida; so abgelenkt und in tiefen Schlaf versunken, merkte der Göttervater nicht, wie Poseidon die Troer in die Flucht schlug und Hektor von Aias verwundet wurde. Wieder erwacht, verwies Zeus im Zorn den Poseidon vom Schlachtfeld. Er erlaubte Apollon, Hektor Mut einzuflößen, damit seine Pläne nicht weiter gestört würden; denn die Troer sollten so lange siegen, bis Achilleus für die ihm angetane Schmach Genugtuung erhielt. Als es den Troern schließlich gelang, die vordersten Schiffe der Griechen in Brand zu setzen, und Agamemnon, Odysseus und Diomedes verwundet waren, erlaubte Achilleus seinem Freund Patroklos, in seiner Rüstung wieder in den Kampf zu ziehen. Patroklos konnte die Troer zwar zurückschlagen, wurde aber von Hektor getötet. Hektor nahm dem Toten die Rüstung, doch Menelaos und dem großen Aias gelang es nach hartem Kampf, die Leiche zu bergen. Nun endlich griff Achilleus wieder in die Schlacht ein. Seine Mutter Thetis brachte ihm eine neue, herrliche Rüstung, die Hephaistos selbst geschmiedet hatte. Er wütete unter den Troern, die Kämpfe entbrannten heftiger denn je, sogar die Götter fielen übereinander her: Hera schickte Hephaistos gegen Skamandros, packte Artemis und trieb sie weg; Ares kämpfte gegen Athene und wurde von ihr besiegt. Zeus aber, über allen Dingen stehend, befragte die Waage des Schicksals, und sie zeigte den Tod des Hektor an. Da mußte Apollon seinen Schützling verlassen, Athene triumphierte, Hektor fiel durch Achilleus, dem die Göttin beistand. Sterbend prophezeite Hektor dem Feind einen baldigen Tod. Die Wut des Achilleus aber war noch nicht erloschen: Er schändete die Leiche, indem er sie zwölf Tage lang jeden Abend dreimal um das Grab des Patroklos schleifte. Erst als Thetis einen Befehl des Zeus überbrachte, gab er den Toten frei und erlaubte dem grei-

sen Priamos gegen ein hohes Lösegeld, den Sohn ehrenvoll zu bestatten. Mit der Klage um den toten Hektor endet die *Ilias*.
Über die weiteren Ereignisse des letzten Kriegsjahres berichten die *Kleine Ilias* und die *Iliupersis*: Noch einmal schien sich das Kriegsglück den Troern zuzuwenden. Die ↑ Amazonen, die kriegerischen Frauen unter der Führung ihrer Königin ↑ Penthesileia, und der Aithioperkönig ↑ Memnon kamen ihnen zu Hilfe. Zwar wurden auch sie von Achilleus besiegt, aber der größte Held der Griechen fiel durch einen Pfeil des Paris, der von Apollon gelenkt wurde. Der Streit um die wunderbare Rüstung des Toten brachte neues Leid über die Griechen. Odysseus bekam sie zugesprochen, aber der große Aias war darüber so beleidigt, daß er Mordpläne gegen die anderen Heerführer schmiedete. Im Wahnsinn, den Athene deshalb über ihn geschickt hatte, erschlug er eine Rinderherde und tötete sich danach selbst, als er die Wahrheit erkannte. Dann aber nahmen die Griechen den Seher ↑ Helenos, einen Sohn des Priamos, gefangen und zwangen ihn, die Bedingungen zu verraten, unter denen die Stadt eingenommen werden könnte. So erfuhren sie, daß sie das Palladion, das alte hölzerne Kultbild der Athene, aus Troja rauben mußten und daß für die Eroberung der Bogen des Herakles, den ↑ Philoktetes führte, herbeigeschafft werden müsse. Philoktetes war auf der Fahrt nach Troja auf der Insel Lemnos zurückgelassen worden, da er von einem Schlangenbiß eine Wunde hatte, die einen üblen Geruch ausströmte. Odysseus und ↑ Neoptolemos, dem Sohn des Achilleus, gelang es, Philoktetes zur Teilnahme am Kampf zu bewegen. Er tötete Paris mit seinem Pfeil, dennoch blieben die Mauern Trojas für die Griechen unüberwindlich, bis der listenreiche Odysseus Rat fand: Die Griechen ließen von dem kunstfertigen Epeios ein gewaltiges hölzernes Pferd bauen, in dem sich eine ausreichende Zahl von Kriegern verstecken konnte. Dann brachen sie ihr Lager

ab, bereiteten die Abfahrt vor und ließen auch wirklich ihre Schiffe auslaufen. Das Pferd blieb am Ufer zurück. Die Troer, glücklich über ihren vermeintlichen Sieg, hörten nicht auf die warnenden Stimmen von ↑ Kassandra und ↑ Laokoon. Auch schienen alle Zeichen der Götter darauf hinzuweisen, daß das Pferd ein Weihgeschenk für Athene sei. Sie zogen es in die Stadt. Im Schutz der Dunkelheit aber waren die griechischen Schiffe zurückgekehrt; die Krieger (u.a. Odysseus, Diomedes, Neoptolemos) stiegen aus dem Pferd und überfielen die überraschten Troer. Der Sieg der Griechen war vollständig. Alle Männer Trojas wurden getötet, nur ↑ Aeneas durfte nach dem Beschluß der Götter entkommen; die Frauen wurden geschändet und versklavt; die Stadt ging in einem riesigen Brand unter. Helena ging straflos aus, Menelaos verzieh ihr und nahm sie auf seinem Schiff mit nach Hause.
Bis weit in das 19.Jh. galt der T.K. als Mythos, der jeder historischen Grundlage entbehrt und nur durch die Dichtungen Homers für die Nachwelt von Bedeutung war. Die genauen Beschreibungen der Örtlichkeiten in den Homerischen Epen brachten Heinrich Schliemann dazu, nach den Angaben des Dichters das untergegangene Ilion zu suchen. Seine Ausgrabungen in den 70er und 80er Jahren des 19.Jh. waren der Beginn einer völlig neuen Sicht auf die Homerischen Epen und die griechische Frühgeschichte. Obwohl seine Zuweisungen der archäologischen Funde später im einzelnen korrigiert werden mußten, wurde sein Vertrauen in den Wahrheitsgehalt Homers glänzend bestätigt. Nach den neuesten Forschungen fand der T. K. um 1250 v. u. Z. statt. Wahrscheinlich zogen die Mykener, verbündet mit den Kretern, gegen die Stadt, die den Zugang zum Schwarzen Meer beherrschte und den Handel der Mykener behinderte. Archäologische Funde bestätigen immer deutlicher Einzelheiten der Dichtung. Der T. K. war ein einschneidendes Ereignis in der kretisch-mykenischen Welt. Er wurde noch von den Dich-

tern besungen, als andere Kriegszüge längst vergessen waren und verheerende Naturkatastrophen ganze Kulturen vernichtet hatten.
Späteren Zeiten wurden die Kenntnisse über den T. K. vor allem durch die epischen Dichtungen vermittelt. Die griechischen Tragiker nahmen die Schicksale der Besiegten auf (erhalten von Euripides *Hekabe,* 423 v. u. Z.; *Die Troerinnen,* 415 v. u. Z.) und gaben ihnen für die Nachwelt gültige Gestaltung. Neben diesen verschiedenen epischen und dramatischen Werken, die in Rom u. a. von Ovid (*Metamorphosen,* XII. und XIII. Buch) und Vergil (*Aeneis*) weitergeführt wurden, tauchten in spätantiker Zeit Berichte sogenannter Augenzeugen auf: Zum einen der Bericht des Kreters ↑ Diktys (2), der selbst am T. K. teilgenommen haben soll; sein Manuskript wurde angeblich zur Zeit Neros in seinem Grab gefunden. Es ist in einer lateinischen Übersetzung von Septimus aus dem 4. Jh. erhalten. Zum anderen der Bericht des Phrygiers Dares, angeblich der Erzieher Hektors, überliefert aus dem 5. Jh. in lateinischer Übersetzung. Diese beiden Berichte waren die Grundlage des altfranzösischen *Roman de Troie* (Trojaroman), der wahrscheinlich von Benoît de Sainte-Maure im 12. Jh. verfaßt wurde und der weitere Trojaromane – abenteuerliche Verserzählungen, deren Handlung dem Zeitgeschmack angepaßt war – nach sich zog (so von Konrad von Würzburg, Guido delle Colonne u. a.). Die Epen Homers wurden erst Endes des 15. Jh. für die europäische Literatur neu entdeckt. Neben Vergil (der zunächst höher geschätzt wurde) war ihre Kenntnis bald die Grundlage jeder humanistischen Bildung. Im 17./18. Jh. begann mit ihrer Übersetzung in die neuen Sprachen (ins Französische 1699 durch Anne Dacier, für ein breiteres Publikum bearbeitet von Houdar de la Motte 1713, ins Deutsche durch J. H. Voß 1793) eine Rezeption, die weit über die Literatenkreise hinauswies. Im 19. Jh. wurden die Kämpfe des T. K. zur beliebten Jugendlektüre

(G. Schwab, *Die schönsten Sagen des klassischen Altertums,* 1838/40). Für die Gegenwart erzählte F. Fühmann die Geschichte des T.K. neu (*Das hölzerne Pferd,* 1968). Episoden aus dem T.K. boten den Dramatikern immer wieder Stoff, so H. Sachs (*Die Zerstörung der Stadt Troja von den Griechen,* 1554), Shakespeare (*Troilus und Cressida,* 1602), H. von Kleist (*Penthesilea,* e. 1806/07). Bereits sehr früh setzten die Parodien auf die Heldenepen über den T.K. ein. Schon im 6./5. Jh. v. u. Z. entstand der berühmte *Froschmäusekrieg,* der in feierlichen Hexametern Szenen der *Ilias* auf der Ebene eines Streites unter Tieren wiederholt (und in der deutschen Literatur von G. Rollenhagen als *Froschmäuseler,* 1595, zu kritischem Zeitbezug verwendet wurde). Der Italiener A. Tassoni vermischte in seinem heroisch-komischen Epos *Der geraubte Eimer* (1622) wahre Begebenheiten aus der oberitalienischen Lokalgeschichte mit homerischen Szenen. Fontenelle verspottete in seinen *Neuen Totengesprächen* (1683) den T.K. wegen seines Anlasses als unverzeihliche Dummheit sowohl der Griechen, die Helena zurückforderten, als auch der Troer, die sie nicht herausgaben. J. Offenbachs Operette *Die schöne Helena* (U. 1864, Text von H. Meilhac und L. Halévy, Neubearbeitung von P. Hacks 1964) zeigt die griechischen Helden von ihrer lächerlichen Seite und läßt auch zeitkritische Interpretationen zu.

Im 20. Jh. gewann die Auseinandersetzung mit den kriegerischen Heldentaten der archaischen Zeit, mit den Mechanismen der Entstehung von Kriegen, neue Aktualität, so in dem Drama von Giraudoux *Der Trojanische Krieg findet nicht statt* (1935), in R. Hagelstanges als Tagebuch des Paris angelegtem Roman *Spielball der Götter* (1959), in W. Jens' Euripides-Bearbeitung *Der Untergang* (1982) und in Christa Wolfs Erzählung *Kassandra* (1983).

Trophonios, mythischer Baumeister, Sohn des Königs von Orchomenos, ↑ Erginos, und Bruder des ↑ Agamedes. Der Eingang des Orakels von Delphi, der Palast des Amphitryon und die Poseidon-Tempel der Stadt Mantineia in Böotien wurden als seine Werke angesehen. Als Seher hatte T. ein Orakel in Lebadaia. Mit seinem Bruder baute T. das Schatzhaus des Königs Hyrieus von Böotien. Durch einen geheimen Eingang konnten T. und Agamedes daraus unbemerkt Schätze entwenden. Als Agamedes dabei in eine Falle trat, tötete T. den Bruder, um selbst fliehen zu können, wurde aber von der Erde verschlungen.

Tros, mythischer König von Troja aus dem Geschlecht des ↑ Dardanos. Von Kallirrhoë, der Tochter des Flußgottes Skamandros, hatte er die Söhne Ilos, Assarakos und den schönen ↑ Ganymed, der von Zeus auf den Olymp entführt wurde. Von Ilos stammten die troischen Könige und Aeneas ab (daher wurde Troja auch Ilion genannt). Berühmt waren die herrlichen Pferde des T. Über ihre Herkunft gibt es zwei Versionen: Entweder waren es Nachkommen der Stuten des ↑ Erichthonios (2) und des ↑ Boreas, oder es waren Geschenke des Zeus für T., um ihn über den Verlust des Ganymed zu trösten. Herakles zerstörte Troja, weil ihm König ↑ Laomedon diese Pferde, die der Lohn für die Rettung der ↑ Hesione sein sollten, verweigerte.

Tullia ↑ Servius Tullius, ↑ Tarquinius Superbus

Tullus Hostilius, legendärer König von Rom, als Nachfolger des ↑ Numa Pompilius gewählt. Im Gegensatz zu diesem war er kriegerisch gesonnen und suchte Streit mit den Nachbarvölkern. Aus geringfügigem Anlaß erklärte er Alba Longa den Krieg, obwohl Römer und Albaner gleicher Herkunft waren. Nur der Vorschlag des ↑ Mettius, des Königs von Alba Longa, den Streit durch Zweikämpfe (↑ Horatier) entscheiden zu lassen, verhinderte die Auseinandersetzung der Heere. Durch den Sieg des Horatius erhielt Rom die Vorherrschaft über Alba Longa. Da Mettius jedoch versuchte, Rom zu verraten (er stiftete die einst von Romulus unterworfene Stadt Fidenae und das mit ihr verbündete Veii zum Kampf gegen Rom an), bestrafte T. H. die

Stadt Alba Longa und ihren Diktator. Mettius wurde vor seinem Heer von Pferden zerrissen, Alba Longa wurde zerstört, nur die Tempel blieben erhalten. Die Bewohner mußten sich in Rom ansiedeln. Nach diesem Sieg zog T. H. gegen die Sabiner in den Krieg und besiegte auch deren Heer. Da der kriegerische König jedoch den Dienst an den Göttern vernachlässigt hatte, sandten sie unheilvolle Zeichen und ließen sich auch durch große Opfer nicht versöhnen. Nach 32 Jahren Regierungszeit erschlug Jupiter T. H. mit seinem Blitz.

Turnus, Fürst der Rutuler, eines Nachbarstammes der Latiner. Amata, die Frau des Latinus, hatte ihm ihre Tochter ↑ Lavinia zur Frau versprochen. Als Aeneas, der auf seiner Flucht aus Troja sich nach dem Willen der Götter in Latium niederlassen wollte, gleichfalls um Lavinia warb, entflammte T. in Zorn und sammelte ein großes Heer unter den benachbarten Völkern, um gegen Latium in den Krieg zu ziehen. Aeneas besiegte ihn im Zweikampf und erhielt von König Latinus Lavinia zur Frau.

Tyche, Göttin des launischen Schicksals, des Zufalls. Der Name taucht erstmals bei Hesiod (*Theogonie*) auf, hier ist sie die Tochter des Okeanos und der Tethys. Als Gottheit wurde T. erst in hellenistischer Zeit verehrt, so war sie Stadtgöttin von Antiochia und Alexandria. In der Weltsicht der Orphiker kam ihr als der Personifizierung des Zufälligen und der Unsicherheit des menschlichen Schicksals Bedeutung zu. In diesem Sinne verwendete Goethe den Begriff als Titel der 2. Strophe der *Urworte. Orphisch* (e. 1817). – T. wurde mit Steuerruder und Füllhorn dargestellt, auf einer Kugel stehend. In der römischen Mythologie entspricht ihr etwa ↑ Fortuna.

Tydeus, König aus Kalydon, Sohn des ↑ Oineus. Von Deïphyle war er Vater des Diomedes. T. hatte einen Verwandten getötet und mußte deshalb aus seiner Heimat fliehen. Er kam zu König ↑ Adrastos nach Argos, der ihn von dem Mord reinigte. Zur gleichen Zeit war dort ↑ Polyneikes, der von seinem Bruder Eteokles aus Theben vertrieben worden war. Mit ihm nahm T. am Zug der ↑ Sieben gegen Theben teil. Er galt als unerbittlicher, grausamer Kämpfer. In der *Ilias* wird von seinen Heldentaten berichtet, als er nach Theben vorausgeschickt wurde, um Kundschafterdienste zu leisten. Beim Kampf um die Stadt schickte Eteokles den Melanippos gegen ihn aus. Die beiden töteten sich gegenseitig. Bevor T. starb, saugte er dem besiegten Gegner das Gehirn aus.

Tydide ↑ **Diomedes** (2)

Tyndareos, König von Sparta, Sohn des Oibalos (oder des Perieres) und der Najade Bateia (oder der Perseustochter Gorgophone). Da ihn sein Bruder Hippokoon aus Sparta vertrieben hatte, ging T. nach Aitolien und kämpfte dort an der Seite des Königs Thestios gegen dessen kriegerische Nachbarn. Als Belohnung erhielt er Thestios' Tochter ↑ Leda zur Frau. Nachdem Herakles Hippokoon getötet hatte, wurde T. wieder König von Sparta. Leda gebar die Söhne Kastor und Polydeukes (die ↑ Dioskuren), die Töchter ↑ Klytaimestra und ↑ Helena. Da Zeus sich die schöne Leda als Geliebte gewählt hatte, galten Polydeukes und Helena als Kinder des Zeus. Die schöne Helena zog viele Bewerber an. Auch Odysseus war dabei. Er riet dem T., alle Freier vor der Entscheidung durch einen Eid zu binden: Sie mußten schwören, die Ehre des zukünftigen Gatten der Helena mit all ihrer Kraft zu verteidigen, wenn dies notwendig werden sollte. Menelaos erhielt Helena zugesprochen, sein Bruder Agamemnon hatte vorher Klytaimestra geheiratet. Als Paris Helena entführte, waren alle ehemaligen Freier verpflichtet, dem Eid zu folgen und gegen Troja zu ziehen. T. war es, der Agamemnon half, den Thron von Mykene wieder zu erringen.

Typhon, auch Typhoeus oder Typhaon, ein riesiges Ungeheuer mit hundert Schlangenköpfen; nach Hesiod (*Theogonie*) Sohn der Gaia und des Tartaros. Wie vor ihm die ↑ Titanen, erhob sich auch T. gegen Zeus.

Dieser bekämpfte ihn mit Blitzen und Donner, besiegte ihn und warf ihn in den Tartaros. Nach einer anderen Version gelang es T. zunächst, Zeus mit Schlangen zu fesseln und ihm die Sehnen zu rauben. Dann hielt er ihn in einer Höhle in Kilikien gefangen; ↑ Delphyne bewachte ihn, auch die Sehnen hütete sie. Hermes und Pan jedoch fanden die Sehnen und gaben sie Zeus zurück. Dieser bekam so seine Kraft wieder und stürzte den Ätna auf den Riesen. Seitdem speit der Berg Feuer. Durch ↑ Echidna wurde T. Vater vieler Ungeheuer, so des ↑ Kerberos, der ↑ Chimaira und der Lernäischen ↑ Hydra.

Tyro, Tochter des ↑ Salmoneus und der Alkidike. Sie liebte den Flußgott Enipeus, aber Poseidon nahm dessen Gestalt an und zeugte mit ihr die Zwillinge ↑ Pelias und ↑ Neleus, die sie aussetzen mußte. Die Söhne fanden später ihre Mutter wieder und schützten sie vor den Mißhandlungen ihrer Stiefmutter Sidero. T. wurde mit Kretheus, dem König von Pherai in Thessalien, der später die Stadt Iolkos gründete, vermählt und von ihm Mutter des Aison (des Vaters von Iason), des ↑ Pheres und des Amythaon. Die Geschichte der T. erzählt Odysseus dem Alkinoos, da er ihr in der Unterwelt begegnet war (XI. Gesang der *Odyssee*).

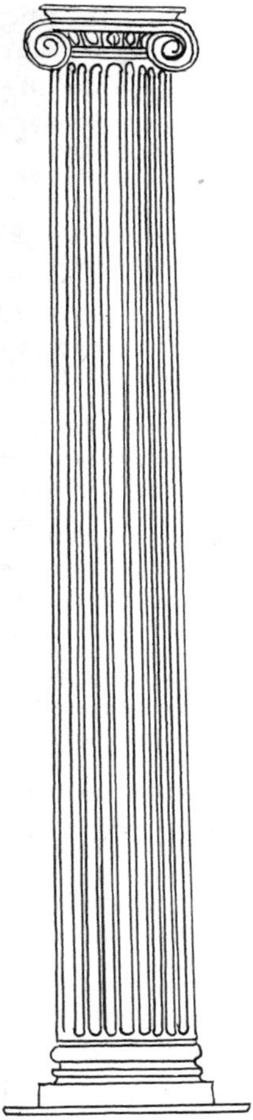

U/V/W

Überfluß ↑ **Ops**
Ulixes, Ulysses ↑ **Odysseus**
Unterwelt, Totenreich ↑ **Acheron,** ↑ **Charon,** ↑ **Dis,** ↑ **Hades,** ↑ **Kerberos,** ↑ **Kokytos,** ↑ **Lethe,** ↑ **Orcus,** ↑ **Persephone,** ↑ **Styx**
Urania, eine der neun ↑ Musen, Tochter des Zeus und

der Mnemosyne. U. war die Beschützerin der Astronomie und wird mit Himmelskugel und Zeigestock dargestellt. Auch heute noch sind Name oder Figur Symbol für Astronomie bzw. Wissenschaft im weiteren Sinne.

Uranos, der Himmel, von ↑ Gaia, der Erde, selbst gezeugt, „damit er sie dann völlig umhülle, unverrückbar für immer als Sitz der ewigen Götter" (Hesiod, *Theogonie*). Von U. gebar Gaia die ↑ Titanen, die ↑ Kyklopen und die ↑ Hundertarmigen, die so schrecklich anzusehen waren, daß U. sie wieder im Schoß der Erde barg. Um den Qualen, die sie darüber litt, ein Ende zu setzen, bat Gaia ihre Kinder, sie zu rächen. Aber nur ihr jüngster Sohn, der Titan ↑ Kronos, zögerte nicht und entmannte mit einer von Gaia gefertigten eisernen Sichel den Vater. Aus dem Blut des U. entstanden die ↑ Erinyen, ↑ Giganten und die schöne ↑ Aphrodite. Kronos übernahm die Herrschaft der Welt, der entmannte U. aber prophezeite den Titanen den Untergang.

Vegetation ↑ Ceres

Venus, altitalische Göttin der Gärten, des Liebreizes, des Begehrens. Ihr ältestes Heiligtum stand auf dem Berg Eryx auf Sizilien. Nach einem Orakelspruch, den man im Jahre 217 v. u. Z. den Sibyllinischen Büchern (↑ Sibyllen) entnommen hatte, wurde sie die Gefährtin des Mars. Im Laufe des 2. Jh. v. u. Z., im Zusammenhang mit der Verbreitung der Sage von ↑ Aeneas, wurde sie mit der griechischen ↑ Aphrodite identifiziert. Wie diese wurde sie als Göttin der Liebe verehrt, galt aber nun auch als Ahnherrin und Beschützerin der Römer und wurde seit Caesar für politische Zwecke in Anspruch genommen. So ließ er für die Venus Genetrix als der ‚Stammutter' seines Geschlechts einen Tempel errichten – der erste Bau der gewaltigen Anlage der späteren Kaiserfora (geweiht 46 v. u. Z.). Die Mythen um Aphrodite wurden auf V. übertragen (Beziehungen zu Vulcanus, Mutter des Amor). – Berühmte Aphrodite-Darstellungen der griechischen Plastik gingen unter dem

Namen der V. in die Kunstgeschichte ein, da sie nur in römischen Kopien überliefert sind (*Capitolinische Venus, Venus Medici, Venus von Milo*). Als Planetengottheit gehört sie zu den mittelalterlichen Planetenzyklen, ihre Kinder sind mit Spielen und Tanzen beschäftigt. In der späteren Kunst sind Aphrodite und V. identisch. Der römische Name der Göttin wurde zum Symbol der Liebe zwischen Mann und Frau überhaupt.

Verblendung ↑ Ate

Vergeltung ↑ Nemesis

Vertumnus, auch Vortumnus, ursprünglich etruskischer Gott aus Volsinii. Nach der Zerstörung der Stadt im Jahre 294 v. u. Z. wurde er auch von den Römern verehrt. Er galt als Gott der Wandlungen und Veränderungen (der Jahreszeiten, aber auch der menschlichen Launen), gleichfalls als Gott der Gärten (Gatte der ↑ Pomona). Auf dem Aventin wurde ihm ein Tempel errichtet. Sein Fest, die Vortumnalia, wurde am 13. August begangen.

Vesta, Göttin des römischen Staatsherdes. Ihr Kult war von höchster Wichtigkeit für das Wohlergehen Roms. In ihrem Tempel auf dem Forum Romanum (erneuert Anfang 3. Jh., ursprünglich ein von Augustus errichteter Bau, der durch einen Brand zerstört worden war) brannte ein ewiges Feuer, das an jedem Neujahrstag neu entfacht wurde. Nach Livius soll V. selbst ein Feuer entzündet haben an der Stelle, wo Aeneas die Stadt Lavinium gründete. Erst Kaiser Theodosius der Große, der alle heidnischen Kulte verbot, ließ im Jahre 392 das Feuer löschen. Im Tempel der V. in Rom wurde als größtes Heiligtum das Palladium verehrt, ein hölzernes Bild wahrscheinlich der Athene, das nach römischer Überlieferung (bei Vergil) Aeneas aus dem brennenden Troja gerettet haben soll. (In den griechischen Epen über den ↑ Trojanischen Krieg hat allerdings Odysseus dieses Bild aus Troja vor der Eroberung geraubt.) Den Dienst der Göttin versahen die Vestalinnen. Sie wurden schon im Kindesalter aus den vornehmsten Familien auserwählt. 30 Jahre dauerte ihr Dienst, während dieser Zeit waren sie zur Keuschheit verpflichtet. Übertretungen des Gebots wurden durch Begraben bei lebendigem Leibe bestraft. Die Gründungssage Roms (nach Livius) erzählt von ↑ Rhea Silvia, die von ihrem Onkel Amulius zur Vestalin gemacht wurde, damit sie keine Kinder gebären sollte. Als sie die Zwillinge ↑ Romulus und Remus zur Welt gebracht hatte, wurde sie zum Tod durch Ertrinken im Tiber verurteilt. Das Fest der V., die Vestalia, wurde am 9. Juni begangen. V. hat gemeinsame Züge mit der griechischen ↑ Hestia.

Vestalin ↑ Vesta

Victoria, römische Göttin des Sieges, der griechischen ↑ Nike entsprechend. Bis zum Beginn der Kaiserzeit verkörperte V. im öffentlichen Leben Roms jeden Sieg, den das römische Heer zur Vergrößerung der Macht oder zur Verteidigung des Reichs erkämpft hatte. Später wurde die Gestalt ausschließlich Begleiterin des Kaisers. Der erste Tempel wurde ihr 294 v. u. Z. auf dem Palatin geweiht. Auf den Triumphbögen bekränzt sie die siegreichen Kaiser, so auf dem Titusbogen, der nach der Zerstörung Jerusalems errichtet wurde. Ihre künstlerischen Darstellungen entsprechen denen der Nike.

Virbius, römischer Gott latinischen Ursprungs, eng mit ↑ Diana verbunden. Er soll ihr erster Priester in ihrem berühmten Heiligtum am Nemisee gewesen sein. Ovid erzählt im XV. Buch der *Metamorphosen*, daß Diana (bzw. Artemis) ↑ Hippolytos nach seinem Tod in V. verwandelte und nach Italien brachte.

Virtus, römische Gottheit und Personifikation der Tapferkeit, die in Rom als höchste Form der Tugend galt.

Volcanus ↑ Vulcanus

Vortumnus ↑ Vertumnus

Vulcanus, auch Volcanus, altitalischer Feuergott. Ihm zu Ehren wurden die Waffen eines besiegten Feindes verbrannt. Romulus (oder Titus Tatius) weihte ihm nach dem Krieg zwischen Römern und Sabinern einen

Altar. V. schützte vor Bränden, sein Fest, die Volcanalia, wurde am 23. August, zur Zeit der größten Trockenheit, gefeiert. Er galt als Vater des Riesen ↑ Cacus. Nach den Punischen Kriegen wurde er mit dem griechischen ↑ Hephaistos gleichgesetzt, auch die Geschichten um Hephaistos wurden auf V. übertragen. So erzählt Vergil in der *Aeneis*, analog zur *Ilias* (wo Hephaistos auf Bitten der Thetis eine Rüstung für Achilleus fertigt), daß V. für Aeneas die Waffen schmiedet, damit dieser die Rutuler (↑ Turnus) besiegen kann. Aeneas' Mutter Venus, Gemahlin des V., hatte ihn darum gebeten. In der nachantiken bildenden Kunst sind die Gestalten des V. und des Hephaistos identisch.

Wahnsinn ↑ Lyssa
Wald ↑ Artemis, ↑ Pan, ↑ Silvanus
Wasser ↑ Neptun(us)
Wein ↑ Bacchus, ↑ Dionysos
Weisheit ↑ Athene, ↑ Minerva
Westwind ↑ Zephyr(os)
Wolken ↑ Nephele

X/Z

Xanthos ↑ **Skamandros**

Xuthos, mythischer Stammvater der Griechen, Sohn von ↑ Hellen und der Nymphe Orseïs. Seine Brüder waren ↑ Doros und ↑ Aiolos. Sein Vater verlieh ihm die Herrschaft über die Halbinsel Peloponnes. Von Krëusa, der Tochter des ↑ Erechtheus, hatte X. die Söhne Ion und Achaios, von denen die Ionier und Achaier abstammen (in der Tragödie *Ion* des Euripides ist der Titelheld Sohn des Apollon).

Zagreus, in der orphischen Theogonie Sohn der Persephone und des Zeus, der Persephone in Gestalt einer Schlange genaht war. Die eifersüchtige Hera hetzte die Titanen auf Z., die ihn zerrissen und verschlangen. Nur das Herz konnte Athene retten. Das verschluckte Zeus und ließ Z. als ↑ Dionysos, Sohn der Semele, wieder auferstehen. Die Titanen hielt er zur Strafe im Tartaros gefangen.

Zankapfel ↑ **Eris**

Zauberei ↑ **Hekate**

Zentauren ↑ **Kentauren**

Zephyr(os), Herr des Westwindes. Nach Hesiods *Theogonie* ist er Sohn des Astraios und der Eos und verkörpert den „klärenden Hauch", seine Brüder sind Boreas und Notos. Er galt zunächst als unheilbringend. Die Harpyie Podarge gebar ihm Xanthos und Balios, zwei schnelle Pferde, die vor Troja den Streitwagen des Achilleus zogen. Eifersüchtig auf ↑ Hyakinthos, trieb Z. den Speer des Apollon ab, so daß der Gott seinen Liebling selbst tötete. Später verkörperte Z. einen milden, sanften Wind: Der römische Dichter Apuleius läßt ihn ↑ Psyche zu Amor tragen. – In der bildenden Kunst wurde Z. seit der Renaissance als schöner Jüngling mit Schmetterlingsflügeln dargestellt (auch gemeinsam mit ↑ Flora), oft hält er Blumen in den Händen (Gemälde von Botticelli, Poussin, Boucher, Coypel u. a.).

Zerberus ↑ **Kerberos**

Zetes, Sohn des Boreas, ↑ Boreaden.

Zethos, Sohn von Zeus und ↑ Antiope, Zwillingsbruder des ↑ Amphion. Im Unterschied zu diesem besaß Z. große körperliche Kräfte. Als die Brüder die Stadtmauer von Theben bauten, mußte er die Steine mit seinen Händen tragen, während Amphion sie allein durch sein Lyraspiel bewegte.

Zeus, Oberhaupt der griechischen Götter. Im Mythos, wie ihn Hesiod in der *Theogonie* überlieferte, gehört er zur dritten Göttergeneration. Er ist Sohn des Titanen ↑ Kronos (daher auch Kronide genannt) und der ↑ Rheia. Kronos wußte, daß eines seiner Kinder ihn stürzen würde; deshalb verschlang er sie sofort nach der Geburt. Um ihren jüngsten Sohn vor dem gleichen Schicksal zu bewahren, brachte Rheia den Z. heimlich auf Kreta zur Welt. Kronos täuschte sie mit einem in Windeln gewickelten Stein. Die Dienerinnen der

Rheia, die ↑ Kureten und die ↑ Korybanten, übertönten das Weinen des Z.-Kindes mit Waffentänzen, so daß Kronos nicht merkte, daß es noch am Leben war. Die Ziege ↑ Amaltheia säugte das Kind in einer Höhle auf Kreta. Als Z. herangewachsen war, zwang er seinen Vater, die Geschwister (Hades, Poseidon, Hera, Hestia, Demeter) wieder auszuspeien (oder er berauschte ihn mit einem Trank der Thetis und holte sie heraus). Seine Geschwister erkannten die Vorherrschaft des Z. an; als äußeres Zeichen erhielt er die Gewalt über Donner und Blitz. Um seine Macht endgültig zu festigen, mußte er die ↑ Titanen besiegen. Seine Geschwister, die ↑ Hundertarmigen und die ↑ Kyklopen halfen ihm dabei, nach zehnjährigem Kampf (Titanomachie) die alten Götter in den Tartaros zu stürzen. Z. teilte sich mit seinen Brüdern die Herrschaftsbereiche der Welt: Poseidon erhielt das Meer, Hades das Totenreich und Z. den Himmel. Auch danach wehrten sich noch ältere Geschöpfe gegen den Anspruch des Z.: Gaia selbst, die Erde, schickte die ↑ Giganten und das riesige Ungeheuer ↑ Typhon gegen Z. Doch der junge gewaltige Gott besiegte auch sie. Sogar gegen seine Geschwister mußte er sich noch einmal zur Wehr setzen, denn Hera, Poseidon und Athene wollten ihn stürzen und fesselten ihn. Diesmal half ihm ↑ Thetis, die wieder die Hundertarmigen rief, vor denen die anderen Götter flohen. Als „Vater der Götter und Menschen“, wie ihn Hesiod nannte, herrschte er nun auf dem Olymp. Mit Blitz und Donner machte er sich bemerkbar, seinem Gebot konnte sich kein Gott entziehen, nur dem Schicksal selbst mußte er sich beugen. Den Menschen bot er Schutz, Recht und Ordnung. Er strafte Frevler (↑ Ixion, ↑ Sisyphos, ↑ Tantalos) und belohnte gottgefälliges Verhalten (↑ Philemon und Baukis). Unerbittlich war er gegenüber jenen, die seine Macht gefährdeten. ↑ Prometheus ließ er an den Kaukasus schmieden, seine erste Gemahlin ↑ Metis verschlang er, weil ihm prophezeit worden war, daß sie einen Sohn gebären würde, der stärker wäre als er. Das Kind, das sie trug, gebar er selbst aus seinem Haupt, es war Athene. Die zweite Gemahlin des Z. war ↑ Themis, die Göttin der Gerechtigkeit. Sie gebar ihm die ↑ Moiren und die ↑ Horen. Seine letzte, mächtigste Gemahlin war ↑ Hera, Schutzherrin der ehelichen Gemeinschaft, Mutter von Ares und Hebe. Ihre Eifersucht hinderte Z. aber nicht daran, immer wieder Göttinnen und Menschenfrauen zu verführen. Zahllose Geschichten werden von dem Göttervater erzählt, in vielerlei Gestalt näherte er sich den Auserwählten: zu ↑ Danaë kam er als Goldregen, zu ↑ Io als Wolke, zu ↑ Leda als Schwan, zu ↑ Europa als Stier, zu ↑ Alkmene als deren Gatte Amphitryon. Seine Söhne von diesen Sterblichen waren so mächtige Helden und Könige wie Perseus, Minos und Herakles, seine Tochter die schönste aller Frauen, Helena. Göttinnen gebaren ihm Götter: ↑ Leto die Zwillinge Apollon und Artemis, ↑ Demeter die Persephone, die Herrin der Unterwelt wurde. Auch Hermes, Dionysos, die Musen, die Zwillinge Amphion und Zethos, Arkas, Tityos und viele andere waren seine Kinder. Ihre Mütter konnte er nicht immer vor Heras Eifersucht retten; sie waren grausamen Verfolgungen und der Vernichtung ausgesetzt (wie Io und Semele). Im ↑ Trojanischen Krieg half Z. keiner der beiden Parteien, er verhinderte nur eine Zeitlang, daß durch das Eingreifen der anderen Götter eine Seite mehr als die andere begünstigt wurde. Erst als Achilleus nach dem Tod des Patroklos wieder kämpfte, erlaubte er den Göttern, sich direkt in die Schlacht zu stürzen. Er selbst aber blieb der unbeteiligte Herrscher.

Adler und Eiche waren dem Z. heilig. ↑ Jupiter, der an der Spitze der römischen Götterhierarchie stand, wurde später mit Z. identifiziert. Berühmtestes Heiligtum des Z. in Griechenland war das von Olympia. Hier sollen schon Pelops und Herakles zu Ehren des Z. Spiele veranstaltet haben (vgl. Pelops). Seit 776 v. u. Z. wurden die Namen der Sieger festgehalten. In Olympia stand auch das zwölf Meter hohe Kultbild des Z. aus Gold und Elfenbein, das von Pheidias geschaffen worden war und zu den Weltwundern der Antike gehörte. Es ist nur aus der Beschreibung des Pausanias und von Münzbildern bekannt. Der Tempel von Olympia, erbaut im 5. Jh. v. u. Z., war geschmückt mit überlebensgroßen Giebelfiguren, deren größte Z. als Schiedsrichter zwischen Pelops und Oinomaos zeigte (ausgegraben 1875/81). Auch der größte Altarbau der griechischen Welt, der Pergamonaltar (etwa 180/160 v. u. Z.), diente dem Kult des Z. Der große Fries des Altars zeigt den Kampf des Z. und der anderen Götter gegen die Giganten. Andere bedeutende plastische Z.-Darstellungen sind die des Parthenon-Giebels (Götterprozession, Geburt der Athene aus dem Haupt des Z.), die Terrakotta-Gruppe, die den Raub des ↑ Ganymed zeigt (5. Jh. v. u. Z.), und der *Zeus von Otricoli* (4. Jh. v. u. Z.). Zahlreiche Bilder auf Vasen und Münzen sind gleichfalls erhalten. – Die Künstler der Neuzeit malten vor allem die Liebesabenteuer des Z. (bzw. des Jupiter). Diese gaben Gelegenheit, den Gott in seinen verschiedenen Gestalten mit schönen Frauen zu zeigen: Danaë mit dem Goldregen malten Tizian, Correggio, Rembrandt u. a., Leda mit dem Schwan Rubens und Correggio; die schlafende Antiope, der sich Z. als Satyr nähert, malten u. a. Tizian, Carracci, Watteau und Picasso; Europa mit dem Stier Tizian, Reni, Boucher u. a. Weitere beliebte Motive waren die Geburt des Dionysos und das Z.-Kind bei der Ziege Amaltheia. Z. als Oberhaupt der Götter im Kreis der Olympier malte Rubens.

Zufall ↑ Fortuna, ↑ Tyche

Zwerge ↑ Pygmäen

Zwietracht ↑ Eris

Deutschsprachige Ausgaben der griechischen und römischen Autoren, die zu den Quellen der Mythenerzählungen gehören (Auswahl)

Homer
Ilias, deutsch von Th. von Scheffer, Sammlung Dieterich, Band 13
Ilias, Prosaübertragung von G. Scheibner, 2 Bände, Berlin und Weimar 1972
Odyssee, deutsch von Th. von Scheffer, Sammlung Dieterich, Band 14
Odyssee, Prosaübertragung von G. Scheibner, Berlin und Weimar 1986
Ilias, Odyssee, deutsch von D. Ebener, Bibliothek der Antike, 2 Bände, Berlin und Weimar 1971, ^{3}1983
Die homerischen Götterhymnen
deutsch von Th. von Scheffer, Sammlung Dieterich, Band 97

Hesiod
Sämtliche Werke, deutsch von Th. von Scheffer, Sammlung Dieterich, Band 38

Aischylos
Werke, deutsch von D. Ebener, Bibliothek der Antike, Berlin und Weimar 1976
Die sieben Tragödien, deutsch von J. G. Droysen, RUB 988

Euripides
Werke, deutsch von D. Ebener, Bibliothek der Antike, 3 Bände, Berlin und Weimar 1966, ^{2}1979
Alkestis, Medeia, Hippolytos, Hekabe, Die Hilfeflehenden, deutsch von D. Ebener, RUB 670

Sophokles
Werke, deutsch von R. Schottlaender, Bibliothek der Antike, Berlin und Weimar 1966, ^{3}1982
Antigone, deutsch von R. Schottlaender, RUB 659
Antigone, deutsch von F. Hölderlin, Insel-Bücherei, Band 27

Die griechische Sagenwelt
Apollodors Mythologische Bibliothek, deutsch von Ch. G. Moser und D. Vollbach, Sammlung Dieterich, Band 354

Livius
Römische Geschichte seit Gründung der Stadt, deutsch von H. Dittrich, Bibliothek der Antike, 2 Bände, Berlin und Weimar 1978

Vergil
Werke, deutsch von D. Ebener, Bibliothek der Antike, Berlin und Weimar 1984
Aeneis, deutsch von J. H. Voss, RUB 221/224
Aeneis, Prosaübertragung von V. Ebersbach, RUB 929

Ovid
Werke, deutsch von R. Suchier, bearbeitet von L. Huchthausen, Bibliothek der Antike, 3 Bände, Berlin und Weimar 1968, [3]1982

Abbildungen

A	Aphrodite Kallipygos (3./1. Jh. v. u. Z.)
B	Faun mit Bacchuskind (hellenistisches Werk)
C	Ionisches Kapitell
D	Dirke (Farnesischer Stier, 1. Jh. v. u. Z.)
E	Karyatide vom Erechtheion (5. Jh. v. u. Z.)
F	Tanzender Faun (2. Jh.)
G	Parthenonfries (Ausschnitt, 5. Jh. v. u. Z.)
H	Korinthisches Kapitell
I	Ionisches Kapitell
J	Juno Ludovisi (1. Jh.)
K	Korinthische Säule
L	Laokoon (1. Jh. v. u. Z.)
M	Merkur (Giovanni da Bologna, 16. Jh.)
N	Niobe (4./3. Jh. v. u. Z.)
O	Karyatide vom Erechtheion
P/Q	Amor und Psyche (hellenistisches Werk)
R	Korinthisches Kapitell
S	Parthenonfries (Ausschnitt, 5. Jh. v. u. Z.)
T	Raub der Sabinerinnen (Giovanni da Bologna, 16. Jh.)
U/V/W	Ionische Säule
X/Z	Zeus von Otricoli (4. Jh. v. u. Z.)

Schutzumschlag: Apoll von Belvedere (4. Jh. v. u. Z.)